黃帝四經今註今譯

——馬王堆漢墓出土帛書

陳鼓應 註譯

臺灣商務印書館

一七四 一七五 一七六 一七七 一七八 一七九 一八〇 一八一 一八二 一八三 一八四 一八五 一八六 一八七 一八八 一八九 一九〇 一九一 一九二 一九三 一九四 一九五

帛書《黃帝四經》原件照片

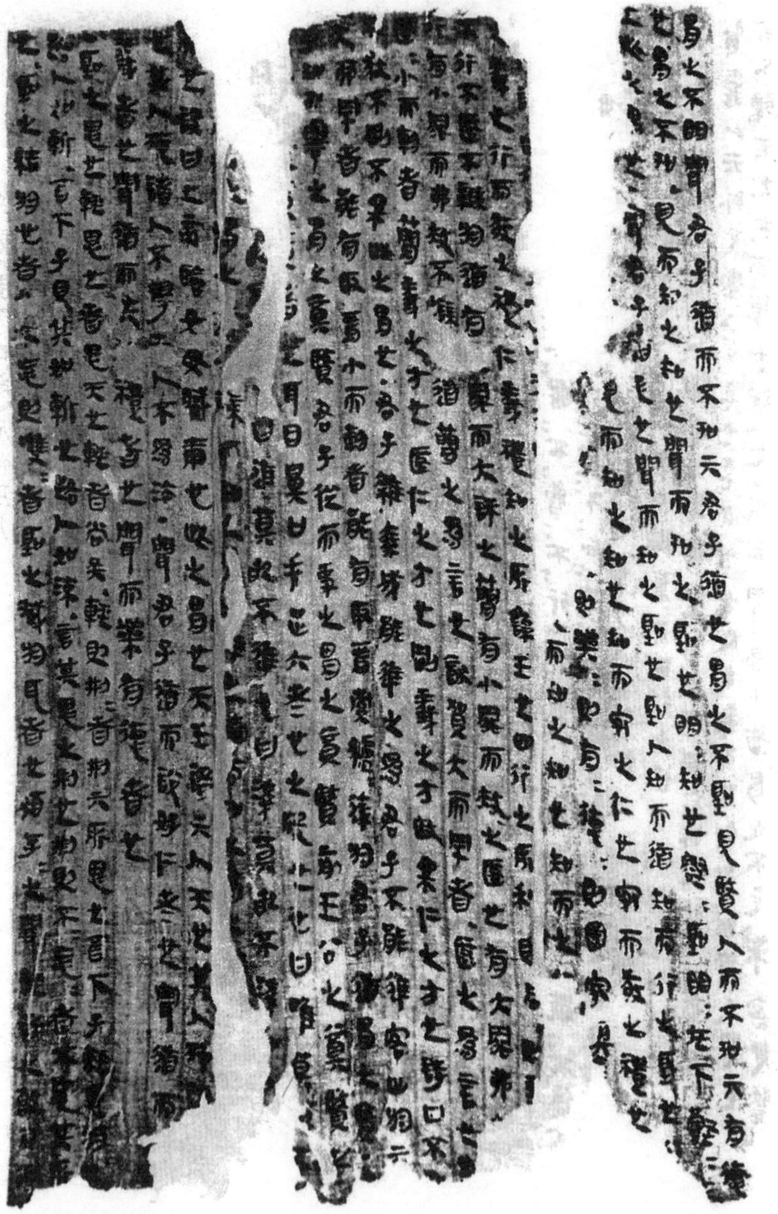

一九六 一九七 一九八 一九九 二〇〇 二〇一 二〇二 二〇三 二〇四 二〇五 二〇六 二〇七 二〇八 二〇九 二一〇 二一一 二一二 二一三 二一四 二一五 二一六 二一七

序

一九七三年底，在湖南長沙馬王堆三號漢墓的發掘中，發現了一批極有價值的古代帛書，尤其《老子》乙本卷前的古佚書《經法》、《十大經》、《稱》、《道原》四篇最為重要。據唐蘭等學者考訂，認為這便是見於著錄而久已失傳的《黃帝四經》。此帛書的發現，引起學界的普遍關注，並先後出版過幾種校釋、整理的本子，這其中有一九七四年文物出版社出版的《老子乙本卷前古佚書》、一九七六年文物出版的《經法》、一九八〇年文物再出版《馬王堆漢墓帛書（壹）》等，各本以後者為優。此外還有友人余明光教授著《黃帝四經與黃老思想》（黑龍江人民出版社一九八九年版）及其新作《黃帝四經今注今譯》（湖南岳麓書社一九九三年版）。這些版本、著作，都是我主要的參考書。

一九九二年春天，我在北京大學哲學系研究生班開帛書《黃帝四經》研究的課程，一方面我注意到這書和《管子》、《文子》、《鶡冠子》等戰國黃老之學著作的內在聯繫，另方面我也留心到它和《易傳》的思想脈絡發展的關聯。《黃帝四經》是現存最早也最完整的黃老道家的作品，它的出土，使我們對於在戰國百家爭鳴中取得思想界主導地位的黃老學派的發展線索，有一個重新的認識與評估。可以說，由於它的問世，不僅豐富了中國古代思想史，也使得我們對先秦各學派之間的流脈關係需要做一番重新的省察與探索。為此，我投下了不少的心力來闡釋這一珍貴的出土文獻。

本書在撰寫當中，試圖建構起一個較完整的註譯體系。出於這樣的思考，因此體例是這樣擬定的：每篇下列解題，每小節下列內容提要，每小段由原文、註釋、今譯、闡述等四部分組成，書末附《帛書黃帝四經校定釋文》。「闡述」部分有助於更具體、更明確地了解全書的文義和思想底蘊。本書主要依據一九八〇年帛書小組整理出版的《馬王堆漢墓帛書（壹）》本，書末所附即依據此帛書小組本為藍本。

我在本書寫作的過程中，經常和北大哲學系副教授王博討論書中的細節。在本書告竣即將付梓之時，我要特別感謝青年學者、北京大學古文獻研究所畢業碩士研究生趙建偉副教授，書稿的全部核對工作是由他幫助完成的。還要感謝《道家文化研究》主編助理沈紅宇女士，她承擔了全部書稿的打字工作。商務印書館負責本書編輯工作的陳淑芬小姐，為之付出極大的心力，在此一併致謝。

陳鼓應
一九九五年春序於臺北

目錄

第二篇　《十大經》

先秦道家研究的新方向

——從馬王堆漢墓帛書《黃帝四經》說起

晚近，由於考古文獻的出土，豐富了古代思想史，也改寫了古代哲學史。出土的眾多文獻之中當屬道家類古佚書最受矚目，其他大批的醫書、數術、方技、兵書也和道家思想有著不同程度的聯繫。僅就明確的道家出土文獻來說，如馬王堆帛書《老子》甲、乙本和老子乙本卷前古佚書《經法》等四篇（通稱《黃帝四經》）、老子甲本後古佚書《伊尹・九主》以及不久前剛公布的帛書《繫辭傳》。此外還有河北定縣出土的《文子》殘卷、湖北荊州出土的《莊子・盜跖》篇，再則一九四二年長沙子彈庫出土的楚帛書也和道家思想有所關聯。總之，近一、二十年來，逐漸公布的珍貴文獻，給我們在道家的研究上提供了一個廣闊的新領域。從而使我們重新認識到黃老道家在戰國中後期之所以成為百家爭鳴中主要思潮的概況。

在眾多出土的文獻之中，道家黃老之學這一系的古佚書的確最為豐盛。一九七三年河北定縣出土的《文子》殘卷，原件雖然至今尚未公布，但這一實物證據最低限可以證實它並非偽書，並可證實它的成書在《淮南子》之前。文子是先秦道家的重要人物，《文子》一書是文子學派之作，以老子哲學為主體而融合了莊子思想和黃老之學的一部道家典籍。《鶡冠子》是戰國後期楚國黃老道家的重要作品，此書長期受到冷落，近來由於馬王堆《黃帝四經》的發現，參加帛書整理的學者開始注意到它與《鶡冠子》的關係。英國著名學者葛瑞漢（A. C. Graham）發表了〈一部被忽視的漢以前哲學著作鶡冠子〉的論文，提出不少新穎的見解。在馬王堆漢墓帛書公布之前，《鶡冠子》曾被視為偽書，近來李學勤教授撰文〈鶡冠子與兩種帛書〉，推定鶡冠子活動年代在戰國晚期前半，並論證《鶡冠子》成書在秦焚書之前，並非偽書㈠。在各地出土的古文獻之中，以馬王堆帛書老子甲、乙本最受海內外的重視，至今已有多國的譯本，論文更是不計其數。不過個人以為，從思想史的角度來看，最重要的出土文獻莫過於《黃帝四經》（即《經法》、《十大經》、《稱》、《道原》四篇）。然而這書迄今未受到應有的重視，主要原因是大陸學者多推斷它是戰國末期的作品，為此我曾作過詳細的考訂，論證它的成書可能早於《孟》《莊》，當在戰國中期之初或戰國初期之晚（詳見《黃帝四經成書年代的問題研究》），因此可以說它是現存最早的一部黃老之學著作。《黃帝四經》全文約一萬一千多字，第一篇《經法》主要是講論自然和社會中所存在的恒定的法則。第二篇《十大經》主要講形名、刑德、陰陽、雌雄等對立統一及相互轉化的關係。第三篇《稱》主旨是通過對陰陽、雌雄節、動靜、取予、屈伸、隱顯、實華、強弱、卑高等矛盾對立轉化關係的論述，為人們權衡選出最有效的治國修身的方案。第四篇《道原》就是對「道」的本體和功用進行探源。由於這部《四經》的出土，使我們對先秦道家發展的脈絡有了一個新的認識與評估，同時對於先秦學術流脈也提供了許多新的認識。茲分別申述如下：

一、帛書《黃帝四經》和《老子》的關係

㈠首先引起我們注意的是：帛書《黃帝四經》的發現，給《老子》成書早期說提供了有力的新證。《老子》的哲學思想散見於《四經》各篇。據我概略的估計，《黃帝四經》一書引用《老子》的詞字、概念，多達一百七十餘見。成書於戰國早中期的《四經》以及成書於戰國中期前後的《管子》書中，處處流溢著《老子》思想觀念的影子，可證《老子》一書傳布的久遠，而司馬遷《史記》所述老聃自著上、下篇當近於史實。

㈡由於帛書《老子》將「德經」置於「道經」之前，這使得學者們對於帛本與通行本順序的不同，引

起了廣泛的爭論。帛書《四經》的篇目排列，可以幫助我們解答這一疑案。

早先，高亨等學者便認為「從先秦古籍的有關記載來看，《老子》傳本在戰國期間，可能就已有兩種：一種是《道經》在前，《德經》在後，這當是道家的傳本。……另一種是《德經》在前，《道經》在後，這當是法家的傳本」，並認為「《韓非子・解老》首先解《德經》第一章，解《道經》第一章的文字放在全篇的後部，便是明證」㈡。這種看法，在眾多的觀點中是較為可取的，而在我們對於帛書《四經》進行深入研究後，可以得出了這樣的結論，即：「道經」在「德經」前的《老子》通行本維持了《老子》的原貌，是老子道家的傳本；而「德經」在「道經」前的帛書《老子》本，應該是黃老道家的傳本。「道」的向社會性傾斜，是黃老學派對老子思想的一種發展，也是黃老道家的一大特點。《黃帝四經》「經法」在前、「道原」在後，恰與帛書《老子》「德經」在前、「道經」在後相一致，這乃是黃老學派落向現實社會的表現。而以老子道家為宗的《淮南子》，則將〈原道〉列於書首，這恰與《老子》通行本「道」在「德」前的次序相吻合，《淮南子》之重視「原道」，似可作為祖本《老子》順序的一個佐證。

㈢在《老子》與《四經》之間，僅從「道論」角度，便可看出老學到黃老之學的差異發展。

帛書《四經》繼承了老子的道論，而向社會性傾斜。比如，無始、無名、無形、隱晦莫測等特徵，構成了老子的「道」的本體論。而《四經》則從相對立的角度，從既不可感知又可以感知的二律背反的角度來闡釋「道」，認為它既有原又無端、既隱微又顯明、既運動變化又靜止恒定、既高深不可企及又淺近可以企及、既虛無又實有……。《四經》這種重新整合的「道」的本體論，就為人們對「道」的「握」和「操」提供了可能性和必要的依據，也為人們有效地掌握「道」的本體以最大限度地創造社會功用提供了前提。老子道家與黃老道家在「道」的本體論方面的差異，就構成了道家的兩個不同走向：高深超詣與易簡世俗，正與禪宗之北宗與南宗之分化相似。

「道」的具現，也即社會性，黃老道家對老子道家在此點上有著更突出的發展，並且多所諟正。《四經》關於雌節的論述，對剛柔的論述，對爭與不爭的論述等等，都對老子道家有所諟正，這是眾所周知的。關於無為與無不為（有為）的論述，黃老道家與老子道家有著明顯的分歧。老子的治國次序是「無為而無不為」，「無為」是術、是手段，「無不為」是目的。因此「道經」在前而「德經」在後。而《四經》的治國次序則是有為——無為。有為，包括法、術、勢、形名等等。有為是手段，無為是目的。這種理國的次序，用《四經》的原話說便是「太上無刑，其次〔正法〕，其下鬥果訟果……太上爭於〔化〕，其次爭於明，其下救患禍」。所以，《四經》是《經法》在前而《道原》在後。

二、帛書《黃帝四經》和范蠡的關係

帛書《黃帝四經》引用范蠡的言論達十七、八條之多，從其中思想線索來看，便可見范蠡可能是由老學發展到黃老之學的關鍵人物。

我們從《老子》、《國語・越語下》和帛書《黃帝四經》三書，可以看出老子、范蠡到黃老思想的發展脈絡。范蠡是春秋末期人物，比老子晚約三、四十年，從《國語・越語下》可以明顯地看到范蠡受到老子的直接影響，在「聖人因天」、「必順天道」、「知天地之恒制」的論點，以及「贏縮轉化」之道和推天道以明人事的思維方式等重要論題，都顯示出范蠡上承老子思想而下開黃老學之先河。范蠡身處國家存亡危續之際，他的時代特點及其所處地位，使他將老子思想靈活運用到軍事上，他認識到說：「兵者，凶器也；爭者，事之末也。陰謀逆德，好用凶器，始於人者，人之所卒也。」這也是老子所說的：「兵者，不祥之器」、「不以兵強天下，其事好遂」。范蠡說：「天道盈而不溢，盛而不驕，勞而不矜其功」。老子嘗言：「大盈若沖」（四五章），戒人「果而勿驕」（三〇章），勸人「不自伐」、「不自矜」（二二章），並謂「自伐者無功」（二四章）。范蠡替越王勾踐滅吳國，「勾踐以霸，而范蠡稱上將軍」。權傾一朝的范蠡則「以為大名之下，難以久居」，遂「浮海出齊」（《史記・越王勾踐世家》）。在中國歷史上，范蠡是第一位真正體現老子「功成身退」哲理的人。

范蠡是楚人，他的入齊，在楚越文化與齊文化的交流上起著重要的作用。這一點，由現存《管子》和帛書《黃帝四經》抄錄不少范蠡的言論可以為證。此外，老子思想的入齊，范蠡有可能是第一個重要的老學的傳播者。並且，由於春秋末的范蠡之巧熟運用老子的哲理，這也給予《老子》成書早期說提供了另一個有力的新證。

三、《黃帝四經》和《管子》的關係

《管子》是一部「稷下叢書」㊂。這部書匯集了戰國中後期在齊國首都稷下學宮百家爭鳴時各家各派的論文，但「中心是黃老之學的論文。這部書還是稷下學術中心的情況的反映。」㊃本世紀三〇年代以來，《管子》四篇（〈內業〉、〈白心〉及〈心術〉上、下）被視為稷下道家的代表作而受到學界的重視。其中的精氣說，為稷下道家首次提出，為《易傳》和後代哲學及醫學廣泛接受。

《黃帝四經》的問世，由於它和《管子》有太多的相似之處，這兩書的內在聯繫首先引起學者們的極大興趣，同時也使得《管子》書中保存的黃老學說的文獻，越發受到關注。

根據唐蘭先生所列的「《老子》乙本卷前古佚書引文對照表」，可以看到《黃帝四經》和《管子》兩書相同或相近的段落文句有二十三處之多（舉例如：⑴〈道法〉：「道生法」，《管子・心術》引作：「法出乎權，權出乎道」。⑵〈道法〉：「虛無（刑）形」，《管子・心術》引作：「虛無刑謂之道」。⑶〈道法〉：「故同出冥冥，或以死，或以生；或以敗，或以成。」《管子・內業》引作：「道也者，……人之所失以死，所得以生也。事之所失以敗，所得以成也。」⑷〈道法〉：「使民之恒度，去私而立公。」〈四度〉：「去私而立公，人之稽也。」《管子・正》引作：「廢私立公能舉人乎。」⑸〈觀〉：「春夏為德，秋冬為刑。」《管子・四時》引作：「德始於春，長於夏；刑始於秋，流於冬。」等等）。經過我們仔細考查，認為當是《管子》沿襲《黃帝四經》。《管》書襲取《四經》的，計有〈內業〉、〈心術〉、〈白心〉、〈樞言〉、〈九守〉、〈四時〉、〈五行〉、〈勢〉、〈正〉及〈重令〉、〈幼官〉等篇。除〈重令〉、〈幼官〉之外，其餘九篇都是屬於稷下道家的作品。黃老思想之盛行於稷下道家，於此可見。

在帛書《四經》發表之前，雖然司馬遷曾一再提到稷下道家人物，如環淵、田駢、慎到、接子等「皆學黃老道德之術」，還說「申子學本於黃老」。然而學界普遍以為這說法可能是出於司馬談崇尚黃老而以己意立說，直至帛書《四經》公布，才證實「黃老」並不只是個名詞，而是實際興盛於戰國中期的學說思潮。

「黃老」是黃帝、老子的合稱，它以老子哲學為基礎，而寓托於黃帝以進行現實政治的改革。這股政治哲學的思潮興起於戰國中期，它之淵源於齊或楚越固有爭議㈤，但它昌盛於齊，為稷下道家所倡導並在稷下學宮百家爭鳴中取得主導地位，當無疑義。黃老思想經稷下道家的發揚而流傳於全國各地，儒家的孟、荀和法家的申、韓，都受到黃老道家的重大影響。

黃老學說為稷下道家所倡言，它的中心思想為「道法」。帛書《四經》開首便標示：「道生法」，《管子・心術》亦說：「法出乎權，權出乎道」。這派學說以老子道論為其哲學理論而融入齊法家的形名法度思想。稷下道家流派繁多，可能有的講老學，有的講易學，不必然全都是主張黃老「道法」思想。而主張黃老之學的，也可能有不同的傾向，有的偏重於治身，有的偏重於治國，前者如〈內業篇〉的作者，著意於修心靜意、養精理氣，這一系可能直接繼承楊朱貴生思想（也發揮老子「專氣致柔」的攝生觀念），後者則致力於現實體制的改革，為糾正傳統文化中人治之弊（儒家之推崇人治為其代表），故而提出「道法」思想——這一系成為整個戰國中後期的主流思潮。

稷下道家的人物，除彭蒙之外多有著作傳至漢代，《史記》稱環淵著上、下篇，《漢書・藝文志》則載〈蜎子〉十三篇，今佚。田駢，《漢書・藝文志》道家類有〈田子〉二十五篇，已佚。慎到，《史記》稱他「著十二論」，《漢書・藝文志》著錄〈愼子〉四十二篇，明時僅存五篇，現〈愼子〉七篇，為錢熙祚校本。接子，《漢書・藝文志》道家類載〈捷子〉二篇，已亡佚。宋鈃，《漢書・藝文志》著錄〈宋子〉十八篇，已佚。尹文，今傳《尹文子》一書，似是尹文的語錄集，可視為尹文學派的作品。這些齊道家都是戰國時代在稷下學宮講學著名的「稷下先生」，環淵、田駢、接子、季真等人的思想或許較近於原始道家，宋鈃可能是道墨融合的人物，班固說：「孫卿道宋子，其言黃老意」，依此可歸黃老道家。現存尹文學派的《尹文子》，則明顯是屬於黃老學派。慎到學派的歸屬問題，學界看法不一，一般認為他是由道轉法的關鍵人物，有的學者認為他兼有道家、法家思想的早期道家㊅。自帛書《四經》見世後，晚近學者認為他屬於黃老學派㊆。可惜這些稷下道家的著作多已佚失，幸賴《管子》一書保存較完整的稷下各派的言論。

《管子》一書，雖然雜纂各家各派的論文，但如為馮友蘭先生所說的，其「中心是黃老之學的論文」。統觀《管子》全書，雖編入法家、陰陽家、兵家、農家、儒家、墨家等論文，但以論「道」為核心，現存七十六篇之中言道論道者有六十五篇，「道」字約四五〇見，而老子所提出的作為萬物本原的「道」，散見於《管子》重要篇章之中。明確屬於稷下道家作品的，除了通常所說的《管子》四篇之外，〈水地〉、〈樞言〉、〈宙合〉也被公認為稷下黃老的作品。此外，〈形勢〉、〈勢〉、〈正〉、〈九守〉、〈四時〉、〈五行〉等篇，亦屬稷下道家之作，我們把這幾篇和《老子》及帛書《四經》對照，便可明白看出它們的學派性質。

四、《黃帝四經》與莊子學派的關係

帛書《黃帝四經》對於稷下道家的影響，如上所述，保存在《管子》書中的稷下道家作品（如〈內業〉、〈心術〉、〈白心〉、〈樞言〉、〈九守〉、〈勢〉、〈正〉及〈四時〉、〈五行〉等篇）都曾徵引《黃帝四經》中文字，可證《四經》與《管子》有著密切的內在聯繫。如果我們再考察《管子》與《莊子》兩書，就會發現它們之間也有不少相同或相近觀念與文句，這反映出稷下道家與莊子學派相互交流的跡象。這一點，學界鮮有人探討。由於《黃帝四經》的出土，它聯繫著《管子》及其他戰國黃老著作，這可看出黃老思想流傳之廣，而莊子後學之滲透著黃老思想，就有著較為明確的線索可尋。

莊子本人是否到過齊都稷下，史無記述。但《莊子》書中文句曾被稷下道家所引述，則由《管子》書中〈樞言〉、〈白心〉等篇可以為證。王叔岷老師曾說：「五十年前，岷曾撰〈管子襲用莊子舉正〉一文，所舉《管子》與《莊子》相關之文約二十條（未發表）。」他在近作《先秦道法思想講稿》書中曾列舉主要的七條，以見在論道問題，修養、處世、乃至生死問題，《管子》所受莊子思想的影響㈧。《管子》書引用《莊》之文，最明顯的有這幾條：㈠《管子・白心篇》（「白心」，蓋取《莊子・人間世篇》：「虛室生白」之義。「虛室」，喻心）：「為善乎無提提，為不善乎將陷於形。」《莊子・養生主篇》：

「為善無近名，為惡無近刑。」即《管子・白心篇》二句所本。㈡〈白心篇〉：「故曰：功成者隳，名成者虧。孰能棄名與功，而還與眾人同。」《莊子・山木篇》：「功成者隳，名成者虧。孰能去功與名，而還與眾人。」〈白心篇〉既言「故曰」明是引自《莊子》。㈢《管子・樞言篇》：「故曰：有氣則生，無氣則死，生者以其氣。」《莊子・知北遊篇》：「人之生，氣之聚也。聚則為生，散則為死。」《管子》既言「故曰」，亦明是引自《莊子》。凡此，可以見出莊子對稷下道家有所影響。此外，《管子・心術》：「能專乎？能一乎？能毋卜筮而知吉凶乎？能止乎？能已乎？能毋問於人而自得之於己乎？」《管子・內業》：「能摶乎？能一乎？能無卜筮而知吉凶乎？能止乎？能已乎？能勿求諸人而得之己乎？」而《莊子・庚桑楚》亦云：「老子曰：衛生之經，能抱一乎？能勿失乎？能無卜筮而知吉凶乎？能止乎？能已乎？能舍諸人而求諸己乎？」《管》書與《莊》書互見重出，這裏又是一個顯例。於此可見莊子學派與稷下道家有所交流。而《黃帝四經》的出土，我們又在《十大經》的最後一段文字中看到這樣的語句：「能一乎？能止乎？能毋有已，能自擇而尊理乎？」這些語句，在文義上與上下文之間是整體而完足的。而且，《十大經》的成書要早於《莊子・庚桑楚》和《管子・內業》與〈心術〉。還有一點值得我們留意的是：〈庚桑楚〉引述之文稱「老子曰」。而戰國中期的道家已將黃、老混同起來，例如《列子・天瑞篇》曾引《老子》之文而稱《黃帝書》，這個旁證，或可說明《莊子・庚桑楚》的引文是來自黃老之作。

總之，莊子後學已有吸收黃老思想的痕跡，最明顯的莫過於〈天道篇〉第三節「夫帝王之德」至「非上之所以畜下也」一大段。此外，〈在宥篇〉的最後一段：「賤而不可不任者，物也」至「主者，天道也；臣者，人道也。天道之與人道也，相去遠矣，不可不察也」這一大段明顯是黃老思想。以前我寫《莊子今註今譯》時將它們刪除，現在看來，莊子後學確曾受到黃老思想的影響，帛書《黃帝四經》的出土，更加修正我以前的看法。

《莊子》一書的形成年代約在百年之內，莊子本人在中青年時代就可能有作品問世（孟子要到晚年才退而與萬章之徒著書立說，這在《史記》有明文記載）。其後學之作較晚的〈盜跖篇〉，不晚於戰國後期（年前《文物》發表在荊州出土戰國竹簡〈盜跖〉可以推翻「古史辨」學者疑〈盜跖篇〉作於兩漢之說）。一般來說，《莊子》外雜篇成書晚於內篇，戰國中後期是道家黃老派成為百家爭鳴中的主潮，這一思潮對莊子後學有所衝擊，也是很自然的。

五、《黃帝四經》與《易傳》的關係

《易傳》的解《易》受到當時哲學思想的啟發，這在作品中有充分的反映。三〇年代以來曾有極少數學者指出《易傳》在宇宙觀方面，來自於老莊哲學。晚近，我們才注意到在哲學思維方式上（如天道推衍人事的思維方式及天地人一體觀），《易傳》受到黃老道家的重大影響。而《繫辭傳》之抄錄《黃帝四經》中的文句，尤足為證。

《易傳》與道家的關係，最初引起我興趣的是《繫辭傳》裏出現如此之多的老子思想及其概念，甚而有的語句也模仿《老子》（如「其孰能……哉」，「古之……」，「是以……」乃《老子》書中慣用的語法）。以此，我在一九八八年寫了〈易傳・繫辭所受老子思想的影響〉。接著，我又發表〈易傳・繫辭所受莊子思想之影響〉和〈彖傳與老莊〉等文。其後，我由於對稷下道家和《黃帝四經》的研究，逐漸注意到黃老思想在《易傳》中的體現。

在《易傳》的七個傳中，《彖傳》的寫作最早，它成書約在戰國中期孟、莊之後，《彖傳》的主體部分乃是自然觀、宇宙論。中國古代的宇宙論始建於老子，發揚於莊子學派與稷下道家，為《彖傳》所繼承發展，而戰國中期以前的孔孟儒學，則未涉及自然觀、宇宙論。孔孟大儒以禮學與仁學為核心，遍查《彖傳》全書，卻沒有出現過一個「仁」字，也沒有出現過一個「禮」字。反之，《彖傳》中重要的哲學概念：「天行」，「剛柔」，「陰陽」等範疇，均源於道家著作，尤其屢見於黃老道家作品中。如「天行」概念（「天行」，指天體或自然的運行變化及其規律，這是道家自然哲學上的重要概念），最早見於《黃帝四經》，《十大經・正亂》：「夫天行正信，日月不處，啟然不怠。」此外，見於《莊》書的〈天道篇〉、〈刻意篇〉及《管子》的〈白心篇〉。有趣的是，這概念全出現在黃老思想色彩的作品中。「剛柔」是《彖傳》中的另一個重要概念，《黃帝四經》出現十一次。「陰陽」概念，《四經》出現四十七次之多，而孔孟著作則既不談「陰陽」，亦不見「剛柔」。再則，尚陽思想與待時而動的觀念，《彖傳》也完全繼承黃老道家，前者見於稷下黃老作品《管子·樞言篇》，後者屢見於《黃帝四經》（《四經》一書「時」的概念多達六十五見），司馬談《論六家要旨》稱讚道家的一大特長為善於掌握時機（「與時推移」），指的就是黃老道家。

饒有意趣的是，我們將《黃帝四經》與《繫辭傳》對照，發現不少互見重出之處，這反映了它們在思想觀念上的一些內在聯繫。成書於戰國後期的《繫辭傳》在許多重要的思想觀念上繼承著稷下道家、黃老思想而發展，如眾所周知的精氣說是取自稷下道家；「天尊地卑，貴賤位矣」，這種天道推衍人事的思維模式本於道家——尤其是黃老道家㊈。而「貴賤位矣」的觀念屢見於《黃帝四經》（如《經法·道法》宣稱：「貴賤有恒位」、「貴賤之恒位」，〈君正〉指稱：「貴賤等」、「貴賤有別」，《十大經·果童》進一步強調：「貴賤必諶」）；《繫辭》的動靜觀、陰陽觀、剛柔說、三極之道以及尚功思想，都受到黃老道家深刻的影響。我們再將《繫辭傳》與《黃帝四經》兩書原文仔細對比，就會發現《繫辭》裏有不少文句與《黃帝四經》相同或相近之處，茲舉數例為證：(1)《經法·國次》：「天地位，聖人故載」，《繫辭》引作：「天地設位，聖人成能」。⑵《經法・六分》：「物曲成焉」，《繫辭》引作：「曲成萬物」。⑶《十大經・本伐》：「方行不留」，《繫辭》引作：「旁行而不流」。⑷《稱》：「釁論天地之紀」，《繫辭》引作：「彌綸天地之道」。其他相近的句例也可發現，如：《經法・道法》：「明於天之反，……察於萬物之終始」，《繫辭》則作：「明於天之道，察於民之故。」《經法・君正》：「地之本在宜」，《繫辭》則作：「與地之宜」。凡此，可見《繫辭》作者熟讀《黃帝四經》。

六、從出土文獻重新評估黃老之學

戰國黃老學派的發展，向來為學界所忽略，主要的一個原因是黃老派「稷下先生」的著作多已亡佚，而殘存的作品亦被誤判為僞書。近十年來，由於馬王堆漢墓帛書的陸續公布，使我們對先秦黃老學派有了新的認識。除了上述《黃帝四經》之外，尚有多種與黃老思想有關的帛書，茲分項介紹如下。

㈠帛書《老子》甲本卷後古佚書《伊尹・九主》亦屬黃老學的佚文

《伊尹・九主》是一篇政治性較強的論文，它和《管子・七臣七主》一文有直接的聯繫，余明光教授認為〈七臣七主〉一文是藉鑒於〈九主〉寫成的。我們再把《黃帝四經》和《伊尹・九主》兩件帛書對比，仍可發現它們之間有不少相同或相似之處，如：⑴〈九主〉的「天企」和《四經》的「天開」觀念相同。〈九主〉云：「天不失企（啟），四綸（是）則」與《十大經・順道》云：「大庭氏之有天下也，不辨陰陽，不數日月，不志四時，而天開以時，地成以財。」可以看出兩者之間在思想上的聯繫。「天企」（啟）與「天開」同義，魏啟鵬教授認為「天啟」是商周時期天命觀的重要內容之一⑩。⑵天、道「無朕」、「無端」說法一致。〈九主〉云：「天無勝（朕），……天不見端，故不可得原，是無勝（朕）。」《十大經・前道》云：「道有原而無端」。用「無端」、「無朕」形容天與道，兩者近似。⑶兩書都強調「明分」。〈九主〉云：「法則明分」。又說：「法君明分，法臣分定」。《四經・道原》：「分之以其分，而萬民不爭。」⑷兩書都強調「無為」。〈九主〉云：「以無職並聽有職」、「佐主無聲」。《十大經》云：「形恒自定，是我愈靜。事恒自施，是我無為」。〈九主〉之作，約在戰國中期或稍晚⑪，當在《黃帝四經》成書之後。

㈡《易》說古佚文《繆和》中的黃老思想

馬王堆出土的漢墓帛書，至今已迄二十年，部分說《易》的佚書尚未正式公布，目前在我主編的《道家文化研究》第三輯馬王堆帛書專號中，首次公布了帛書《二三子問》、《易之義》、《要》以及帛書

《繫辭》的釋文。所剩帛書《繆和》、《昭力》兩篇，未及刊出。這兩篇古佚《易》說，雖未問世，我有幸閱讀到原件的釋文，寫了〈帛書繆和、昭力中的老學與黃老思想之關係〉一文，在《道家文化研究》第三輯刊出。這兩篇古佚《易》說，不僅吸收了許多《老子》的觀念，也表現出不少黃老的思想，現在只就《繆和》與《黃帝四經》兩者的聯繫加以對照。如(1)《繆和》云：「古之君子，……上順天道，下中地理，中〔合〕人心」。相同的說法亦見於《黃帝四經》，《十大經・前道》：「治國有前道，上知天時，下知地利，中知人事。」相類的語句亦見《經法・四度》和《十大經・果童》。(2)《繆和》：「凡天之道，一陰一陽，一短一長，一晦一明，夫人道則之」。這思想繼承《黃帝四經》。《十大經・果童》有言：「天有恒幹，地有恒常，合〔此幹〕常，是以有晦有明，有陰有陽。」《經法・論》云：「天明三以定二，則一晦一明。」而《繆和》的「長短」，即《四經》的「贏絀」。(3)《繆和》云：「……〔動〕則有功，靜則有名。」「動」「靜」配合的觀點見於《黃帝四經》，《經法・亡論》云：「贏極必靜，動極必正」、《十大經・果童》云：「靜作得時，天地與之。」（按「靜作」即靜動）功名相抱的觀念也見於《四經》。《經法・四度》云：「名功相抱，是故長久」、《經法・論約》：「功合於天，名乃大成。」(4)《繆和》云：「諸侯無財而後有財，今吾君無身而後有財。」而《經法・六分》有言：「賤財而貴有知，故功得而財生；賤身而貴有道，故身貴而令行。」此外，在守愚、名實、趨時取福以及反對羣臣比周、擅權外志方面，都可看出帛書《繆和》承襲《黃帝四經》的思想脈絡之發展。

㈢《易》說古佚書《二三子問》、《易之義》、《要》中的黃老思想

以《黃帝四經》為代表的黃老思想，不僅在同一流派中有著重大的發展，即使在儒家的作品中也產生廣泛的影響。如近日公布的帛書《二三子問》、《易之義》、《要》等《易》說古佚書，在形式上是屬於儒學的作品，但在內容上則以黃老思想為主導。茲舉原文為證：

1.帛書《二三子問》全文約二千六百餘字，為戰國末至秦漢間儒生依託「二三子」與孔子對話，主要討論乾坤與卦爻辭的意義。這篇文章形式上為儒派之作，但對原始儒家的中心思想仁學與禮學卻無所闡釋，通觀全文其重要概念多出自黃老道家。例如：⑴文中反覆出現的「精白」這一概念，為道家所喜用，道家常說「抱素守精」，「素」，即「白」；莊子說「虛室生白」，亦即稷下道家所謂的「白心」（《管子・白心》）。「精」與「白」為莊子學派與稷下道家所普遍推崇，但《二三子問》中所標舉的「精白」概念，可能直接取自於《黃帝四經》。《四經》的第一篇《經法・道法》謂：「至素至精，……然後可以為天下正」。《經法・論》云：「寧則素，素則精，精則神」。《道原》云：「前知太古，後〔能〕精明」。「能精明」，或與「能精白」通。《二三子問》文末還說：「能精能白」，而「能精」一詞已見於

《道原》：「服此道者，是胃能精」。《黃帝四經》將守道稱為「能精」，從這裏可以了解《二三子問》所重視的這一概念乃源於黃老道家。⑵文中提到「黃帝四輔」以及「立三卿」之事，這一說法已見於較早的帛書《黃帝四經》。按《十大經·立命》講述黃帝「方四面」以及「立國置君、三卿」之事，此為《二三子問》所襲取。廖名春〈帛書二三子問簡說〉文中也認為「它寫成時，也受了戰國黃老思想的影響。……先秦儒家尊崇堯舜，《論語》、《孟子》、《荀子》諸書對堯舜的推崇盈篇累牘，但從不提及黃帝，更不會將黃帝置於堯前」。此說甚是。⑶文中強調務「時」，謂：「時至而動」。「動善時」的觀念源於老子（語見《老子》第八章）。黃老之學的先驅者范蠡強調要善於掌握時機，他說：「夫聖人隨時而行，是謂守時」，又說：「聖人之功，時為之庸（用）」。在《黃帝四經》中更加強調，「時」字出現多達六十五見，散見全書。《二三子問》中之務「時」（「時至而動」）乃繼承黃老思想而來。⑷文中將天地人與鬼神並提，謂：「天亂驕而成嗛（謙），地徲驕而實嗛（謙），鬼神禍（驕而）福嗛（謙），人亞（惡）驕而好（嗛（謙））」。」這是抄襲《彖傳》釋《謙》卦。而天、地、人與鬼神並舉之例，較早見於稷下黃老之作《管子·樞言》：「天以時使，地以材使，人以德使，鬼神以祥使。」更早屢見於帛書《黃帝四經》（如《十大經》的〈前道〉與〈行守〉），這一黃老學派的說法，為《二三子問》作者所接受。⑸《二三子問》文中，「廣德」一詞，源於老子（見《老子》四十一章）。慎戒驕，高的觀念謂：「驕下而不殆者，未之有也。聖人之立正也，若遁（循）木，俞（愈）高俞（愈）畏下」，亦源於老學。「德與天道始，必順五行」，這是黃老思想的表述。

2.帛書《易之義》全文約三千一百字，可能也是戰國末至秦漢間作品。句首「子曰：易之義」，全文均為依託於經師之言而立說。《易之義》首先引起我們注意的是：帛書本《繫辭》比通行本少約近千字，而通行本增加的字數約計五四六字，竟出自《易之義》——其中如「三陳九德」以及「《易》之興，與文王之事」等重要段落，均見於《易之義》（疑通行本的形成可能在漢武帝置五經博士期間，其編纂或與經學博士的設置有關，為編定本，乃自帛本的基礎上抽取《易之義》與《要》篇的若干段落補續而成）。再則，《易之義》文中亦散見黃老思想。如：⑴它通篇的重點在於以「陰陽」解易，這是出於道學的傳統。蓋儒家著作無論《論》、《孟》、《學》、《庸》，均無一字言及陰陽。朱伯崑教授在《易學哲學史》曾說：「從《莊子・天下》……解易的傾向看，以陰陽變易說明《周易》原則，是可以肯定的。此種解《易》的傾向，不是出於孔子的傳統，而是來於春秋時期史官的陰陽說。此說後被道家和陰陽家所闡發，用來解釋《周易》的哲學。」此說甚確。⑵《易之義》將陰陽概念與剛柔、動靜結合——陰陽相感、剛柔相濟、動靜互涵，這是道家黃老派在論述自然法則與人事規準時反覆強調的。⑶《易之義》將剛柔與文武並舉，文中對「文、武」概念之闡釋，明顯是沿襲《黃帝四經》而發揮的。在先秦諸子典籍中，「文」、「武」並提始見於帛書《四經》，《經法・四度》有言：「動靜參於天地謂之文，誅禁時當謂之武。靜則安，正則治，文則明，武則強。……文武並立，命之曰上同」。又說：「二文一武者王」。《易之義》的「文、武」觀念明顯是繼承《黃帝四經》而發展的。⑷《易之義》使用「神明」概念，亦源於道家。「神明」一詞，為莊子所喜用，且見於《黃帝四經》，如《經法・名理》篇首便說：「道者，神明之原也。神明者，處於度之內而見於度之外者也。……神明者，見知之稽也。」可見黃老學之推崇「神明」。

3.帛書《要》全文約一千六百餘字，成書當在西漢前期。《要》文中有言：「《尚書》多於（闕）矣，《周易》未失也。」這話反映了秦火之後的情況。因秦焚《詩》、《書》而不及《周易》，故而說《尚書》多缺失而《周易》無損。而且，《尚書》乃漢以後的名稱（「尚」即上，指上古之書），戰國以前皆稱《書》，先秦典籍可以為證。《要》篇中的黃老思想，如：⑴貴身益年之說（「安得益吾年乎？……□而貴之」，「君子安其身而後動，易其心而後評，定位而後求」），為楊朱及黃老中的一派所重視（如稷下道家保存在《管》書的〈內業〉、〈心術〉等篇）。⑵剛柔相濟之說（「易剛者使知瞿（懼），柔者使知剛」），較早見於帛書《黃帝四經》。⑶天道、地道、人道三者並舉，並謂「天道」——「不可以日月生（星）辰盡稱也，故為之以陰陽」，「地道」——「不可以水火金土木盡稱也，故律之以柔剛」。這種思想也見於黃老著作中。

七、從《黃帝四經》與傳世文獻看黃老思潮

道家黃老派與老莊一系的最大不同，在於它的援法入道。黃老思想的起源或可能早於稷下道家，但它的盛行於全國各地而成為戰國的顯學是因著稷下道家的倡導。倡導黃老學說的各家彼此間雖仍有歧異，但多推崇老子的道論或自然無為說，同時強調形名法度的重要性。從這共同主張看來，現存《尹文子》、《鶡冠子》、《文子》，固然是典型的黃老著作，而現存《申子》、《慎子》的輯本，仍可視為黃老學派之作。這些作品的學派性質和真偽問題，需要在這裏作一點說明。

《文子》等著作，曾被古史辨派學者誤判為偽書，所幸河北定縣已有《文子》殘卷出土，則偽書之說得以澄清。《鶡冠子》、《尹文子》也有專家學者結合出土帛書（如《黃帝四經》等）論證其非偽書。㊂從《黃帝四經》的關係上來說，《文子》、《鶡冠子》與它的內在聯繫最為密切，兩書與《四經》重出互見之處觸目皆是。依唐蘭先生列舉的引文對照表，高達二十三處，《鶡冠子》徵引《四經》多達十七處（每處徵引二至十餘文句不等）。《尹文子》是尹文學派的作品，這書的黃老色彩比《慎子》較為明顯。卷首云：「大道無形，稱器有名」，《繫辭傳》即謂：「形而上者謂之道，形而下者謂之器」或直接本於

此。《尹文子》書中引《老子》六十二章文：「道者，萬物之奧，善人之寶，不善人之所保」。認為：「是道治者，謂之善人；藉名法儒墨者，謂之不善人」，這裏強調「道治」。並謂：「大道治者，則名法儒墨自廢；以名法儒墨者，則不得離道。」《尹文子》把「道治」凌駕於名法儒墨之上，它以「道治」為主導，故而認為：「人君之事，無為而能容下」。（見《說苑・君道》）尹文一派反對人治，主張法治，書中記錄彭蒙的一段談話說：「聖人者，自己出也；聖法者，自理出也。理出於己，已非理也；己能出理，理非己也。故聖人之治，獨治也；聖法之治，則無不治矣。」這是黃老學派的一段極為精闢的言論。《尹文子》的最大特色，是從道家立足點出發，闡發了「正名」的形名學說和名為法用的政治思想。這種宣揚道法形名的學說，正是稷下道家黃老學派的共同處。

《慎子》的黃老色彩，不如《尹文子》明顯，但它的「因道全法」的思想，仍是屬於黃老學派的。司馬談《論道家要旨》，謂「其術以因循為用。」《慎子》有〈因循篇〉，闡揚因循之義云：「天道因則大，化則細，因也者，因人之情也。」「因人之情」，正合道家之旨。而「因天道而順人情」——這種以天道為準則而推及人事的思想，正是黃老之學的一大特點。慎子主張：「君臣之道，臣事事而君無事」，這種「君道無為」、「臣道有事」的思想，正是黃老派對老子思想的發展。慎子主張：「以道變法」（《藝文類聚》卷五十四引）這與《黃帝四經》：「道生法」的觀點是一致的。而《慎子》徵引

《四經》之文約五處（如《十大經・本伐》：「諸庫藏兵之國，皆有兵道」。《慎子》引作：「藏甲之國，必有兵道」。《稱》云：「不受祿者天子弗臣也，祿泊者弗與犯難。」《慎子・因循》引作：「是故先王見不受祿者不臣，祿不厚者不與入難。」此外，《稱》中「故立天子（者不使）諸侯疑焉」、「天有明而不憂民之悔也」及「臣有兩位者其國必危」三段文字，亦俱見於《慎子》殘篇內）。凡此可見兩者的內在聯繫。

申不害是介於道、法之間的人物。《史記》稱：「申子之學，本於黃老」，又說：「太史公曰：申子卑卑，施之於名實」。申子是否依託於黃老而立說，不得而知，但從殘存的《申子》輯文來看，它之推崇老學是無疑的㊂。其引形名法治入老學，大體上合於黃老派思想，但申子之學能否稱為黃老之學，則有爭議。

綜上所論，帛書《黃帝四經》與戰國中期以後的學術流派有不可分割的關係，它和《管子》、《慎子》、《文子》、《鶡冠子》有著更為緊密的內在聯繫。而《黃帝四經》和《易傳》的某些思想脈絡的發展，尤為值得深入研究的嶄新課題。

八、古代道家的現代化

黃老學說崛起於稷下而獨盛於戰國，稷下道家著述繁多，到漢代還流傳著，其後由於獨尊儒術，在攻乎異端的空氣下，黃老道家則首當其衝受到排斥，以致著作難以保存於後世。長期以來，由於稷下道家典籍的盡多亡佚，致使先秦黃老之學幾近淹沒，所幸馬王堆大批漢墓帛書出土，而其中埋藏二千年之久的《黃帝四經》得以重見於世，從這部目前所能看到的最早黃老作品為基準，可以窺見先秦黃老之學的發展概況。茲將戰國黃老學派著作列表於下：

《黃帝四經》

- 馬王堆帛書《伊尹・九主》
- 《管子》（《管》書中〈心術〉上、下、〈內業〉、〈白心〉、〈水地〉、〈樞言〉、〈宙合〉、〈形勢〉、〈勢〉、〈正〉、〈九守〉、〈四時〉、〈五行〉等篇皆屬稷下道家黃老之作）
- 《尹文子》
- 《慎子》
- 《莊子》（黃老思想曾滲入莊子後學見於《莊》書〈天地〉、〈天道〉、〈天運〉、〈在宥〉等篇若干段落）
- 環淵著《蜎子》十三篇、田駢著《田子》二十五篇、接子著《捷子》二篇、宋鈃著《宋子》十八篇。（稷下道家眾多著作保存至漢代，今已佚失）
- 《文子》
- 《鶡冠子》

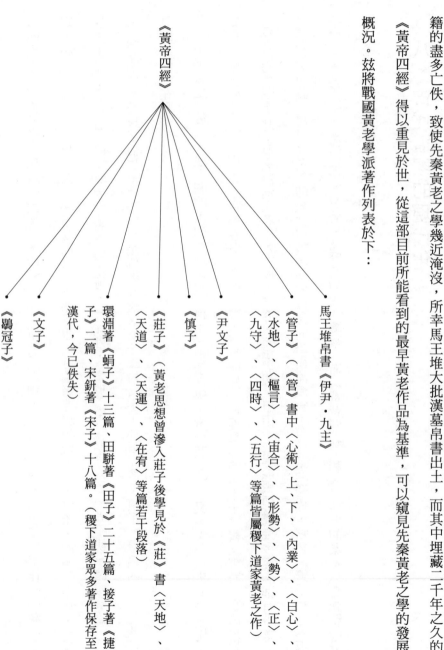

此外，根據《漢書・藝文志》的記載，尚有：《太公》二百三十七篇、《鬻子》二十二篇、《黃帝君臣》十篇、《雜黃帝》五十八篇、《力牧》二十二篇，這些較可能都是屬於黃老學派的作品。而一九七三年河北定縣已出土竹簡《太公》，惜迄未公布。從以上所舉黃老之學的著作篇目之多，也可見出黃老道家在戰國的盛況。

再則，從《管子》和《呂氏春秋》這兩部最具有時代總結性的巨著中，也可反映出道家（尤其是黃老學派）在戰國思想史上所占的突出地位。《管子》是一部反映戰國百家爭鳴的言論總匯，《呂氏春秋》則是作為先秦各家融合趨向的思想總結。這兩部具有時代經驗與智慧特色的著作，都顯示出道家在哲學思想的領域裏占據著主體的地位。

另方面，從先秦儒家集大成者的荀子著作中所受稷下道家的深刻影響，以及先秦法家集大成者的韓非所受黃老思想的巨大影響，也充分反映了道家黃老學派的熾盛景況。

此外，從道家文獻出土之豐富，也可證實老學及黃老之學的主導地位。馬王堆出土的這批珍貴帛書，確實是「道家學派的資料匯編」㈣。《老子》甲、乙本及《黃帝四經》之震撼學壇固不用說，新近帛書《繫辭》之全文公布，可以看出它是現存最早的道家抄本㈤，而其他《易》說類的佚書《二三子問》、《易之義》、《要》及《繆和》、《昭力》等，則全都滲透著濃厚的黃老思想。

總之，由於馬王堆珍貴文獻的出土，給我們在道家研究上帶來了一個新的方向。長久以來，人們一提起道家，就聯想到老莊。除此之外，戰國初期「天下之言不歸楊即歸墨」的楊朱學派固然被一筆帶過，而影響莊子頗深的列子，其學派之作《列子》，竟人云亦云地誤判為魏晉之作。至於作為百家爭鳴中取得主導地位的黃老道家，更少人討究。由於馬王堆《黃帝四經》等珍貴帛書的出土，結合傳世典籍，給我們在老學、莊學重作評估的同時，也給我們在黃老之學的興盛與發展帶來了新的研究課題：老學在經歷百餘年之後，不僅在莊學中獲得了無限的發展，也在黃老之學中獲得了巨大的生命力。「黃老獨盛」的局面，在中國思想史上延續了三、四百年之久，它建構了一個具有強大活力的政治哲學——在這方面一直影響到漢代董仲舒㈥；它建構了一個相當完整的宇宙論，並發展了道家獨特的思維方式（天道推衍人事的思維方式與循環往復的思維方式）——在這方面對《易傳》有著難以估量的影響。對於先秦黃老道家的重新認識與評估，也為先秦道家主幹說提供了更為堅強的論據。

在中國哲學史上，儒家經歷過三次重大的質變，第一次重大的質變是先秦的荀子，第二次重大的質變是漢代的董仲舒，第三次重大的質變是宋明理學。前兩者是直接受到黃老道家的啟迪與滲透，荀子的自然哲學與認識論，直接繼承稷下道家，董仲舒的天道觀亦沿襲黃老思想。從哲學思想方式與理論建構的角度來看，儒學的發展過程其深層結構實為道學化的過程。儒學的道學化是另一個有待發掘的新課題。

黃老獨盛於秦漢數百年之久，自有其時代的必然因素，值得我們深入探討。

諸子起於救世之弊，各家關切的一個重大的議題便是制度改革的問題，老子首先批評行之已久而弊端叢生的舊制度，孔子則欲圖在體制內作若干改良而多方維護不合時宜的禮制，墨子則針對孔儒對宗法「親親」之政的曲意堅持，猛烈抨擊「骨肉之親，無故而富貴」的血緣政治。對於制度改革以及施政方案的爭論，諸子的見解雖各有所長，但儒家滯於拘泥守舊㈦，墨家流於自苦為極，法家則過於嚴酷絕情，在這方面司馬談在《論六家要旨》中有過敏銳的觀察，他指出：「儒者博而寡要，勞而少功，是以其事難從。……墨者儉而難遵，是以其事不可偏循。……法家嚴而少恩。」百家中，唯有道家能博採眾長而發揮自己的特點。司馬談論說：「道家使人精神專一，動合無形，贍足萬物。其為術也，因陰陽之大順，采儒、墨之善，撮名、法之要，與時遷移，應物變化。立俗施事，無所不宜。指弱而易操，事少而功多。……其術以虛無為本，以因循為用。無成勢，無常形，故能究萬物之情，不為物先，不為物後，故能為萬物主。」

司馬談所說的道家，主要是指黃老派道家。道家各派雖多分歧，但有容乃大的精神，卻是共同特有的。黃老派正繼承老子「容乃公」的開放心態，一方面發揮本身的長處，另方面吸收各家的特點。所謂「因陰陽之大順，采儒墨之善，撮名法之要」，正是融合他人之所長；而「精神專一」為道家各派所專注持修的生命內在之凝聚力，「指約而易操，事少而功多」，正是《黃帝四經》所說的：「夫百言有本，千言有要，萬言有總。」（《十大經・成法》）把握事理的「總綱本要」，正是黃老道家的一大突出的優點。這一點班固在《漢書・藝文志》裏也再度加以肯定（「道家……知秉要執中」）。「與時遷移，應物變化」，則是黃老道家的另一個特出的優點。《黃帝四經》有言：「聖人不朽，時反是守」、「聖人之功，時為之庸」，「因時秉〔宜，兵〕必有成功」、「靜作得時，天地與之」，這些都是黃老派的名言。黃老道家的重「時」，在哲學上對《易傳》有深刻的影響，在政治上講時功、重時效及其善於掌握時機，這正是黃老派在現實上取得數百年主導地位的重要因素。

總之，以「道法」為其中心思想的黃老派，一方面繼承老子的道論，同時又引進時代所急需的法治觀念，兩者結合，以推動先秦政治體制的改革。老子之「道」以「無為」為特點，所謂「無為」，即是縮減領導意志，任各物自生、自化、自成、自長。老子的「道」，具有濃厚古代民主性、自由性的訊息，這為黃老派所全面接受，並進而援法入道提出「道生法」的主張。「道法」結合，也正是古代民主性、自由性與法治的結合。這是古代道家現代化的重大課題。

【註釋】㈠李學勤：〈鶡冠子與兩種帛書〉，刊在陳鼓應主編，香港道教學院主辦《道家文化研究》第一輯，上海古籍出版社一九九二年。㈡高亨、池曦朝〈試談馬王堆漢墓中的帛書老子〉，載《文物》一九七四年第一一期。㈢顧頡剛：〈周公制禮的傳說和周官一書的出現〉，北京中華書局《文史》第六輯。㈣馮友蘭：《中國哲學史新編》。㈤學者多主張黃老思想淵源於齊，晚近青年學者王博獨持異議，請參看王文〈論黃帝四經產生的地域〉，《道家文化研究》第三輯馬王堆帛書專號。㈥見吳光著：《黃老之學通論》第八四至八九頁，浙江人民出版社一九八五年版。㈦參看江榮海：〈慎到應是黃老思想家〉，《北京大學學報》一九八九年第一輯。㈧王叔岷先生：《先秦道法思想講稿》。㈨天道推衍人事的思維方式，遍見於《黃帝四經》，舉例如下：〇《經法・道法》：「天地有恒常，萬民有恒事，貴賤有恒立（位）。」⑩《經法・國次》：「天地無私，四時不息。天地立（位），聖人故載。」⑪《經法・君正》：「因天之生也以養生，胃（謂）之文，因天之殺也以伐死，胃（謂）之武。」⑫《經法・四度》：「動靜參於天地胃（謂）之文。」「因天時，伐天毀，胃（謂）之武。」「極而反，盛而衰，天地之道也，人之李（理）也。」⑬《十大經・兵容》：「兵不刑天，兵不可動。不法地，兵不可昔（措）。……天地刑（形）之，人因而成之。」⑭《十大經・三禁》：「天道壽壽，番（播）於下土，施於九州。是故王公慎令，民知所由。天有恒日，民自則之。」⑮《十大經・前道》：「聖人舉事也，闔（合）於天地，順於民。」⑯《十大經・順道》：「慎案其眾，以隋（隨）天地之從（蹤）。」⑰《稱》：「知天之所始，察地之理，聖人麋論天地之紀。」⑱《稱》：「凡論必以陰陽明大義。天陽地陰，……上陽下陰，男陽女陰，……諸陽者法天，天貴正，……諸陰者法地，地〔之〕德安徐正靜，柔節先定，善予不爭。」⑩參看魏啟鵬：〈前黃老形名之學的珍貴佚篇——讀馬王堆漢墓帛書伊尹・九主〉，陳鼓應主編《道家文化研究》第三輯。⑪見余明光〈帛書伊尹・九主與黃老之學〉，《道家文化研究》第三輯。⑫有關《尹文子》的辨偽和論述的文章，請參看胡家聰：〈尹文子與稷下黃老學派〉（刊在《文史哲》一九八四年第二期），〈尹文子並非偽書〉（刊在《道家文化研究》第二輯）。⑬《申子》中沿用《老子》思想觀念者頗多，舉數例為證：①「故善為主者，倚於愚，立於不盈，設於不敢，藏於無事，……示天下無為」。《申》文此處所用「愚」、「不敢」、「無事」、「無為」，皆為《老子》習用語詞。②「名自正也，事自定也，是以有道者自名而正之，隨事而定之也」。此處「有道者」、「自定」，亦為《老子》常用語詞。③「天道無私，是以恒正，天道常正，是以清明；地道不作，是以常靜。……」此處所用「天道無私」、「正」、「明」、「靜」見於《老》書中。④「治亂安危存亡，其道固無二也。故至智棄智，至仁忘仁，至德不德，無言無思，靜以待時，時至而應，心暇者勝，反應之理，清靜公素而正始卒焉。……」⑭見陳松長：〈馬王堆漢墓帛書的道家傾向〉，《道家文化研究》第三輯。⑮詳見陳鼓應：〈馬王堆出土帛書易繫辭為現存最早的道家傳本〉，刊在《哲學研究》一九九三年第二期。收在《易傳與道家思想》書中。⑯從帛書《黃帝四經》看董仲舒與黃老之學的關係，晚近為中外學者所關注，請參看余明光：〈董仲舒與黃老之學——黃帝四經對董仲舒的影響〉（刊在《道家文化研究》第二輯）；薩拉・奎因（Sarah A. Queen）：〈董仲舒和黃老思想〉（刊在《道家文化研究》第三輯）。㊆司馬遷《史記》批評孟子，則說他「迂遠而闊於情事」。

關於帛書《黃帝四經》成書年代等問題的研究

本文論證馬王堆出土的《經法》等四篇古佚書，即《漢書．藝文志》所稱的《黃帝四經》，它的成書當在戰國中期，要早於《孟子》、《莊子》和《管子》四篇。由於這些古佚書的發現，使我們看到先秦黃老派最重要的一條線索——從《黃帝四經》、《管子》四篇、《伊尹．九主》、《尹文子》、《慎子》、《文子》、《鶡冠子》這一系列現存黃老著作中，可以窺見道家黃老派在戰國中期以後成為當時時代主潮而居於戰國至漢初數百年間的顯學地位。

考古學的成果經常會改寫古代思想史，古代文獻的出土尤其能起到這種作用。七〇年代，考古工作者在漢代的墓葬中發現了大批古代文獻，其中尤以一九七三年山東臨沂銀雀山出土的竹簡《孫子兵法》、《孫臏兵法》以及湖南長沙馬王堆出土的帛書《老子》甲乙本最受海內外學術界的矚目。但我個人以為，從思想史的角度來看，帛書《老子》乙本卷前的四種古佚書——《經法》、《十大經》、《稱》和《道原》的重要性，要超過帛書《老子》及兩種《孫子兵法》。之所以如此說，乃是基於如下的理由：

1.《經法》等四篇是現存最早的一部黃老學著作。

2.《經法》等四篇作品與作為稷下論叢重要代表作的《管子》，在概念、思想以至文句上都有非常多的相同或相似處。它和《管子》應是同類書，似乎出於同一個作者羣。

3.先秦到漢初引用它的古代典籍近三十種，多達一百餘處，由此可見其影響之大。

4.在黃老學派系統中，《管子》、《慎子》、《文子》、《鶡冠子》等都引用或大量引用此書。

5.法家的申不害和韓非都受到此書的重大影響。此外儒家的荀子及兵家的尉繚子等，也受到它的影響。

6.兩漢獨尊儒術的董仲舒，許多重要思想都來源於此書。由此我們可以了解黃老之學是董仲舒的一個重要思想來源㈠。

7.司馬談心目中的道家即是稷下黃老之學，他論道家主旨在很大程度上是基於此書。

8.由於《經法》等大量引用了范蠡的思想，因而此書的發現，實顯出范蠡在哲學史、思想史上的重要地位㈡。

9.該書引用了《老子》的大量文句，是老子思想的重要發展。由此我們可以知道，《老子》書形成得相當早，它在春秋末期即影響了范蠡，以後入齊，更結合了齊法家傳統。老子思想本就是入世的，這時就更為積極，這方面的一個重要表現就是道和法的結合。用我們現在的話來說，就是古代民主與法制的結合。

總結地說，《經法》等四篇的出土，使我們對黃老思想發展的脈絡與規模有了一個更深入的瞭解。同時也認識到黃老之學不只是發展興盛於漢初，而且在戰國中後期就已經成為顯學。以下，我們就探討一下有關《經法》等四篇的幾個問題。

一、書名問題

《經法》等四篇既然如此重要，那我們首先就會討論到它的書名問題。在這方面，唐蘭先生的意見最值得重視㊂。他認為，《經法》等四篇就是《漢書・藝文志》道家類中的《黃帝四經》，其主要論據為：第一，四篇雖體裁各異，但互為聯繫，構成一個整體。且一共四篇，與《黃帝四經》篇數相合；第二，帛書抄寫於漢文帝初期，處在宗黃老的氣氛中，抄在《老子》前面的有關黃帝之言，只有《黃帝四經》才能當之；第三，《隋書・經籍志》云：「漢時諸子道書之流，有三十七家……其黃帝四篇、老子二篇，最得深旨」，此所謂「黃帝四篇」，顯然指《黃帝四經》而言。這更可證明抄在《老子》前面的四種古佚書為《黃帝四經》。

唐文發表後，有些學者提出了不同的看法，如以《經法》四篇為田駢遺著，或以第二種佚書《十大經》為《黃帝君臣》、《黃帝外經》，但或因篇數不合，或因主旨相異，這些看法都未能為學界所接受。從目前來看，仍然是唐蘭先生的說法論據為最強，影響也最大，為多數學者所接受。如余明光先生著書即以《黃帝四經》為名，後又撰文加以考證。現在看來，《經法》等四篇就是《漢書·藝文志》記載的《黃帝四經》，應無大問題。只有這樣，我們才能理解這四篇在古代思想史上的重要地位，才能理解司馬談在論述道家時，為什麼在很大程度上是依照了這四篇的文字。

《經法》等四篇雖是《漢志》記載的《黃帝四經》，但是，漢代人稱其為《黃帝四經》是否恰當，仍然是一個值得討論的問題。從歷史上來看，黃帝只是一個傳說中的人物，其事跡多為附會。而且在較早的記載中（《左傳》、《國語》、《逸周書》、竹簡《孫子兵法》等），黃帝的傳說多與戰爭有關，《十大經》之依託黃帝，當與其主張通過戰爭來統一天下有關。但是，在《經法》等四篇中，這僅僅是一部分內容。從哲學理論來看，它們基本上是從老子（及范蠡）出發，以老子思想為基礎的。文中雖未有標明是直接引用《老子》，但是整個四篇都可以看出是已經融化了《老子》。這種依託黃帝、而又以老子學說為基礎的作品，正是漢代人所說的黃老之言。由此可見，漢代人命名的《黃帝四經》，究其實不如稱為「黃老四經」更為恰當。不過，為了與《漢志》記載相吻合，本文姑且稱《經法》等四篇為帛書《黃帝四經》。

這裏順便討論一下「黃學」及「新道家」等說法。有很多學者以《經法》等為「黃學」的代表作，並把它和「老學」平行甚而對立起來，這是欠妥的。「黃學」的提法之所以出現，當然是由於《十大經》中有依託黃帝的文字，但是，當時依託「黃帝」的著作非常多，如與《黃帝四經》同墓出土的房中養生著作《竹簡十問》中就有「黃帝問於天師」、「黃帝問於大成」、「黃帝問於曹敖」、「黃帝問於容成」等段落，《天下至道談》中也有「黃帝問於左神」一段[四]。另外，像《列子》、《莊子》中也有許多依託黃帝的段落。如果我們看一下《漢書・藝文志》，就會發現大部分學派都有依託黃帝的著作，據余明光先生統計，共有十二類二十六種之多，其中包括道家、陰陽家、兵家、小說家以及天文、曆譜、五行、醫經、房中、神仙等等，如果提出「黃學」的概念，應該包括所有這些內容。但這樣一來，「黃學」就成了很多雜而無統的東西的合稱，沒有一個明確一貫的主旨。因此，「黃學」概念的提出並不恰當。另外一個就是「新道家」。有人稱黃老之學為新道家，也不合適。這種提法的出現，是以老莊為道家的正宗和早期形態，而黃老之學只是興起於漢初為前提的，但現在隨著帛書《黃帝四經》的出土，以及人們對道家認識的深入，那樣的前提已經不能成立了。事實上，黃老之學之出現可能比莊子還要早，這當然就無所謂「新」可言了。而且，道家的正宗，如果按照漢代人的看法，再衡之於先秦思想史的實際，正是老學和黃老之學，而不是世人常說的老莊。這樣的話，新道家的提法也就不能成立了。

二、一人一時之作

先秦諸子作品多非一人一時之作，這個觀點目前已被學者們普遍接受。但是帛書《黃帝四經》則打破了這個一般觀念。這部書主要是一人一時之作。實際上諸子中的《老子》也是一人一時之作，司馬遷說老子自著道德之意五千言，應該是正確的。文體、文風、思想等的一貫與獨特可以幫助說明這一點。

說《黃老帛書》四篇是一人一時之作，主要是基於如下的事實：

第一，這四篇在思想上是一個整體，整本書以道、法為主，道是來源和基礎，法是準則。另外，四篇中一直貫穿著一些共同的思想觀念如道和天道、時和動靜、法度和刑名、陰陽和刑德以及天道環周論和天道推衍人事的思維方式等等。

第二，有些特殊的概念、詞句在四篇之間重出復見，從而更表現出整本書的內在聯繫。例如：

1.《經法》的〈道法〉和〈四度〉都有「稱以權衡」句，而此句亦見於《稱》篇。

2.《經法・道法》的「天地有恒常」句，也見於《十大經》的〈果童〉和〈行守〉。

3.「奪」和「予」相對使用，既見於《經法・國次》：「奪而無予，國不遂亡」，也見於《十大經》的〈兵容〉：「天固有奪有予」，及〈行守〉：「奪之而無予，其國乃不遂亡」。

4.《經法．國次》云：「毋陽竊，毋陰竊」，《十大經．觀》則云：「舉事毋陽察，力地毋陰敝。陰敝者土荒，陽察者奪光」。

5.「天極」的概念同見於《經法》的〈國次〉、〈論〉和《稱》篇。

6.「襦傳」「達刑」並見於《經法．亡論》及《十大經》的〈觀〉和〈兵容〉。

7.「天刑」一詞既見於《經法．論約》，又見於《十大經》的〈正亂〉及〈姓爭〉。

8.「過極失當」同見於《經法．國次》和《十大經》的〈正亂〉和〈姓爭〉。

9.《十大經．雌雄節》講「雌節」，《稱》也講「雌之節」、「柔節」。

10.《十大經．成法》云：「一者，道其本也」，《道原》云：「虛同為一，恒一而止」、又云：「一者其號也」。

11.《十大經．成法》云：「少以知多」，《道原》云：「握少以知多」。

12.《十大經．行守》云：「無形無名，先天地生」。《道原》云：「古無有形，大迥無名；天弗能覆，地弗能載」。

13.《十大經．順道》云：「安徐正靜，柔節先定」，《稱》云：「地之德安徐正靜，柔節先定」。

14.《經法．名理》云：「循名究理」，《十大經．成法》云：「循名復一」。類似的例子自然還有許多，這裏就不多舉了。我以為，以上這些已足以表明帛書《黃帝四經》出於同一手筆，所以它們之間才重複出現如此多相同的概念及語句。

三、成書年代

帛書《黃帝四經》應是黃老學派的最早著作，一般學者認為它成書於戰國末期，將它的時代拉晚了一、二百年。唐蘭先生根據司馬遷所說「申子之學，本於黃老而主刑名」等的記載，以及今存《申子》受《黃帝四經》影響的情況，推定它成書的下限是在申不害相韓，即西元前三五一年之前，是值得重視的。從各方面的情況來看，《黃帝四經》成書的年代相當早，應在戰國中期之前。

第一，《十大經・五正》曾說「今天下大爭」，可以判斷此書成於戰國時代。問題是戰國的哪一個時期，早期、中期、還是末期？這裏，《經法・六分》等多次提到「強國」、「中國」、「小國」，可能會為問題的解決提供一個線索。戰國末期，各小國已被幾個大國吞併，不存在強、中、小三類國家並存的情形。因此，《經法》中反映出並存情形，應是中期或以前的景象。

第二，從單詞發展到複合詞，是漢語詞匯演變的一個重要規律。例如，先有「道」、「德」、「精」、「神」、「性」、「命」等單詞的出現，然後才有「道德」、「精神」、「性命」複合詞的形成。以前，劉笑敢曾用此種方法考察《莊子》及其他先秦作品，發現《孟子》、《莊子》內篇及以前的《老子》、《論語》、《墨子》中均無以上幾個複合詞出現，而在《莊子》外雜篇、《韓非子》及《荀子》等中，則出現了這幾個複合詞㊄。由此我們大致可以歸納出這樣一個結論：戰國中期及以前的子書不使用「道德」、「精神」、「性命」等複合詞，而後期的子書則使用。根據這點來考察《黃帝四經》，「道」字出現八十六次，「德」字四十二次；「精」字九次，「神」字十四次；「性」字一次，「命」字十三次，卻無一例「道德」、「精神」或「性命」的複合詞出現。因此，從一般的情況來看，這四篇帛書應寫成於戰國中期或以前，至少與《孟子》、《莊子》內篇同時。

第三，《孟子》、《莊子》是戰國中期或稍後出現的兩部重要著作，我們可以來看一下它們與帛書《黃帝四經》的聯繫。首先看一下《孟子》，它與《經法》及《十大經》各有一相同之處。《孟子·告子上》云：「梏之反覆，則夜氣不足以存」，《經法·觀》云：「夜氣閉地繩者，所以繼之也」，這兩句話中都出現了「夜氣」一詞，在其他子書中並不多見。按小野澤精一《氣的思想》一書所持的看法，《孟子》中言「氣」的地方是受齊文化環境影響的結果㊅，則此處似亦不能例外。這裏可堪注意的是：《經法》中的「夜氣」，只是一個普通名詞，到了《孟子》則發展而為如「浩然之氣」那樣的一個重要概念。

比較起來，《莊子》和帛書《黃帝四經》之間的聯繫要稍多一些。《十大經·姓爭》中有「剛柔陰陽，固不兩行」之語，《莊子・齊物論》說：「是以聖人和之以是非而休乎天鈞，是之謂兩行」。「兩行」一詞在兩書中都有使用，比較起來，在《莊子》中要更為概念化，可能在《十大經》之後。又如《黃帝四經》常用「冥冥」來言道，如「虛無形，其裻冥冥」、「同出冥冥」（《經法・道法》）等，而《莊子・知北遊》云：「於人之論者，謂之冥冥，所以論道，而非道也」，似乎是對於《經法》等的反應。此外，如《十大經・行守》和《莊子・山木》都有「直木伐」一語，《經法・六分》所說「參之於天地，而兼覆載而無私也」，與《莊子・大宗師》的「天無私覆，地無私載，天地豈私貧我哉」亦相似。凡此似表明《黃帝四經》與《莊子》間可能存在一些聯繫，且前者年代比後者要早。

這裏，還可以談一下「氣」字在兩書中不同用法。在《莊子》中，無論是內篇還是外雜篇，氣都是一個非常重要的概念，《大宗師》說：「遊乎天地之一氣」，《知北遊》云：「通天下一氣耳」，《至樂》：「雜乎芒芴之間，變而有氣」，以氣為構成天地萬物的原初普遍物質。而在《黃帝四經》中，氣尚未成為一個獨立的範疇。由此可見，《黃帝四經》較《莊子》內外篇都要早。

第四，除《孟子》、《莊子》外，學者們更多關心的是《管子》（尤其是〈心術〉上下、〈白心〉和〈內業〉四篇）與《黃帝四經》的關係問題。兩書之間從概念、語句到思想傾向上的極多相似，很多學者都已注意到，我在下面也會提及。這裏，我想主要討論一下兩書孰先孰後的問題。我個人是以為《黃帝四經》要早於《管子》的，在這方面許多學者已經提出了許多有力的論據，如許抗生先生曾指出幾點：

1.《經法》講道「虛無形」，〈心術上〉說：「虛無無形謂之道」，「天之道，虛其無形。虛則不屈，無形則無所位迕，故遍流萬物而不變」。〈心術上〉所說顯然較《經法》進了一步。

2.《經法》等講「道」、「精」，《管子》書則進一步用「精氣」來規定「道」。

3.《經法》主張認識事物要「虛無有」，「無執也，無處也，無為也，無私也」。《管子》四篇更進了一步，提出了「靜因之道」的說法㈦。

王博在其博士論文中也提出了幾點理由：

1.《管子・白心篇》古本作「建當立有」，後人不明其義，多改字讀為「建常立道」或「建常無有」。實際上，「當」和「有」字並不誤。「當」在《黃帝四經》中是一個非常普遍的觀念，〈白心篇〉言「當」應即從那裏而來。另外，「立有」應即《十大經・觀》所說「立有命（名）」之義。

2.〈白心〉所說「故曰：祥於鬼者義於人，兵不義不可」一句，來源於《十大經・前道》：「聖〔人〕舉事也，闔於天地，順於民，祥於鬼神，使民同利，萬夫賴之，所謂義也」。

3.在《黃帝四經》中，「氣」字約出現五次，計「地氣」、「夜氣」、「血氣」、「雲氣」及「氣者心之浮也」，這五處皆就具體之氣而言，皆無哲學抽象之意義。但《管子》中，「氣」及「精氣」則成為一個重要而獨立的範疇㊇。

以上舉出的幾點理由都很有說服力，除此之外，我還想補充一點。《黃帝四經》中「因」字大概出現二十三次，如「因天地之常」、「聖人因之」等，皆無獨立抽象之意義。而《管子》四篇則將「因」提升為一個重要概念，說「因也者，虛而待物者也」等，顯然是又進一步。

總結地說，帛書《黃帝四經》至遲作成於戰國中期，是一部較《管子》四篇等早出的著作。

四、稷下之作

戰國中後期黃老思想發展的中心乃在稷下，其發展規模及顯學地位也集中表現於稷下。從這方面來推測，作為黃老學派經典著作的《黃帝四經》作成於稷下是很有可能的。從前曾有幾位學者有這種看法，但並沒有提出什麼證據。而且還顛倒了《黃帝四經》和《管子》的先後關係。我這裏推測帛書《黃帝四經》為稷下作品，是出於以下的幾點考慮：

第一，書中的一些觀念與齊文化的特徵相合，例如：因齊政權有重士之風，設立學宮，招致賢人尊崇之，《黃帝四經》也多次講「重士而師有道」、「輕縣國而重士」、「賤身而貴有知」、「賤身而貴有道」（俱見《經法・六分》）等；又如齊國自太公以來，更有「因其俗，簡其禮」及重功利的傳統；而

《黃帝四經》也說：「一年從其俗」（《經法・君正》），並很重視「因」的觀念，此外，還屢言「功」、「利」、「財」等，有明顯的功利思想；再如《管子・牧民》云：「倉廩實而知禮節」，表現出富然後纔知禮、守禮的概念，《經法・君正》也說：「民富則有恥，有恥則號令成俗，刑伐不犯」。

第二，《黃帝四經》則依託黃帝，同時又以老子思想為基礎，而這兩方面都和田氏齊國有特殊的聯繫。首先，由田氏齊國是田氏取代姜氏後建立的，而姜氏是炎帝的後裔，所以田氏取得政權後，為和姜氏區別開來，便明確宣稱是「高祖黃帝」。因此，在齊國有依託黃帝的特殊背景；其次，田氏本是陳國公子完的後代，而老子也是陳人，所以在田氏和老子間也有特殊的關係，以前侯外廬主編《中國思想史綱》就曾說過：「道家起源於南方原不發達的楚、陳、宋，後來可能是隨著陳國的一些逃亡貴族而流入齊國」，後來安作璋、王葆玹等亦順此思路進行過探討㊈。

第三，更重要的是，《黃帝四經》與《管子》在一系列基本觀念上都十分相同或相近，表明它們很可能是同一或相接近的作者羣的作品。這些相同或相近處可以歸納為以下幾個方面：

1.首先是道論方面的。

兩書都以道為萬物生成及存在的依據，《經法・道法》：「虛無形，其裻冥冥，萬物之所從生」，又：「故同出冥冥，或以死，或以生，或以敗，或以成」，《道原》云：「萬物得之以生，萬事得之以成」。《管子・內業》也說：「萬物以生，萬物以成，命之曰道。」

兩書都認為道有虛無形、無名等特點。《道原》說：「恒無之初，迵同大虛。虛同為一，恒一而止……古無有形，大迵無名……人皆以之，莫知其名；人皆用之，莫見其形。」《管子・心術上》也說：「虛無無形謂之道」，〈內業〉說：「不見其形，不聞其聲，而序其成，謂之道。」

兩書都認為，道雖然無形無名，但其作用卻是無限的、無所不在的。《道原》云：「天弗能覆，地弗能載。小以成小，大以成大。盈四海之內，又包其外」，《管子・宙合》云：「宙合之意，上通於天之上，下泉於地之下，外出於四海之外，合絡天地，以為一裹。散之至於無閒，不可名而山。是大之無外，小之無內。」此處「宙合」即指道而言。

兩書都以道為一，性質是無為。《道原》說：「一者其號也」，「其」指道；《管子・形勢》云：「道之所言者一也，而用之者異」。又《十大經・成法》云：「一之解，察於天地；一之理，施於四海」，《管子・內業》也說：「一言之解，上察於天，下極於地，蟠滿九洲。」又《道原》說：「無為其素也」，《管子・心術上》亦云：「無為之謂道。」

當然，因為《管子》書成於《黃帝四經》之後，因而兩書對道的理解也有差異，主要是《管子》中用精氣來解釋道，較《黃帝四經》又進了一步。

2.在對天道的理解上，兩書也有明顯的相同處，如它們都以天道為循環的。《經法》講「天道環周」，具體地說，就是「極而反，盛而衰，天地之道也，人之李也」（〈四度〉）、「極而反者，天之性也」（〈論〉）、「四時代正，終而復始」（〈論約〉）。《管子》中也有類似的表述，如〈重令〉：「天道之數至則反，盛則衰」，〈四時〉云：「窮則反，終則始」。

3.講道和天道的目的是為了給社會政治生活等提供依據和準則，所以《經法》開頭就講「道生法」，強調以法來治國。《經法・君正》說：「法度者，正之至也」，《稱》說：「有儀而儀則不過，侍表而望則不惑，案法而治則不亂」。《管子》中也有類似的說法，〈心術上〉以法出於道，它說：「法出乎權，權出乎道」，雖在中間加了一個「權」的環節，但最終也肯定了法生於道，道生法。在此基礎上，《管子》中還提出了「道法」的概念，如〈法法〉云：「明王在上，道法行於國」，〈任法〉：「百姓輯睦，聽令道法」。與《黃帝四經》一樣，《管子》也強調以法作為標準來治國，〈禁藏〉云：「法者，天下之儀也」，〈形勢解〉云：「儀者，萬物之程式也。法度者，萬民之儀表也。」

4.如前所說，《黃帝四經》與《管子》四篇都有「道生法」的觀念，值得注意的是：道法思想為稷下道家的重要特色。這個生於道的法的具體內容是什麼呢？簡單地說，就是陰陽刑德的交替使用。前面曾經說過，天道的循環表現為「四時代正，終而復始」。而《十大經》進一步把四時和陰陽刑德聯繫起來。

〈觀〉云：「贏陰布德……不靡不黑，而正之以刑與德。春夏為德，秋冬為刑，先德後刑以養生……凡諶之極，在刑與德，刑德皇皇，日月相望，以明其當……先德後刑，順於天。」〈姓爭〉也說：「天德皇皇，非刑不行；穆穆天刑，非德必傾。刑德相養，逆順若成，刑晦而德明，刑陰而德陽，刑微而德章。」如同天道有春、夏、秋、冬，有陰有陽一樣，治國也要有德有刑。這種將四時與陰陽刑德相配的思想在《管子》中也有，〈四時〉說：「陰陽者天地之大理也，四時者陰陽之大經也，刑德者四時之合也。刑德合於時則生福，詭則生禍」，「陽為德，陰為刑」，「德始於春，長於夏；刑始於秋，流於冬」。可以看出，〈四時〉的說法要更細致一些。

5.刑德的另一種說法就是文武，因而，《經法》中多次講要文武並用。如〈君正〉云：「因天之生也以養生，謂之文；因天之殺也以伐死，謂之武。文武並行，則天下從矣。」〈四度〉云：「動靜參於天地謂之文，誅□時當謂之武……文則□，武則強」，「因天時，伐天毀，謂之武。武刃而以文隨其後，則有成功矣。」《管子》中同樣有此類主張，如〈任法〉云：「主之所處者，一曰文，二曰武，三曰威，四曰德」。

6.在對認識能力及其來源的理解上，兩書間也有相似處。在《經法》中，認識能力主要是用「神明」一詞來表示的，〈名理〉云：「神明者，見知之稽也」，而神明的基礎和來源則是道（「道者，神明之原也」）。人要獲得此種能力，須經過一定的修養工夫，〈論〉云：「正生靜，靜則平，平則寧，寧則素，素則精，精則神」，神的前提是精，而要達到精，必須要正、靜、平、寧等。《管子》亦有類似思想，且較《經法》作了發展，〈內業〉云：「能正能靜，然後能定，定心在中……可以為精舍」，而「精之所舍，而知之所生」，〈內業〉把《經法》的「精」進一步理解為精氣、道的別稱，以之為認識的來源，更進了一步。

7. 在許多概念的使用上，兩書也有眾多相似處。如《稱》：「安徐正靜，柔節先定」，《管子》的〈勢〉和〈九守〉都有同樣的話；《稱》中「帝、王、霸」連稱，《管子》中的〈幼官〉、〈乘馬〉、〈兵法〉等亦然；《十大經》講「布施五正」，《管子・四時》講「發五政」，且有具體內容；如此等等，不一而舉。

以上的幾點使我們有理由相信，帛書《黃帝四經》可能是齊國稷下的作品。當然，這不能說就是定論。實際上，關於帛書《黃帝四經》產生地域的他種說法——如唐蘭先生的鄭國說、龍晦和余明光等的楚國說、以及魏啟鵬、王博等的越國說等——都有其很有力的證據及相當的合理性，而這種情形正可以反映出黃老思想在戰國時期的規模之大和影響之廣。

五、結語

帛書《黃帝四經》和《管子》等共同引用了范蠡的觀點，這是學術史上一個值得探討的問題。由這個事實，我們可以了解范蠡與黃老思想的關係，范蠡可能是從老子過渡到黃老的關鍵人物，或者如王博所說，范蠡的思想可能正是黃老之學的雛型⑩。歷史上范蠡由越至齊，以後直接發展出了以《黃帝四經》為代表的齊國黃老之學。在短短的一百多年中，老子的思想經過范蠡等而發展出了黃老之學。由帛書《黃帝四經》的發現，一方面人們可以認識范蠡在哲學史上承上啟下的重要性，另一方面，由於它已經融化了老子思想，因而《老子》的成書年代就不能被估計得太晚，應以司馬遷所說的是老子自著為正確。

在道家系統中，老子的思想發展到戰國時代，形成了兩個主要學派，即黃老之學和莊學。兩者都繼承了老子的道論，但又加以不同的發展。就黃老之學來說，由「道生法」可以看出，它使老子的道論向著更積極的方向發展，引出了一系列社會政治準則；而莊學則把道演化成了一種人生境界。由帛書《黃帝四經》的發現，我們對老子思想發展的這兩種傾向看得更為清楚，同時，如前段所說，對黃老之學本身的發展線索及顯學地位也更加明顯。

【註釋】 ㈠參見余明光：〈董仲舒和黃老之學〉，《道家文化研究》第二輯，上海古籍出版社一九九二年八月出版。㈡參見李學勤：〈范蠡思想與帛書黃帝書〉，《浙江學刊》一九九〇年第一期。㈢唐蘭：〈馬王堆帛書老子乙本卷前古佚書的研究〉，《考古學報》一九七五年第一期。㈣可參看《馬王堆漢墓出土房中養生作試譯》，周一謀譯注，香港海峯出版社一九九一年出版。㈤劉笑敢：《莊子哲學及其演變》，中國社會科學出版社一九八八年出版。㈥小野澤精一、福光永司等編著：《氣的思想》，上海人民出版社一九九〇年版，第三八—四三頁。㈦許抗生：〈略說黃老學派的產生和演變〉，《文史哲》一九七九年第三期。㈧王博：〈黃帝四經和管子四篇〉，《道家文化研究》第一輯，上海古籍出版社一九九二年出版。㈨安作璋文見於《文史知識》一九八九年「齊文化專號」，中華書局版，王葆玹文見於《哲學研究》一九九〇年增刊。㈩王博說法見其博士論文〈老子思想探源及研究〉。

第一篇　經法

《經法》是古佚書《黃帝四經》的第一篇，共分九節，是講論自然和社會中所存在的恒定法則。首論「道生法」及「法」的重要意義；以下則分別論述如何征戰伐國；治國之次第；判斷「六順」、「六逆」的標準；理順君臣、賢不肖、動靜、賞罰誅禁四個對立關係；「執六柄」、「審三名」的人事之理要取法「建八政」、「行七法」的天道；決定國家興亡的主要因素便是考察一個國家是否存在著六危、三壅、三不辜、三凶、五患；天道、天理與對其進行取法和再現的人事之理乃是「道」的合成大要。靜觀悟道、循名究理、循法執度三者有機結合，乃《經法》之大要。

〈道法〉第一

【內容提要】〈道法〉是《經法》篇的總論，主要論述道和法，以下各章都圍繞道和法來展開。

開篇先說「道生法」，這是在揭示法度建立的依據；並在總體上說明法的重要性。接著從「四害」、「四無」兩方面指出道的重要性、基本內涵及如何獲得道；並論述了治理國家、建立刑名、掌握道三者之間的關係。然後提出了「當」、「不當」、「平衡」（都是指「度」、適度）等一系列概念，並提出了適當條件下的對立轉化學說。再次，敘述了去私執法的思想及正、奇（治國使用的常規和非常規手段）取決於事的觀點。最後，闡明了主道、臣道各有分際的觀點。

道生法㈠。法者，引得失以繩，而明曲直者毆（也）㈡。故執道者，生法而弗敢犯毆（也），法立而弗敢廢〔也〕㈢。〔故〕能自引以繩，然後見知天下而不惑矣㈣。

【註釋】㈠道生法：作為宇宙萬物的本原的道生出了社會的各項法度。「道」指宇宙實體、萬物本原和普遍規律，為老子首創的哲學專用名詞，並成為中國哲學的最高範疇。《黃帝四經》中明確界定「道」的有兩處：其一，《經法・明理》：「道者，神明之原也」。其二，《經法・論》：「理之所在謂之道」。前者形容「道」的變化之靈妙作用，後者指宇宙、社會的總規律，即天道、地道、人道。（《管子・霸言》：「立政出令用人道，施爵祿用地道，舉大事用天道」。《易・說卦》：「立天之道曰陰與陽，立地之道曰柔與剛，立人之道曰仁與義。」），本書中則稱為「天稽」、「地稽」、「人稽」（見《經法・四度》）或「天時」、「地利」、「人事」（見《十大經・前道》），這些便構成「道」的總和。《韓非子・解老》：「道者，萬物之所然也，萬理之所稽也」，即是「天稽」、「地稽」、「人稽」的一種換言。「法」指法度、法則。《黃帝四經》中的「法」，有時指法則，如《十大經・姓爭》：「居則有法」；有時指法度，如《經法・名理》：「以法為符」。此處的「法」即指法度而言，《經法・君正》：「而生法度者，不可亂也」即下文「生法而弗敢犯也」。本書「道」與「法」共文的例子尚有兩處：其一，《十大經・觀》（及《姓爭》）：「其明者以為法而微道是行」。其二，《稱》：「弛欲傷法，無隨傷道」。此外，《道原》：「抱道執度」，「度」也指法度。社會的法度依據宇宙的總規律而構建（「道生法」）的界說，本於《老子・二十五章》：「人法地，地法天，天法道，道法自然」的觀點。《管子・心術上》：「事督乎法，法出乎權，權出乎道」，是本經「道生法」的申釋。《管子・法法》：「憲律制度必法道。……明王在上，道法行於國」，此處「道法」連言，乃晚於《四經》。《鶡冠子・兵政》：「賢生聖，聖生道，道生法」，即襲用本經語。《荀子・致士》：「無道法則人不至」、「君子也者，道法之總要也」。「道」、「法」連言，使「道」更加接近「人事」。這裏可以看出荀學對黃老之學的發展線索。此外《荀子》書中亦多「禮法」連言，將道家玄奧浩廣的「天道」具象化，使「道法」、「禮法」的概念更加落入人事的範疇。㊁法者，引得失以繩，而明曲直者也：法就像繩墨辨明曲直一樣，決定著事物的成敗得失。「引」是正定的意思。《左傳・昭公元年》注：「引，正也」。「繩」，繩墨，木工正曲直的工具。《荀子・正名》：「正道而辨奸，猶引繩以持曲直。」《春秋繁露・深察名號》：「欲審曲直莫如引繩。」㊂故執道者，生法而弗敢犯也，法立而弗敢廢也：聖人既然制定了各項法律制度便不可違犯它，法度一旦設立便不可廢弛。「執」，執持，掌握。「執道者」，泛指「聖人」。《莊子・天地》：「執道者德全，……聖人之道也。」「生法」：制定創生各項法律制度。《管子・法法》：「聖人能生法，不能廢法而治國。」與此義同。㊃〔故〕能自引以繩，然後見知天下而不惑矣：所以說如果能夠以繩墨自正，然後方能認識天下萬物之理而不會迷惑。「故」字原缺，下文「故能至素至精……然後可以為天下正。」與此辭例相同，據補。

【今譯】 宇宙本原的「道」產生了人類社會的各項法度。「法」就像繩墨辨明曲直一樣，決定著事物的成敗得失。因此聖人既已制定出了各項法度就不可違犯它，法度一旦設立便不可廢弛。所以說如果能夠以繩墨法度自正，然後纔可認識天下萬物之理而不會迷惑。

【闡述】「道」這個概念在《老子》中多指創生萬有的宇宙本體；同時老子也主張要以「人道」法「天道」。《四經》中的「道生法」便是這一觀念的繼承。然而值得注意的是，《四經》中的「天道」常常具化為「人道」，特指「人事」，此為「道」說之一變。這既是針對春秋時期「天道遠，人道邇」而發，又是受戰國初期社會政治時代大潮的影響。

「法」也由一般的「法則」，明確地變為特指社會的「法度」，則是「法」說之一變。應該說，「道」和「法」的這種向社會、人事的傾斜是原始道家學說介入現實的一個重要的趨向。

《管子》一書將「道法」連言，則是「道」與「法」在概念上的發展；《荀子》中不但「道法」連言，且幾乎將「禮義」等同於「道」，那又是「道」與「法」的含義進一步地發生變化。這些變化，可以說已經為漢初黃老之學的盛行鋪墊其進路。

虛無刑（形），其裻冥冥，萬物之所從生㈠。生有害，曰欲，曰不知足㈡。生必動，動有害，曰不時，曰時而□㈢。動有事，事有害，曰逆，曰不稱，不知所為用㈣。事必有言，言有害，曰不信，曰不知畏人，曰自誣，曰虛誇，以不足為有餘㊄。

【註釋】㈠虛無形，其裻冥冥，萬物之所從生：道體虛空無形，寂靜玄遠，萬物賴之以生。「虛無形」，這是對道體的形容。《管子・心術上》說：「虛無形謂之道」。虛，是說道的涵包廣大。無形，是說道的不可捉摸。《莊子・天地》：「同乃虛，虛乃大」，同書〈庚桑楚〉說：「虛則無為而無不為也。」《老子》第五章：「虛而不屈，動而愈出」。又，《老子》四十一章：「大象無形」。《莊子・德充符》：「無形而心成。」「其裻冥冥」，也是對道體的形容。關於「裻」（音ㄉㄨˇ）字的解釋，大致有這幾種：第一，認為裻當讀為「寂」，第二，裻為衣背之中縫，引申為中樞，第三，裻讀為「督」（《莊子・養生主》：「緣督以為經」），督為人身的中脈，引申有「中」義，第四，裻為新衣聲。我們認為「裻」在此當讀為「寂」。理由是：1.「寂冥冥」與「虛無形」都是並列形容道體的。虛無形，是說道的涵蓋廣大不可捉摸；寂冥冥，是說道的寂靜無聲玄遠深邃。2.《老子》以「虛極」、「靜篤」、「寂兮寥兮」、「大音希聲」、「聽之不聞」等形容「道」，《莊子》以「虛靜」形容「道」，《管子》以「不見其形，不聞其音」（《管子・內業》）來形容「道」。3.《孔彪碑》「寂兮冥冥」，同此辭例。「冥冥」，玄遠深邃。「冥冥」的概念源於《老子》第二十一章：

「道之為物……窈兮冥兮」。《管子・內業》承之，云：「冥冥乎不見其形……無根無基，無葉無榮。萬物以生，萬物以成，命之曰道。」㈡生有害，曰欲，曰不知足：人一降生便有患害隨之，這是因為人的原性中存在著欲望和不知滿足。「生有害」以下分言人生四害，為黃老之道張本（四害即是生害、動害、事害、言害）。「生有害，曰欲，曰不知足」源於《老子・德經》：「罪莫大於可欲，禍莫大於不知足」（徐仁甫《廣釋詞》云：「可猶多……《老子》四十二章：罪莫大於可欲，《韓詩外傳》可欲引作多欲……《楚辭・九章・哀郢》：曾不知夏之為丘兮，孰兩東門之可蕪……可蕪，謂多蕪。」按：「可」讀為「夥」，「夥欲」即「多欲」。《說文》：「髁（音ㄎㄜ），⿰骨可（音ㄑㄧㄚˋ）也」，又：「窠（音ㄎㄜ），空也」，《一切經音義》：「軻，空也」。則可聲、果聲之字古多相通。《說文》：「齊謂多為夥」。《方言・一》：「凡物盛多謂之寇，齊宋之郊、楚魏之際曰夥」。《史記・陳涉世家》索隱引服虔曰：「楚人謂多為夥」。老子屈原皆楚人，正合用夥字）。此為「無私」、「不爭」的黃老虛靜思想提供依據。老子的「不見可欲」、「知足不辱」、「知足者富」以及「見素抱樸」、「少私寡欲」等思想也都體現在「生有害，曰欲，曰不知足」句義中。㈢生必動，動有害，曰不時，曰時而囗：人生則好妄動，妄動必有患害，具體表現在不能相時而動，甚至逆時而動。「不時」，指不能相時而動。《左傳・隱公十一年》：「量力而行，相時而動。」《老子》八章：「動善時」（即「與時遷徙，應物變化」），本書亦主張應順時而動，並說「動靜不時曰逆」（《經法・四度》）。缺字或補為「動」，按：疑當作「伓（倍）」。「時」、「倍」為之部協韻。「曰時而倍」，謂逆時而動。《十大經・五政》：「反義逆時，其視蚩尤」，《經法・四度》：「動靜不時謂之逆」，皆可與此互證。㈣動有事，事有害，曰逆，曰不稱，不知所為用：妄動必妄舉事，妄舉事則患害隨之，具體表現為行事違逆事理，或者行事不衡量其能力，甚或行事不知功用何在。「不稱」，有釋為「不平衡」。似乎於文義不合。按：「不稱」，可有如下幾種解釋：其一，即下文「稱以權衡」之稱，釋為度，衡量。《廣雅・釋詁》：「稱，度也」。不稱，謂舉事不衡量自己的能力。上文「曰不時」，是就「動善時」（《老子・八章》）、「相時而動」（《左傳・僖公十一年》）而說的；此處的「不稱」是就「事善能」（《老子・八章》）、「量力而行」（《左傳・僖公十一年》）而說的。其二，「不稱」，謂不合時宜。《荀子・正論》楊倞注：「稱謂所宜也」，《漢書・刑法志》注：「稱，宜也。」其三，「不稱」，謂不知輕重。《楚辭・惜誓》：「若稱量之不審兮」，王逸注：「稱，所以知輕重。」（此處之「稱」仍為度量之義）《淮南子・原道》：「人生而靜，天之性也。感而後動，性之害也。物至而神應（物，事也），知之動也。」此可與本經上一段文字互參。㈤事必有言，言有害，曰不信，曰不知畏人，曰自誣，曰虛誇，以不足為有餘：舉事必有言說，有言說既有患害，具體表現為，其言無徵而爽信，或者口出大言而不知畏人，或者明明做不到的事情卻聲稱能夠做到，或者言過其實虛浮誇誕，甚或力所不及卻揚言力量有餘。「自誣」，指自己欺騙自己。《十大經・行守》：「有一言，無一行，謂之誣」。《大戴禮記・曾子立事》：「不能行而言之，誣也。」《黃帝四經》中屢言「言必信，行必果」即就此而論的。「言之害」云云為下面形名、名實之論提供依據。生害、動害、事害、言害等論述，顯然是受了《老子・八章》：「言善信，政善治，事善能，動善時」的影響。

【今譯】 道體虛空無形，寂靜玄遠，萬物賴之以生。人一降生便有患害隨之，這是因為人的原性中存在著欲望並且這種欲望永無止境。人生則好妄動，妄動必有患害，具體表現在不能相時而動，甚至還逆時而動。妄動必妄舉事，妄舉事則患害隨之，具體表現為行事違逆事理，或者舉事不量力而行，甚至行事不知功用何在。凡人舉事都必有言說，有言說既有患害，具體表現為其言無徵而爽信，或者口出大言而不知尊敬他人，或者明明做不到的事情卻聲稱能夠做到，或者言過其實虛浮誇誕，甚或力所不及卻偏揚言力量大有富餘。

【闡述】 上一小段是在總體上論述法的重要性，此一小段則論述道。

此處論道，是從一個很特殊的角度——通過反證的方式來闡發的，這便是關於人生「四害」的討論。

而關於這「四害」的討論，十分明顯地是受了《老子．八章》思想的影響。而「事害」、「言害」又顯然是據《老子．二章》「是以聖人處『無為』之事，行『不言』之教」而發的。

關於「四害」的申論，顯而易見是在為後面闡揚黃老之道作張本。具體說，是為闡明黃老思想賴以構成的無私不爭、順時而動、執道循理、刑名名實相符等基本觀點提供反證。

故同出冥冥，或以死，或以生；或以敗，或以成㊀。禍福同道，莫知其所從生㊁。見知之道，唯虛無有㊂。虛無有，秋毫成之，必有刑（形）名㊃，刑（形）名立，則黑白之分已㊄。故執道者之觀於天下殹（也）㊅，無執殹（也），無處也，無為殹（也），無私殹（也）㊆。是故天下有事，無不自為刑（形）名聲號矣㊇。刑（形）名已立，聲號已建，則無所逃跡匿正矣㊈。

【註釋】 ㊀故同出冥冥，或以死，或以生；或以敗，或以成：宇宙間萬物萬事都生於道，其死生成敗都由道決定。「冥冥」，指代玄遠深邃之道。《莊子》一書，多以「冥冥」指代道。如，〈在宥篇〉說：「至道之精，窈窈冥冥。」又，〈天地篇〉：「冥冥之中，獨見曉焉。」〈知北遊篇〉說：「視之無形，聽之無聲……謂之冥冥。」《管子・內業》：「道也者……人之所失以死，所得以生也；事之所失以敗，所得以成也。」兩者文義相同，可見稷下道家與《四經》之內在聯繫。《韓非子・解老》：「道者，萬物之所以成也……其物冥冥……萬物得之以死，得之以生；萬事得之以敗，得之以成。」韓非以黃老觀點解《老》，於此可見。㈡禍福同道，莫知其所從生：禍福同出一門，人們卻不知道它產生的原因。人們如何纔能知道禍福產生的原因呢？下文給出了答案，即「見知之道，唯虛無有」及「反索之無形，故知禍福之所從生」。《淮南子・人間》：「夫禍之來也，人自生之；福之來也，人自成之。禍與福同門，利與害為鄰，非神聖人莫之能分」本於此。㈢見知之道，唯虛無有：要想明白死生成敗禍福的道理，祇有依靠道。「見知」，認識。「之」，此，指代上面所說的死生成敗禍福。「虛無有」，一般認為是形容主體認識的狀態，指的是下面的無執、無處、無為、無私。因此把這兩句解釋為：要認識死生成敗產生的原因，祇有做到「虛無有」。按：「虛無有」與上文的「虛無形」及下文「反索之無形」的「無形」都應該同樣是用來形容道、指稱道的。「唯道集虛」（《莊子》語），在老、莊中用「虛」形容道是慣用法。而「無有」在老、莊中也是用來形容道的。《莊子・天下》：「建之以常無有，主之以太一」，「虛無有」的「無有」即此「常無有」，也即老子的「常無」、「常有」。《老子・一章》：「常無，欲以觀其妙；常有，欲以觀其徼」。所謂「天下萬物生於有，有生於無」（《老子》語），因此，「虛無有」便是道的指代。又按：兩個「虛無有」的「有」字疑皆當作「形」。理由一，此處「虛無形」複上之「虛無形」，蒙下之「無形」，上下一貫，皆形容道。理由二，此「形」與冥、生、成、生、名為耕部協韻。「有」在之部，失韻。㊃虛無有，秋毫成之，必有刑（形）名：依靠道，便可把握所出現的細微事物的形和名了。「秋毫」，禽獸秋季所生的細毛，用以比喻極為細小的事物。按：如果把「虛無有」看成是「形容主體認識的狀態」，那麼，這三句就可以解釋為：人們的主體認識一旦達到了「虛無有」的境界，就會發現任何細微事物的出現，都必然要伴隨著形和名。「刑名」，即形名。形，指客觀事物的形體、狀態。名，指事物的名稱、概念。形名之說，原是就事物的形體和名稱的關係而言，認為事物標誌的「形」和事物稱謂的「名」必須相當。這主張可能出現很早，據說春秋時鄭國大夫鄧析「好刑名，操兩可之說，設無窮之辭」（劉向《校敘》）。《莊子・天道》：「故書曰：有形有名」。又說：「形名者，古人有之」。這裏所提到的「故書」、「古人」已無可考。成玄英《莊子疏》也說：「書者，道家之書，既遭秦世焚燒，今檢亦無的據」。道家之書，最早的《老子》曾多次使用「刑」、「名」的概念，然而都屬單詞，未將「刑名」連用。如《老子》五十一章：「物將刑之」，此處是將「物」、

「刑」共文。《老子》三十二章：「始制有名」，指萬物興作，於是產生了各種名稱。此處老子認為事物有了各種名稱，定名分、設官職，從此就紛擾多事。可見春秋末的老子並不主刑名說，此說到戰國之後，纔成為黃老學派和法家的重要概念。比如：《管子．心術上》：「物固有形，形固有名」；〈心術下〉：「凡物載名而來。」《尹文子．大道上》：「名也者，正形者也。形正由名，則名不可差。有形者必有名……名以檢形，形以定名，名以定事，事以檢名。」《韓非子．二柄》：「人主將欲禁奸，則審合形名；形名者，言與事也。」《黃帝四經》提出「形名」的概念，要早於上引各書。按：黃老和法家都從政治和法律的意義上講形名，主張「循名責實」，根據人臣的言行（「形」）給予一定的官位（「名」），而後「審合形名」，考核其言行是否符合於職位。《史記．老子韓非列傳》說：「申子之學，本於黃老，而主刑名」，並說韓非「喜刑名法術之學，而其歸本於黃老」。由此可知，法家的主形名乃是「本於黃老」。㈤刑（形）名立，則黑白之分已：形和名的觀念一旦確立，那麼是非黑白的分界也就隨之確定。「黑白」，指是非。《經法．名理》：「是非之分，以法斷之」。《荀子．不苟》：「分是非之分」。「分」，界限，分界。「已」，確定。《廣雅．釋詁》：「已，成也」；《國語．周語》注：「成，定也。」《尹文子．大道上》說：「察其所以然，則形名之與事物，無所隱其理矣」。形、名（即名、實）是否相符，是判斷是非的依據，這即如《尹文子．

大道上》所說的「善（形、實）有善名，惡（形、實）有惡名……使善惡畫然有分，雖未能盡物之實，猶不患其差也」。這裏有一點值得注意：這兩句是說是非黑白的判斷本由形名觀念的確立來決定，而在《經法・名理》中卻說「是非之分，以法斷之」，形名與法相連，則是已開「刑名法術」之學的先河。㊅執道者之觀於天下殹（也）：「觀」，顯示。《漢書・敘傳》注：「觀，示也。」殹，音一，當「也」字。㊆無執殹（也），無處也，無為殹（也），無私殹（也）：變通而不固執，功成而不居，順時而動不妄作為，公正而去私心。「無處」，有的釋為「不先入為主」，不知何據。按：《莊子・知北遊》：「無處無服始安道」，此「處」作「居」講。疑本經之「無處」乃《老子》二章「為而弗恃，功成而弗居」之義，也即《經法・國次》「毋擅天功」之義。「無為」：順時而動，不妄為。此處的「無為」，是照應上文的「動有害」、「事有害」而言的。不能相時而動，甚至逆時而動，稱作妄動，必有患害；違逆事理，則為妄舉事，必有患害。此二害皆是妄為所致，所以此處指明道的核心之一部分即是順時而動，不妄為。此「無為」、「無執」是襲《老子》語。《老子・二十九章》：「天下神器，不可為也，不可執也。為者敗之，執者失之。是以聖人無為，故無敗；無執，故無失。」王弼注：「萬物以自然為性，故可因而不可為，可通而不可執也。」㊇是故天下有事，無不自為刑（形）名聲號矣：這是說天下之事，都可在刑名確立、名實相符的情況下自然而然地得到治理。「聲號」，聲名稱號。這裏的稱號應該是特指爵號、名位的。《國語・楚語》注：「號，名位也」。《漢書・司馬相如傳》集注：「號，謂爵號」。總之，這裏的「形名聲號」是就法令制度、名分、官職而言。而《莊子》等書所提到的這些概念與此並不完全相同。如：《莊子・人間世》：「為聲為名，為妖為孽」。〈馬蹄篇〉：「事業不同，名聲異號」。〈天運篇〉：「視而可見者，形與色也；聽而可聞者，名與聲也。悲夫，世人以形色名聲為足以得彼之情。夫形色名聲果不足以得彼之情，則知者不言，言者不知，而世豈識之哉」。又說：「五帝之治天下不同，其係聲名一也。」《管子》等書有與此類似的論述，可以與此相互參證。如《管子・白心》：「是以聖人之治也，靜身以待之，物至而名自治之」。《申子・大體》：「動者搖，靜者安。名自正也，事自定也。是以有道者自名而正之，隨時而定之也。」《韓非子・主道》：「有言者自為名，有事者自為形，形名參同，君乃無事焉，歸之其情。」同書〈揚權篇〉：「故聖人執一以靜，使名自命，令事自定，……因而任之，使自事之，因而予之，彼將自舉之，正與舉之，使皆自定之」。㊈刑（形）名已立，聲號已建，則無所逃跡匿正也：各項法令制度都已設立，名分、官職都已建置，那麼天下萬物就都在得道的聖人掌握之中了。「匿正」，隱藏目標。正本為射的，即射箭的靶子。《詩・猗嗟》疏：「正者，侯中所射之處。」《申子・大體》：「名者天地之綱，聖人之符。張天地之綱，用聖人之符，則萬物無所逃之矣。」與此文意思接近。

【今譯】 所以說宇宙間萬物萬事都生於道，其死生成敗都由道決定。禍福同出一門，人們卻不知道它們產生的原因。要想明白死生成敗禍福的道理，祇有依靠道了。依靠道，就能把握所出現的細微事物的形和名。形和名的觀念一旦確立，那麼是非黑白的分界也就隨之確定。聖人所示範於天下的，便是變通而不固執、功成而不居、順時而動不妄作為、處事公平正直不以私意。因此天下之事，便都可以在形名確立、名實相符的情況下自然而然地得到治理。各項法令制度都已設立，名分、官職都已建置，那麼天下萬物就都在得道的聖人掌握之中了。

【闡述】 本段是緊承上段進一步披露道的內涵和重要性，這是從兩方面來闡述的。

首先，上一小段通過對「四害」（即生害、動害、事害、言害）的申論，從反面論證了道的重要性。而本段則從「四無」（即無執、無處、無為、無私）的角度，指出了道的基本內涵或曰獲得道的途徑。其次，指出了治理國家、建立形名、掌握道的關係。掌握了道，形名的觀念就可確立；形名觀念確立，天下即可治理。那公式顯然便是：道——形名——治理。

公者明㈠，至明者有功。至正者靜㈡，至靜者聖。無私者知（智），

至知（智）者為天下稽㊂。稱以權衡㊃，參以天當㊄，天下有事，必有巧驗㊅。事如直木㊆，多如倉粟。斗石已具，尺寸已陳，則無所逃其神㊇。故曰：「度量已具，則治而制之矣」㊈。絕而復屬，亡而復存，孰知其神。死而復生，以禍為福，孰知其極㊉。反索之無形，故知禍福之所從生⑪。應化之道，平衡而止⑫。輕重不稱⑬，是胃（謂）失道。

【註釋】㊀公者明：「公」，是說心胸如天地一樣廣闊，能包容一切。「公」即指上文所以構成道的「四無」（無執、無處、無為、無私）中的「無私」。因為它是構成道的主要成分，所以在《黃帝四經》中反覆提到它。「公」字在《四經》中多次出現，但出現的具體環境不同，含義也有差異：首先是它的最基本含義，即是形容道的無所不包、天地的無所不覆無所不載。如：「天地無私」（《經法・國次》），「兼覆載而無私」（《經法・六分》）。其次，指心靈的公正坦蕩，並以此來獲得「道」。如：「故唯執道者能虛靜公正」（《經法・名理》）。第三，具體指為政處事上公平無私。如：「任能毋過其所長，去私而立公」（《經法・四度》）、「精公無私而賞罰信」（《經法・君正》）等等。「公」的思想，首先由老子提出，並成為黃老學派和法家頗為重要的主張。此外，對儒家和宋明理學也有所影響。《老子》十六章：「知常容（包容），容乃公，公乃全，全乃天，天乃道」（按：這裏的「容」、「公」、「天」、「道」，正是《黃帝四經》對公字的理解）。這裏的「公」也是《四經》中的第一個含義。《管子・形勢》：「天公平而無私，故美惡莫不覆；地公平而無私，故小大莫不載」。這裏使用的「公」也是《四經》中的第一個含義。「明」，指認識和了解事物運動變化的規律。《老子》十六章說：「知常曰明……知常容，容乃公……」。《經法・四度》：「明則得天」。「公者明」之說，顯然是受了《老子》十六章思想的影響。《荀子・不苟》：「公生明，偏生暗」。同書〈強國篇〉：「倜然莫不明通而公也。」這顯然是受到老子和黃老的影響。周敦頤《通書》：「靜虛則明，明則通；動直則公，公則溥。明通公溥，則庶矣乎。」這思想源於老子至明。㈡至正者靜：「正」，指正常的法則。「靜」，指遵循天道的虛靜。「正」、「靜」觀念出自《老子》而有所發展。形名、公私、正奇、動靜等等是《黃帝四經》中經常出現的一系列範疇。「正」在《四經》中有多種含義，須隨文釋義：1.指正常的法則。在正奇連用（「正」作名詞用）或與動靜共文時都要作如此解釋。如《經法・道法》：「正、奇有位」，《經法・四度》：「君臣當位謂之靜，賢不肖當位謂之正。動靜參於天地謂之文……靜則安，正則治……順者，動也；正者，事之根也」。2.指端正、正確。如《經法・道法》：「物自為正」等等。3.「正，長也」（《周禮・太宰》注），君長。如《經法・道法》：「可以為天下正」。4.通「征」。如《經法・君正》：「五年而以刑正」。5.通「政」。如《經法・論》：「八正不失」。6.矯正、伐正。如《十大經・成法》：「操正以正奇」（此「正奇」之「正」作動詞，矯正）。7.射的，靶子。《經法・道法》：「無所逃跡匿正」。這裏的「靜」與老、莊的「清靜」是有區別的，它是有條件的。須動則動，須靜則靜，總之，以「參於天地」為準則。《經法・四度》：「動靜不時謂之逆……動靜參於天地謂之文」。須靜而不靜，則國家不安定（《十大經・姓爭》：「時靜不靜，國家不定」）。那麼在什麼情況下需要靜呢？《經法・亡論》說：「贏極必靜……贏極而不靜，是謂失正」。正和靜的關係及意義就在於：須靜而不靜便是「失正」，正則治，靜則安。《老子》五十七章：「以正治國」的「正」與此文之「正」意思有別，而「我好靜而民自正」中的「靜」與此處的「靜」應該也是有差異的。然而「清靜以為天下正」在句法上與本文下句「至靜者聖」很相近，可以看出它們之間的淵源關係。《莊子・天道》：「靜而聖，動而王，無為也尊」。表面上看，「靜而聖」與本文「至靜者聖」是同義的，但聯繫起來看，「無為」是至尊的，「靜」是神聖的，而「動」則不過「王」而已，其中等次是很分明的。然而，《黃帝四經》所主張的，則是或動或靜，祇要是「參於天地」，順時合道，都可「立為聖王」。

其差異就在於此。那麼，《莊子·庚桑楚》的「正則靜，靜則明」自然也與本文有所區別。《荀子》中也提到「動靜」但已不是「參於天地」，而是參於禮義了，如：《荀子·君道》：「行義動靜度之以禮」。於此可以看出荀子吸收黃老而加以轉化的痕跡。㊂至知（智）者為天下稽：最為明智的人可以成為天下所取法的榜樣。「稽」，在《黃帝四經》中主要有兩個用法。其一，讀為「楷」，法式、法則；作動詞則是取法之義。稽、楷同為脂部字，故可通假。《老子》六十五章：「知此兩者亦稽式也；常知稽式，是謂玄德。」《釋文》：「稽，河上作楷」。《廣雅·釋詁一》：「楷，法也」（名詞是法則之義，動詞是取法之義）。《廣雅·釋詁四》：「楷，式也」（法式，模式）。《禮記·儒行》：「後世以為楷」，《釋文》：「楷，法式也」。其二，如字解釋為「考察」。如《四經》中的「察稽」之類（按：《管子·白心》：「自知曰稽」，稽的「自知」之義也是由「考察」引申出的）。㊃稱以權衡：指用法度來審定是非。「稱」，度量，審定。「權衡」，秤。權指秤錘，衡指秤桿。《莊子·胠篋》：「為之權衡以稱之」。《淮南子·泰族》：「欲知輕重而無以，予之以權衡，則喜」。引申之，作動詞為衡量、比較；作名詞，則比喻法、法度。《管子·有度》：「審得失有權衡之稱者，以聽遠事，則主不可欺以天下之輕重。」又，《荀子·王制》：「公平者職之衡也，中和者聽之繩也。其有法者以法行，無法者以類舉」。也是與《四經》中繩墨、權衡之說相聯繫。

《淮南子·本經》：「故謹於權衡準繩，審乎輕重，足以治其境內矣」，意思更為顯明。㊄參以天當：參照自然、社會的必然規律。「天當」，就是「天道」，就是自然、社會發展的必然規律。萬事、萬物的發展、變化都存在著一個自然的「度」，人們的行動如果符合這個「度」，就是符合了天道，符合了天當。「當」，就是適度，得其中和之道。《管子·宙合》：「時出則當……奚謂當……應變不失之謂當」。《穀梁傳·序》疏：「當者，中於道」。《荀子·正論》注：「當，謂得中也。」《禮記·樂記》：「天地順而四時當」。注：「當謂不失其所」。此皆是「當」字之義。《四經》中，「天當」是一個頻繁使用的概念。《經法·四度》：「內外皆順，命曰天當。」「天當」這個概念僅見於《四經》。古有「天常」一語，如《左傳·哀公六年》：「惟彼陶唐，帥彼天常」。「天常」即天之常道。《荀子》中也常說：「天行有常」、「天有常道，地有常數」。「天常」與「天當」很接近，都是就「天道」而言。但「常」強調永恒不變，「當」則側重於度和數，這是差異所在。㊅必有巧驗：謂考核驗證。「巧」，同「考」，考核。《釋名·釋言語》：「巧，考也，考合異類其成一體也」。驗，驗證。考謂功績得到考核，驗謂法令制度得到證驗。《周禮·大司馬》注：「考，謂考校其功」。《春秋繁露·考功名》：「考績之法，考其所積也。」」《後漢書·朱浮傳》注：「考，謂考其功最也」。《漢書·郊祀志》注：「考，校其虛實也」。並為考義。《呂氏春秋

・知度》：「有職者安其職，不聽其議；無職者責其實以驗其辭」。《鶡冠子・學問》：「內無巧驗」。㊆事如直木：形容事物繁多。「直」，或讀為「植」，或以為用為動詞，作矯正使直講。按：當讀為「植」。朱駿聲《說文通訓定聲》：「直，假借為植」、「植，假借為直」。植木，即林木，樹木，比喻事物之多。《淮南子・兵略》：「兵如植木，弩如羊角，人雖羣多，勢莫敢格」。《鶡冠子，王鈇》：「天度數之而行，在一不少，在萬不眾。同如林木，積如倉粟，斗石已陳，升委無失也」。㊇斗石已具，尺寸已陳，則無所逃其神：「斗石」，皆為量器。「斗」，口大底小的方形量器，有柄。「石」，容量單位，也是重量單位。十升為斗，十斗為一石，一百二十斤為一石。「其神」，與下文「孰知其神」的「其神」意思相同，指隱秘微妙。斗石，所以量其多寡；尺寸，所以度其長短。《經法・四度》：「尺寸之度曰小大短長，……斗石之量曰少多有數」。斗石、尺寸在此都比喻法度。《荀子・君道》：「不待衡石稱懸而平，不待斗斛敦槩而嘖」。《韓非子・安危》：「六曰，有尺寸而無意度」（謂國安之道有六，第六即是理政斷事，依靠法度而非意度）。《易・繫辭上》：「陰陽不測之謂神」。韓康伯注：「神也者，變化之妙極萬物而言，不可以形詰者也。」《繫辭》使用「神」與《經法》此處同義。㊈故曰：度量已具，則治而制之矣：「量」，承上「斗石」而言，「度」，承上「尺寸」而言。「度量」，也是指法度。「治」，監督。《周禮・鄉師》：「遂治之」，注：「治，謂監督其事」。「制」，控制。《韓非子・揚權》：「上操度量，以割其下（割，斷，判斷。以判斷下屬之是非）。故度量之立，主之寶也」。義與此近。⑩絕而復屬，亡而復存，孰知其神？死而復生，以禍為福，孰知其極：斷絕了的世祀會重新接續，滅亡了的國家會重新建立，誰能知道其中的奧秘呢？衰敗的國家又變得興盛了，禍事又可以轉變為福事，誰能知道其中的究竟呢？「絕」，斷絕，指斷絕了的世祀。「屬」，接續，恢復。「絕而復屬」，相當於下文的「衰者復昌」。「亡」，指國家滅亡。「存」，指國家重建。《穀梁傳・僖公十七年》：「桓公嘗有存亡繼絕之功」。《禮記・中庸》：「繼絕世，舉廢國」。《論語・堯曰》：「興滅國，繼絕世」。《淮南子・人間》：「三代種德而王，齊桓繼絕而霸」。《稱經》：「有國存，天下弗能亡也；有國將亡，天下弗能存也。」「死」，即「死國」，衰落的國家。「生」，即「生國」，興盛的國家。《經法・論》：「逆之所在，謂之死國……順之所在，謂之生國」。「極」，限度，究竟。按：這一段議論，有三點值得注意：其一，這段言語，明顯帶有春秋末、戰國初的味道，時代的烙印極為顯明。其二，屬絕、存亡、生死、福禍等是《黃帝四經》提到的一系列範疇，每對範疇之間可以相互轉化，不是永恒不變的。其三，每對範疇都與「道」相聯繫，它們的轉化是由「道」來決定的。《經法・論》：「觀則知死生之國，論則知存亡興壞之所在」。《經法・論約》：「參之於天地之恒道，乃定禍福死生存亡興壞之所在」。又，《經法・論》說：「極而反者，天之性也」。《老子》五十八章：「禍兮福之所倚，福兮禍之所伏，孰知其極？其無正也。正復為奇，善復為妖」。其文句和對立轉化的觀點顯然對《四經》是有影響的。但是，「其無正」（沒有一定之規）卻現出了相對主義的端倪。而《四經》的轉化說卻是有條件的，比如說「衰者復昌」，衰變為昌，要在對手「不盡天極」的條件下完成轉化的。倘不具備轉化條件，那麼「有國將亡，天下弗能存也」。這種對立轉化規律是可以認識和掌握的，那就是要求之於道、參之於天地之恒道、把握逆順、平衡等因素。㈡反索之無刑（形），故知禍福之所從生：反求之於道，便可以懂得禍福、死生、存亡、屬絕等等產生和轉化的原因。「索」，求。「無刑（形）」，指道，已見前注。㈢應化之道，平衡而止：應付事物變化的具體方法，就祇在於掌握平衡和適度。「反索之無形」，是說「應化」的總原則；「平衡而止」，是說「應化」的具體方法。「平衡」，是黃老思想的一個重要觀念，主張處理事物，要把握適度，不走極端。因為事物發展的內在規律是「極而反」，因此「平衡」起著重要的調節作用。「平衡」，與上文「參以天當」的「當」意思相近，所以《管子・宙合》便說：「應變不失之謂當」。㈢輕重不稱：「稱」，相當，相等。《荀子・富國》：「禮者，貴賤有等，長幼有差，貧富輕重皆有稱者也」。

【今譯】心胸廣闊，能包容一切的人是精明的，最為精明的人纔能建立功業。遵循正常法則的人纔能達到因時而靜的最高境界的靜（至靜），至靜的人就是聖人。大公無私的人纔是睿智的，最為明智的人可以成為天下所取法的榜樣。如果能夠用法度來審定是非，並且參照自然、社會發展的必然規律，那麼天下之事，都可以得到有效的證驗了。事物繁多，如同倉中粟米。然而法律制度都一一設置具備了，那麼再隱秘微妙的東西也無法逃脫。所以說：法度已然具備了，所有事情就都可以得到有效的監督和控制了。斷絕了的世祀會重新接續，滅亡了的國家又重新出現，誰能知道其中的奧秘呢？衰敗的國家又變得興盛了，禍事又轉變成福事，誰能知道其中的究竟呢？祇要反求之於道，便可以懂得上述禍福、死生、存亡等等產生和轉化的原因了。應付事物變化的具體方法，就祇在於掌握平衡和適度。輕重不當，便是失道。

【闡述】 本段提出了幾個重要的概念，值得注意：

第一，「智者為天下稽」。

「稽」，就是法式、法則、守則。「稽」字雖源於《老子》的「稽式」，但又有不同。首先它是單字使用。其次，它的內涵又有所發展。再次，它在《四經》中使用的頻率極高。這種現象，反映了戰國初期所有舊的模式、格局被打破，一種新的宇宙人生律令極待建立的這樣一種時代的需要，而這一點，黃老學家是首先看到的。

第二，「當」、「天當」的觀點。

「當」，就是適度。「天當」，就是自然、社會所存在的不以人們的意識為轉移的客觀的「度」或曰規律。這種適度，具體說來表現在以下幾個方面：1.「盡天極」就是得當，「過極」就是失當（見《經法・國次》）。2.形名相符，便是得當（見《經法・論》）。3.內外皆順、上下皆順，謂之當（見《經法・四度》、《十大經・本伐》）。4.賞罰得體，是謂得當（見《經法・君正》）。5.取予得體，便是得當（見《稱經》）。可見這裏的「當」的內涵較儒家「折衷」的含義要廣泛得多，並且，它的底蘊是在於「應變不失」的，這是與戰國初期天地翻覆的時代特點相絪蘊的。「天當」也與以往的「天常」有差異。「天常」側重於「天不變，道亦不變」的永恒，而「天當」則偏重於應付變化以及度和數。

第三，具備適當條件的對立轉化學說的提出。

第四，「平衡」概念的提出。

本段提出的「稽」、「天當」、用以「應化」的「平衡」及「絕而復屬、亡而復存、死而復生」等等，都在明確地指示著《四經》的產生是在戰國早中期。

天地有恒常㊀，萬民有恒事，貴賤有恒立（位），畜㊁臣有恒道，使民有恒度。天地之恒常，四時、晦明、生殺、輮（柔）剛㊂。萬民之恒事，男農、女工㊃。貴賤之恒立（位），賢不宵（肖）不相放㊄。畜臣之恒道，任能毋過其所長㊅。使民之恒度，去私而立公㊆。變恒過度，以奇相禦㊇。正、奇有立（位），而名〔形〕弗去㊈。凡事無小大，物自為舍㊉。逆順死生，物自為名㊀。名刑（形）已定，物自為正㊂。

【註釋】㊀恒常：恒久的規律。㊁畜：養，這裏作培養、使用講。㊂天地之恒常，四時、晦明、生殺、柔剛：這是說四季更迭，晝夜交替，榮枯變換，柔剛轉化，這些都是天地間所存在的固有規律。「晦」，夜。「明」，晝。春夏草木生長，稱為「生」。秋冬草木衰落，稱為「殺」。《莊子・則陽》：「四時相代，相生相殺。」㊃男農女工：即男耕女織。「女工」，即女紅，女織。《漢書・酈食其傳》：「農夫釋耒，紅女下機」。注：「紅，讀為工」。㊄賢不宵（肖）不相放：「肖」，善，

「不肖」，無才德之人。「放」，讀為方，並立，等同。《荀子・天道》：「不放舟」。楊倞注：「放，讀為方」。《莊子・山木》〈釋文〉：「方，並也」。《考工記・梓人》注：「方，猶等也」。㈥任能毋過其所長：選任官吏時，職位的高低要與他的能力相符。即「量能而授官」（《荀子・儒效》）的意思。㈦使民之恒度，去私而立公：統治人民的固定法度，就是要去私門而行公道。「使」，役使，引申指統治。《呂覽・知化》注：「使，役也」。《周書・謚法》：「治民克盡曰使」。「無私」，在《四經》中經常出現，而含義都各有側重。首先，它是用來形容道的無所不包、天地的無所不覆、無所不載。如：「天地無私」（《經法・國次》）、「兼覆載而無私」（《經法・六分》）等。與之相對應的，是《莊子・大宗師》：「天無私覆，地無私載」、《莊子・則陽》：「道不私，故無名」。其次，指心靈的公正坦蕩，並以此來體悟道。如《經法・名理》：「唯公無私，見知不惑」。與之相對應的，是《莊子・山木》：「少私而寡欲」、《莊子・天下》：「易而無私」。第三，與「法」相關，無私就是執法，這是黃老學派和法家的一項重要政治主張。如《經法・君正》：「精公無私而賞罰信」。與之相對應的是：《鶡冠子・度萬》：「法者，使去私就公」、《荀子・修身》：「是法勝私也」。《管子・正篇》：「廢私立公，能舉人乎？」又同書〈任法〉：「任公而不任私」。《韓非子・有度》：「故當今之世，能去私曲就公法者，民安而國治（按：《莊子・則陽》『君不私故國治』當與此義近）；能去私行公法者，則兵強而敵弱」。又同書《五蠹》：「自環者謂之私，背私謂之公」。這裏面的「私」字指「私門」，「公」指「公道」、「公義」。《荀子・君道》：「則公道達而私門塞矣，公義明而私事息矣」可為注腳。第四，「私」，指私情、私心、偏心。無私，就是兼愛，它側重於人際關係的調節。如《經法・君正》：「兼愛無私，則民親上」。《莊子・天道》：「中心物愷，兼愛無私」。㊇變恒過度，以奇相禦：「變恒」，改變正常的，即不正常。「過度」，超越了常規。這裏指出現了不正常的或超越常規的事。「奇」，指特殊的辦法和手段。「禦」，駕馭、控制。這是說如果出現了不正常或超越了常規的事情，就要相應地採取非常規的手段來加以控制。這裏提出了應變（「應化」）的觀點。《鶡冠子・天則》也有類似的話（「見間則以奇相禦」）。《荀子・儒效》也說「事變得其應」。「變恒過度」就是前面所說的「當」的反面，「當」的實現是靠「平衡」的方法，靠形、名的協調比附。而「變恒過度」就是「逆」，控制的方法是靠「奇」（非常規的手段）。所謂的「奇」，實際上主要還是指的「術」，法術。這在《十大經・正亂》中講的很透徹，諸如「予之為害，致而為費」等等。㊈正、奇有位，而名〔形〕弗去：「正」，在這裏指一般的、正常的方法。「奇」，在這裏指特殊的、變化的方法。「正奇有位」，是說正奇兩種方法各有位置，根據不同的情況而使用。「名〔形〕弗去」，〔形〕字原缺，此與下文「名形已定」相呼應，據補。《稱經》中也說：「奇從奇，正從正，奇與正，恒不同廷」，這裏說的就更清楚一些。這進一步闡明，以特殊的方法處理常規的事物或以常規的方法處理特殊的事物，都是行不通的。正和奇作為相對的概念來提出，始見於《老子》五十七章：「以正治國，以奇用兵」，五十八章：「正復為奇」。顯而易見，《老子》中的正奇，與《四經》的正奇在含義上是有區別的。老子的「正」就是清靜無為（《老子》四十五章：「清靜以為天下正」），「奇」便是指後代的所謂刑名法術勢等等，總之是有為。而《四經》中的「正」則指正常的法則，它包括清靜無為（這與老子的清靜無為有別，前面已經講過了）及形名法度等等。而《四經》中的「奇」則主要偏重於「術」或者說王術，又因為這種術的使用最突出地是表現在古代的戰爭中，因此《老子》、《孫子兵法》中纔有「以奇用兵」、「兵不厭詐」等說法。《四經》中「奇」的含義發生了變化，而施用的範圍顯然也已寬泛得多了。總之，《四經》中動靜、正奇的準則便是：動靜隨於時，正奇因於事。一切事物的概念與情況是紛紜複雜的，要正確地判定、把握並處理，那麼上述的「正奇有位」則是其中最為典型的。因此，先舉典型，再說通理。⑩凡事無小大，物自為舍：事物無論巨細大小，都有它們各自存在的確定的空間。「舍」，居處，位置，空間。「凡事無小大，物自為舍」是說事物存在的確定性；下句「逆順死生，物自為名」是說界定和判斷事物名稱及性質的準確性；再下句「名形已定，物自為正」是說把握和處理事物的正確性。㈡逆順死生，物自為名：逆順死生，都由事物的性質決定。根據性質，就可以準確地界定事物的名稱和概念了。㈢名刑（形）已定，物自為正：事物的情況和對該事物的概念既已確定，那麼就可以對該事物做出正確的處理。《韓非子・揚權》：「用一之道，以名為首。名正物定，名倚物徙。故聖人執一以靜，使名自命，令事自定……君操其名，臣效其形」（〈主道篇〉有與此類似的話）。

【今譯】天地之間存在著固定永恒的規律，天下百姓都有各自從事的固定的工作，貴賤高低也都有它們確定的位置，使用下臣有確定的方法，統治百姓，有既定的守則。四季更迭、晝夜交替、榮枯變換、柔剛轉化，便是天地間所存在的固有規律。男耕女織，便是百姓所從事的固定的工作。有才德和無才德的人不能處於同等的地位，這便是貴賤都有它們確定的位置。選任官吏時，職位的高低要與他的能力相符，這便是使用下臣的確定的方法。去私門而行公道，這便是統治人民的既定的守則。如果一旦出現了不正常或超越了常規的事情，就要相應地採取非常規的手段來加以控制。而治理國家所使用的常規與特殊的兩種方法是各有位置因事而施的，明白了這一點，那麼在判定一切事物的概念與情況時也就不會發生偏頗了。事物無論巨細大小，都有它們各自存在的確定的空間。而逆順死生等等一切情況的發生，都是由事物本身的性質決定的；根據性質，就可以準確地界定事物的名稱和概念了。

事物的情況和對該事物的概念既已確定，那麼就可以對該事物做出正確的處理。

【闡述】 本段中，從「法」的角度提出了「去私」、「無私」的概念，這是黃老學派和法家的一項重要政治主張。去私就是執法，這是《黃帝四經》所首倡的。

去私和無私，在老、莊思想中也是一個重要的主張，但明確地與「法」聯繫起來，卻始見於《四經》。對這一概念和主張的明確發展，則是《荀子・君道》中所說的「則公道達而私門塞矣，公義明而私事息矣」。荀學這觀念源於黃老，於此可見其線索。

其次，是正、奇觀念的提出，即「變恒過度，以奇相禦」、「正、奇有位，而形名弗去」。這種觀念源於老子，卻做了極大的發揮，有了極大的發展。這種思想的提出，完全符合戰國初期各國政治、經濟、軍事發生重大變化的特殊形勢，為諸侯們實現兼併而實現新的一統局面提供了必要的辯護和理論基礎。

動蕩巨變、超越常規是春秋末戰國初的最大特點，「變恒過度，以奇相禦」的方術思想便應時而生。動、靜取決於時，正、奇取決於事，是《黃帝四經》中貫穿的一個中心思想，它不但適應戰國初期的社會形勢，也極容易被後來漢初統治者們所採納。

故唯執〔道〕者能上明於天之反㈠，而中達君臣之半㈡，富密察於萬物之所終始㈢，而弗為主㈣。故能至素至精，悎（浩）彌無刑（形）㈤，然後可以為天下正㈥。

【註釋】㈠明於天之反：指明白自然運行的規律。「反」，同返，即自然運行的規律。古人認為，天道運行的規律是終而復始的。《經法・四度》：「極而反，盛而衰，天地之道也，人之理也」，又《經法・論約》：「一立一廢，一生一殺，四時代正，終而復始」。這便是「反」的注腳。「明於天之反」，也就把握了死生、存亡、禍福、逆順等等的轉化規律，要求人們恰當地運用「度」（即「當」）和「平衡」去控制它。「反」的觀念老子首先提出。《老子》二十五章：「強字之曰道……大曰逝，逝曰遠，遠曰反」，又四十章：「反者道之動」。《鶡冠子・環流》：「物極必反，命曰環流」。《管子・重令》：「天道之數，至則反，盛則衰」。《淮南子・泰族》：「天地之道，極則反，盈則損」。《呂氏春秋・大樂》：「天地車輪，終則復始，極則復反」。㈡達君臣之半：了解君道和臣道的區別。「半」，通「畔」，界限，分界。「達君臣之半」包含兩層意思。其一，主臣當位，稱為順，其國安；主臣不當位，稱為逆，其國亂。其二，君臣各守其職。《經法・六分》說：

「主執度，臣循理者，其國霸昌」。《韓非子·揚權》則認為主道、臣道的區別是「君操其名，臣效其形」。《慎子·民雜》則認為「君臣之道，臣事事而君無事，君逸樂而臣任勞。臣盡智力以善其事，而君無與焉，仰成而已。」㊂富密察於萬物之所終始：詳細考察萬物發生及終結的內在原因。「富」字當為下面「密」字之訛寫，因未塗掉，故成誤衍，當刪。《禮記·中庸》：「文理密察足以有別」。是此「密察」之辭例。「密」，周密，詳細。「密察於萬物之所終始」與《經法·論約》：「審觀事之所始起」句式相同。終始，即死生。《易·繫辭》：「原始原終（《釋文》：「鄭、虞作反終」），故知死生之說」，又「原始要（同「約」）終，以為質也」均可與此相參證。另外，「明於天之反……察於萬物之所終始」在句法上與《易·繫辭上》：「明於天之道，而察於民之故」很接近。這種現象還很多，可見二者是有內在聯繫的。㊃而弗為主：不以主宰自居。「而弗為主」是總上三句而言，是說聖人不但能體悟自然運行的規律，還能了解君道臣道的區別，又能詳察萬物死生的內在原因，功績之大可比配天地，然而卻能不以天地萬物的主宰自居。㊄故能至素至精，悎（浩）彌無刑（形）：所以能深刻廣泛地去觀察體悟萬事萬物。「至素」，最本質。「至精」，最精微。「至素至精」，是說明觀察事物的深度。「悎」，即浩，廣大。「彌」，瀰漫。「浩彌無形」，是說明觀察事物的廣度。㊅然後可以為天下正：「正」，長（《周禮·太宰》注），君長，統治者。帛書《老子》甲本「清靜可以為天下正」在句法上與此相同。這裏的「正」是範式、楷模的意思。

【今譯】　聖人不但能夠體悟自然運行的規律，還能了解君道和臣道所應存在的分界，又能詳察萬物發生及終結的內在原因，然而卻從不以天地萬物的主宰自居。所以，他能深刻廣泛地去觀察體悟萬事萬物，並能成為天下的楷模。

【闡述】　本段提出了一個重要的概念，那就是關於主道、臣道的界說（「中達君臣之半」）。《老子》一書中並無主道、臣道的提法，更無二者的區分與界說。但在《慎子・民雜篇》中，不但提到了這個概念，而且有了十分具體的區分和界說：「君臣之道，臣事事而君無事，君逸樂而臣任勞。臣盡智力以善其事，而君無與焉，仰成而已」。到了韓非時，便提出了「君操其名，臣效其形」（《韓非子・揚權》）的界說，在〈二柄篇〉中還說：「人主將欲禁奸，則審合刑名者，言與事也。為人臣者陳而言，君以其言授之事，專以其事責其功」。並最終創立了「人君無為，臣下無不為」（《解老》）的法術之學。

在老子的「無為」與慎到以降的「君無為而臣有為」之間，必須有一個理論準備的中介，這就是《黃帝四經》。

《四經》中有「無為」這個概念，但我們前面已經說過，這與老子的「清靜無為」是不同的，這個

「無為」是不妄為的意思。具體說，那就是動靜合於時、參以天當。

《四經》中，雖然提出了「君臣之半」之概念，但關於主道、臣道具體職分的區別尚不很明確，絕非此後諸家所論述的那樣詳備和絕對。祇在《經法・六分》中說：「主執度、臣循理」。這個「度」就自然而講，指的是時、數、當；就人事而言，則指法度。君主不但生法、執法，還要講究各種馭下之「術」。總之，君主在「天當」、「法度」範圍內的全部「有為」都可以稱作「不妄為」或「無為」。它準確而又從根本上極大地發展了老子「無為而無不為」的學說，而與此後的「君無為而臣有為」的界說幾乎是沒有必然的聯繫。

相反，與慎到以降的各家說法極為相近的，卻是《莊子・天道》篇：「上無為也，下亦無為也，是下與上同德；下與上同德則不臣。下有為也，上亦有為也；是上與下同道；上與下同道則不主。上必無為而用天下，下必有為為天下用，此不易之道也。」值得注意的是，《莊子・天道》篇中已經有了君、臣之道的界說了：「夫虛靜恬淡寂漠無為者，萬物之本也。明此以南向，堯之為君也；明此以北面，舜之為臣也」。從這段議論，顯示了無為說在道家流派中的不同發展：

1.《老子》中沒有明確地說明君、臣都要無為（祇強調君無為），這就給「臣下有為」的說法留下了空間；為了填補這個空間，便有了莊子上面的議論。

2.《黃帝四經》的「主執度，臣循理」君臣皆有為的說法，與《莊子》君臣皆無為的說法，表現了黃老學派與莊子學派的不同觀點。

〈國次〉第二

【內容提要】《道法》是《經法》之總論，本篇實即《經法》正文之首篇，講論為政治國所當遵循的正常法則。

本篇講述了以下幾個問題：

一、在攻伐戰爭中，存在著三種情況，其一，不極不當。其二，過極過當。其三，合極合當。不盡天極天當（未達到天道所規定的準度）或超過這個準度，都會受到自釀禍患的懲罰。祇有合極合當（「盡天極，用天當」，即恰恰合於天道所限定的準度），方是兵戎之道。

二、論述了「五毋」、「五逆」。五毋、五逆仍是天極、天當的衍伸。五毋、五逆中，兵戎為首，其次務農，其次任地，再次治民，最次馭下。循此次序治國，是須循的正常法則。

道法為統，首治兵戎，然後是農、地、民、臣，這是《四經》處在戰亂中的治國方案脈絡。

國失其次，則社稷大匡㈠。奪而無予，國不遂亡㈡。不盡天極，衰者復昌㈢。誅禁不當，反受其央（殃）㈣。禁伐當罪當亡，必虛（墟）其國㈤，兼之而勿擅，是胃（謂）天功㈥。天地無私，四時不息。天地立（位），聖人故載㈦。過極失（佚）〔當〕，天將降央（殃）㈧。人強朕（勝）天，慎辟（避）勿當㈨。天反朕（勝）人，因與俱行㈩。先屈後信（伸），必盡天極，而毋擅天功。

【註釋】 ㈠國失其次，則社稷大匡：為政治國，失去了正常的法則，天下就會不安定。「次」，秩序，這裏指為政治國的正常法則。「社」，土神。「稷」，是五穀之長，故為農神。社稷，古時國家、天下的象徵。《四經》中尚有兩處「國家」與「社稷」共文的例子。《十大經・前道》：「長利國家社稷」；《十大經・兵容》：「茀茀陽陽，……其國家以危，社稷以匡」。三處的「社稷」都當作「天下」講。《稱經》：「有國將亡，天下弗能存也」可以為證。「匡」，或說通「枉」，或釋為

「虧損」，或釋為「恐」。按：當釋為「恐」。《禮記・禮器》：「眾不匡懼」，注：「匡，猶恐也」。引申謂驚動不安。《漢書・淮陽憲王欽傳》注：「恐，謂怖動也」。《素問・藏氣法時論》注：「匡，謂恐懼魂不安也」。㈡奪而無予，國不遂亡：攻奪他國之地而不分封給賢者，便不能真正滅亡其國並長久占有它。《十大經・行守》：「奪之而無予，其國乃不遂亡」，與此文義相同。有奪有予，這是由天道決定的。《十大經・兵容》說：「天固有奪有予」。違反天道是不行的。「奪」即下文「兼人之國」，「予」即下文「裂其地土，以封賢者」。「遂」，終究，徹底。㈢不盡天極，衰者復昌：是說征伐他國而不能最終達到天道所限定的準度，則經過征伐本已衰落的國家會重新振興起來。「極」，如同「當」，即度。「天極」即天當，指天道所限定的準度。《四經》的觀點，諸侯征國略地，不達到天道所限定的準度（「不盡天極」）不行，超過這個準度（「過極失當」）也不行。要恰好止於這個準度上。《國語・越語下》：「無過天極，究數而止」。韋昭注：「極，至也。究，窮也。無過天道之所至，窮其數而止」，與此義同。㈣誅禁不當，反受其央（殃）：「誅」，討伐。「禁」，禁止。「誅禁」，指伐亂禁暴（《十大經・本伐》：「伐亂禁暴」）。「當」，即上文的「極」，即度。「不當」，未達到準度。這兩句是說伐亂禁暴未達到準度，反而會招惹禍患的。㈤禁伐當罪當亡，必虛（墟）其國：「禁伐」，即上文之誅禁。「當罪」，應當治罪。「當亡」，應當滅亡。這裏面的「當」仍然含有「天當」的意思，即天道決定其國應當被治罪、應當滅亡。「虛」，同墟，使動詞，使成廢墟。《荀子・解蔽》：「此其所以喪九牧之地，而墟宗廟之國也」，用法相同。「必虛其國」，指下文的「隳其城郭，焚其鐘鼓，布其資財，散其子女」等等。㈥兼之而勿擅，是胃（謂）天功：兼併了其他國家但不能獨自占有，因為這是冥冥天道促成的功績。「兼」，兼併，指吞併他國。「擅」，獨占。因為誅禁兼併他國所根據的是「天極」、「天當」，所以稱作「天功」，因此不能獨占。「毋擅天功」與《老子》的「功成弗居」有著一定的聯繫，但顯然已賦予了更新的含義。㈦天地立（位），聖人故載：立，通「位」（前文「貴賤有恒立」之「立」即讀為「位」。《易・繫辭上》：「貴賤位焉」同此）。「故」，所以。「載」，成。《尚書・堯典》：「熙帝之載」，注「載，成也」。《白虎通・四時》：「載之言成也」。或訓故為則、載為治，失考。「天地立（位），聖人故載」是說天地各當其位，因此聖人能成就萬物。這是對「毋擅天功」的說明。「天地位，聖人故載」，此與《易・繫辭下》「天地設位，聖人成能」（孔穎達疏：「聖人成能者，聖人因天地所生之性各成其能，令皆得所也」）文意、辭例完全相同。此又可見《四經》與《繫辭》之思想線索。㈧過極失〔當〕，天將降央（殃）：「極」，天極，「過極」，超過天極。「當」，天當。「失」，通「佚」，超過。《莊子・養生主》〈釋文〉：「失，本又作佚」。《公羊傳・宣公十二年》注：「佚，猶過」。《國語・周語》：「不失其序」，《漢書・五行志下》引作「不過其序」。不達到天極、天當要「受殃」（「不盡天極……誅禁不當，反受其殃」），超過天極、天當又要「降殃」。祇有「合當」，纔能「無殃」（《經法・四度》：「倍逆合當……亦無天殃」），這便是《四經》關於「度」的闡述。案：《國語・越語下》：「無過天極，究數而止」，《管子・勢篇》引作「無亡天極，究數而止」。蓋《管子》初作「無失（佚）天極」，失即佚，即過。傳本者以「失」為「亡」，故訛為「無亡天極」，此亦可作本經「過極失當」為「過極佚當」之又一佐證。㊈人強朕（勝）天，慎辟（避）勿當：當敵國強大時，應該謹慎地避開它。這裏說的即是下文的「先屈」。「勿當」包含兩層意思。其一，是等待時機，等待它走向反面。《經法・亡論》：「逆節始生，慎勿〔謀〕正，彼且自抵其刑」。《十大經・行守》：「逆節萌生，其誰肯當之」。《十大經・順道》：「不擅作事，以待道節所窮」。說的都是這個意思。其二，不僅是被動地等待，還要通過主觀努力，加速其走向反面。《十大經・正亂》：「予之為害，致而為費……累而高之……盈其寺，軵其力，而投之代……」說的就是這個意思。這也是《老子》三十六章：「將欲歙之，必固張之；將欲弱之，必固強之；將欲廢之，必固興之；將欲取之，必固與之」的事物運轉的規律。而這事物運行的方法，也即「物極必反」的天道為其前提和基礎的。㊉天反朕（勝）人，因與俱行：當敵國衰微時，應該乘機征討它。「反」，即返，指天道往返運行。「因」，於是。「因與俱行」，即於是與天道同步而行，也就是說在天道盈盛時乘機征討敵國。這裏說的是「後伸」。上文說屈，此處說伸；上文說靜，此處說動。總之，屈伸動靜，都是因時而定，因天當、天道而定。上文和此處的「天」都是指天道。古人認為天道的運行是有盈有虧的。天道虧弱時，便不能左右正值強盛的敵國，所以要隨之「先屈」。天道運行至盈盛時，便足以左右敵國了，因此要隨之「後伸」。《國語・越語下》：「古之善用兵者，因天地之常，與之俱行。」《漢書・匈奴傳贊》：「詘（同屈）伸異變，強弱相反」說的便是下文「先屈後伸」的道理。

【今譯】　為政治國如果失去正常的法則，天下就會不安定。攻奪他國之地而不分封給賢者，便不能真正滅亡其國並長久地占有它。在征伐他國時，如果不能最終達到天道所限定的準度，則經過征伐本已衰落的國家會重新振興起來。在討伐亂逆禁止暴虐時如果未達到準度，反而會招惹禍患的。在誅禁理當治罪理當滅亡的國家時，必須一鼓作氣，使其成為廢墟。兼併了其他國家但不能獨自占有，因為這是冥冥天道所促成的功績。由於天地的公正無私，纔有了四季、晝夜、存亡、生死等現象的正常循環。因為有了天地的各當其位，所以聖人纔能夠成就萬物。任何事情如果超過了天道所限定的準度，都會受到天降禍患的懲罰。在敵國尚處於強盛時，要謹慎地避開它。而當敵國由強轉弱時，就應該乘機去征討它。這便是先屈後伸的道理，而這也是由合於天道所決定的；由於是受天道的指導，所以一切的功德人都不能獨自占有。

【闡述】 本段所論述的觀點是誅伐、兼併他國時在原則所應遵循的三點守則：

其一，先屈後伸。那就是敵國強大時，要避開它；敵國衰弱時，要乘機討伐它。

其二，要符合道的準度。在討伐敵國的時機已經成熟時，要謹防不極、不當或過極、過當，應該合極、合當。

其三，兼併他國後，要注意三個問題：1.有奪有予。2.「必虛其國」，否則會死灰復燃。3.功成不居。因為這是天道使然。

事實上，這三點都是由天道決定的。而《四經》的觀點卻是包含以下兩個方面的：1.天下萬事萬物由天道決定，人是天道的執行者，是替天行道。2.同時強調人的主觀能動性。一方面通過人的主觀努力，使事物在天道的控馭下加速發生變化，另一方面，人的主觀因素發生偏頗，天道也是徒勞的，時機也會錯過。準確、適時、適度地把握天道、抓住時機是本段的中心觀點。

兼人之國，修其國郭㈠，處其郎（廊）廟㈡，聽其鐘鼓㈢，利其齏

（資）財㊃，妻其子女㊄。是胃（謂）〔重〕逆以芒（荒），國危破亡㊅。

【註釋】㊀修其國郭：「國」，國都，城邑。「郭」，外城。《左傳・隱公元年》：「先王之制，大都不過參國之一」。《國語・周語》：「國有班事，縣有序民」（注：「國，城邑也」）。《孟子・公孫丑下》：「三里之城，七里之郭」。「國郭」即下文的「城郭」。內城稱為國或城，外城稱為郭。《管子・度地》：「內為之城，外為之郭」。㊁處其郎（廊）廟：「廊廟」，同廟堂，指朝廷。「廊」，殿四周的廊。「廟」，太廟。本都是古代帝王和大臣用以議論政事的地方，後指代朝廷。《孫子・九地》：「厲於廊廟之上，以誅其事」。《戰國策・秦策》：「今君相秦，計不下席，謀不出廊廟，坐制諸侯」。又按：此處的「廊廟」似當指宮室、宮殿。如同「朝」指朝廷，又指宮室。《孟子・梁惠王上》：「使天下仕者皆欲立於王之朝」。此指朝廷。又《老子》五十三章：「朝甚除」。王弼注：「朝，宮室也」。處其宮室與「聽其鐘鼓」正相呼應。《孟子・告子》：「無城郭宮室宗廟祭祀之禮」。城郭與宮室共文，與此同辭例。《詩・白華》：「鼓鐘於宮」，宮與鼓鐘連言，與此「處其廊廟，聽其鐘鼓」辭例亦相同。《十大經・順道》：「不謀削人之野，不謀劫人之宇」，此與「修其國郭，處其廊廟（宮室）」意思接近。《管子・八觀》：「入國邑，視宮室」，也是國都與宮室互文。㊂聽其鐘鼓：鐘鼓磬瑟，不僅是古代的樂器，也是古代的禮器，也叫重器。「聽其鐘鼓」，即有「兼而擅之」（兼併其國而獨占之）的意思。《孟子・梁惠王下》：「王往而征之……係累其子弟，毀其宗廟，遷其重器……」。㊃利其齎（資）財：「利」，謂喜愛而貪取之。《荀子・正名》注：「利，謂悅愛之也」。《廣雅・釋詁》：「利，貪也」。《淮南子・說山》：「不憎人之利之也」注：「利，猶取也。」齎，音ㄐㄧ。㊄妻其子女：「妻」，意動詞，即以其子女為妻妾。㊅是胃（謂）〔重〕逆以芒（荒），國危破亡：「是」，此。指「修其國郭，處其廊廟，聽其鐘鼓，利其資財，妻其子女」這樣的「五逆」而言。「〔重〕逆以荒」：「重」字原缺，據《經法・名理》「重逆□□……國危有殃」補（按：〈名理〉亦當作「重逆以荒……國危有殃」）。「重逆」就是大逆。「逆」謂違背天道。「以」，連詞，無義。「荒」字《四經》中多次出現，如：「陰竊者土地荒」（〈國次〉）、「主失位則國荒」（〈六分〉）、「主暴臣亂，命曰大荒」（〈六分〉）、「驅騁馳獵則禽荒」、「國貧而民荒」（〈六分〉）、「陰蔽者土荒」（《十大經・觀》）等。此處的「荒」作「敗」講。《周書・大明武》注：「荒，敗也」。按：這句話的意思是：上述這些作法，都大大地違背了天道，是取敗之道。

【今譯】兼併了他國之後，便修治其城郭，占據其宮室，享有其鐘鼓聲樂，貪取其資財，霸占其子女。這些作法，是大逆天道的取敗之道，必然導致國家危殆而最終敗亡。

【闡述】本段是從反面論證不合天極、不合天當的具體做法和危害。修治其城郭，有違「必虛其國」的原則，將導致死灰復燃，「衰者復昌」。占居其宮室，便是兼而擅之的意思。這兩點，都是違反天道的，《十大經・順道》說得很清楚「不謀削人之野，不謀劫人之宇」。

聽享其鐘鼓，貪取其資財，便非「為義」（《十大經・本伐》）之兵。鐘鼓，本為宗廟祭祀之用，亦是古代禮器之一，聽其鐘鼓，即是占其宗廟，即是有其國家之義。

妻其子女，在氏族部落之間的戰爭中，往往是最終戰敗吞併對方的象徵和標志。因此，這一點被專門提出來，作為「毋擅天功」的反面。更何況，妻其子女，在客觀上是在廣其世祀、衍其後胤，「絕而復屬」的危險因之就現實化。

《孟子・梁惠王下》：「王往而征之……係累其子弟，毀其宗廟，遷其重器……」，這些作法都是被反對的。當然，在這一點上，雖有相同之處，但《孟子》與《四經》在觀念上還是有區別的。

故唯聖人能盡天極，能用天當㈠。天地之道，不過三功㈡。功成而不止，身危又（有）殃㈢。

【註釋】㈠能盡天極，能用天當：「用天當」，即行天道。《方言·六》：「用，行也」。《賈子·大政下》：「能行道而弗能言者謂之用」。「盡天極」、「用天當」，都是說聖人在治國用兵時，能夠合於天道。㈡天地之道，不過三功：三功，意未能明。或釋為「功業不能超過三次」，或釋為「指天極、天當、天功」。按：疑「三功」的意思在此有兩種可能。其一，概是指「三時成功，一時刑殺，天地之道也」（〈論約〉）的「三功」而言。二者的語言環境是一樣的。其二，三功即「三事」。《詩·七月》：「載纘武功」，毛傳：「功，事也」。《書·呂刑》注：「功，事也」。三事，指君主要做的三方面功事，即：正身之德、利民之用、厚民之生。《書·大禹謨》：「地平天成，六府三事允治。萬世永賴，時乃功」。孔穎達疏：「正身之德，利民之用，厚民之生，此三事惟當諧和之」。㈢功成而不止，身危又（有）殃：這是「毋擅天功」的反面論證。也是《老子》：「功成而弗居」（二章）、「功遂身退，天之道也」（九章）、「功成而不有」（三十四章）思想的繼承。

【今譯】所以說，衹有聖人在治國用兵時，纔能夠合於天道。天地間的道理，概括起來不過是「三功」而已。如果成就此三功再覬覦其他，那麼就難免有禍殃之危了。

【闡述】本段從總體上說明聖人的治國用兵之道，那便是「盡天極，用天當」。合於天極、天當，那便是適可而止。講的仍然是「度」。反之，便叫做「功成而不止」，自然是危險的。

「功成而不止」，既是上承「修其國郭，處其廊廟」等而論，又是下啟「墮其城郭，焚其鐘鼓」等而說。

功成而止，顯係老子思想之繼承。然而，這裏的「功成」是得之於「兼人之國」的有為，與老子的「處無為之事」、「行不言之教」的「功成」迥別。

故聖人之伐毆（也），兼人之國，隋（墮）其城郭㊀，芯（焚）其鐘鼓，布其齎（資）財㊁，散其子女，列（裂）其地土㊂，以封賢者，是胃（謂）天功。功成不廢㊃，後不奉（逢）央（殃）。

【註釋】㊀隋其城郭：「隋」即墮，通「隳」，拆毀。《史記・秦始皇本紀》「石門刻碣」云：「初一泰平，墮壞城郭。」又按：準上文「修其國郭，處其廊廟，聽其鐘鼓」辭例，則此處「墮其城郭，焚其鐘鼓」兩句之間，疑脫「毀其宗廟」一句。《孟子・梁惠王下》：「王往而征之，……係累其子弟，毀其宗廟，遷其重器……」。㊁布其齎（資）財：「布」，分散，分賜。㊂列（裂）其地土：「列」即裂，分割，劃分。《墨子・尚賢中》：「般爵以貴之，裂地以分之」。㊃功成不廢：「廢」，損失，損壞。《呂覽・誣徒》注：「廢，失也」。《呂覽・壹行》注：「廢，壞也」。〈四度篇〉：「功成而傷……功成而不廢，後不逢殃」。又按：「廢」字於先秦典籍中多用為「止」。《爾雅・釋詁》：「廢，止也」。《管子・內業》注：「廢，止也」。「不」或為「而」字之訛。《易・噬》注：「不合」，《釋文》：「本又作而合」。《儀禮・服傳》：「非主而杖」，武威出土儀禮簡作「非而不杖」。「功成而止，後不逢殃」呼應上文「功成而不止，身危有殃」。

【今譯】所以聖人的征伐之道是，兼併他國後，要拆毀它的城郭，焚毀它的鐘鼓，均分它的資財，散居其子女後代，分割其土地以賞賜賢德之人，總之不能獨自占有，因為這功績是天道促成的。這樣纔能功成而不失去，然後方能沒有患禍。

【闡述】本段是從正面具體論述應如何「盡天極，用天當」，也是「國次」的要旨所在。「墮其城郭……是謂天功」，上文言「兼之而勿擅，是謂天功」。因此，本段所述，即是兼而勿擅的道理。

墮城、焚樂、布財、散人、裂土等五事，一言以蔽之：「虛其國」，由此也可見，「興滅繼絕」，是當時社會和學術界所關注的一個重大問題。而「逢殃」、「破亡」詞語的反覆出現，又在強有力地昭示著當時不斷出現的「絕而復屬，亡而復存」的這樣一個歷史事實。

毋陽竊，毋陰竊，毋土敝，毋故埶，毋黨別㈠。陽竊者天奪〔其光，陰竊〕者土地芒（荒），土敝者天加之以兵，人埶者流之四方，黨別〔者外〕內相功（攻）㈡。陽竊者疾，陰竊者几（飢），土敝者亡地，人埶者失民，黨別者亂，此胃（謂）五逆㈢。五逆皆成，〔亂天之經，逆〕地之剛（綱），變故亂常㈣，擅制更爽㈤，心欲是行㈥，身危有〔殃。是〕胃（謂）過極失當。

【註釋】㈠毋陽竊，毋陰竊，毋土敝，毋故埶，毋黨別：這是說征討以殺伐為務，勸農則以護養為務，耕稼不要過度勞傷地力，治民不要偏執一己之私，馭下不使其結黨營私。這段文字與《十大經・觀》及《國語・越語下》在詞句上有相近之處，當相互參讀，方可疏通。《觀》云：「夫是故使民毋人執，舉事毋陽察，力地毋陰敝。陰敝者土荒，陽察者奪光，人執者摐兵」。〈越語下〉：「古之善用兵者，因天地之常，與之俱行。後則用陰，先則用陽；近則用柔，遠則用剛。後無陰蔽，先無陽察。用人無藝，往從其所」。察、竊、蔽，古音相近，故典籍中多通用。《莊子・庚桑楚》〈釋文〉云：「竊竊，崔本作察察」。《淮南子・本經》：「明可見者，可得而蔽」，高誘注：「蔽，或作察」。以上幾段文字參讀，則知陽竊即陽察，陰竊、陰蔽（陰敝）即陰察也。「察」謂審度。「陽」作何解，「陰」作何解，這是關鍵。需參考《十大經・觀》中一段文字，方可得出此處陽察、陰察二語之正解。「陽察」是就「舉事」而言，「陰察」是就「力地」而說。而「舉事」即是指戰爭。《淮南子・兵略》：「夫為地戰者，不能成其王；為身戰者，不能立其功。舉事以為人者，眾助之；舉事以自為者，眾去之。眾之所助，雖弱必強；眾之所去，雖大必亡。」可見，陽察指征戰，陰察指農耕。征戰，主刑、殺；農耕，主德、生。此乃陽、陰之義。《十大經・觀》：「……而正之以刑與德。春夏為德，秋冬為刑。……舉事毋陽察，力地毋陰敝」。〈姓爭〉：「刑陰而德陽」。而〈果童篇〉明確地說：「地俗（育）德以靜」（此處「德」即指生、指養）。「毋陽察，毋陰察」二句，是說在誅伐征討敵國時，不應從護生存養對方的角度去審度問題。而在務耕農桑時，不要從刑虐死殺的角度去審度問題。總之，要「因天地之常」。「毋陽察」，是說「因天之殺以伐死」，「毋陰察」，是說「因天之生以養生」。「土敝」，見於《呂氏春秋・音初》、《禮記・樂記》及《史記・樂書》。《史記・樂書》云：「土敝則草木不長」，張守節《正義》云：「敝，猶勞熟也」。勞熟，即指過度使用地力。〈君正〉云：「地之本在宜……力之用在節」，即呼應此「毋土敝」也。「故埶」、「人埶」的「埶」，注家有兩種說法：其一，讀為「槷」（音ㄋㄧㄝˋ），訓為磨擦不安。其二，讀「故」為「怙」，訓為恃。以「埶」同「勢」。認為「毋故埶」即不仗勢。按：二說均於義未安。「埶」當為「執」字之訛。從「埶」與從「執」之字，古籍中常常因形近互訛。茲舉數例以證之。朱駿聲《說文通訓定聲》：「埶，又為蓺之誤字」。《史記・楚世家》：「申子紅為鄂王」，司馬貞索隱云：「有本作『藝經』二字，音摯紅，從下文熊摯紅讀也」。《說文》：「⿱埶皿，埶聲，讀若至。」《周・春官・大宗伯》注：「摯之言至」。此皆埶、執混作之證。「故」與「固」古通用。《國語・越語》注：「固，故也」。《史記・魯周公世家》集解引徐廣曰：「固，一作故」。「毋故埶」，即毋固執，也即〈道法篇〉之「無執」。〈越語下〉之「無埶」即無執，「用人無執，往從其所」，即說用人之道，切勿偏執己見，聽其自擇。此處毋固執，是說為政治國，當「以法為符」，不可偏執一己之私。此即《稱》之「不專己」之義。「黨別」，即結黨營私，拉幫結派。帛書《老子》甲本卷後《伊尹論九主》一段，有「下不別黨，邦無私門」、「別主之臣以為其黨」，即此之謂。㈢陽竊者天奪

〔其光，陰竊〕者土地芒（荒），土敝者天加之以兵，人埶者流之四方，黨別〔者外〕內相功（攻）：這幾句是說征伐不盡天極而懷存養之心，則天反奪其功名。勸農而有刑虐之意，則必導致土地荒蕪。過度使用地力，稼作無收，國力積弱，則必有外兵侵侮。人主偏執一己之私，強奸民意，必被人民逐放而流徙四方。君主馭下無術，臣下結幫營私，黨派紛爭，則必有外內相攻之患。「光」，指榮譽、功名。《淮南子・俶真》注：「光，譽也」。《詩・韓奕》鄭玄箋：「光，猶榮也」。《古微書》引《孝經援神契》曰：「譽之為言名也」。「兵」，謂兵禍，即戰爭。「流」，流徙，流放。此指國君失國，被趕下臺，即如周厲王輩。按：〔外〕內相攻：「外」字原缺。後文「外內皆順」、「外內交接」與「外內相攻」相反為義。據補。陽察者，誅伐不盡天極，沽名釣譽，故天反奪其功名。陰察者，違逆天道，不順地理（〈果童〉所謂「地育德以靜」，德謂生養，而「陰」指刑殺），故使土地荒蕪。土敝者，過度使用地力，而不知「地之本在宜」，凋蔽耕土，國必積弱，故必有外兵加之。人主偏執一己之私，強奸民意，故必蹈厲王之轍，而流徙四方。馭下無術，黨派紛爭，必有外內相攻之患。㊂陽竊者疾，陰竊者几（飢），土敝者亡地，人埶者失民，黨別者亂，此胃（謂）五逆：這幾句是說：因為違反誅伐之道，故反受其殃。因為違背耕種之宜，故導致饑饉年荒。因為用地失度，故被侵失土。因為人主偏執私見，故失去民心。因為黨派紛爭，故導致國家大亂。這些被稱之為五逆。

「疾」，患害。《淮南子．說山》注：「疾，患也」。《後漢書．傅毅傳》注：「疾，害也」。不得征伐之道，故有患害（前文所謂「不盡天極，衰者復昌；誅禁不當，反受其殃」正為「陽竊者疾」的注腳）。不得耕稼之道，故有饑饉。不得治地之宜，故被侵亡地。不能公正無私，故失民心。不能有效馭下，故有國家之亂。以上五者，可以一字賅之：「逆」，違逆天道，違逆人理。㊃五逆皆成，〔亂天之經，逆〕地之剛（綱），變故亂常：這是說，犯下這種五逆，便是攪亂違反天地的綱紀常道、改變破壞舊制和常規的做法。〔亂天之經，逆〕五字原缺，今以意補。其證如下：其一，《莊子．在宥》：「亂天之經，逆物之情」，與此辭例相同。其二，《荀子．天論》：「亂其天官……逆其天政」，辭例相近。其三，《尚書．五子之歌》：「亂其紀綱」與此文義相同。其四，此二句正蒙下「變故亂常」而言。其五，成、經，為耕部字。剛、常、爽、行、殃、當，為陽部字。耕、陽合韻。「故」，舊制。「常」，常規。㊄擅制更爽：是說專斷法令，私設各種制度，時常更改變換各種律令，使之差亂無常。「擅」，私自，專斷。「制」，制度、法令。「更」，更改，變換。「爽」，差，混亂。㊅心欲是行：一心要為此行徑，不知改悔。《十大經．正亂》：「亂民，絕道，反義逆時，非而行之，過極失當，擅制更爽，心欲是行」。

【今譯】 在誅伐征討敵國時，不應從護生存養對方的角度去審度問題，而在務耕農桑時，不要從刑虐死殺的角度去審度問題。不要過度地使用地力而使土地凋敝，為政治民，不可偏執一己之私。治臣馭下，不使其拉幫結派。征伐敵國不盡天極而懷存養之心，則天反奪其聲名。勸農而有刑虐之意，則必導致土地荒蕪。過度使用地力，稼作無收，國力貧弱，則必有外兵侵侮。人主偏執一己之私，強奸民意，必被人民逐放而流徙四方。君主馭下無術，臣下結幫營私，黨派紛爭，則必有外內相攻之患。違逆誅伐之道，必受其殃。違反耕種之宜，必導致饑饉年荒。用地失度，必被侵失土。偏執私見，必失民心。黨派紛爭，必致國家大亂。這些作法，被稱之為五逆，即是攪亂違背天地的綱紀常道、改變破壞舊制和常規的做法；專斷法令、私設制度，更動律令差亂無常，一意孤行，不知改悔，最終會殃及自身。這些做法，就叫做違反天道。

【闡述】 本段提出了五毋、五逆的論點，仍緊扣「國次」主題。

「國之大事，在祀與戎」，此是儒家常說的。《四經》言「祀」絕少，而多言「戎」。言「戎」處之多僅次於「道」和「法」。則道、法之下，「戎」為「國次」之首。

其次是務農，其次是任地，其次是治民，其次是馭下。

「陽竊」即是存亡繼絕、釣譽沽名，其結果是禍反自及。這是有所感、有所據而發的，非泛設之辭。

「加之以師旅，因之以饑饉」的一個重要原因，作者以為是在於經濟實力對比的失衡，因而指出了務農、任地之道及其重要性。

「人執者流之四方」顯係用的厲王之輩的典故，說明得民的重要性。

〈君正〉第三

【內容提要】「君正」即「君政」。本篇論述國君如何為政理國。為政包括內政和外政。所謂內政，概括地說，就是要使臣民親上。具體說，就是要進賢退不肖，使臣親其主；通過節民力、毋奪時、節賦斂、去苛事等政策，使百姓親上。而內政治理的目的，就是要使臣民從戎征戰，兼人之國。外政的方針，概括地說，就是文、武並行。具體說，該征誅討伐的國家就要去征誅討伐它，該聯合保護的國家就要去聯合保護它。而外政的最終目的，則是使天下歸順，實現一統。

一年從其俗㈠，二年用其德㈡，三年而民有得㈢。四年而發號令，〔五年而以刑正㈣，六年而〕民畏敬，七年而可以正（征）㈤。一年從其俗，則知民則㊅。二年用〔其德〕，民則力㊆。三年無賦斂，則民有得。四年發號令，則民畏敬。五年以刑正，則民不幸㊇。六年〔民畏敬，則知刑罰〕㊈。七年而可以正（征），則朕（勝）強適（敵）。

【註釋】 ㊀從其俗：遵從其風俗習慣。《莊子・山木》：「且吾聞之夫子曰：入其俗，從其俗」。㊁用其德：選用有德行的人。㊂三年而民有得：三年而使民有富足的衣食。「得」，當訓為富足。《禮記・王制》注：「得，足也」。其證一。下文言「三年無賦斂，則民有得」，又說「賦斂有度則民富」。其證二。另外，「得」字下當為句號，不當作逗號，他本標點皆誤。從文例、文意、語勢、韻部等方面考察，都可以證明這一點。㊃以刑正：以法律治理。「刑」指法。「正」，謂治。（《尚書・堯典》及《國語・魯語》注：「刑，法也」。《呂氏春秋・順民》注：「正，治也」）㊄征：出征討伐敵國。㊅民則：指當地人民是非善惡、好惡取捨的標準、準則。㊆民則力：「力」，努力、盡力。按：準前後文辭例，當作「則民力」。㊇幸：僥幸。㊈〔民畏敬，則知刑罰〕：按：此七字原缺，今據前後文義、文例及韻部補。此「民畏敬」三字，是承上「六年而民畏敬」而言（「一年」至「七年」，在辭例上都是複語，如「一年從其俗……一年從其俗，則知民則」）；「則知刑罰」四字，是承上啟下「四年發號令，則民畏敬」、「號令成俗而刑罰不犯則守固戰勝之道也」而言。此二句之後，也恰恰是「則勝強敵」，可以互參。「罰」在月部，下文「敵」是錫部字。月、錫合韻。

【今譯】君主為政治國的方針應該是，第一年遵從百姓的風俗習慣，第二年選拔有德行的人授予官職，第三年要使民富足。到了第四年便可以發號施令了，第五年可以用法律來治理百姓，第六年人民就會有了敬畏心理，第七年便可以指揮百姓從戎出征了。第一年遵從百姓的風俗習慣，可以掌握他們是非善惡、好惡取捨的標準是什麼。第二年擢用其中的賢德之人，百姓就都會努力爭取向上。第三年免去賦稅征斂，百姓就會生活富足。第四年君主發號施令，百姓都會敬畏服從。第五年用法律來治理，百姓就不敢再有僥幸心理。第六年百姓有了敬畏心理，便會懂得刑罰律令而不敢觸犯。第七年率民出征敵國，便能戰勝強大的對手。

【闡述】本段是講執政者需依民俗施以教化，選用賢德，發展生產，而後輔以刑政，使人民講紀律，培養戰鬥能力。當然，這裏所構建的，是就一個初建的國家而說的。這理由是：

1.「三年無賦斂」，是國家初建時不得已而行之的，是一種讓步政策。國家強盛、人民富庶之後，便是下文的「賦斂有度」、「節賦斂」。

2.刑罰律令之設、使民有敬畏之心，是國政未固、民心未定不得已而為之的，非最高層次的理想國度（《稱》：「太上無刑……其下鬥果訟果」）。

3.「發號令」、「知刑罰」乃是在民心未定於一、民情未移時強制性地移風易俗的做法。《淮南子・原道》：「未發號施令而移風易俗者，其唯心行者乎！法度刑罰，何足以致之也？」此亦可證「發號令」是旨在施行教化、移風易俗的。也可見「一年從其俗」屬於「術」的範疇；「發號令」、「知刑罰」、「使民畏敬」是屬「法勢」的範疇；「太上無刑」纔是理想國的最高境界。

俗者，順民心毆（也）㊀。德者，愛勉之〔也〕㊁。〔有〕得者，發禁拕（弛）關市之正（征）毆（也）㊂。號令者，連為什伍，巽（選）練賢不宵（肖）有別毆（也）㊃。以刑正者，罪殺不赦毆（也）㊄。〔畏敬者，民不犯刑罰〕毆（也）㊅。可以正（征）者，民死節毆（也）㊆。

【註釋】㈠俗者，順民心也：這是說第一年遵從百姓的風俗習慣，這是為了順應民心，以得到人民的擁護。㈡德者，愛勉之也：這是說第二年擢用賢德之人為官吏，這是通過施愛於民以激勵其奮勉。此句可與上下文參讀：「二年用其德，則民力」、「男女勸勉，愛也」、「無母之德，不能盡民之力」。㈢〔有〕得者，發禁弛關市之征也：這是說要想在第三年使民有富足的衣食，就要廢除山澤禁忌及關口市場的征稅。「發禁」，就是開禁，解禁。古代山林川澤之利，都歸王室所有，禁止人民漁獵樵采。但逢荒年，可在規定的地域，適當的向百姓開放而不征稅（當然還要在適當的季節和時間，即在林木、獸類、魚類適於漁獵樵采時節。這在《禮記・月令》中有詳細的規定）。如《東漢會要》載和帝永元十一年詔：「令民得漁采山林池澤，不收假稅」，十二年詔：「郡國流民，聽入陂池漁采，以助蔬食」。「弛」，有的解釋為減低、放寬。按：據上文「三年無賦斂，則民有得」可知，此處的「弛」當訓為廢，廢除。《荀子・王制》注：「弛，廢也」。《禮記・樂記》注：「弛，廢也」。《漢書・文帝紀》：「輒弛以利民」，韋昭注：「弛，廢弛」。國家初建三年，廢除各種賦斂，以邀民心。此與《管子・大匡》：「桓公踐位十九年，弛關市之征，五十而取一」有別。為國三年之後，國家實力增強，百姓富足，民心親上，便可在適當限度內徵收一定的賦稅，這即是下文所說的「賦斂有度則民富」。顯而易見，這與「無賦斂」、「弛關市之征」在治國的年限上是不同的。

㊃號令者，連為什伍，選練賢不肖有別也：這是說，要想在第四年有效地發號施令，使民聽命，就要按照嚴密的單位形式把人民組織起來，並挑選人才去管理他們，使賢與不賢的人各有差異。「連」，同聯，聯綴，組織。「什伍」，是古代地方和軍隊的組織單位。在地方，五家為一伍，十家為一什。在軍隊，五人為一伍，十人為一什。分別設伍長和什長。「連為什伍」，即按照什伍這種單位形式把人民組織起來。《史記・商君列傳》：「令民為什伍，而相牧司連坐」。「練」，通揀。「選揀」，即挑選。指挑選人材充當地方和軍隊的各級官吏。賢不肖、貴賤、君臣（或主臣）在《四經》中出現的頻率極高，並多為互文的形式，如〈四度〉：「君臣易位謂之逆，賢不肖並立謂之亂」等等。顯然，這是一種「勢」的思想。上述做法，是為了使「民畏敬」（上文「四年發號令，則民畏敬」）。㊄以刑正者，罪殺不赦也：這是說，第五年以法律治理百姓，有功必賞，不能吝嗇；有罪必罰，不可姑息。以法律治理，可使民去除僥幸心理，使「詐偽不生，民無邪心」。按：「殺」疑當作「誅」，罰也。《論語・堯曰》：「不教而殺謂之虐」，《漢書・董仲舒傳》集注引作「不教而誅謂之虐」。㊅〔畏敬者，民不犯刑罰〕也：第六年百姓有了敬畏心理，便不敢再觸犯刑罰。按：〔畏敬者，民不犯刑罰〕八字原缺，今依文義、文例、協韻補。此八字承上啟下：「六年而民畏敬」、「四年發號令，則民畏敬」、「六年民畏敬，則知刑罰」、「號令成俗而刑罰不犯則守固戰勝之道

也」。且「赦」為鐸部字，「罰」為月部字，鐸、月合韻。此段與上段一樣，一年至七年的治理程序是銜接的、遞進的，須聯繫起來審讀，方可獲得完整、準確的正解。㊆可以征者，民死節也：這是說，到了第七年，便可以率民出征並戰勝強敵，這是因為百姓會出死效力的。「節」，氣節，操守。「死節」，為保持氣節而戰死。

【今譯】第一年遵從百姓的風俗習慣，這是為了順應民心。第二年擢用賢德之人為官吏，這是通過施愛於民以激勵其奮勉。第三年要使民有富足的衣食，就要廢除山澤之禁及關口市場的征稅。第四年要想有效地發號施令，就要按照嚴密的單位形式把人民組織起來，並挑選人才去管理他們，使賢與不賢的人各有等差。第五年以法律治理百姓，有罪必罰，不可姑息。第六年百姓有了畏敬的心理，便不敢再去觸犯刑罰。到了第七年，便可以率民出征並戰勝強敵，這是因為百姓會出死效力的。

【闡述】本段繼續並詳細地申釋上段所述治民理國的方針和程序。

這進程便是：以隨俗獲取民心——以職爵誘民效力——以廢除賦稅刺激物質生產——以嚴密的戶籍管理制度和官吏選任制度保證號令的頒布與落實——以強有力的法制律令保證賞罰嚴明——使敬法畏法成為慣性而取代原有的民俗——誅強討罪，兼人之國。

如果將《四經》的治國思想分為三步，那麼第一步，便是「兼人之國」，這從上兩段論述治國的程序上可以看出來。可以這樣說：「兼人之國」是《四經》作者為君主提出的「基本目標」。這種思想，是戰國初年兼併戰爭的產物。那麼第二步，便是實現「天下可一」（《道原》）的天下大一統。這種思想的發生，應該是在戰國初年七雄剛剛形成之時。第三步，也是「最高理想」，便是「太上無刑」（《稱》）、無為而人民自治的理想國。

這便是《四經》的作者為統治者所設計的「三步曲」。

值得注意的是：1.《老子》重點繪製的是第三步，而《四經》著力設計的是第一步。2.《老子》的治國程序是由第三步逆推到第一步，即從無為到有為（無不為）；而《四經》的程序則是從第一步漸次順推到第三步，即從有為（不妄為）到「太上無刑」的無為（這從《四經》的排列順序也可體悟到，即《經法》——《道原》。至於《淮南子》將〈原道〉放在開篇，乃是老學系統）。3.《老子》以無為作為治國手段（《老子》三章：「為無為，則無不治」），以無不為作為治國之目的。而《四經》則以有為（而不妄為）為治國手段，無為作為治國之目的。4.《老子》有道經在前、德經在後或德經在前、道經在後這樣的兩種傳本，它表明了老學存在著兩種不同的流派，這是可以肯定的。但據上述，我們還可以推論，道經在前，德經在後的順序，應該是《老子》的原貌，是老學的正宗；而德經在道經前的，應是老學的變異，蓋是黃老學家的傳本。這從《四經》的排列順序，《經法》在前，

《道原》在後即可以得到證明。《淮南子》將〈原道〉置於首章，很像是要中興老學正宗的意思。至於「故為道者必託之於神農、黃帝而後能入說」（見〈修務〉），也很有對漢初其祖劉邦所行的黃老之學持有異議的味道。5.一個學說的發生、構建，最初都是偏重於理論上的營築；其後之變異，是發生於對流行中的實際功效的偏重以考慮受道者的接受程度。佛教禪宗之演為北宗、南宗，而北宗為正統，南宗卻偏於實效；這與老學、黃老學的變嬗消長的道理是一樣的。

若號令發，必廄而上九，壹道同心，〔上〕下不逝㊀，民無它志㊁，然後可以守單（戰）矣。號令發必行，俗也㊂。男女勸勉，愛也。動之靜之，民無不聽，時也㊃。受賞無德，受罪無怨，當也㊄。貴賤有別，賢不宵（肖）衰也㊅。衣備（服）不相緰（逾），貴賤等也㊆。國無盜賊，詐偽不生，民無邪心㊇，衣食足而刑伐（罰）必也㊈。以有餘守，不可拔也㊉。以不足功（攻），反自伐也⑪。

【註釋】㈠若號令發，必廄而上九，壹道同心，〔上〕下不𨑊：若號令傳下，百姓必應聲集結而上合君意，同心一致，上下同心同德。「廄」，聚集，集結。《釋名・釋宮室》：「廄。勼也。勼，聚也。」「九」，讀為仇，合。《爾雅・釋詁》：「仇，合也」。《管子・君臣上》：「法制有常，則民不散而上合」。「壹道」，一體，一致。《管子・七法》：「有一體之治，故能出號令，明憲法矣」。「𨑊」（音ㄔㄜˇ），分離、分裂。又按：「〔上〕下不𨑊」之「〔上〕」字原缺，注家所補。疑「上九」之「上」為衍字，「上下不𨑊」之「上」誤寫至此而造成缺字，即上衍下漏（校勘學稱之為「衍漏錯」）。原文本應作「若號令發，必廄而九，壹道同心，上下不𨑊，民無它志」四字為句。「九」讀為「蹬」。《說文》：「蹬，恭謹行也。讀若九」。言若發布號令，則民必結聚而恭謹行之也。上文言「四年發號令，則民畏敬」，下文言「號令發必行」，即恭謹而行也。㈡民無它志：「它志」，異心、邪心。下文「民無邪心」即是指此（《呂覽・貴生》注：「它，異也」）。㈢號令發必行，俗也：言號令發出，百姓一定執行，這是因為已經成為習慣的緣故。下文「號令成俗而刑罰不犯」。《商君書・立本》：「若兵未起則錯法，錯法而俗成，而用具」。《淮南子・原道》：「未發號施令而移風易俗者，其唯心行乎！」㈣動之靜之，民無不聽，時也：召之征戰，令之務農，民皆聽命，這是因為遵循天時的緣故。《經法・四度》有言：「動靜參於天地」。此處「動之」，指使民出征作戰；「靜之」，指使民務農耕桑。《十大經・果童》：「地育德以靜」。「動之靜之，……時也」，按：《四經》特重「動靜」與「時」的關係，如〈四度〉云：「動靜不時胃（謂）之逆」；〈論〉云：「四時有度，動靜有立（位）」；《十大經・觀》云：「靜作得時」；〈姓爭〉云：「靜作之時」。而稷下道家亦同，如《管子・宙合》云：「時則動，不時則靜」。《彖傳》也說：「動靜不失其時」，《彖傳》與黃老道家思想相同、相合之處甚多，此其一例。㊄受賞無德，受罪無怨，當也：百姓受賞無需報德，受罰不需抱怨，這是因為賞罰得當的緣故。「罪」，罰也（《呂氏春秋・季秋紀》注）。《管子・明法解》：「以法誅罪，則民就死而不怨。以法量功，則民受賞而無德」即申釋本文之義。㊅賢不肖衰也：賢與不賢人就會分出等級來。「衰」，等差，等級。㊆衣備（服）不相綸（逾），貴賤等也：這是說衣服制度都有一定的規格不能僭越，這是因為它標志著人們的身分等級。「備」、「服」古通用。「綸」讀為「逾」，超越。古代衣服制度都有固定的規格，它標志著人們不同的地位等級。這也是古代禮數的組成部分，《四經》對周代禮數思想是接受的。《禮記・坊記》：「夫禮者，所以章疑別微，以為民坊者也。故貴賤有等，衣服有別，朝廷有位，則民有所讓」，《淮南子・本經》對後世之「飾職事，制服等，異貴賤，差賢不肖」是持否定態度的。㊇國無盜賊，詐偽不生，民無邪心：此與《管子・明法解》中內容很接近，管子認為：有了法度，於是「詐偽之人不得欺其主，嫉妒之人不得用其賊心，讒諛之人不得施其巧，千里之外不敢擅為非。故〈明法〉曰：有法度之制者，不可巧以詐偽」。這也顯然是《管子》在申衍本經之意。㈨衣食足而刑罰必：百姓衣食富足並且刑罰律令得到堅決的執行。「必」，必定，堅決做到。《賈子・道術》：「克行遂節謂之必」。《韓非子・五蠹》：「明其法禁，必其刑罰」。《管子・治國》對「衣食足而刑罰必」的申釋是「民富則安鄉重家；安鄉重家，則敬上畏罪；敬上畏罪，則易治也」。老子認為，要想使「盜賊無有」，就必須「絕巧棄利」（《老子》十九章）。這與《四經》、《管子》所論顯然不同。㈩以有餘守，不可拔也：「拔」，指攻破、奪取。《漢書・高帝紀》：「攻碭三日，拔之」。韋昭注：「拔者，破城邑而取之，若拔樹木並得其根本也」。⑪反自伐也：「伐」，敗亡（《廣雅・釋詁》）。

【今譯】　若號令傳下，百姓必應聲集結而上合君意，齊心一致，上下同心同德，民無異心，這樣就可據國防守或出兵征戰了。號令發出，百姓必定執行，這是因為服從命令已經養成習慣。百姓爭相勉力，這是因為君上施愛的緣故。召之征戰，或令之務農，民皆聽命，這是因為君主遵循天時的緣故。人民受賞不戴德，受罰不含怨，這是因為賞罰得當的緣故。貴賤有區別，賢與不賢人就會分出等級來。衣服制度都有一定的規格不能僭越，這是因為它標志著人們的身分等級。國家沒有了盜賊，奸詐虛偽之心不生，民無邪念，這是由於百姓衣食富足並且刑罰律令得到了堅決的執行。以充足的國力據國防守，國家就不會被攻取。而國力不足卻要去進攻他國，結果反而是自取敗亡。

【闡述】 本段提出了以下幾個問題。

其一，號令與俗的關係。

發號施令，變民自治自為的原俗為「隨君之情欲」的慣性規矩，這是「術」的思想，也是「勢」的結果（前言「四年發號令，則民畏敬」）。《淮南子・原道》：「未發號施令而移風易俗者，其唯心行乎。法度刑罰，焉能致之乎？」頗似針對本經而發。

其二，賞、罰制度。

「受賞無德，受罪（罰）無怨」。《四經》中賞罰並舉之例不勝枚舉，此則首見。賞罰，是術、勢思想的外化。《韓非子・二柄》說：「明主之所導制其臣者，二柄而已矣。二柄者，刑德也。何謂刑德？殺戮之謂刑，慶賞之謂德。為人臣者，畏誅罰而利慶賞。故人主自用其刑德，則羣臣畏其威而歸其利矣」。馮友蘭《中國哲學史》也說：「君之勢表現於外者為賞罰」。

其三，賢與不肖。

貴賤、賢不肖、君臣在《四經》中經常對舉、並舉，而《老子》、《論語》中無「不肖」一詞。《老子》中有「善與不善」對舉例，《論語》中有賢與不賢對舉例（〈里仁篇〉：「見賢思齊焉，見不賢則內自省」）。然而，善不善、賢不賢，顯然與《四經》中的賢不肖含義不同。《四經》中賢不肖的含義，極明顯是偏重在位勢的高下，而《老子》、《論語》的善不善、賢不賢則是偏重在道德修養的不同層次。

《孟子》、《莊子》中有賢不肖並舉的例子，但似乎也不含有位勢高下的意味。《荀子》中的賢不肖，已與《四經》的含義接近。《韓非子・功名》篇已經明確地指出，賢不肖的區分，是「勢」的思想：「夫有材而無勢，雖賢不能制不肖。……故短之臨高也，以位；不肖之制賢也，以勢」。

其四，衣服制度。

以衣服制度區分貴賤，本是儒家堅持的思想。通過本段「衣服不相逾，貴賤等也」的論述，可見戰國時期各家思想的相互影響。

此外，可以看出黃老《四經》與《淮南子》的不同。《淮南子》與《老子》接近，而排斥儒家、黃老、法家的許多觀點。如《淮南子・本經》說：「及至分山川溪谷使有壤界……設機械險阻以為備，飾職事，制服等，異貴賤，差賢不肖，經誹譽，行賞罰，則兵革興而分爭生……」這很像是針對本經及上引《管子》而發的。

天有死生之時，國有死生之正（政）㈠。因天之生也以養生，胃（謂）之文；因天之殺也以伐死，胃（謂）之武㈡；〔文〕武並行，則天下從㈢矣。

【註釋】 ㈠天有死生之時，國有死生之政：天下諸國或亡或存決定於天時，國家萬事或成或敗決定於國政。「正」，同政，政教，政策。「國之死生」的「死生」，指國之存亡、事之成敗。㈡因天之生也以養生，胃（謂）之文；因天之殺也以伐死，胃（謂）之武：這是說對於天道使存之國，要順應天意來聯合保護它，這就稱為「文」；對於天道使亡之國，要順應天意來討伐兼併它，這就稱為「武」。「因」，因順，順應。「養」，指保護，聯合。「養生」之「生」指生國，「伐死」之「死」指死國。〈論〉：「逆之所在，謂之死國，〔死國〕伐之；反此之謂順，順之所在，謂之生國，生國養之」。死國，指走向衰亡的國家；生國，指充滿生氣的國家。《四經》中的文與養、德義近，武與伐、刑義近。㈢從：順從，服從。

【今譯】 天下諸國或亡或存決定於天時，國家萬事或成或敗決定於國政。因此，對於天道使存之國，要順應天意去聯合保護它，這被稱之「文」；而對於天道使亡之國，要順應天意去討伐兼併它，這就被稱為「武」。文武並舉，天下各國就會無不順從。

【闡述】 本段論述的是「天有死生之時」，本段以下至篇末，論述的是「國有死生之政」。「天有死生之時」的原意，應該是指天下萬物或死或生決定於天時，但在本文中，它的含義已經具化為天下諸國的或亡或存了。

對於諸侯國的或養或伐，取決於該國的內政如何，具體說，如果該國「動靜不時，種樹失地之宜，〔則天〕地之道逆矣。臣不親其主，下不親其上，百族不親其事，則內理逆矣。逆之所在，謂之死國，〔死國〕伐之。反此之謂順，順之所在，謂之生國，生國養之」（〈論〉）。據上述〈論〉中所言，可知本段以下所講論的，便是本國如何得種樹之宜，如何使臣親主、下親上，如何使百族親其事。

對於順應天道、內理的充滿生機的國家要去聯合並保護它，對於逆於天道、內理的國家要乘機討伐兼併它，這便稱作「文武並行」，也是作者為統治者所設計的外交政策。

本段講外交，下兩段講內政。層次條析。

人之本在地，地之本在宜㈠，宜之生在時㈡，時之用在民，民之

用在力㊂，力之用在節㊃。知地宜，須時而樹㊄，節民力以使，則財生㊅，賦斂有度則民富㊆，民富則有佴（恥）㊇，有佴（恥）則號令成俗而刑伐（罰）不犯㊈，號令成俗而刑伐（罰）不犯則守固單（戰）朕（勝）之道也㊉。

【註釋】㊀地之本在宜：是說使用土地的根本在於因地制宜，恰當地種植適於該地生長的農作物。「宜」，適宜，指土地適宜種植、生長農作物。《周易・繫辭下》：「觀鳥獸之文，與地之宜。」《管子・立政》：「桑麻不植於野，五穀不宜其地，國之貧也」、「相高下，視肥墝，觀地宜」。《周禮・地官・草人》：「相其宜而為之種」。此並為本經「宜」字之義。㊁宜之生在時：是說適宜於農作物生長的關鍵，還在於準確地掌握耕種的時間和季節。《管子・小問》：「力地而動於時，則國必富」，〈牧民篇〉：「不務天時則財不生，不務地利則倉廩不盈」，〈立政篇〉：「觀地宜……以時均修」，〈牧民篇〉：「不告之以時，則民不知」。此並為本經「時」字之義。㊂民之用在力：這是說使用百姓的關鍵，在於使其各自盡力其事。《管子・權修》：「欲為其國者，必重用其民。欲為其民者，必重盡其民力」，〈八觀篇〉：「天下之所生，生於用力」，又云：「穀非地不生，地非民不動，民非力毋以致財」。此並為本經「力」字之義。㈣力之用在節：這是說使用民力的關鍵在於適度。「節」，節制，節度。《彖傳・節卦》：「天地節而四時成，節以制度，不傷財，不害民」。孔穎達疏云：「天地以氣序為節，使寒暑往來各以其序，則四時功成之也。王者以制度為節，用之有道，役之有時，則不傷財、不害民也」。此與本經思想是一致的。節民力使財生與《莊子・天地》：「用力少見功多」意思也接近。《管子》的「盡其民力」是充分使用民力，本經的「節民力」是適度使用民力，二者是有區別的。本經「節民力」很像《周易・節卦》所褒的「甘節」，而「盡民力」則有些像《周易》所貶的「苦節」（孔穎達疏：「節須得中。為節過苦，傷於刻薄，物所不堪，不可復正」）。㈤須時而樹：根據時令來種植五穀。「須」，等待。「須時」，即待時，相時。「樹」，種植。㈥節民力以使，則財生：財富之生，緣於適度地使用民力。此與《荀子・王霸》：「得百姓之力者富」意思接近。《管子》也認為財富之生，緣之於民用力和得天時（〈八觀〉：「天下之所生，生於用力」、「民非力毋以致財」，〈牧民〉：「不務天時則財不生」）。前面已說過，《管子》的「盡其民力」與本經的「節其民力」還是略有差異的。㈦賦斂有度則民富：「度」與「節」同，節度，適度。㈧民富則有恥：這是說人民衣食富足纔能懂得政教廉恥。《管子・牧民》：「倉廩實則知禮節，衣食足則知榮辱」，即是申衍此文。《荀子・大略》說：「不富無以養民情」，這也是稷下道家的觀點。㈨有恥則號令成俗而刑罰不犯：此與上文「衣食足而刑罰必」是互相補充的關係，緊承「民富則有恥」。《管子・版法》也說：「民不足，令乃辱。民苦殃，令不行」。為什麼民富則有恥、有恥則不犯刑罰呢？《管子・治國篇》有答案：「民富則安鄉重家。安鄉重家，則敬上畏罪」。⑽守固戰勝：守國則牢固，伐國則獲勝。「守」，指防守本國。「戰」，謂征伐別國。「守固戰勝」是《老子》六十七章「以戰則勝，以守則固」的縮語。

【今譯】　使用土地的根本在於因地制宜，恰當的種植適於該地生長的農作物。適宜於農作物生長的關鍵，還在於準確地掌握耕種的時間和季節，準確地掌握農時，還在於如何使用百姓。使用百姓的關鍵，在於使其各自盡力其事。使用民力的關鍵，在於適度。要了解土地適宜於種植什麼，並且根據時令來種植五穀。適度地使用民力，就能有效地創造財富。賦斂適度，則人民富足。人民富足，則懂得政教廉恥。廉恥觀念的形成，就使得百姓習慣於服從命令並且不敢觸犯刑罰。百姓習慣於聽令，又不敢觸犯刑罰，這便是守國則牢、伐國則勝的原理所在。

【闡述】　本段與上段聯繫起來考察，可知：①本段講述的是「國有死生之政」。②講論如何順「天道」。

重本尚農的思想是本段的中心，論述如何適宜、適時、適度地使用地力、民力為本段著力處，然最終仍歸於「戎」（守、戰）。戰國時期兼併戰爭的陰影，與其時紛爭的學界空氣相激蕩，也決定了黃老思想向現實的極度傾斜。

據上面註釋可知，《管子》與本經多有重合之處，且大抵是申釋本經文意的。然而，《管子》的「盡其民力」（〈權修〉）、「天下之所生，生於用力；用力之所生，生於勞身」（〈八觀〉）、「民欲逸而教之以勞，勞教定而國富」（〈侈靡〉），法家味道甚重，強制色彩頗濃。而本經則側重「節」和「度」，似乎更偏重於溫和及人道主義（後文也有「盡民之力」，但前提是有「母之德」，民之盡力，出於自願，並且《四經》對民力的使用上，主要還是偏重強調「節」和「度」的）。

《淮南子‧泰族》也有與本段及下段內容相近的文字：「故為治之本，務在寧民；寧民之本，在於足用；足用之本，在於勿奪時；勿奪時之本，在於省事；省事之本，在於節用；節用之本，在於反性」。可見其與本段文字句式、語勢上十分接近，但差異也是顯而易見的，其一，《四經》強調的是「節民力」、「節賦斂」，《淮南子》強調的是「節用」。其二，如何「節民力」、「節賦斂」，《四經》未給出答案；而如何「節用」，《淮南子》卻給出了答案：「反（返）性」。這兩點差異又可以證明，《淮南子》一書，很有跨過黃老而上溯老學之源的意味。我們也因此在反覆考慮著一個問題：劉安讀過《四經》，並仔細研究過它；因認為黃老之學離道過遠，故使其上溯、闡揚老學正宗的意念也頗為強烈。

法度者，正之至也㈠。而以法度治者，不可亂也㈡。而生法度者，不可亂也㈢。精公無私而賞罰信㈣，所以治也。

【註釋】㈠法度者，正之至也：法度，是至為公正的。因為法度可以「引得失以繩，而明曲直」，所以說它是「正之至也」。《管子》引申其義，說：「法者，天下之至道也」（〈任法〉）、「法者，天下之程式也，萬事之儀表也」（〈明法解〉）。㈡而以法度治者，不可亂也：以法度治理國家，不可妄為。「而」，或讀為「能」，似嫌迂曲。此「而」及下文「而生法度」之「而」都可如字解釋，連詞，無義。「亂」，謂不依法度而以己之私意妄為。下文「精公無私」即照應此句。㈢而生法度者，不可亂也：此「亂」字指法度不一、變化無常。《管子》對此二句的申釋是「法不一，則有國者不祥」（〈任法〉）、「數出重法而不克其罪，則奸不為止」（〈七臣七主〉）、「法者，不可不恒也」（〈任法〉）。按：「恒」上之「不」字依安井衡說補）。㈣精公無私而賞罰信：依法辦事，公正無私，賞罰分明，取信於民。《管子》衍釋此句說「賞罰莫若必成，使民信之」（〈禁藏〉）、「賞罰必信密，正民之經也」（〈法法〉）。

【今譯】　法度，是至為公正的。以法度來治理國家，而不能任意妄為。創制法度，不能變化不一。依法辦事公正無私，賞罰分明便能取信於民，這是天下治理的道理所在。

【闡述】　本段與下段講論如何順「內理」。法度為「內理」的重要構成部分，故先論法度。這裏主要是從兩個角度來論述的。

其一，要以法治國，而不能以己之私意妄為。《管子．法法》說：「上苛則下不聽，下不聽而強以刑罰，則為人上者眾謀矣。為人上者眾謀之，雖欲毋危，不可得也」。或「苛」或「強」，皆是指不依法而妄為。

其二，創制法度，不能變化不一。《管子．法法》說：「號令已出又易之，禮義已行又止之，度量已制又遷之，刑法已錯又移之。如是則慶賞雖重民不勸也，殺戮雖繁民不畏也。故曰：上無固植，下有疑心。國無常經，民力必竭」。易止遷移，變化莫一，雖重其賞罰，民亦不勸不畏也，何如「精公無私而賞罰信」？

需要注意：上引兩段〈法法〉文字為筆者所斷開，原本是通貫的。這很有可能是申釋《四經》本段文意的。

苛事，節賦斂，毋奪民時，治之安㈠。無父之行，不得子之用；無母之德，不能盡民之力㈡。父母之行備，則天地之德也㈢。三者備，則事得矣㈣。能收天下豪桀（傑）票（驃）雄，則守禦之備具矣㈤。審於行文武之道，則天下賓矣㈥。號令闔（合）於民心，則民聽令。兼愛無私，則民親上㈦。

【註釋】㈠苛事，節賦斂，毋奪民時，治之安：「苛事」，指政事煩瑣。《國語・晉語》注：「苛，煩也」。《管子・小匡》注：「苛，密也」。《素問》注：「苛，重也」。《漢書・成帝紀》注：「苛，細刻也」。注家認為「苛事」上或脫「毋」字，或脫「省」字。是也。《淮南子・泰族》：「勿奪時之本，在於省事；省事之本，在於節用」，與此文頗類。〈泰族〉又云：「事省，易治也」，又云：「民眾者，教不可以苛。夫事碎，難治也；法煩，難行也；求多，難澹也」（「求多」，謂多征賦斂）。又〈齊俗〉：「治國之道，上無苛令，官無繁治」。並可與此文參證。去苛事則易行，節賦斂則民富，毋奪時則財生，故曰「治之安」。㈡無父之行，不得子之用；無母之德，不能盡民之力：「行」，德行。「子」，指百姓。「父母」，指君長。《荀子・正論》：「湯武者，民之父母也」。「得子之用」，即「盡民之力」。㊂父母之行備，則天地之德也：若君主具備了待民如子的德行，便是德如天地一樣的廣大。「備」，具備（與下文「守禦之備具矣」之「備」意思不同）。天地兼覆載而無所私，父母愛子女而無所求，故以喻君主。按：既然說「二德備具」，則父德、母德當有區別。父嚴母慈，則父德指刑罰，母德指慶賞。「父母之行備」，蓋謂賞罰相濟、慈嚴並施。㊃三者備，則事得矣：「三者」，指前面所說的去苛事、節賦斂、毋奪時。「得」，成，成功。又按：「三」或為「二」字之誤。「二者」指母德、父德。謂賞罰得當、恩威並施。㊄能收天下豪傑驃雄，則守禦之備具矣：「驃雄」，指驍勇雄健之士。「備」，武備，裝備，「具」，具備。㊅審於行文武之道，則天下賓矣：「審」，知道，懂得。《淮南子・本經》：「審於符者」，高誘注：「審，明也」，又〈說山〉注：「審，知也」。「文武」，見前注。「賓」，服從，歸順。「審於行文武之道，則天下賓矣」，與前文「文武並行，則天下從矣」同文義。㊆兼愛無私，則民親上：「兼愛無私」與「精公無私」意思接近，都是說君主治國要效法天地的「兼覆載而無私」。分而言之，「兼愛」，指慶賞必行、德施廣溥（上文「德者，愛勉之也」，謂擢用賢人賞授官職，這是通過施愛於民而勵其奮勉）；「無私」，指不苟刑罰、秉公執法。顯而易見，這裏的「兼愛」與《墨子》的「兼愛」在內涵上是有區別的。本經的「兼愛」是側重於法度的公正（前文「法度者，正之至也」），《墨子》的「兼愛」則側重於社會各階層地位的平等。「親」，愛戴，擁戴。「上」，君主。《管子》、《莊子》等書也都提到過「兼愛」。《管子・版法》：「兼愛無遺，謂君必先順教，萬民向風，旦暮利之，眾乃勝任」。《莊子・天道》：「子曰：中心物愷，兼愛無私」，《文子・道法》：「兼愛無私，久而不衰」。凡此皆可看出墨家思想的影響。

【今譯】 省去煩瑣的政事，有節度地徵收賦斂，不要侵占百姓的農時，國家的政治纔能安定。君主如果沒有像父母一樣的嚴威慈愛，就不能使子民有效地為之效力。君主若具備了待民如子的德行，便是德如天地一樣的廣大。如果做到了去苛事、節賦斂、毋奪時（或譯為：賞罰相濟，恩威並施），那麼萬事都可成功。如果能夠廣招天下豪傑驍健之士，那麼就如同具有了最好的防禦武備。懂得了實行文武共舉之道，那麼天下就都會歸順了。發號施令能夠合於民心，人民纔能自覺的聽從命令。君主如能德施廣溥、秉公執法，那麼就會得到百姓的愛戴擁護。

【闡述】 本段至「三者備，則事得矣」仍論內政；以下至結尾，總論外交和內政。

本段上承「法度」，論及三個問題。

其一，父德、母德。

《四經》常常從對立統一的角度對舉一系列範疇，如賞罰、德虐、生殺、母德父德、養伐、順逆、惠威等等。祇有聯繫起來考察，纔能把握父德、母德的真正內涵。父德、母德的提出，應該是《四經》中法、術、勢思想的混合物。

其二，收天下豪傑驃雄。

戰國時的秦國、齊國多有此種提法和舉措，這種大度，也祇有在較為強大的國家纔會有的。聯繫《四經》中反覆出現的兼人之國、天下賓從、天下可一，更可以肯定，《四經》作者的籍屬當是戰國七雄中較強的一個國家。而守固、守禦、雌節等也是反覆出現的；如理國不當，則「國危破亡」的憂慮也是通貫全篇的。這樣看來，《四經》作者的籍屬，當在中上等國家中來擇定。

其三，兼愛說。

《老子》不言「兼愛」，多言「公」，這是對「道」的形容。孔子言「泛愛」，偏重於人際關係的協調。墨子言「兼愛」側重於社會各階層地位的平等。《四經》的「兼愛」多可以用「公」字來替代，因此，《四經》的「兼愛」一方面是對「道」的形容，另一方面，也是主要方面，是指法度的公正無私。在這點上，《管子》、《文子》與《四經》接近。

〈六分〉第四

【內容提要】 本篇所講論的，認為「六順」與「六逆」是決定國家存亡興壞的分界。君主施行賞罰和征戰的依據，即在於正確地判斷「六順」與「六逆」。其中君主有效地掌握權位，理順上下關係，則是本篇筆墨著力之處。治理本國，兼人之國，「王術」是必須講求的。因此，本篇從國家的安與危、強與弱正反兩方面論證了掌握「王術」的重要性。尊重人才、尊重知識是「王術」的重要組成部分。本篇從結果論入手，為「重士」和「貴有知」的界說提供了堅強的依據。

觀國者觀主，觀家〔者〕觀父㊀。能為國則能為主㊁，能為家則能為父。凡觀國，有六逆㊂：其子父㊃。其臣主㊄。雖強大不王。其謀臣在外立（位）者㊅，其國不安，其主不吾（悟），則社稷殘㊆。

其主失立（位）則國無本，臣不失處則下有根㈧，〔國〕憂而存；主失立（位）則國芒（荒），臣失處則令不行，此之胃（謂）頽國㈨。〔主暴則生殺不當，臣亂則賢不肖並立，此謂危國〕㈩。主兩則失其明㈡，男女掙（爭）威㈢，國有亂兵，此胃（謂）亡國。

【註釋】㈠觀家〔者〕觀父：「觀」，考察。「者」字原缺，依文例補。《管子・霸言》的「觀國者觀君，觀軍者觀將」即由此化出。㈡能為國則能為主：「為」，主持，料理。㈢六逆：指六種悖逆的現象，即：一、其子父。二、其臣主。三、謀臣在外位。四、主失位（包括兩種情況：1.主失位而臣不失處；2.主失位臣亦失處）。五、主暴臣亂。六、主兩。㈣其子父：兒子具有了父親的權威。「父」作動詞。此為第一逆。按：此處的「子」即下文的「嫡子」，指太子。「父」則指父王、君父。《四經》中，父與子、君與臣、王與妃各安其位的提法反覆出現，經常是共文的情況。㈤其臣主：指大臣具有了君主的權威。「主」作動詞。下句「雖強大不王」是統攝「其子父」、「其臣主」二逆而言。㈥謀臣在外位：「外位」，注家認為指外廷。謀臣為內臣，當在宮禁內的內廷協助君主策劃國事。而今在外廷，所以說「逆成」。按：以「外位」為「外廷」，未見有何根據。疑「在外位」是指謀臣有外志而言。《經法・亡論》提到「六危」，前三危便是「一曰嫡子父，二曰大臣主，三曰謀臣〔外〕其志」。「外」字原缺，為筆者所補。最新公布的帛書《繆和》說：「羣臣虛位，皆有外志」即是其證。「謀臣在外位」、「謀臣外其志」，即《稱》所謂的「臣有兩位，其國必危」。因為謀臣有外志，所以說「其國不安」，說「在強國危，在中國削，在小國破」。㊆其主不吾〔悟〕，則社稷殘：「吾」，讀為「悟」，醒悟。「殘」，損害。㊇其主失位則國無本，臣不失處則下有根：這是說君主失位，不能行使權力，國家便失去了依託；而大臣此時如能堅守崗位，克盡職守，國家尚有生存的基礎。㊈頹國：「頹」，敗壞，損壞。下文「主失位，臣失處……國將大損」，「損」與「頹」意思接近。又：或以此字為頖，讀為「泮」（音ㄆㄢˋ），釋為渙散。據下文「損」，則釋「頹」義長。㊉〔主暴則生殺不當，臣亂則賢不肖並立，此謂危國〕：按：此三句十九字原缺，依文例、文義補。其根據是：1.據下文「主暴臣亂」可知，此處缺一「逆」。2.下文的「主暴臣亂」即是呼應此一逆而言。3.下文六順之一的「主惠臣忠者，其國安」即是與此相對而言的。「惠」、「忠」與「暴」、「亂」相對，「其國安」與「危國」相對。4.〈四度篇〉有對「主暴臣亂」的明確解釋，即「賢不肖並立謂之亂」、「生殺不當謂之暴」。5.「主暴則生殺不當，臣亂則賢不肖並立，此謂危國」與上文「主失位則國荒，臣失處則令不行，此之謂頹國」文正相儷。6.「頹國」、「危國」、「亡國」文氣相貫，似為遞進語勢。㈡主兩則失其明：「主兩」，謂國有兩主，指君主、后妃同時擅政。「失其明」，指政令歧出，令人迷惑，無所適從。下文「命曰大迷」即此。《韓非子・亡徵》：「后妻淫亂，主母畜穢，外內混通，男女無別，是謂兩主。兩主者，可亡也」，可以參考。㈢男女爭威：指君主、后妃分爭權力。下文「男女分威」即此。

【今譯】 考察一國如何關鍵在君，考察一家如何關鍵在父。能治理一國政事的堪任其君，能主持一家事務的堪當其父。在考察一個國家的時候，有六種悖逆的現象需要注意：第一是做為太子的具有了君父的權威。第二是做為大臣的具有了君主的權威，這樣的國家雖然強大也不能稱王天下。第三是謀臣有外志而不能盡忠於本國君主，它的國家就不會安定，君主意識不到這一點，國家就會受到損害。第四是君主失位，不能行使權力，國家便失去了依託，而大臣此時如能堅守崗位，克盡職守，國家還有生存的基礎，雖有憂患尚可保存；君主失位已經使得政事荒廢不治，此時大臣再不能克盡職守，則政令不能下達，這便稱作「頹國」。第五是君主暴戾無道，賞罰生殺失去準度，臣下貴賤位次混亂，賢與不賢人並立無別，這便稱作「危國」。第六是君主、后妃同時掌政，政令歧出，令人迷惑無所適從，加之王、妃爭權，勢必導致國家的內戰，這便稱作「亡國」。

【闡述】 本段講「六逆」。概括起來，不外乎講以下四個問題：君與臣、父與子、王與妃、賢與不肖。而前三個問題，又是其中的主要矛盾。

君臣易位、后妃擅政、太子行權這三個問題，在《四經》中常以並列的形式反覆提出。因為此三逆，實在是有案可稽的。「牝雞之晨，惟家之索」（《書．牧誓》），這似乎在當時已經作為一種「史鑒」提出了。而「臣弒其君，子弒其父，非一朝一夕之故，其所由來漸矣」（《文言》），這又可以在《左傳》等任何一部史籍中找到印證。

「六逆」的提出，反映了作者的一種極大的擔憂，因為它決定著一個國家的「存亡興壞」。它上承「史鑒」，下警後人。

適（嫡）子父㊀，命曰上曊㊁，羣臣離志㊂。大臣主，命曰廱（壅）塞㊃。在強國削，在中國破，在小國亡。謀臣〔在〕外立（位）者，命曰逆成㊄，國將不寧；在強國危，在中國削，在小國破。主失立（位），臣不失處，命曰外根㊅，將與禍閵（鄰）㊆，在強國憂，在中國危，在小國削；主失立（位），臣失處，命曰無本，上下無根，國將大損；在強國破，在中國亡，在小國滅。主暴臣亂，命曰大芒（荒）㈧，外戎內戎㈨，天將降央（殃），國無大小，又（有）者滅亡。主兩，男女分威，命曰大麋（迷）⑩，國中有師㈡；在強國破，在中國亡，在小國滅㈢。

【註釋】㈠嫡子：這裏指君主嫡妻所生的長子，即太子。㈡命曰上曊：「命」，名，稱。「上曊」，逆上。「曊」讀為「悖」（音ㄈㄟˋ），違戾，忤逆。㈢羣臣離志：是說因太子擅行父權，使得羣臣不能與君主一心一德。㈣壅塞：遮蔽。《韓非子・主道》說：「臣閉其主曰壅，臣制財利曰壅，臣擅行令曰壅，臣得行義曰壅，臣得樹人曰壅。」此是本文「壅塞」的確解。此即帛書《繆和》所說的「（羣臣）比周相譽，以奪君明」的意思。政令自大臣出而不見君主，故云遮蔽。㈤逆成：「成」，固定，固有的規律（《國語・晉語》注：「成，定也」）。「逆成」，違背常規。㈥外根：這裏指輔佐君主的依託和根基。君主自身稱「內」，君主自身以外則稱「外」。㈦將與禍鄰：接近禍患。《戰國策・秦策》：「削株掘根，無與禍鄰，禍乃不存。」㈧大荒：謂諸事荒廢，不得治理（《荀子・強國》：「大荒者亡」，楊倞注：「大荒，謂都荒廢不治也」）。㈨外戎內戎：指既有外患，又有內亂。「戎」，兵，兵亂。因為君主暴虐，生殺不當（「主暴則生殺不當」），故有「內戎」；又因為臣位混亂，賢不肖並立（「臣亂則賢不肖並立」），則不肖者有外志，賢者離心，故有「外戎」。⑳大迷：「迷」，迷惑不明。上文「主兩則失其明」，是此「大迷」之義。㉑師：指兵亂。㉒上文「主失位，臣失處」的結果也是「在強國破，在中國亡，在小國滅」。二者似應略有差別，故疑兩處文字，當有一處有誤。

【今譯】太子具有了君父的權威，這就稱作逆上，會使羣臣不能與君主一心一德。大臣具有了君主的權威，這就稱作大臣遮蔽了君主的威望。上述這兩種情況，發生在大國會使大國削弱，發生在中等國家會使中等國家破敗，發生在小國會使小國滅亡。謀臣有外心兼為他國設謀，這是違反常規的，國家將不會安寧；此種情況，發生在大國會使大國面臨危險，發生在中等國家會使其削弱，發生在小國會使其破敗。君主失去王位，大臣還能盡職，這就稱做君主尚有依託，但是已接近禍患了，此種情形，發生在大國是令人擔憂的，發生在中等國家是很危險的，發生在小國會使其削弱的；如果君主失位，而且大臣失職，那麼就稱作國家上下失去了存在的根基，根基一失，國家也就將受到絕大的損害了；此種情形，發生在大國會使其破敗，發生在中等國家會使其衰亡，發生在小國會使其覆滅。君主行為暴戾，臣下位次淆亂，這就稱為萬事荒廢不可救藥，外患內亂必接踵而至，違背天理天必降災，這種情況，無論發生在什麼國家，都會滅亡。君主、后妃分爭權力，導致國家出現二主，這就使國人迷惑不明無所適從，國家因此會有兵亂，這種情形，發生在強國會使其破敗，發生在中等國家會使其衰亡，發生在小國會使其覆滅。

【闡述】　本段繼續申釋上段所談的「六逆」。

在闡釋之前，有一個問題是至關重要的，也是必須首先明確的，這便是關於「子」、「嫡子」、「父」的解釋。上文說：「其子父」，此處則進一步明確為「嫡子父」。「子」、「嫡子」是指太子，「父」則指君父。根據如下：

第一，如不將「子」、「嫡子」釋為太子，則本段「嫡子父，命曰上曊，羣臣離志」中的「羣臣離志」便很難解釋通。

第二，本段的「在強國削，在中國破，在小國亡」與上段的「雖強大不王」一樣，都是統攝「子父」、「臣主」二逆的。因此如不將「子」、「嫡子」釋為太子，則很難解釋「其子父」與國家的生死存亡有何必然聯繫。

第三，「子父」、「男女」在本文中語例相同。子父、男女在《四經》中可做一般意義上的理解，而在本文，則子指太子，父指君父，男指君主，女指后妃。

第四，「嫡子父」被列為六逆之首，其次纔為君臣、主妃。這顯然與儒家君臣、父子、夫婦三綱順序是不同的，在理解上當然就要有別。

第五，「六逆」都是講國家之存亡，而無一講人倫之綱常。

第六，《四經》多言國治，而少涉家教；此處的子父、臣主、男女三逆與儒家的君臣、父子、夫婦三綱也明顯有別。另外，〈亡論〉中的「父兄」（「六危……六曰父兄黨以儹」）也是就君主而言。

太子篡位，太子弒上，這在春秋、戰國時代是常有的事，因此《四經》將其作為一個重要的問題提出來，並視之為首逆。這種情況的發生，大多與君主的廢嫡立庶、廢長立少等相關，因此，《稱》經說：「立正嫡者，不使庶孽疑焉。立正妻者，不使婢妾疑焉」。《管子》也說「無擅廢適（嫡）子」。

凡觀國，有大〈六〉順㈠：主不失其立（位）則國〔有本，臣〕失其處則下無根，國憂而存。主惠臣忠者，其國安。主主臣臣㈡，上下不赿者，其國強。主執度，臣循理者㈢，其國朝（霸）昌。主得〔位〕臣楅（輻）屬者㈣，王。

【註釋】㈠六順：六種順當的現象，即：1.主不失其位；2.主惠臣忠；3.主主臣臣；4.上下不赿；5.主執度，臣循理；6.主得位而臣輻屬。㈡主主臣臣：君主、臣子名副其實，不相僭越。㈢主執度，臣循理：君主理政秉執法度，大臣行事遵循事理。㈣主得〔位〕臣輻屬：「輻」，車輪中的直木。「屬」，會聚（《孟子・梁惠王》注：「屬，會聚也」）。「臣輻屬」，羣臣歸聚在君主周圍就像車輻聚集在輪心周圍一樣。《淮南子・主術》：「羣臣輻湊」，高誘注：「羣臣歸君，若輻之湊轂」。「主得位臣輻屬」如《論語・為政》所說的「為政以德，譬如北辰居其所而眾星共（拱）之」。

【今譯】　考察一個國家，有六種順當的現象，這就是：君主不失其位，國家便具備了存在的根基；而如果大臣不能盡職，這就使得君主失去依託，這樣的話，國家還可以在憂患當中繼續生存。君主慈惠愛下（《十大經・順道》說：「慈惠以愛人」），大臣忠心事上，則國家安定。君主大臣名副其實，不相僭越，君上臣下一心一德，則國家強盛。君主理政秉法執度，大臣行事遵循事理，則國家昌盛稱霸天下。君主居得其位，大臣集結在君主周圍，這樣便可稱王天下。

【闡述】　本段講「六順」。

「順」與「逆」相對而言，然「六順」卻不與上段之「六逆」整齊相對。作者並不是將「六順」與「六逆」機械地比較而論，而是各有側重。「嫡子父」列為「六逆」之首，而其他五逆，四逆是有關君臣的。「六順」則都是談君臣，君臣關係理順了是至關重要的；而「主不失其位」、「主得位」又不僅僅是就君臣關係而言，實際也包括「子父」、「主兩」。君主得其位，則大臣不能擅主，太子也就不能代行君父之權，后妃也就不能分爭權力了。

此段「霸」與「王」同時出現。《四經》中文德武力、王道霸道並重，兼施共舉。為儒、法之中介，承上啟下。然仔細分別，則似可看出其間存在著手段與目的之間的差異。即以文德武力也即「王術」為手段，達到稱王天下的目的。

六順六逆〔乃〕存亡〔興壞〕之分也㈠。主上執六分㈡以生殺，以賞〔罰〕㈢，以必伐㈣。天下大（太）平，正以明德㈤，參之於天地，而兼復（覆）載而無私也㈥，故王天〔下〕㈦。

【註釋】㈠分：分際，界線。此句總括上兩段而啟下段之議論，同時點題。㈡執六分：「執」，掌握。「六分」，指判斷六順、六逆的標準。㈢賞〔罰〕：「罰」字原缺，今補。「生殺」與「賞罰」恰為互文。且「殺」、「罰」、「伐」，月部協韻。或說缺字當為「信」字，則失韻。㈣必伐：「必」，果決。「伐」，征伐。㈤正以明德：君主執度公平以明其德。㈥參之於天地，而兼復（覆）載而無私也：這兩句是說效法天地的公平無私。《國語・越語下》：「夫人事必與天地相參」，韋昭注：「參，三也，天地人事三合乃可以成功。」㈦故王天〔下〕：「下」字原缺，馬王堆帛書整理小組補。按：所補是。下文「王天下者之道」即承此「王天下」而言，《四經》多此複沓式語句。且「地」在歌部，「下」在魚部，歌、魚合韻。

【今譯】　六順與六逆是決定國家存亡興壞的分界。君主掌握判斷六順、六逆的標準，並以此來施行生殺、賞罰及果決征戰。天下安定寧和，在於君主執度公正以明其德，同時再效法天地的公平無私，這樣就可以稱王天下。

【闡述】　本段總括前兩段並點明本篇篇題。

本段指出了生殺、賞罰、征戰的依據在於掌握六順、六逆的分界。

效法天地的「兼覆載而無私」表現為君主的執度公平而不是側重在「兼愛」上，具體說就是信明其賞罰，不濫施其恩威；其目的還在於「王天下」。

王天下者之道，有天焉，有地焉，又（有）人焉，參（三）者參用之㈠，〔然後〕而有天下矣㈡。為人主，南面而立㈢。臣肅敬，不敢敝（蔽）其主。下比順㈣，不敢敝（蔽）其上。萬民和輯㈤而樂為其主上用，地廣人眾兵強，天下無適（敵）。

【註釋】㊀有天焉，有地焉，有人焉，三者參用之：據《十大經・前道》可知，此處是說君主要想稱王天下，就必須權衡參合天時、地利、人事三方面因素（〈前道〉：「治國有前道，上知天時，下知地利，中知人事」）。㊁〔然後〕而有天下矣：「而」，能。「然後」二字原缺，依文例補。〈道法〉：「然後可以為天下正」，與此文例、文義接近。「然後能」為古之習用語式。如《孟子・離婁下》：「然後能服天下」等。㊂南面而立：古代堂上以南向為尊，而室中則以西向為尊。此處指君主南面臨朝，而大臣北面而拜。「立」當讀為「蒞」，臨也。《周禮・地官・小司徒》注：「故書蒞作立」，又《地官・鄉師》注：「故書蒞作立」。「為人主，南面而立」二句，是說既然作為君主，就要居得其所，行使其作為國君的職權。班固《漢書・藝文志》說道家學派，是講論「君人南面之術」的。雖然概括得不很周全，但在《老子》和《四經》中這一點確是十分突出。㊃比順：和順親近。《管子・五輔》：「比順以敬。」也作「順比」。《詩・大雅・皇矣》：「克順克比」，毛傳：「慈和遍服曰順，擇善而從曰比」。《荀子・王制》：「一天下，振毫末，使天下莫不順比從服。」㊄和輯：和睦。

【今譯】君主要想稱王天下，必須參合天時、地利、人事三方面因素，然後纔能廣有天下。作為國君就要居得其所，真正行使其作為國君的職權。大臣恭敬，不敢蒙蔽君主。下屬和順，不敢欺蒙其上。百姓和睦甘願為國君效力，地域廣大，民人眾多，軍隊強盛，可無敵於天下。

【闡述】　本段提出了王天下之道在於參用「三才」，這「三才」是黃老之學天道向人道傾斜、人道法天道的典型界說。

老子學說講「四大」，即道大、天大、地大、人亦大（《老子》二十五章）。《四經》則將「四大」簡為「三大」，即天、地、人，因為天、地、人的有機整合即是「道」的具體體現。「三大」在《四經》中還有多種表述形式，如「參於天地，合於民心」、「天地之道也，人之理也」、「天之稽也……地之稽也……人之稽也」（《經法・四度》）、「觀天於上，視地於下，而稽之男女」（《十大經・果童》）、「治國有前道，上知天時，下知地利，中知人事」（《十大經・前道》）。在《管子》、《莊子》、諸多解《易》之作及《淮南子》中，都有類似的表述。如：《管子・五輔》：「上度之天祥，下度之地宜，中度之人順」；《莊子・說劍》：「上法圓天……下法方地……中和民意」；《繫辭》說「有天道焉，有人道焉，有地道焉，兼三材而兩之」，又說「仰則取象於天，俯則取法於地，近取諸身，遠取諸物」。帛書《繆和》：「夫古之君子……上順天道，下中地理，中〔合〕人心」。《淮南子・泰族》：「昔者，五帝三王之蒞政施教，必用參五。何謂參五？仰取象於天，俯取度於地，中取法於人……」。三材參用，人事之理法天地之道、為天地之道的具體體現，這是老學、黃老之學的三材說及發展脈絡。

而孟子的「天時不如地利，地利不如人和」（《孟子・公孫丑下》）的近人事而遠天道的典型的民本思想則顯然與上述三材說不是一個體系。

文德廄（究）於輕細㈠，〔武〕刃於〔當罪〕㈡，王之本也。然而不知王述（術），不王天下。知王〔術〕者，驅騁馳獵而不禽芒（荒），飲食喜樂而不面（湎）康㈢，玩好睘（嬛）好㈣而不惑心，俱與天下用兵，費少而有功，〔戰勝而令行，故福生於內，則〕國富而民〔昌㈤。聖人其留，天下〕其〔與〕㈥。〔不〕知王述（術）者，驅騁馳獵則禽芒（荒），飲食喜樂則面（湎）康，玩好睘（嬛）好則或（惑）心，俱與天下用兵，費多而無功，單（戰）朕（勝）而令不〔行。故福〕失〔於內，財去而倉廩〕空〔虛〕，與天〔相逆〕，則國貧而民芒（荒）㈦。〔至〕聖之人弗留，天下弗與㈧。

如此而有（又）不能重士而師有道㊈，則國人之國已（矣）㊉。

【註釋】㈠文德廄（究）於輕細：「文德」，指上文「以賞罰」的「賞」，慶賞。《管子》說：「賞誅為文武」。「究」，極也。「輕細」，指細民，小民。這是說慶賞公正可極於小民。㈡〔武〕刃於〔當罪〕：「武刃」，指武功，在此謂刑罰。〈四度〉「武刃而以文隨其後」之「武刃」，其義同此。「於」上當省「究」字。「當罪」二字原缺，以意補。下文「誅禁當罪」、「禁伐當罪」，皆謂武德。且「罪」為微部字，「本」為文部字，微、文合韻。這是說：刑罰不苟必極於當罪。按：以上二句是總結上文「主上執六分以生殺，以賞罰」而說的。接下去所言之「王術」，又主要是承前文「以必伐」而申說。㈢驅騁馳獵而不禽芒（荒），飲食喜樂而不面（湎）康：「禽荒」指田獵無度，荒誤國事（《孟子・梁惠王下》：「從獸無厭謂之荒」，《周書・謚法》：「好樂怠政曰荒」）。「喜樂」，即嬉樂。「湎康」，謂酗酒耽樂（《淮南子・要略》：「康梁沉湎」。高誘注：「康梁，耽樂也。沉湎，淫酒也」）。《國語・越語下》：「出則禽荒，入則酒荒」、「王其且馳騁弋獵無至禽荒，宮中之樂無至酒荒」。㈣玩好：指珍寶。嬛好：指女樂（《史記・司馬相如傳》注引郭璞曰：「嬛嬛，骨體軟弱長艷貌。」嬛，謂美女姿態，嬛好，在此指女樂聲色）。《國語・越語》：「玩好女樂」即此。〈四度〉「女樂玩好」的「女樂」即此「嬛好」。㊄俱與天下用兵，費少而有功，〔戰勝而令行，故福生於內，則〕國富而民〔昌〕：按：自此以下，缺字甚多，方括號內字皆為筆者意補，僅供參考。〔戰勝而令行〕五字據下文「戰勝而令不〔行〕」補。且「行」與「荒」、「康」、「兵」、〔昌〕等協韻。〔故福生於內〕五字據《十大經・順道》：「戰勝於外，福生於內。用力甚少，名聲彰明」（按：《國語・越語下》有與此完全相同的語句）而補。此處「費少而有功」、「戰勝而令行」與〈順道〉的語言環境相同。〔則〕國富而民〔昌〕：此與下文「則國貧而民荒」為儷句，故補「則」、「昌」二字。且〔昌〕與「荒」、「康」、「兵」等協韻。㊅〔聖人其留，天下〕其〔與〕：按：此七字據下文「〔至〕聖之人弗留，天下弗與」補。此二句是說：聖人會居處其國而佐助他，天下人也都會親近追隨他（《管子・霸言》注：「與，親也」。《國語・齊語》注：「與，從也」）。「與」為魚部字，與「昌」、「荒」等為魚、陽合韻。㊆戰勝而令不〔行。故福〕失〔於內，財去而倉廩〕空〔虛〕，與天〔相逆〕，則國貧而民芒（荒）：按：自此以下，皆與上相反為文。「戰勝而令不〔行〕」：是說雖然征戰或有所勝，然不能令行禁止。〈四度〉所謂「逆用於外，功成而傷」。〔行〕與「康」、「兵」等協韻。〔故福〕失〔於內〕：此據上文補，可參看。〔財去而倉廩〕空〔虛〕：下文「功得而財生」，此處「無功」，故補「財去」。〔虛〕為魚部字，與

〔行〕、「荒」為魚、陽合韻。下文「國貧而民荒」即照應此句。與天〔相逆〕：「與天俱行」是順應天道，「與天〔相逆〕」則是倍逆天道。⑧〔至〕聖之人弗留，天下弗與：「〔至〕聖」為《四經》習語，「至聖之人」即大聖之人。這二句是說大聖之人將遺棄他，天下人也會背離他。⑨重士而師有道：「士」，指知識分子，「師有道」，以有道之人為師（下文「貴有道」同此）。「士」如稷下遊學之人，「有道」則「士」之上品，學以致用者，如管仲之類。⑩則國人之國矣：國家將成為他人的國家，即國家為他人所有，與下文「國重」意正相反。

【今譯】 慶賞公正可極於小民，而刑罰不苟必極於當罪，這是王道的根本。但此外還必須懂得王術，否則不足以稱王天下。懂得王術的人，田獵有度，飲宴有節，珍寶聲色不惑於心，這樣的話，發動天下的人從事征戰，就會用力極少而見功甚多，征戰必勝令行禁止。因此會得到福佑，使得國家富強人民昌盛。聖人便會居處其國而佐助他，天下人也都會親近追隨他。但是如果不懂得王術，田獵無度，沉湎於飲宴，珍寶聲色蠱惑其心，這樣的話，發動天下的人從事征戰，就會用力甚多而不見功效，戰雖或有所勝卻不能令行禁止。因此失去福佑，財物耗盡而倉廩空虛，違逆天道，使得國家窮困人民荒貧。大聖之人便會遺棄他，天下人也要背離他。同時再不能重視知識分子，尊有道者為師，那麼國家將為他人所有了。

【闡述】 本段從正、反兩方面講論「王術」。

本經作者認為君主循道可以王天下、執法可以王天下、知王術可以王天下。

重視講求「王術」為本經所首倡。

雖說道家講君人南面之術，然老、莊皆不見「王術」一詞。這是因為老子主張人君當以無為（道）為手段，來達到一切順當（「無不為」）的目的。而「術」本身即是一種有為，故不見於《老子》一書中。以正宗老學自標的《淮南子》對此有明確的解釋：「人主之術，處無為之事，而行不言之教……」（〈主術〉），這明顯是指無為的「道」而非黃老的「術」。高誘的注就更明確：「術，道也」。我們很懷疑劉安的「主術」論是在有意識地矯正黃老的「王術」說而使之歸於老學之純正。

然而需要看到，這裏的「術」還偏重在「度」上，講究田獵、飲宴、女色玩好的節度節制，而「度」本身就具有老子「道」的色彩，因此管子的「心術者，無為而制竅者也」（《管子・心術上》）也明顯保存了「術」與「道」的內在聯繫。

而韓非「主術」說距「道」則更遠：「術者，因任而授官，循名而責實，操殺生之柄，課羣臣之能者也，此人主之所執也」（《韓非子・定法》）。

「重士」、「師有道」也是黃老「術」的內容。

我們在前面的註釋中說過，「重士」與下文的「貴有知」為一事，「師有道」即下文的「貴有道」。「重士」、「貴有知」即重視知識分子、尊重知識，如當時齊國優寵遊學稷下的大批學者知識分子。「師有道」、「貴有道」便是拜有道者為國師、國相，如桓公師管仲、景公師晏子之類。「有道」者，即「有術」者，為「士」中之翹楚者，能學以致用者。「重士」、「貴有知」的目的或曰結果便是「國重而身安」、「功得而財生」，「師有道」、「貴有道」的目的或曰結果便是「身貴而令行」（指君主在諸侯中地位尊顯，令行天下）。

《四經》的「重士」與「尊賢」是有區別的，重士，偏重於對士人知識智慧的尊重；尊賢，則側重於對其地位尊貴的認同。

老子不尚賢（《老子》三章：「不尚賢，使民不爭」），故亦不見「尊士」之說。孟子說「貴德而尊士」（《孟子・公孫丑上》）、荀子說「隆禮敬士」（《荀子・王制》），考察一下二說的語言環境可知，這裏的「尊士」僅是局限在道德修養上。

至於「有道」的內涵，黃老與各家之說，也都有著很大的差異。

而對於「重士」、「貴有知」、「師有道」的目的、結果的理解，《四經》似乎表現得更直捷、更切身、更實際、更深有體會，儼然是在為稷下作寫照和為齊國強盛提供解說。

王天下者有玄德㈠，有〔玄德〕獨知〔王術〕，〔故而〕王天下而天下莫知其所以㈡。王天下者，輕縣國㈢而重士，故國重㈣而身安；賤財而貴有知，故功得而財生；賤身而貴有道，故身貴而令行㈤。〔故王〕天下〔者〕天下則之㈥。朝（霸）主積甲士而征不備（服），誅禁當罪而不私其利㈦，故令行天下而莫敢不聽。自此以下，兵單（戰）力揥（爭）㈧，危亡無日，而莫知其所從來。夫言朝（霸）王，其〔無私也〕，唯王者能兼復（覆）載天下㈨，物曲成焉㈩。

【註釋】 ㈠玄德：恒久之德。《老子》六十五章：「常知稽式，是謂玄德」。㈡有〔玄德〕獨知〔王術〕，〔故而〕王天下而天下莫知其所以：〔玄德〕二字原缺，據《四經》複語形式而補。「獨」，猶，還（訓見《古書虛字集釋》）。〔王術〕二字原缺，據上文「不知王術，不王天下」而補。「玄德」指「道」，偏重在「恒」，即所謂的「正」；「王術」則偏重在變通，即所謂的「奇」。

正、奇參用，故能王天下而莫知其由。「莫知其所以」，不知其緣故，不知其究竟使用的是何法。〔故而〕二字原缺，據文例補。「故而」之「而」訓為能。㊂輕縣國：即看輕一城一地的得失。此處的「縣」和「國」都指諸侯境內之地。㊃重：厚重，指國家穩固。㊄賤財而貴有知，故功得而財生；賤身而貴有道，故身貴而令行：這是說君主應該看輕財利，卑謙己身，這樣反能使財生、使身貴。這是典型的黃老之術。「賤財」，即看輕財利。「賤身」，即卑謙己身。重財貴身，是小謀短見；貴有知、有道，方是大謀、是長遠計。關於「賤財」之說，《四經》多處言及。「見地奪力」、「利其資財」的為利之戰，皆屬著眼於一時一地的財利，是謂重逆以荒，財利反去。而布其資財以賜有知之賢者，反使財生。這也正是帛書《繆和》所說的「諸侯無財（即「賤財」）而後有財（即「財生」）」的意思。「賤身」而「身貴」之說，老學及黃老之學更反覆道及，此即貴柔尚謙之道。《老子》云：「聖人後其身而身先」（七章）、「欲先民，必以身後之」（六十六章）、「自愛不自貴」（七十二章）、「以其終不自為大，故能成其大」（三十四章）、「貴以賤為本」（三十九章）、「江海之所以能為百谷王者，以其善下之，故能為百谷王。是以聖人欲上民，必以言下之」（六十六章）、「善用人者，為之下」（六十八章）等等，都是賤身而身貴的君人之術。黃老之學顯然是繼承了這一學說，如「以貴下賤」（《經法・四度》）、「君子卑身以從道」（《十大經・前道》）、

《慎子》「君人者，好為善以先下」（〈民雜〉）、帛書《繆和》「無身（即「賤身」）而後有財」、「君子處尊卑卑，處貴卑賤」、「君子之所以折其身。且夫川者，下之謂也……能下人若此，其吉也」、「貴〔顯〕守以卑，若此，故能君人」、「聖君卑體屈眾以臨遜，以下其人，能至天下之人而有之」等，仍是這一思想的繼承。㈥〔故王〕天下〔者〕天下則之：能夠稱王天下的人，天下便以之為榜樣，〔者〕字原缺，今補。此「王天下〔者〕」即為上文「王天下者」之複語。「則」，效法，以之為榜樣。㈦誅禁當罪而不私其利：國君在征誅有罪之國時，如果「見地奪力」（《十大經．順道》）、「利其資財」（《經法．國次》），便是私其利，屬為利戰者（《十大經．本伐》）。「布其資財」以賜賢者（《經法．國次》），便是不私其利，屬為義戰者（《十大經．本伐》）。㈧自此以下，兵戰力爭：此即所謂雄節，屬「為利者」，或「行忿者」（《十大經．本伐》），總之，都是「不知王術」，因此徒戰力爭，終將「費多而無功」。為利者祇重縣國，祇知謀求「削人之野」、「奪人之宇」而不知重士，不知貴有知，不知貴有道，因此，其「兵戰力爭」的結果不但「費多而無功」，而且「國貧而民荒」，身危有殃。㈨夫言霸王，其〔無私也〕，唯王者能兼覆載天下：〔無私也〕三字原缺，今補。此與上文「兼覆載而無私也，故王天下」同文義。「王者」即指「霸王」。㈩物曲成焉：萬物通過各種方式得以成就。《易．繫辭上》：「曲成萬物而不遺」，韓康伯注：「曲成者，乘變以應物，不係一方者也」。孔疏：「言隨變而應，屈曲委細，成就萬物」。曲成萬物，是要求統治者效法天道成就萬物的模式來治理人事。曲成萬物之說，是黃老的一大創建，它的根據便是時異則事變、事變則術殊。它不泥於一說，不主於一術，強調殊途同歸。而「術」的本身，即含有結果論的因素。

【今譯】 稱王天下的人要具備恒德，有了恒德，還懂得王術，所以能稱王天下而天下的人卻不知其中的緣故。稱王天下的人，看輕一城一地的得失而重視士人的歸附，這樣就使得國家穩固而自身安逸；看輕財利而尊重知識，所以功成（得，成也）而財生；卑屈己身而尊重有道之人，所以能使自身顯赫而令行天下。因此，稱王天下的人，天下人都會以其為表率。霸主積蓄兵力以征討不聽命令的諸侯國，誅伐理當治罪的國家而不圖私利，所以能令行天下而沒有敢於違抗命令的。除此之外，像那些不講王術，祇是憑借武力，為了私利而窮兵黷武的人，身危國亡指日可待，而他們居然還意識不到是因為什麼。至於說到霸王，因為他們能效法天地的覆載天下，公平無私，所以能使天下萬事各得其宜。

【闡述】 本段有三個問題值得注意：

其一，玄德與王術。

按照老子的說法，常知稽式便是玄德。河上公注《老子》認為「玄」即「天」。因為天有恒常，所以說玄德便是常知稽式。因此，玄德即是恒德，是「道」的具現。黃老認為，有恒德還要知王術，恒德與王術相互參用，互為補充。在處理方針大計、常規事物時禦之以恒德，而在對待具體政策、非常規事物時則需禦之以王術，二者揉合，以應不變及萬變，最終得到「物曲成焉」的結果。這種觀點，顯然是對老子學說的一種發展。

其二，「重士」與「身安」。

君主謙卑其身以尊賢者，諸家都有所論及。但明確地提出尊重人才、尊重知識，則為黃老之首倡。儘管這仍是「術」的範疇，而且目的論很明顯，但是，倡導一種學說，結果論常常要考慮進去的。並且，在專制的封建社會，高倡「重士」、「貴有知」，應該說已經是難能可貴的了。這種倡言，既可理解為是戰國百家爭鳴的產物，又可以說它同時又促進了自由的文化空氣的大面積輻射；士人的地位，似亦可藉此略見一斑。尤其將「重士」與「身安」視為因果，則更是獨具隻眼。君主對「士」和「有知」的理解存在著極大的偏頗，而將「重士」與「身安」視為因果，顯見其立意即在於使其走出誤區。老子的「非以明民」說、帛書《繆和》的「其士好學則有外志」，在某種意義上講，表現了統治者的一種擔憂。齊國的稷下學宮為此提供了堅強的反證，也為「身安」說提供了必要的事實依據。

〈四度〉第五

【內容提要】本篇論證了能否理順君臣、賢不肖、動靜、賞罰誅禁四個矛盾關係，是決定國家成敗的關鍵。

首先從反面論證，四個矛盾關係如不能理順，則結果是失本、失職、失天、失人。

接著從正面論證，理順了四個矛盾關係，就可以安、治、明、強。

至於如何理順，答案便是「天為之稽」、「參於天地，合於民心」。

以下則分論四度。比如，論證了審知四度與內政外交的關係；在理論上懂得了四度還應付諸實際；在誅禁問題上如何準確理解「養生伐死」；把握天稽、地稽、人稽是審知四度的關鍵；用二文一武是誅伐的策略，失天道離人理、恃雄節、名進實退的國家是誅伐的對象等等。

君臣易立（位）胃（謂）之逆㊀，賢不宵（肖）並立胃（謂）之亂，動靜不時胃（謂）之逆㊁，生殺不當胃（謂）之暴。逆則失本㊂，亂則失職㊃，逆則失天㊄，〔暴〕則失人。失本則〔損〕㊅，失職則侵㊆，失天則几（飢），失人則疾㊇。周䙴（遷）動作㊈，天為之稽⑩。天道不遠，入與處，出與反⑪。

【註釋】㊀易位：改變位置，指「大臣主」、「主失位」。逆，指違反正常的位次。㊁動靜不時謂之逆：農閒季節教民服役，農忙季節使民務農，違反這個規律，就叫「動靜不時」，就稱為「逆」。「逆」，指違反正常的天時。㊂逆則失本：違反了君臣的正常位次，就使國家失去了生存的根本。〈六分〉說：「主失位則無本」。㊃亂則失職：賢與不賢人職爵貴賤無別，就會使之各自忘記本身的身分職守。㊄逆則失天：動靜違逆時令，就會失去上天的保佑。㊅失本則〔損〕：「損」字原缺，今補。〈六分〉說：「主失位，臣失處，命曰無本，上下無根，國將大損」。㊆失職則侵：賢與不賢人忘記各自的身分職守，就會發生僭越侵權之事。㊇失人則疾：君主失去人心，就會遭到天下的憎恨。此與〈國次〉的「人執者失民」、「人執者流之四方」語意接近。㊈周遷動作：即進退動靜，在此泛指做一切事情。「周遷」即周還、周旋，謂進退。《禮記・曲禮上》注：「遷，或為還」。《文選・西京賦》注：「遷延、退旋也」。《淮南子・主術》：「進退周游，莫不如志」，

《御覽》引作：「進退周旋，莫不如志」。又《淮南子・兵略》：「動作周還。」《禮記・射儀》：「進退周還」。⑳稽：模式、法則。㉑入與處，出與反：此言人道與天道偕行。「出」、「入」指人之作息、動靜（「日出而作，日入而息」）。「反」同「返」。「處」、「返」是說天道運行的周而復始。

【今譯】君主、大臣改變了相互正常的位次就稱為逆，賢與不賢人職爵貴賤無別就稱作亂，違反了服役務農的時節規律就稱之為逆，濫行生殺賞罰之權就叫做暴戾。違反了君臣的正常位次就使國家失去了生存的根本，淆亂了賢與不賢人的貴賤位序就會使之各自迷失本身的身分職守，動靜違逆時令，就會失去上天的保佑，君主暴戾肆虐就會失去民心。國家失去根本就會受到重創，賢與不賢人迷失了各自身分職守就會發生僭越侵權之事，失去天佑則必有饑饉凶荒，失去民心就會遭到天下的憎恨。進退動靜，都必須以天道作為法則。天道不遠，人事的一切舉措都應與之協調。

【闡述】本段首先提出了要端正君臣、賢不肖、耕戰、賞罰四方面問題的關係，並明確指出如不能理順上述四種關係，就會失本、失職、失天、失人。

其次，提到了「天道不遠」、「天為之稽」。人事是天道的映現、是代行天道。黃老之學表現出的兩個極端是顯而易見的，一個是天道的至高無上，一個是極力地向人事傾斜。春秋戰國時期的「天道遠，人道邇」儘管對商周天命至聖說表示了極大的懷疑，對人事的努力表現了最大的肯定，然而，也為君主專制的肆意無忌準備了必要的空間。黃老之說，在某種意義上講，有天道設教的意味，對矯正控制君主的偏執肆行具有少許作用。

君臣當立（位）胃（謂）之靜㈠，賢不宵（肖）當立（位）胃（謂）之正㈡，動靜參於天地胃（謂）之文㈢，誅〔禁〕時當㈣胃（謂）之武。靜則安㈤，正〔則〕治㈥，文〔則〕明㈦，武則強。安〔則〕得本㈧，治則得人㈨，明則得天㈩，強則威行。參於天地，闔（合）於民心㈡。文武并立㈢，命之曰上同㈢。

【註釋】㈠君臣當位謂之靜：「當位」，位置恰當，謂君臣各居其位。「靜」，指君臣位次整肅，不失其序。《釋名·釋言》：「靜，整也」。《韓非子·喻老》：「不離位曰靜」。又，《禮記·月令》注：「整，正列也」，《文選·東京賦》注：「整，理也」。此「靜」與上文「逆」為反義。㈡賢不肖當位謂之正：「正」，正定，與上文「亂」為反義。㈢動靜參於天地謂之文：「參於天地」，是說動靜要參合天時地利。㈣誅〔禁〕時當：此與〈國次〉「誅禁不當」相反為文。「時當」，即恰當，謂合於天道、人理。《管子・七法》注：「時者，名有所當也」。《禮記・學記》：「當其可之謂時」。《說苑・建本》：「因其可之曰時」。《詩・賓之初筵》：「時，中者也。」㊄靜則安：謂君臣位次整肅則上下安定。〈六分〉所謂「主主臣臣，上下不趀者，其國強。」㊅正〔則〕治：賢與不賢人位次正定則萬事都可得到治理。原文「正」字下脫一「則」字，馬王堆帛書整理小組補。㊆文則〔明〕：「明」指政令清明。《彖傳》反覆出現「文明」一詞，似與《四經》有淵源關係。㊇安〔則〕得本：〈六分〉：「主失位，臣失處，命曰無本」，此即針對彼而說。㊈治則得人：「得人」，是就上文「失職」而言，謂正定了賢與不賢人的位次，會更好地招徠人才。㊉明則得天：「得天」，謂得到天助。《經法・道法》：「公者明，至明者有功」、《十大經・姓爭》：「靜作得時，天地與（助）之」等並是其義。㊁參於天地，合於民心：參合於天地，順應於民心。《十大經・果童》：「觀天於上，視地於下，而稽之男女」、〈前道〉：「治國有前道，上知天時，下知地利，中知人事」、「聖人之舉事也，合於天地，順於民」、帛書《繆和》：「上順天道，下中地理，中〔合〕人心」等，並是其義。㊂文武并立：「立」通「蒞」，臨也。「并立」即并舉、并行。〈君正〉：「文武并行，天下從矣」。㊃上同：人民集結於君上周圍，即君上得到人民的擁戴。《儀禮・少牢饋食禮》注：「同，合也」，《詩・吉日》注：「同，聚也」。《管子・君臣上》：「法制有常，則民不散而上合，竭情以納其忠」，〈君正〉：「若號令發，必廄而上九（九通仇，聚也，合也），壹道同心」。上同、上合、上九，其義一也。

【今譯】 君臣各安其位就叫做位次整肅，賢與不賢人各安其位就叫做貴賤正定，耕戰參合於天時地利就稱作「文」，伐亂止暴合於天道人理就稱作「武」。君臣位次整肅則上下安定，賢與不賢人位次正定則萬事都可得到治理，有文德則政令清明，講武德則國家強大。上下安定則國家就有了存在的保證，萬事治理也會更好地招徠人才，政令清明會得到天助，國家強大則威懾天下。參合於天地，順應於民心，文德武德並舉，君主就會得到人民的普遍擁戴。

【闡述】 上段從反面論述四度，本段則從正面論證四度。然而把握四度的關鍵還在於「參於天地，合於民心」。天地指天道，民心謂人理。天道人理制約四度，也制約著國家的一切。

審知四度㈠，可以定天下，可安一國㈡。順治其內，逆用於外，功成而傷㈢。逆治其內，順用其外，功成而亡㈣。內外皆逆，是胃（謂）重央（殃）㈤，身危為繆（戮）㈥，國危破亡。內外皆順，功成而不廢㈦，後不逢央（殃）。

【註釋】㈠四度：指衡量一個國家政策得失的四項準則。即前面所說的君臣、賢不肖、耕戰、賞罰誅禁。㈡可以定天下，可安一國：「定天下」是從「外」說，「安一國」是就「內」講。㈢順治其內，逆用於外，功成而傷：「內」謂內事、內政，「外」謂外事、外交。「順治」謂執道循理，「逆用」謂誅禁不當。「功」，指治國之功。「傷」，謂功有所損。㈣逆治其內，順用其外，功成而亡：「逆治」謂背道逆理，「順用」謂誅禁時當，「功」指征伐之功，「亡」謂失去。「順用其外」的「其」字疑當作「於」，於上文「逆用於外」相偶。㈤重殃：大禍。前後文的「重逆」即指大逆，「重」字音義用法相同。㈥身危為戮：「為戮」疑當作「有戮」，謂有被殺戮的危險。下文「其主失道……身必有戮」是其證。《孟子・梁惠王上》：「善推其所為而已」。《說苑》引作「善推其所有而已」。為、有同為匣母字，聲讀相近。㈦廢：去，失去。《詩・楚茨》注：「廢，去也。」

【今譯】深刻體會上述四項準則，大可平定天下，小可安治一國。在內政的治理上能夠執道循理而在軍事外交上卻誅禁不當，則治國之功仍有所損。如果在內政的治理上反義逆理，而祇是在軍事外交上誅禁得當，那麼征伐之功也會失去。倘若內政外交的處理上都違背天道人理，這就是最大禍殃，君主將身陷危難，還有遭殺戮的危險，並且最終導致國家敗亡。如果內政外交皆順應天道人理，則內績戎功都不會失去，而且亦無後患。

【闡述】 本段論證了審知四度與內政外交的關係，並將其提到治國平天下的高度。內政、外交必須相互促進，缺一不可。外交上的勝利要以國內的安定和實力作依託，而國內的安定發展也要有軍事上的強大作支柱。祇知苟安一隅、小國寡民或祇知窮兵黷武、攻城掠地都是不可取的。

聲華〔實寡〕者，用（庸）也㊀。順者，動也㊁。正者，事之根也㊂。執道循理㊃，必從本始㊄，順為經紀㊅。禁伐當罪，必中天理㊆。伓（倍）約則宭（窘）㊇，達刑則傷㊈。伓（倍）逆合當㊉，為若又（有）事㊁，雖無成功，亦無天央（殃）。

【註釋】 ㊀聲華〔實寡〕者，用也：「聲華」，言名聲富華。「實寡」，言實際寡缺。「用」讀為「庸」。《荀子・非相》楊倞注：「庸，鄙也」。《穀梁・僖公八年》傳云：「用者，不宜用也」」，言庸鄙者不可取。〈亡論〉：「聲華實寡，危國亡土」。「聲華實寡」即名不副實，即下文的「聲溢於實」、「名進實退」。此處言名實關係，似是指懂得四度的道理還不夠，還應付諸實際。㊁順者，動也：順天道，這是動的特徵。「動」指外事。㊂正者，事之根也：中人理，這是靜的特徵。「正」，中也（《文選・東京賦》注）。「事之根」，指靜。〈亡論〉：「正生靜」。《老子》注：「靜，謂根也」、「歸根曰靜」。「靜」指內事。此「順者，動也。正者，事之根也」正相駢對。此承上文「動靜參於天地」，啟下文「執道循理」。㊃執道循理：執守天地之道，遵循人事之理。即遵守自然社會的發展規律。㊄本：基本、基礎。㊅順為經紀：「順」，循，沿著。「經紀」，經營，安排。㊆必中天理：「中」，符合。「天理」，即天當，天道。「中天理」即〈國次〉的「用天當」，即下文的「合當」。㊇伓（倍）約則窘：「倍」通「背」。「倍約」即《鶡冠子・近迭》的「倍言負約」。「窘」，窘迫、困窮。㊈達刑則傷：「達刑」，謂不合於天刑，即征伐行動不合於天意。《說文》：「達，行不相遇也。」段玉裁注云：「乃古言也。訓通達者，乃今言也。」則「達刑」之「達」正用其古義。「刑」，指「天刑」。《十大經・觀》：「不達天刑，不襦不傳」。「天刑」，指上天的懲罰。某國有罪，天則降罰，人代其行之，所以《尚書》說「恭行天罰」。按照天道的規定，該去征伐的就去征伐，不該征伐的就不去征伐，這就叫合於天刑。反之，就叫「達刑」，不合於天刑。又解：《字林》云：「達，滑也」，是「達」亦可聲訓為「滑」。段玉裁也說「達與滑音義皆同」，則此「達」可讀為「滑」。「滑」，亂也，則「達刑」即亂其天刑的意思。「亂」與

「不合」意思是相通的。⑳伓（倍）逆合當：「倍逆」，與逆相背，即是順。此謂順於天理，合於天當。《列子・黃帝》：「不知背逆，不知向順」，與此文相近。㉑為若有事：「為若」，如若，如果（《經傳釋詞》：「為猶如」）。「有事」，指發生戰爭。

【今譯】 名不副實，這是不宜取的。順天道，這是動的特徵。中人理，這是靜的特質。執守天地之道，遵循人事之理，必須從最基本的事情開始做起，並沿著這條路去安排料理內政和外交。在征伐有罪之國時，必須符合天道。背盟棄義則進退窘困，征伐行動不合於天意則必受傷損。順於天理、合於天當，則戰爭一旦發生，即使不能取得戰功，也不會有什麼災禍。

【闡述】 本段緊承上面的四度而言。要求不但在理論上懂得了解四度的重要性，還應付諸實際。此處重點論及天道、天理、天當與戰爭的關係。它繼承了先秦「伐無道」、「誅無道」的觀點，並有了較大的發展，進一步為當時的兼併戰爭提供依據和謀策。

本段「道」、「理」互文，這在《四經》中經常出現，主要有兩種情況：一種是道指天道（或天地之道），理指人事之理。一種是道、理即指天道、天理，而這裏的天道、天理已經將人道、人理涵蓋進去了。

毋〔止生以死〕，毋禦死以生㊀，毋為虛聲㊁。聲洫（溢）於實，是胃（謂）滅名㊂。極陽以殺，極陰以生，是胃（謂）逆陰陽之命㊃。極陽殺於外，極陰生於內㊄。已逆陰陽，有（又）逆其立（位）㊅，大則國亡，小則身受其央（殃）。□□□□，□□建生㊆。當者有〔數〕，極而反，盛而衰：天地之道也，人之李（理）也㊇。逆順同道而異理㊈，審知逆順，是胃（謂）道紀㊉。以強下弱，何國不克⑪。以貴下賤，何人不得⑫。以賢下不宵（肖），〔何事〕不〔治〕⑬。

【註釋】㊀毋〔止生以死〕，毋禦死以生：「禦」，阻止。「以」，用。「毋禦死以生」，是說不要用生去阻止死。「止生以死」四字原缺，今補。「止生以死」與「禦死以生」為偶句。考之《莊子》，亦可知所缺四字當為「止生以死」。《莊子》云：「生之來也不能卻，去不能止」（〈達生〉）、「來（生）者勿禁，往（死）者勿止」（〈人間世〉）、「不以生生死，不以死死生」（〈知北遊〉）、「未生不可忌（禁），已死不可阻」（〈則陽〉）、「哀樂（猶死生）之來吾不能禦，其去不能止」（〈知北遊〉）。《四經》反覆強調要順應天道，「養生伐死」。「毋止生以死」者，「養生」也；「毋禦死以生」者，「伐死」也。有一點是很值得注意的，那就是在講論天地之道、陰陽四時規律的時候，《莊子》與《四經》極多相似重合之處；所異者，《四經》由天地陰陽之道推衍為治國之術，而《莊子》則由天地陰陽之道引發出對人生生命的感受。正由於前者的多相重合，故可相互訂正校補。又按：下文「極陰以生」即承此「毋止生以死」而言，「極陽以殺」即承此「毋禦死以生」而言。其文勢相貫，是顯而易見的。㈡虛聲：虛名。㈢聲溢於實，是謂滅名：此二句承上「毋為虛聲」而言。「溢」，超過。「聲溢於實」，即「聲華實寡」，即「名進實退」，即「名不副實」。《後漢書・黃瓊傳》：「盛名之下，其實難副……是故俗論皆言處士純盜虛聲」，即是此文之注腳。「滅名」，即失名，無名（《呂氏春秋・慎勢》注：「滅，亡也。」《莊子・應帝王》注：「滅，不見也」）。〈論約〉：「功不及天，退而無名。功合於天，名乃大成」。㈣極陽以殺，極陰以生，是謂逆陰陽之命：此三句是緊承「毋止生以死，毋禦死以生」而言。春夏為陽，主養主生；秋冬為陰，主殺主死。這兩句是說：在陽氣極盛時，反有陰氣孕育著；在陰氣極盛時，卻有陽氣萌生著（「殺」指陰氣，「生」指陽氣）。舉例講，在夏至陽盛時，古人認為此時已有「一陰生」；在冬至陰盛時，古人認為此時已有「一陽生」。「命」，指規律。先天的純陽、純陰是為「順」，後天的陽中有陰、陰中有陽是為「逆」（《參同契》等諸多解《易》之作均是此種觀點）。「順」為恒，「逆」則為變。自然界的這種變異現象，就要求人事做出兩種反映，給出兩種對策：其一，在「順」的情況下，要「養生伐死」。其二，在「逆」的情況下，要扶植新事物而不要抱殘守缺，要促使腐朽的東西滅亡而不能扼殺新事物。這也就是本段開始所說的「毋止生以死，毋禦死以生」。本段所闡述的，便是在「逆」的情況下如何給出對策，像「以強下弱」等即是具體對策。此三段如不做上述理解，則「逆陰陽之命」的「逆」字及下文均難以通釋。我們在前面的註釋中已經講過，《四經》多省文，有些地方，如不做索隱式的詁訓，則很難鈎沉出其真正的義理的。又按：此處的「逆」字做定語，做「變異」講（《素問》注：「氣異謂之逆」）。是作者認為陰陽規律有二，一是順定的陰陽規律，一種是變異的陰陽規律。㊄極陽殺於外，極陰生於內：陽氣極盛時，陰氣顯示於外；陰氣盛極時，陽氣萌生於內。舉例說，陽盛而孕育陰氣時，外界的草木榮色開始發生變化；陰盛而育孕陽氣時，枯木的內部開始有生芽在萌動。這裏，仍然講的是「逆」、「變異」，本來是內為陰外為陽，現在卻是外陰內陽，豈非是「逆」？而自然界草木的變化，又確是如此，即殺見於外而生見於內的。「察幾知微」，似是本段重點所要講的。㊅已逆陰陽，又逆其位：這是說遇到變異的陰陽定律時，又不能及時擺正具體對策的位置。㈦□□□□□，□□建生：按：此處缺七字，雖一時難以確定其究為何字，但可肯定：一，「生」與上文「亡」、「殃」為韻，故文意當屬上，為句號。且此處文意為前數句之小節，所以所缺首字當為「故」字。二，「故」下八字當是與前面多處文例相同，也為四字一句。三，其文意當與陰陽、死生相關。據〈君正〉「因天之生也以養生」、「因天之殺也以伐死」及前文文意，姑定其文為「故因陽伐死，因陰建生」。「建」，是扶植的意思。這是說：在陽極陰生時，要果斷地討伐開始走向衰落之陽；而在陰極陽生時，要及時扶植新生之陽。此二句互文足意。㈧當者有〔數〕，極而反，盛而衰：天地之道也，人之理也：「當」，指天當。「數」字原缺，今補。「數」，定數。《管子・重令》：「天道之數，至則反，盛則衰」，與此文義完全相同。此五句的意思是：天當有定數，這就是至極時就開始走向反面，盛極時就開始走向衰落：這不僅是天地自然的規律，也是人類社會的規律。陰陽、死生、名實、天道在同一段敘述中一起出現，也恰在《莊子》中發現了這一現象，很值得注意。〈則陽〉：「太公調曰：陰陽相照，相治相蓋；四時相代，相生相殺……此名實之可紀，精微之可志也……窮則反，終則始……未生不可忌，已死不可阻」。㈨逆順同道而異理：「道」，天道。「理」，人事之理。這是說：逆、順兩種陰陽規律都同樣是天道決定的，而人類相應的對策卻不同。⑩紀：綱領，準則。按：以上是就「逆陰陽之命」所定的總對策。

以下則是具體對策。㈡以強下弱，何國不克：「下」，屈卑謙下。「何國不克」的「何」字上原衍「以」字，今刪。㈢以貴下賤，何人不得：《列子・力命》：「以賢下人者，未有不得人者也」。可見貴賤與賢不肖有內在聯繫。《管子・樞言》：「貴之所以能成其貴者，以其貴而事賤也」。㈢以賢下不肖，〔何事〕不〔治〕：「何事」、「治」三字原缺，今補。前文「賢不肖當位謂之正……正則治」，可為佐證。且「治」與「得」、「克」、「紀」、「理」為之職合韻。《管子・樞言》：「賢之所以能成其賢者，以其賢而事不肖也。」

【今譯】不要從死亡的角度去阻止新生，不要從永生的角度去阻止死亡，也不要虛張聲勢徒有虛名。名聲超過實際，其結果反而是無名。在陽氣極盛時，反有陰氣孕育著，在陰氣極盛時，卻有陽氣萌生著，這種現象，便稱作變異的陰陽規律。陽氣萌生於內，已經出現變異的陰陽定律，而又不能及時擺正具體對策的位置，那麼大則國家敗亡，小則殃及自身。因此在陽極陰生時，要果斷地討伐開始走向衰落之陽，而在陰極陽生時，要及時扶植新生之陽。天當有定數，這就是至極時就開始走向反面，盛極時就開始走向衰落：這不僅是天地自然的規律，也是人類社會的規律。逆、順兩種陰陽定律都同樣是天道決定的，但人類相應的對策卻不同，詳細地辨明逆、順兩種定律，這就是在總體上把握了道的準則。強盛的向弱小的表示虛心謙卑，那麼有什麼國家不能戰勝呢？高貴的向卑賤的表示虛心謙卑，那麼有什麼人不能歸附呢？賢人向不賢人表示虛心謙卑，那麼國家又有什麼事情不能治理呢？

【闡述】 本段提出了兩個重要命題，這就是「逆陰陽之命」和「逆順同道而異理」。將陰陽規律析分為二，是作者的創舉；指出恒定的和變異的兩種陰陽規律同出於道而人類要有不同的應對措施，則又是發前人所未發。

「養生伐死」，這是就恒定的陰陽定規所制定的通常的應對手段，這是一般人所都能理解的。即：興盛的國家要聯合養護，瀕臨死亡的國家要去討伐。

而「因陽伐死，因陰建生」，則是就變異的陰陽定規所制定的非常的應對手段，這卻需要有巨眼，能察幾知微。這種對策的制定，是以自然和社會存在著「極陽以殺，極陰以生」的「逆陰陽之命」為依據的。在一個國家強盛的時候，要對它做全面的審視，當發現它的強盛已超過它存在的全過程的鼎盛極限的時候，要及時捕捉住它內部所孕含著的走向反面的契機因素（即殺氣、陰氣），果斷地討伐它，促使其走向滅亡，這即是「因陽伐死」。而在一個國家極度弱小的時候，同樣要對它做全面的審視，當發現弱小卑微的國家經過蓄積，已具備「剝極必反」的能量的時候，要及時把握住它內部所萌動著的走向反面的契機因素（即生機、陽氣），果斷地去扶植聯合它，這即是「因陰建生」。對於周邊國家的外交軍事政策如此，對於新、舊事物及體制、觀念等的對待也是如此。當然，這有一個必要的前提條件，這便是要求當事人要獨具隻眼，要有敏銳的洞察力和預測能力，要能察幾知微。然而對於本國和當事人自身，也仍然存在著「極陽以殺」的問題，這是不可迴避的客觀規律。如何避免和延遲這種極限的到來，作者也給出了答案，那就是不斷調整，要屈己卑下，控制收斂，用原話說，就是「以強下弱」、「以貴下賤」、「以賢下不肖」。

總的說來，本段重點要講的還是「四度」中的「誅禁」之當與不當。

規之內曰員（圓），拒（矩）之內曰〔方〕㊀，〔懸〕之下曰正，水之〔上〕曰平㊁。尺寸之度曰小大短長，權衡之稱曰輕重不爽㊂，斗石之量曰小（少）多有數。八度者，用之稽也㊃。日月星辰之期㊄，四時之度㊅，〔動靜〕之立（位）㊆，外內之處㊇，天之稽也。高〔下〕不敝（蔽）其刑（形）㊈，美亞（惡）不匿其請（情）㊉，地之稽也。君臣不失其立（位），士不失其處，任能毋過其所長，去私而立公⑪，人之稽也。美亞（惡）有名，逆順有刑（形），請（情）偽有實⑫，王公執〔之〕以為天下正⑬。

【註釋】㊀規：古代正圓之器。矩：畫方形的工具。《孟子・離婁上》：「不以規矩，不能成方圓。」㊁〔懸〕之下曰正，水之〔上〕曰平：「懸」字原缺，注家所補。「懸」，一種用繩懸一重物用以正位的工具。《墨子・法儀》：「正以懸。」《考工記・輿人》：「立者中懸。」或以為當作「繩」字，亦有所據。《淮南子・主術》：「繩正於上，木直於下」。按：疑當以作「懸」為佳。《管子・輕重己》：「規生矩，矩生方，方生正。正生曆，曆生四時，四時生萬物。聖人因而理之，道遍矣」。議論層次，正與本文相合。㊂爽：差，誤差。《愼子・逸文》：「厝鈞石，使禹察錙銖之重則不識也。懸於權衡，則釐髮之不可差。」《韓非子・有度》：「權衡懸而重益輕，斗石設而多益少」。㊃八度者，用之稽也：「用之稽」，實際應用時的準則。「八度」，即上文所說的規、矩、懸、水、尺寸、權衡、斗石等度量標準。然祇七項，當抄漏一項。或據《墨子》：「直以繩，正以懸」以為所缺一項當為「繩之中曰直」。按：所缺一項當在「斗石之量曰少多有數」之下；同時，句法當與此相同。另外，句末字當與「數」協韻。因此，所缺九字疑為「繩準之立曰曲直有度」。《道法》：「法者引得失以繩，而明曲直者也」。《考工記》「為直以繩」。《韓非子・有度》：「繩直而枉木斫，準夷而高科削」。《墨子》「直以繩」。「數」，屋部。「度」，鐸部。屋鐸合韻。《管子・樞言》：「量之不以多少，稱之不以輕重，度之不以短長」與此文近。㊄期：指運行週期。

⑥四時之度：四時遞嬗的度數。⑦動靜之位：指進退出入、盈絀消息。⑧外內之處：指事物的符合適度還是不符合適度的區分標準。見〈名理〉注。按：以上以「天稽」況人事的「動靜」、「生殺」二度。⑨高〔下〕不蔽其形：地勢高下各有定位，不至隱蔽不明。「形」，地勢本身存在的高低不同的客觀情形。⑩美惡不匿其情：土地肥瘠本自不同，不至隱匿不清。「情」，土地本身所存在的肥瘠不同的實際情況。按：以上兩句是以「地稽」關說人事的「君臣」、「賢不肖」二度。《管子・樞言》：「賢之所以能成其賢者，以其賢而事不肖也。惡者，美之充也。」即以「美惡」喻「賢不肖」。⑪君臣不失其位，士不失其處，任能毋過其所長，去私而立公：按：前面屢次說「主得位，臣不失其處」，而此處以「君臣不失其位」合二事為一事，又增「士不失其處」一項，則是「重士」之說第二次出現。此處的「士」處於「大臣」與「賢能」之間，也說明作者對「士」有著獨到的見解，即進可為臣，退可為賢，是有「兼善天下」和「獨善其身」的雙重屬性。「任能毋過其所長」，這是「畜臣之恒道」；「去私而立公」，這是「使民之恒度」（見〈道法〉）。⑫美惡有名，逆順有形，情偽有實：「美惡」，謂是非善惡。「美惡有名」，是說是非善惡各有名分。「逆順」，謂背於天道人理或順於天道人理。「逆順有形」，是說背於道理或合於道理自有客觀情形作依據。「情偽」，指真實與虛假。「情偽有實」，是說真實虛假自有事實來判定。⑬王公執〔之〕以為天下正：

「之」字原缺，今補。「之」指代上面的名、形、實。或「之」指代上面「天稽」、「地稽」、「人稽」。

【今譯】規用來畫圓，矩用來畫方，懸用以測端正，水用以測水準。用尺寸度量小大短長，用權衡稱量輕重，用斗石比量多少，用繩準來測度曲直。以上八種度量標準，是人們日常生活中實際應用的準則。日月星辰都遵循著固定的運行週期，四時更迭都有一定的次序，自然界的消息盈虛進退出入自有一定的守則，事物的適度與非適度自有分際，這些都是天道所自有的法則。地勢高下各有定位，不至隱蔽不明；土地肥瘠本自不同，不至隱匿不清，這些都是地道所含有的法則。國君臣子都各居其位，士人也得其所哉，擢用賢能量才授官，治理百姓秉公辦事，這是人道所應遵守的法則。是非善惡各有名分，背於道理或合於道理自有客觀情形作依據，真實虛假自有事實來判定，君主祇須掌握上述準則就可以成為天下的楷模。

【闡述】本段講名形、名實，講天稽、地稽、人稽，並認為，君主祇要掌握了這些法則，就可以成為天下的楷模。

我們由此可以看到，這與稍後的名實論、法家的無為說是十分接近的。如《管子・入國》：「修名而督實，按實而定名。名實相生，反相為情。名實當則治，不當則亂」。又《韓非子・大體》：「古之全大體者，望天地，觀江海，因山谷。日月所照，四時所行，雲布風動，不以智累心，不以私累己。寄治亂於法術，托是非於賞罰，屬輕重於權衡，不逆天理，不傷情性。不吹毛而求小疵，不洗垢而察難知。不引繩之外，不推繩之內。不急法之外，不緩法之內。守成理，因自然。」

本段仍扣住「四度」的主題，祇是它是從另一個角度來論述的。

因天時，伐天毀㊀，謂之武。武刃而以文隨其後㊁，則有成功矣，用二文一武者王㊂。其〈失〉主道，離人理，處狂惑之立（位）處不吾（悟），身必有瘳（戮）㊃。柔弱者無罪而幾，不及而翟㊄，是胃（謂）柔弱。剛正而〔強〕者〔臨罪〕而不廄（究）㊅。名功相抱㊆，是故長久。名功不相抱，名進實退，是胃（謂）失道，其卒必〔有〕身咎㊇。黃金珠玉臧（藏）積，怨之本也㊈。女樂玩好燔材㊉，亂之基也㊁。守怨之本，養亂之基，雖有聖人，不能為謀。

【註釋】　㊀因天時，伐天毀：「因天時」，順應天道。「伐天毀」，誅伐必然要滅亡的國家。這裏的「天」，指由天道所決定的必然性。「毀」，滅亡。「天毀」，即前文所說的「當罪當亡」。㈡武刃而以文隨其後：武功殺伐之後繼之以文德安撫。按：此就伐國而言，與〈論約〉言天道的「始於文而卒於武」（「文」指春夏之生，「武」指秋冬之殺）不同。然文、武（生、殺）相繼，文後繼之以武、武後繼之以文卻是相同的。㈢用二文一武者王：用二分文德一分武功者為王。實際上就是說要以文德為主而佐之以武功。古代文、陽屬德、屬生，武、陰主刑、主殺。《管子・樞言》認為：「先王用一陰二陽者霸（「二陽一陰」即此「二文一武」），盡以陽者王。以一陽二陰者削，盡以陰者亡」。儒家所謂「遠人不服，則修文德以徠之」、「柔遠能邇」即是「盡以陽」的王道。前文的「兵戰力爭」等則是「盡以陰」的取亡之道。㈣其〈失〉主道，離人理，處狂惑之位處不悟，身必有戮：按：後一「處」字為前一「處」字的誤重，而脫一「而」字，當作「處狂惑之位而不悟」。「狂惑」謂逆也，違逆天道人理。〈論〉云：「物有不合於道者，謂之失理。失理之所在，謂之逆」。《賈子・大政》具體解釋為：「知善而弗行謂之狂，知惡而不改謂之惑」。又按：「失主道」疑當作「失天道」，「主」為「天」之誤。「主」與「王」古常互誤。而「王」與「天」形極相近。《莊子・在宥》：「主者，天道也」，蓋黃老後學受此種思想影響而抄誤。㈤柔弱者無罪而幾，不及而翟：「柔弱者」，即《四經》所說的「雌節」。「罪」，禍患（《呂覽・至忠》注：「罪，殃也」）。

「幾」，危險，指警惕危險的到來。「無罪而幾」，居安思危之謂也。「不及」，謂禍患未至。「翟」，讀為「趯」或「悐」，驚懼也（《廣雅・釋詁》：「趯，驚也」。《漢書・王商傳》師古注：「悐，古惕字」）。「不及而翟」，《易・乾》所謂「夕惕若厲」也。所謂「柔弱」，即《文子・道原》所說的「拘雌節，……柔弱以靜」。㈥剛正而〔強〕者〔臨罪〕而不究：「強」、「臨罪」三字原缺，據前文文意補。「剛正而強者」，即《四經》所謂的「雄節」。「究」，意識到（《漢書・劉向傳》集注：「究，明也」。《古微書》引《孝經援神契》：「究者，以明審為義」）。「臨罪而不究」，謂禍患臨頭而意識不到。按：柔弱、雌節謂文、剛強、雄節謂武。此二句似是在補充說明「用二文一武」的道理。㈦名功相抱：「抱」讀為孚，符合。㈧名進實退，是謂失道，其卒必〔有〕身咎：「名進實退」，名聲超過實際。「卒」，最終，結果。「有」字原缺，今補。「咎」，禍患，憂患。上文「失天道……身必有戮」與此句式相同。《詩・伐木》：「微我有咎」，是「有咎」一詞之出處。《呂覽，侈樂》：「異實者必離（罹）其咎」，正謂此也。㈨黃金珠玉藏積，怨之本也：「藏積」，謂獨占而不以之分人。《管子・樞言》所謂「蓄藏積陳朽腐而不以與人者，殆」。厚積黃金珠玉而不與人，故為怨之本。㈩女樂玩好燔材：「燔材」讀為「蕃載」，古「才」聲「戈」聲之字多通假，如材、裁、載可互通。「蕃」，盛也。「載」，置也（《史記・禮書》：「側載臭茝」，索隱：「載，置也」）。「女樂玩好蓄載」，謂廣為置辦女樂珍玩。盛置女樂珍玩而惑其心，故為亂之始。㊁亂之基也：「基」，開始（《國語・晉語》注：「基，始也」）。

【今譯】 順應天道，誅伐必然要滅亡的國家，這就叫「武」。在武功殺伐之後繼之以文德安撫，這樣就會有成功，而使用二分文德一分武功的就可以稱王天下。像那種棄失天道、背離人理、處於悖逆之位而尚不知省悟的君主，必有殺身之禍。守雌節者雖無憂患卻能居安思危，禍患未至卻能隨時警惕，這便是雌節的含義。而恃雄節者卻正相反，禍患已經臨頭還絲毫意識不到。名聲與功績相符，所以纔能長存久安。名聲與功績不相符，名聲超過實際，這就是棄失了天道，最終必有禍患。厚積黃金珠玉而不分與他人，這是惹怨的禍根。盛置女樂珍玩而蠱惑其心，這是生亂的開始。保守惹怨的禍根，培養生亂的苗頭，即便有聖人在他的國家，也仍然難以為這樣的君主出謀劃策了。

【闡述】 本段申釋四度之一的「誅禁」。具體說，就是如何誅伐以及什麼樣的國家具備誅伐的條件。因天時伐天毀、武刃而以文隨其後、用二文一武，這即是誅伐的策略。失天道、離人理、恃雄節、名進實退、廣為積置珠玉女樂的君主所統治的國家便是誅伐的對象。

本段談誅伐的方針是：文武相濟、文德為主武功為輔。

通過註釋中與《管子・樞言》的比較，我們可以進一步肯定：《四經》所反映的黃老思想中關於王、霸的理解顯然是正處於孔子儒學與其後的法家之中間地帶，即孔儒尚王而法家崇霸，《四經》則王、霸二道尚無分際。

〈論〉第六

【內容提要】 本篇論述天道和取法天道的人理。天道就是「八政」、「七法」，人理就是「六柄」、「三名」。主張君主應該取法天道所建立、推行的「八政」、「七法」來「執六柄」、「審三名」，以此來治理國家、平定天下。名實關係，是本篇重點論述的對象。並提出通過循名責實，最終達到「名自命也，物自正也，事自定也」的目的。

本篇在論述中，採用的是正反兩面相對的立論模式。

本篇篇題為「論」，它在《四經》中是論理性較強、哲學意味較深的一篇。它提出了一系列概念，都具有極高的概括性。因此，它在《四經》中占有極為重要的位置。

人主者，天地之〔稽〕也㊀，號令之所出也，〔為民〕之命也㊁。不天天則失其神㊂。不重地則失其根。不順〔四時之度〕而民疾㊃。不處外內之立（位）㊄，不應動靜之化㊅，則事宭（窘）於內而舉宭（窘）於〔外〕㊆。〔八〕正皆失，〔與天地離〕㊇。〔天天則得其神。重地〕則得其根。順四〔時之度〕□□而民不〔有〕疾㊈。〔處〕外〔內之位，應動靜之化，則事〕得於內而舉得於外㊉。八正不失，則與天地總矣㊁。

【註釋】㊀人主者，天地之〔稽〕也：「之」，猶是。「稽」字原缺，今補。「稽」，則也。「天地是稽」，即唯天地是則，是說人主取法天地之道。〈四度〉：「天之稽也……地之稽也……王公執之以為天下正」即此。「稽」與「命」為脂、真合韻。㊁〔為民〕之命也：「為民」二字原缺，今補。《道原》：「信能無欲，可為民命」同此。此處說君主為民之命，下文說上天「為物之命」，相互呼應。「為民之命」，使民安身立命。㊂不天天則失其神：「天天」，尊重天命，取法天道。天天，即是順天道。不天天，即是逆天道，而〈四度〉說「逆則失天」。所以，此處「不天天則失其神」，是說不取法天道就會失去天助神佑。㊃不順〔四時之度〕而民疾：四時節候不同，政令亦自不同。違逆四時節候，乖舛農時，民自有怨。㊄不處外內之位：不能正確區分事物是處於適度之內還是處於適度之外。按：此「外內」即指〈名理〉篇的「度之外」、「度之內」。詳見〈名理〉第一段注㈡。㊅不應動靜之化：不能順應消息盈虛進退出入的變化。㊆事窘於內而舉窘於外：「事」，指政令（《左傳．昭公九年》杜預注）。「窘」，困窘。「內」，統治者內部，朝廷內部。「舉」，行事，指實行貫徹政令。「外」，統治者以外，地方。按：《四經》喜用「內外」一詞，綜其義例，主要有以下幾個含義，當隨文釋之。其一，指國家內外。其二，指朝廷內外。其三，指君主自身及自身以外。其四，指陰陽。其五，指后妃與大臣。其六，指上下。其七，指身心。其八，指虛實情偽。其九，指適度之內與適度之外。㊇〔八〕正皆失，〔與天地離〕：「八正」，即八政，八種政令，即上文所說的春、夏、秋、冬、外內、動、靜（「七法」、「明三定二」等都賅之於「天地」之內，故「八正」不含天地。下文「八正不失，則與天地總」，亦是將「天地」排除在「八正」之外）。下文「建八正，則四時有度，動靜有位，而外內有處」亦可為證。「與天地離」四字原缺，今補。「離」，謂不合。下文「八正不失，則與天地總」正與此相儷偶（「總」，同也，合也。《稱》：

「同則不肯，離則不能」，正是「同」與「離」相對）。且「離」為歌部字，「外」為月部字。歌、月合韻。㊈順四〔時之度〕□□□而民不〔有〕疾：「有」字原缺，今補（亦或為「其」字）。按：「順四時之度而民不有（或「其」）疾」與上文「不順四時之度而民疾」語句恰相駢對，文意已足，則中間的「□□□」似非缺文，乃是抄誤後的塗跡。㊉舉得於外：「舉」上原衍「得」字，今刪。㈡與天地總矣：「總」，合也（《淮南子・本經》注）。

【今譯】 君主取法天地之道，制定各項政策律令，使人民得以安身立命。但如果不取法天道就會失去神佑，不尊重地道就會失去根本，違逆四時節候人民就會有怨恨。不能區分事物是處於適度之內還是處於適度之外，不能順應消息盈虛進退出入的變化，那麼在朝野中政令的制定與實施都會遇到困難。四時、外內、動靜八種政令皆有失誤，便與天地之道相乖舛了。倘若取法天道就會得到神助，尊崇地道就有了立國的保證，遵循四時節候人民就不會有怨恨。辨明了事物的適度與非適度的界線，順應盈絀消長出入進退的自然變化規律，那麼政令就得以在中央順利地制定並在地方有效地實施了。八政沒有失誤，這纔是與天地之道相合。

【闡述】 本段論述「八正（政）」。君主是八政的執行者。而君主制定各項政令的前提條件，便是須取法天地之道。

本段從正反兩個方面來論證與天地之道是否相合，決定著八政的得失。本段及以下諸段很明顯地是沿著老子的「人法地，地法天，天法道，道法自然」（《老子》二十五章）的脈絡來立論的，這從後面的執一、定二、明三、行七法、審三名、執六柄等的論述中可以看出這一點。

天執一，明〔三，定〕二㈠，建八正，行七法㈡，然後〔施於四極，而四極〕之中無不〔聽命〕矣㈢。岐（蚑）行喙息，扇蜚（飛）需（蠕）動㈣，無□□□□□□□□□不失其常者，天之一也㈤。天執一以明三，日信出信入，南北有極，〔度之稽也㈥。月信生信〕死，進退有常，數之稽也㈦。列星有數，而不失其行，信之稽也㈧。天明三以定二，則壹晦壹明，〔壹陰壹陽，壹短壹長〕㈨。天定二以建八正，則四時有度，動靜有立（位），而外內有處。

【註釋】㈠天執一，明〔三，定〕二：「一」，指道。「明」，生成（《爾雅・釋詁》：「明，成也」）。「三」，指下文所說的日、月、星辰。「二」，指陰陽（《說苑・辨物》：「二者，陰陽之數」）。「定」，即使陰陽定位。《十大經・觀》：「始判為兩，分為陰陽」、《周易》：「分陰分陽」都是此「定二」的意思。這三句是說：上天依靠道的力量，生成出了日月星辰，並使陰陽得以定位。㈡行七法：「行」，推行，行使。「七法」，見後注。㈢然後〔施於四極，而四極〕之中無不〔聽命〕矣：按：方括號內九字原缺，今以意補。此處文意是說，將八政、七法行於天下，而天下莫不聽命。下文「與天俱見，盡〔施〕於四極之中」、《十大經・成法》：「上捦之天，下施之四海」、〈三禁〉：「天道壽壽，施於九州」、《荀子・議兵》：「德盛於此，施及四極」，以及《四經》中多次出現的「民無不聽」、「則民聽令」、「令行天下而莫敢不聽」等等皆可以參證據補。並且「命」與「正」為耕部協韻。㈣蚑行喙息，扇飛蠕動：指各種動物。「蚑行」，多足蟲。「喙息」，用口呼吸的動物。「扇飛」，用翅膀飛行的動物。「蠕動」，指沒有骨骼，依靠身體爬行的動物。㈤無□□□□□□□□□□不失其常者，天之一也：按：中間缺十字。據《新語・道基》：「蚑行喘息，蜎飛蠕動之類……為寧其心而安其性」之文，則此處足其文可為：「無不寧其心而安其性，故而不失其常者，天之一也」。又據《淮南子・原道》：「蚑行喙息，蠉飛蠕動，待而後生，莫之知德。待之後死，莫之能怨」之文，則此處足其文可為：「無德無怨，待之死而候之生。不失其常者，天之一也」。這是說：一切動物都安其心性，而不違背其生存的法則，這是由恒定的天道所決定的（按：《淮南子》的「待而後生」、「待之而死」、「不德不怨」即是申說「寧其心而安其性」之義）。㈥日信出信入，南北有極，〔度之稽也〕：「日信出信入」，是說太陽按照確定的時間東升西落（「信」，確定）。「南北有極」，南行北轉皆有規則（「極」，規則）。「度之稽也」，這是由它的運行度數所決定的客觀規律。按：《鶡冠子・泰鴻》與本文多有重合之處，「度之稽也」及下文的「月信生信」八字即注家據補。〈泰鴻〉云：「日信出信入，南北有極，度之稽也。月信死信生，進退有常，數之稽也。列星不亂其行，代而不干，位之稽也。天明三以定一，則萬物莫不至矣。三時生長，一時煞刑，四時而定，天地盡矣。」《鶡冠子・王鈇》：「天者，誠其日德也。日誠出誠入，南北有極，故莫弗以為法則。天者，信其月刑也。月信死信生，終則有始，故莫弗以為政。天者，明其星稽也。列星不亂，各以序行，故小大莫弗以章。」陸佃在註釋「南北有極，度之稽也」時說：「冬至，日在牽牛（北方星名）。夏至，日在東井（南方星座）。其長短有度」。太陽南行至黃經90°時為夏至。此日陽光直射北回歸線，北半球白晝最長。此後則開始往北轉行，北行至黃經270°時為冬至。此日陽光直射南回歸線，北半球白晝最短。㈦〔月信生信〕死，進退有常，數之稽也：「生」謂「生霸（魄）」，「死」謂「死霸（魄）」。死霸為初一，生霸為十五（《漢書・律曆志下》：「死霸，朔也。生霸，望也」）。「進退」，指月亮的盈虧。「數之稽也」，這是由它的生死氣數所決定的客觀規律。㈧列星有數，而不失其行，信之稽也：眾星運行各有度數，而從不離失它們的運行軌道，這是由它們各自確定的位置所決定的客觀規律。按：《鶡冠子》作「位之稽也」，似以作「位」義長。㈨壹晦壹明，〔壹陰壹陽，壹短壹長〕：「晦明」，指晝夜。「壹陰壹陽，壹短壹長」八字原缺，據帛書《繆和》補。帛書《繆和》：「凡天之道，一陰一陽，一短一長，一晦一明；夫人道〔則〕之。」「短長」，謂生殺（訓見《書・盤庚》孔傳）。因為上天生成了日月星辰，並使陰陽定位，所以有了晦明、陰陽、生殺的相互交替轉化。此與《十大經・果童》：「天有恒幹，地有恒常。合〔此幹〕常，是以有晦有明，有陰有陽」文意相同。尚可參考《十大經・觀》：「……一囷，無晦無明，未有陰陽……今始判為兩，分為陰陽」，〈姓爭〉：「刑晦而德明，刑陰而德陽」。「天明三以定二，則壹晦壹明，壹陰壹陽，壹短壹長」與下文「天定二以建八正，則四時有度，動靜有位，而外內有處」句式亦相同。並且，明、陽、長，為陽部協韻。

【今譯】　上天依靠道的力量，生成出了日月星辰，並使陰陽定位，建立八政，頒行七法，然後施行於天下，使天下萬物無不聽命。同時，各種動物也都能安其心性，而不違背各自生存的法則，這些都是由恒一的天道所決定的。上天靠著道生出日月星辰，其中太陽總是按照確定的時間東升西落，南行北折皆有規則，這是由它的運行度數所決定的客觀規律。月亮十五時飽滿渾圓而初一時卻消失不見，其盈虧滿損皆有常規，這是由它的生死氣數所決定的客觀規律。眾星運行也各有度數，而從不離失它們的運行軌道，這是由它們各自確定的位置所決定的客觀規律。上天生成了日月星辰並使陰陽定位，這樣便有了晝夜、陰陽、生殺的交替轉化更迭。上天使陰陽各得其位，又使八政得以建立，這樣四時節候皆有定則，動靜進退各得其序，適度與非適度都有定位。

【闡述】 本段論述明三、定二。

明三、定二、建八政、行七法的主語是「天」，而天又是依靠「道」的力量來完成上述之功的。這明顯是天地法道的思路，進一步申說道的至高無上。

而三、二、八政的主要內涵不外乎準度、命數、定位、信實、準則以及動靜虛實、上下本末等等。這些都不過是為人法天地作鋪墊，為下文君主執六柄、審三名張本。

天建八正以行七法：明以正者，天之道也㈠。適者，天度也㈡。信者，天之期也㈢。極而〔反〕者，天之生（性）也㈣。必者，天之命也㈤。□□□□□□□者，天之所以為物命也㈥。此之胃（謂）七法㈦。七法各當其名，胃（謂）之物㈧。物各〔合於道

者〕，胃（謂）之理㈨。理之所在，胃（謂）之〔順〕㈩。物有不合於道者，胃（謂）之失理。失理之所在，胃（謂）之逆。逆順各自命也㈡，則存亡興壞可知〔也〕。

【註釋】㈠明以正者，天之道也：按：以下即申說「七法」。據前文「明三定二，建八正，行七法」的立論順序，則可見「八正」、「七法」是「明三定二」的派生物。換言之，「明三定二」是言器，「八正」、「七法」是言用。如：四時交替、動靜盈虛等「八正」是由陰陽、日月這「三」、「二」的對立轉化及運行決定的。既然「八正」含賅著「明三定二」，那麼「七法」也應如此。此二句可譯為：萬事萬物的明瞭和確定的特性，是自然規律決定的。㈡適者，天度也：事物所具有的恰當適度的特性，是由天道本身的度數決定的。如四時有度（適）乃「度之稽也」（天度）。㈢信者，天之期也：事物都具有信實的特性，是因為天道運行的本身就具有確切的週期性。如日信出信入（信）乃「信之稽也」（天之期）。㈣極而〔反〕者，天之生（性）也：事物運動發展到至極而必然走向反面的特性，這是天道本身的性質決定的。如南北有極、月信生信死（極而反）乃同於從無到有、從有到無的天地之道。《老子》「反者道之動」（四十二章）、「大曰逝，逝曰遠，遠曰反」（二十五章）都是這個意思。㊄必者，天之命也：事物都具有必然性，這是由天道本身的命數決定。如動靜有位、外內有處便是取法於天地定位。先秦道家大抵是以自然性、必然性來解釋「命」的，如《莊子》「謂之以自然之命」（〈天運〉）、「死生，命也」（〈大宗師〉）、《鶡冠子》「命者，自然者也」（〈環流〉）。㊅□□□□□□□□□者，天之所以為物命也：按：此處缺九字，為「七法」的最後兩項。依文意推斷，事物除具有明瞭確定、適當、信實、極而反、必然等特性外，尚應有順正、有常二性。因此，足其文，似可為：〔順正者，天之稽也。有常〕者，天之所以為物命也。這是說：事物都具有順正的特性，這是由天道本身的守則決定的。事物各自守其常規，這是由於天道能使萬物各安其性（按：對「為物命也」的理解，可以參考《道原》的「可為民命」及上文所補的「為民之命也」）。且「稽」為脂部字，後文的「命」字為真部字，脂、真合韻。「順正」者，如「列星有數，而不失其行」。「天之稽也」即「位之稽也」（《鶡冠子》作「位」，而本經作「信」，以作「位」義長）。「有常」者，「蚑行喙息」等動物的「無不寧其心而安其性，故而不失其常」也。㊆此之謂七法：「七法」，即前文所開列的明以正、適、信、極而反、必、順正、有常。㊇七法各當其名，謂之物：「物」，指事物得到驗證（《禮記‧緇衣》：「言之有物而行有格」，鄭玄注：「物，謂事驗也」）。這兩句是說：七法的內容與各自的名稱一一相副，這就叫做事物得到驗證。

㊈物各〔合於道者〕，謂之理：事物驗證後的結果與道的具體特質一一相合，這便稱作理。按：「物」又可以解釋為分類、類別（《國語・晉語》注：「物，類也」）。這四句便可以譯為：七法的內容與各自的名稱都能相合，這就使事物有了明確的分類。分類後的事物與道的具體特質一一相合，這便稱作理。這裏所說的分清類別，很有正名定分的意思，與《管子・君臣上》「別交正分之謂理」相吻合。以上兩種註譯均可解釋通。㊉理之所在，謂之〔順〕：按：上文及此處的「理」都是「得理」或「合理」的意思，與下文「謂之失理」、「失理之所在」相對。《管子・君臣上》：「順理而不失之謂道」同此。㊀逆順各自命也：「命」，指根據不同的性質確定不同的名稱（《廣雅・釋詁》：「命，呼也」、「命，名也」。《禮記・檀弓下》注：「命，猶性也」）。這是說，逆和順這兩種不同的稱呼是由它們各自的性質決定的。

【今譯】　上天建立八政、頒行七法：萬事萬物的明瞭和確定的特性，是自然規律決定的。萬物萬事所具有的恰當適度的特性，是由天道本身的度數決定的。事物都具有信實的特性，這是因為天道運行的本身就具有確切的週期性。事物發展到極端就必然向相反的方面轉化，這是天道本身的性質決定的。事物都具有必然性，這是由天道本身的命數決定的。事物都具有順正的特性，這是由天道本身的守則決定的。事物各自守其常規，這是由於天道能使萬物各安其性。以上所述，便是「七法」。七法的內容與各自的名稱一一相副，這就叫做事物得到驗證。如果事物驗證後的結果與道的具體特質都能相合，這便稱做合理。合理就是順。而假如事物驗證後的結果與道的具體特質都不相合，這便稱做失理。失理就是逆。逆和順這兩種不同的稱呼是由它們各自的性質決定的，懂得了這一點，存亡興壞的道理也就可以把握了。

【闡述】 本段論述七法。

具體論證了天道具有明瞭確定、恰當適度、信實、至極而反、必然、順正、有常等特質，這也同時決定了天地間萬事萬物同樣秉有上述特性。這種情形即是合道得理，即是順；如事物或有與七法相背者，便是失道無理，便是逆。逆、順決定著存亡興壞。

天道本身，有器、用之別。「三」、「二」即為器，「八政」、「七法」即為用。然天道與人道相對時，則天道為器，人道為用。人道之用依賴於天道之器。如：沒有日月星等的信出信入、消息盈虛，人道的動靜之位、養生伐死等政令便無所取法、無從施設。

以下幾段，即是按照這個理論框架，討論人事如何取法自然、人道如何取法天道的。

又，本段分言「道」、「理」。道與理，在《四經》中有這樣兩種情況：1.道與理同義（如「天道」又表述為「天理」）。2.道指天道，理指人理（如〈四度〉「天地之道也，人之理也」）。在這個意義上說，道指總規律，理指具體規律；道說普遍，理謂特殊。如《莊子・則陽》：「萬物殊理，道不私」，又如《韓非子・解老》：「道者，萬物之所以然也，萬理之所稽也。理者，成物之義也……萬物各異理。萬物各異理而道盡稽萬物之理」，即是在試圖說明二者的差異。這裏明顯地可以見出宋明理學「理一分殊」的命題是繼承莊子和黃老道家這一思路而發展的。

〔強生威，威〕生惠㈠，惠生正，〔正〕生靜㈡。靜則平，平則寧，寧則素㈢，素則精，精則神㈣。至神之極，〔見〕知不惑㈤。帝王者，執此道也㈥。是以守天地之極，與天俱見，盡〔施〕於四極之中㈦，執六枋（柄）以令天下㈧，審三名以為萬事〔稽〕㈨，察逆順以觀於朝（霸）王危亡之理㈩，知虛實動靜之所為，達於名實〔相〕應，盡知請（情）偽而不惑，然後帝王之道成。

【註釋】 ㈠〔強生威，威〕生惠：「強生威，威」四字原殘，注家據《商君書・去強》：「強生威，威生惠」補入。「強生威」即〈四度〉「強則威行」的意思。「惠」，恩惠。威重則雖輕賞民亦以為惠，威輕則雖重賞民亦不以為惠，故云「威生惠」（高亨《商君書注譯》亦譯此句為「威力產生恩惠」）。或讀「惠」為「慧」，似屬多餘。㊁惠生正，〔正〕生靜：恩惠產生端正，端正產生寧靜。人民懼威感惠，故皆知自正，「惠生正」之意也。人人自正，則諸事可靜，「正生靜」之意也。《淮南子・主術》：「為惠者生奸」，正異此說。按：以上四句言「治人」，以下五句言「正己」。所謂「信能無欲，可為民命」（《道原》）、「始在於身，後及外人」（《五政》）是也。㊂素：質樸。指內心無欲空靈。《老子》：「見素抱樸，少私寡欲」（十九章）即此「素」字之義。㊃素則精，精則神：心境空靈則精明，內心精明則微奧莫測應化無窮。《管子・心術上》：「虛其欲，神將入舍」、「去欲則宣（通也），宣則靜矣。靜則精，精則獨立矣。獨則明，明則神矣。」與此文相近。

㊄至神之極，〔見〕知不惑：按：《鶡冠子・道端》：「至神之極，見之不忒」，舊注：「忒，一作或」，注家據此補「見」字，並認為「之」當作「知」、「或」讀為「惑」。這是說，深微奧妙到極點，人的認識便不會再迷惑。㊅帝王者，執此道也：作為帝王所執守的便是此道。按：此二句屬上，為以上數句之歸結。「道」，幽部。上文「惑」為職部字，幽、職合韻。倘屬下，則失韻矣。

㊆是以守天地之極，與天俱見，盡〔施〕於四極之中：因此把握天道運行的規律，進退動靜取法天道，並將此規律廣施於天下。「守」，把握。「極」，準則。「天地之極」，即天道運行的規律。

「天」，天道。「俱」，共同。「見」，同「現」，隱現，指動靜進退，與天道一同隱現，即是動靜進退取法天道的意思。〈國次〉的「因與俱行」與此「與天俱見」意思接近。「施」字原缺，今補。《十大經‧成法》：「施於四海」、「上捦之天、下施之四海」、〈三禁〉：「天道壽壽，施於九州」、《荀子‧議兵》：「德盛於此，施及四極」等都是這個意思。「四極」本指東、南、西、北四境，在此與四海、九州相同，都是泛指天下。「是以」探下諸句，與「然後」為呼應句式，中間不句，一氣貫底。㈧執六枋（柄）以令天下：「柄」，本指器物的把兒，這裏指道術。這是說把握治國的六種道術來統治天下。「六柄」見下文。㈨審三名以為萬事〔稽〕：審察三種名實關係來作為處理各種事務的準則。「稽」字原缺，今以意補。「三名」見後。㈩察逆順以觀於霸王危亡之理：「霸」，霸道。「王」，王道。「危亡」疑為「存亡」之誤，與「逆順」、「霸王」、「虛實」、「動靜」、「名實」、「情偽」同樣是一對範疇。「觀霸王存亡之理」與「知虛實動靜之所為」文正相對。這句是說：考察逆順可以明瞭（「觀」，明也）或霸或王或存或亡的道理。施威與行惠、霸道與王道的統一，便是帝王之道。這便是作者的意思。

【今譯】 強大產生威嚴，威嚴產生恩惠，恩惠產生端正，端正產生寧靜。諸事寧靜則心情平和，平和則安寧，安寧則內心空靈無欲，心境空靈則精明，內心精明則微奧莫測應化無窮。深微奧妙到了極點，認識便不會再迷惑了。作為帝王，所執守的便是此道。因此把握天道運行的規律，進退動靜取法天道，並將此規律廣施於天下，並把握治國的六種道術來統治天下，審察三種名實關係來作為處理各種事務的準則，考察或悖逆天道或順應天道的客觀史實來明瞭或霸或王或存或亡的道理，了解虛實動靜的不同施為，通曉名實相應的道理，審知真假而不迷惑，這樣的話，帝王之道也就成就了。

【闡述】 本段為下段論述六柄、三名做鋪墊。

本段為八政、七法與六柄、三名做銜接，也即為天道與人道做勾聯。「守天地之極」、「與天俱見」、「逆順」等即是這個意思。

本段論治人，論正己。論施威之與行惠、霸道之與王道有機結合，便成就帝王之道。以為霸道與王道略微有異，始見本篇；然終不為之軒輊也。所以仲伯者，霸、王之與帝王也。帝王為最高之境界，乃因「帝」字本含「天」義（《國語・周語》注：「帝，天也」），而帝與天道又直接係屬。如《風俗通》引《書大傳》說：「帝者，任德設刑，以則像之，言其能行天道，舉措審諦」。蔡邕《獨斷》說：「帝者，諦也。能行天道，事天審諦」。《稱》：「帝者臣，名臣，其實師也。王者臣，名臣，其實友也。霸者臣，名臣也，其實賓也」。在論述君臣之間的私人關係時似乎有了帝、王、霸的等第，但這衹是作者在這個問題上的一種感情流露，仍未從整體上明確地為王、霸序其次第。

六枋（柄）：一曰觀㈠，二曰論㈡，三曰僮（動）㈢，四曰槫㈣，五曰變㈤，六曰化㈥。觀則知死生之國，論則知存亡興壞之所在，動則能破強興弱，槫則不失諱（韙）非之〔分〕㈦，變則伐死養生，化則能明德徐（除）害。六枋（柄）備則王矣。三名：一曰正名立而偃㈧，二曰倚名法（廢）而亂㈨，三曰強主威（滅）而無名㈩。三名察則事有應矣㈡。

【註釋】㈠觀：靜觀，觀照。這裏有察幾知微的意思。下文「觀則知死生之國」，是說觀照幾微，可知一個國家的死生徵兆（朕跡）。如不作此理解，則與下句意思重複。㈡論：綜合辨析。「論」有集合、辨析二義。《漢書・藝文志》說：「……門人相與輯而論纂，故謂之論語」。《呂覽・應言》注：「論，辨也」，《呂覽・振亂》注：「論，別也」，同書〈適音〉注：「論，明也」。「論」字從「侖」（「侖」亦聲）從「言」，故有集合、辨析二義。《說文》：「亼，三合也，讀若集」。「侖」字為從「亼」從「冊」之字，所以段玉裁注《說文》解釋「侖」字說：「集合簡冊，必依其次第，求其文理」。下文「論則知存亡興壞之所在」，是說對客觀事物做綜合分析，就可以懂得一個國家存亡興衰的原因。㊂動：有所舉措，這裏指相時而動。㊃槫：此字不見於字書。馬王堆漢墓帛書整理小組本讀為「轉」。按：此字疑為「摶」字之訛抄，「摶」乃古「專」字。《史記・秦始皇本紀》：「摶心壹志」，司馬貞索隱云：「摶，古專字」。《老子・道經》「專氣致柔」。「專」，決斷，謂以法決斷。下文「專則不失韙非之〔分〕」，就是說善於決斷就不會混淆是非的界線。此正與〈名理〉篇「是非有分，以法斷之」相合。〈道法〉「形名立，則黑白分已」也是這個意思。又按：「專」聲「耑」聲之字古多通假，書證甚多。則此字亦可讀為「端」，謂端正法度則不會混淆是非之界線。《荀子・正論》、「無隆正則是非不分」說的也是這個道理。二說似均可通。㊄變：應變，善於應變。下文云「變則伐死養生」。「伐死養生」謂之「當」（符合天當），而「應變不失」也謂之「當」（見《管子・宙合》）。故知此處的「變」謂「應變」。㊅化：交替改變（《易・彖傳》疏：「化，謂一有一無，忽然而改」。《列子・周穆王》注「俯仰變異謂之化」）。在此指賞罰威惠交替變化著使用。因為賞惠罰威的使用交替變化，所以能「明德除害」。㊆槫（讀為「專」）則不失韙非之〔分〕：按：「分」字原缺，今補。〈名理〉：「是非有分，以法斷之」。〈道法〉：「形名立，則黑白（指是非）之分已」。《荀子・不苟》：「分是非之分」等皆可據補。「韙」，是。

㈧正名立而偃：「正名」，謂形名正定，名實相符。「立」，指法度得以建立。「而」，連詞，無義。「偃」，讀為「安」。「正名立而偃」，是說形名正定，名實相符，則法度就能得以建立並且國家得以安定。下文「名實相應則定」即申釋此說。《管子・白心》：「正名則治……名正法備」亦是此意。也可證本句之「立」當釋為「法立」，與「名正」為因果關係。「立」上原衍「一曰」，今據刪。㈨倚名廢而亂：「倚」讀為「欹」（音一），傾斜不正。「倚名廢而亂」，謂形名不正，名實不符，則法度荒廢並且國家混亂。下文「名實不相應則爭」即呼應此說。《管子・樞言》：「名倚則亂」、同書〈白心〉：「奇名自（則）廢」（「廢」謂荒廢法度）、《申子・大體》：「其名倚而天下亂」說的都是這個意思。㈩三曰強主滅而無名：按：準上文文例，此句當作「三曰無名而強主滅」。「滅」，月部字，與「偃」、「亂」（元部）為月元合韻。《管子・樞言》正作「無名則死」，可為鐵證。倘作「三曰強主滅而無名」，則既不合文例，亦上下失韻。「無名」，無視形名，不立形名。此結果為「滅」，較「倚名」之「亂」更遞進一層。按：桀亦有名，祇是「名倚」罷了（《申子・大體》：「桀之治天下也亦以名，其名倚而天下亂」）。則「無名」者，其紂乎？然此句後文無有呼應，頗疑後文有脫漏。㈡有應：即「有以應」，謂有用以應付的方法。

【今譯】 治理國家的六種道術：一是觀照幾微，二是綜合辨析，三是相時而動，四是以法決斷，五是善於應變，六是交替變換。觀照幾微，可知一個國家的死生徵兆；綜合分析客觀因素，就可以擊敗強大而振興弱小；以法決斷，就不會混淆是非的界線；順時應變，就能掃滅腐朽而培植新生；賞罰威惠交替變化，就能興善除惡。六種道術具備，就可以稱王天下了。決定國家治亂的三種名實關係：一是形名正定、名實相副，則法度就能得以建立並且國家得以安定；二是形名不正、名實不副，則法度荒廢並且國家混亂；三是無視形名、名實掃地，則國家雖強，也會滅亡。懂得了以上三種形名關係，也就具備了應付一切的手段。

【闡述】　本段具體論述六柄、三名。

三名言本分，六柄言道術。三名為「正」，六柄為「奇」。「審三名」為「執六柄」的基礎。審三名可以自安，執六柄可以平天下。先求諸「事有應」而後冀之「王」天下，此是內外的次序。觀、論、動、專、變、化、正名、倚名、無名，都帶有很強的概括性，具有哲學範疇的意味。因此，在解釋時，不能泥於表層，過於拘執。這種高度的概括性和哲學化，使得本篇在《四經》中占有很重要的位置。本篇「論」的命題也突出體現在本段中。

動靜不時，種樹失地之宜㈠，〔則天〕地之道逆矣。臣不親其主，

下不親其上，百族不親其事㈡，則內理逆矣㈢。逆之所在，胃（謂）之死國㈣，〔死國〕伐之。反此之胃（謂）順，〔順〕之所在，胃（謂）之生國，生國養之㈤。逆順有理，則請（情）偽密矣㈥。實者視（示）〔人〕虛，不足者視（示）人有餘㈦。以其有事，起之則天下聽；以其無事，安之則天下靜㈧。名實相應則定㈨，名實不相應則靜㈩。勿（物）自正也，名自命也，事自定也⑪。三名察則盡知請（情）偽而〔不〕惑矣⑫。有國將昌，當罪先亡⑬。

【註釋】㈠動靜不時，種樹失地之宜：「動靜」，指戎耕。「動」，謂徵集民力從事徭役征戰，探下文之「以其有事起之則天下聽」（「動」謂此「有事」）。「靜」，謂使民從事農耕，安心生產，探下文之「以其無事安之則天下靜」（「靜」謂此「無事」）。「不時」，不合時宜，違背天時農令。農忙時令民務耕，農閒時，練兵講武從事征戰，此謂合時。「種樹失地之宜」，是說不能因地制宜種植農作物。〈君正〉說「地之本在宜……知地宜，須時而樹」亦是講地宜。㈡百族不親其事：「族」，類。「百族」，各種各樣的人，各種行業的人。「親」，專意，專心。㈢則內理逆矣：「內理」，即人理，人事之理，指社會法則（上文「天地之道」則指自然法則）。〈四度〉：「天地之道也，人之理也」與此「天地之道」、「內理」相同。是「人理」又可表述為「內理」。則天道為外，人理為內，正是器與用的關係。《荀子・禮論》：「薄器不成內」，楊倞注：「內，或為用」，正是外器內用。㊃死國：腐朽、沒落的國家。㊄生國養之：扶植聯合充滿生機的國家。㊅逆順有理，則情偽密矣：「逆」，指違逆自然社會規律。「順」，指順應自然社會規律。「有」猶若，如果（訓見近人徐仁甫《廣釋詞》）。「理」，分清，知曉（《禮記・樂記》注：「理，分也」。《管子・君臣上》：「別交正分之謂理」。《淮南子・時則》注：「理，達」）。「逆順理」與後文「三名察」相偶。「情偽」，謂虛實。「密」，清楚，確定（《考工記・廬人》注：「密，審也，正也」）。此「情偽密」即下文的「盡知情偽而不惑」。「逆順有理，則情偽密矣」，意思是：分清了一個國家是違逆自然社會規律還是順應自然社會規律，那麼它們的綜合國力的虛實也就很清楚了。此二句承上「死國」、「生國」而言。以上開列出判斷「生國」、「死國」、實國、虛國的標準，為「養」、「伐」提供理論準備。㊆實者示〔人〕虛，不足者示人有餘：此二句緊承上面二句而言，是說在征伐「死國」的具體戰術上，兵力充足時要裝出兵力不足的樣子，而在兵力缺乏時要裝做兵力充備。這是為伐國具體畫策。「實者示人虛」，即〈順道〉所謂「戰示不敢」也。這即是《老子》、《孫子兵法》所謂「以奇用兵」的意思。然而「不足者示人有餘」之說卻於《四經》中僅此一見，更無他證。相反，〈君正〉篇說「以有餘守，不可拔也。以不足攻，反自伐也」。如果說〈君正〉所言是戰略，本文所言是戰術，是可以自圓其說的；但在《四經》、《老子》等書中（《孫子兵法》除外）卻再也找不到一例是有關「不足者示人有餘」這樣的論述，則此種譯法似尚可商榷，待考。當然，還可以有另一種譯法，僅供參考：分清了一個國家是違逆自然社會規律還是順應自然社會規律，那麼它們的綜合國力的虛實也就很清楚了——儘管有實力的國家表現得似乎很虛弱，而沒有實力的國家裝得強大無比。㈧以其有事，起之則天下聽；以其無事，安之則天下靜：「以」，在，在……的時候。「其」，指代天下。「有事」，發生戰事。「起」，發動。「之」，指代人民。「起之」，謂發動人民從事征戰。「安之」，謂使人民安心生產。「起之」、「安之」，即〈君正〉「動之靜之，民無不聽」的意思。這幾句的意思是：在天下發生戰事時，發動人民從事征戰，則天下百姓無不聽命；在天下太平時，讓百姓安心從事生產，則天下人民安居樂業。㈨名實相應則定：「相應」上原衍「不」字，據刪。「定」，安定。此句呼應前文之「正名立而偃」。㈩名實不相應則靜：「靜」，讀為爭，指出現紛爭。此句呼應前文之「倚名廢而亂」。㈡物自正也，名自命也，事自定也：按：據〈道法〉「名形已定，物自為正」、《韓非子・揚權》：「名正物定」、《史記・晉世家》：「名自命也，物自定也」的排列順序，則此三句似當作「名自命也，物自正也，事自定也」。這是說：名稱是根據萬物的具體性質自然確定的，萬物在名稱的規範下自然得到正定，萬事也會在名物（名形、名實）相副的情況下自然得以安定。「名自命也，物自正也」即《管子・白心》：「物至而名自治之」的意思。《管子・白心》：「名正法備，聖人無事」、《韓非子・主道》：「形名參同，君乃無事焉」，都是在發揮本文「事自定也」。與此三句相近的文句論說見於多種子書，諸如《管子》（〈白心篇〉）、《文子》（〈上德〉）、《申子》（〈大體〉）、《尸子》（〈分〉）、《韓非子》（〈主道〉、〈揚權〉）、《淮南子》（〈繆稱〉）等等，不煩一一備引。㊂三名察則盡知情僞而〔不〕惑矣：「情僞」，指虛實。㊂有國將昌，當罪先亡：「當罪」，本指「天毀」，即註定滅亡的國家。但據〈亡論〉的：「有國將亡，當〔罪復〕昌」二句，可見此處的「當罪」是泛指敵國。則「有國將昌，當罪先亡」是說：做到這些，國家就會昌盛，敵國就會滅亡。

【今譯】　使人民從戎征戰或務農生產違背天時農令，又不能因地制宜種植農作物，這便是違逆自然規律。大臣不親近君主，下屬不親近上級，各行各業的人不專心於各自的本職工作，就是違逆了社會規律。違逆自然社會規律的國家，就是腐朽沒落的國家，這樣的國家就應該去討伐。與上述做法相反的便稱作「順」，順應自然社會規律的國家，就是充滿生機的國家，這樣的國家就要去扶植聯合。分清了一個國家是違逆自然社會規律還是順應自然社會現律，那麼它們綜合國力的虛實也就很清楚了。在征伐腐朽國家的具體戰術上，兵力充足時要裝出兵力不足的樣子，而在兵力缺乏時要裝做兵力充備。在天下發生戰事時，發動人民從事征戰，則天下百姓無不聽命；在天下太平時，讓百姓安心從事生產，則天下人都會安居樂業。名實相副則國家安定，名實不相應則會出現紛爭。所謂名稱是根據萬物的具體性質自然界定的，萬物在名稱的規範下自然得到正定，萬事也會在名與物相副的情況下自然得以安定。懂得了「三名」就可以完全了解事物的虛實真偽了。這樣，國家就會昌盛，敵國就會滅亡。

【闡述】 本段之論天道、內理，正是八正、七法與六柄、三名的綜合，是為全篇之歸結。所謂萬法歸一，講論天道，最終是要落實在人道上。

本段又重複前文，繼續申釋正確處理名實關係的重要意義；尤其是首次提出了「名自命也，物自正也，事自定也」的界說。名實不副是為逆，是為下；名實相副是為順，是為上；「名自命、物自正、事自定」是為大順，是為上上。準擬《四經》理想國的排列位次，此則是其下、其次、太上也。「無名」者，則是太下也。

以後的名實家等各派，紛紛發揮其「名自」、「物自」、「事自」的界說，最終演繹出「君無事，臣有為」的理論構架。事實上，二者也許有著本質的區別。前者以有為為手段、無事為最終之理想；而後者則是以無事為手段、無不為為目的。我們這樣持論的根據，在本篇中即可找到，那便是「名實相應」……「名自、物自、事自」的排列次序。這是一目了然的。

〈亡論〉第七

【內容提要】本篇從國家政策、君主德行的角度論證了導致國家危亡的數種因素，這即是犯禁絕理、六危、三壅、三不辜、三凶、五患。

犯禁絕理、六危、三壅是就一個國家的方針政策而言，三不辜、三凶、五患是就君主的德行而言。這六個方面綜括起來，主要講的是在處理國家與國家之間、君主與親族之間、君主與大臣之間的關係如果有失誤，國家就會陷於危亡的困境。而這決定危亡的眾多因素的內在原因，還是在於人們對於權與利的追逐趨騖。

在閱讀本篇時，可與〈六分〉參讀。

凡犯禁絕理㈠，天誅必至㈡。一國而服（備）六危者滅㈢。一國而服（備）三不辜者死㈣，廢令者亡㈤。一國之君而服（備）三壅者㈥，亡地更君㊆。一國而服（備）三凶者㊇，禍反〔自〕及也。上洫（溢）者死，下洫（溢）者刑㊈。德溥（薄）而功厚者隋（隳）㊉，名禁而不王者死⑪。抹（昧）利⑫，襦傳⑬，達刑⑭，為亂首⑮，為怨媒⑯，此五者⑰，禍皆反自及也。

【註釋】㊀犯禁絕理：「犯禁」，觸犯禁令，指做了禁止做的事情。具體是指下文的「國受兵而不知固守，下邪恒以地界為私者□，救人而弗能存」。「絕」，滅絕，拋棄。「理」，天理。「絕理」，違反天理。具體是指下文的「聲華實寡……夏起大土功」。㊁天誅：即天罰，上天的懲罰。《越絕書・越絕外傳記范伯》：「敗人之成天誅行」。《書・泰誓下》：「恭行天罰」。㊂六危：六種悖逆的現象所形成的六種危險、危害。具體內容見下文。按：此六危可與〈六分〉篇中的「六逆」相互參讀。㊃三不辜：「辜」，罪。「三不辜」，指三種無罪的人受刑被殺。具體內容見下文。㊄廢令者亡：「廢令」，廢弛法令。按：此句是補充說明「三不辜」的，因為「廢令」，所以出現「三不辜」。《呂氏春秋・先識覽》「不用法式，殺三不辜」正是這個意思。㊅一國之君而服（備）三壅者：「壅」，壅塞不通。「三壅」見下文。按：「之君」二字疑當下移，說見下。《史記・秦始皇本紀》：「先王知壅蔽之傷國也，故置卿大夫士，以飾法設刑，而天下治。」⑦更君：更換君主。⑧一國而備三凶者：「凶」，惡。「三凶」，三種惡德。「三凶」內容見下文。按：疑此句當作「一國之君而備三凶者」。上文「一國之君而備三壅」中的「之君」當下移至此。二者倒錯，造成上衍下脫的現象。「三壅」就國家而說，因此結果是「亡地更君」；「三凶」就個人而言，因此結果是「禍反自及」。《國語・越語下》：「夫勇者逆德也，兵者兇器也，爭者事之末也。陰謀逆德，好用兇器，始於人者人之所卒也」，正說明「三凶」確是就個人而言。⑨上洫（溢）者死，下洫（溢）者刑：「上」，指君主。「下」，指官吏。「溢」，驕溢、驕奢。《十大經・前道》：「驕溢好爭……危於死亡。」《荀子・榮辱》：「憍泄（驕溢）者，人之殃也。」⑩德薄而功厚者隳：「德」，文德、文治（陽）。「功」，武刃、武德、武功（陰）。「隳」，毀壞。「德薄而功厚者隳」與〈四度〉篇的「用二文一武者王」正相反為文。蓋「薄」謂「一」、「厚」謂「二」也。《管子・樞言》所謂「以一陽二陰者削」即此也。⑪名禁而不王者死：「名」謂名號，各種名分等級制度。「禁」謂禁令，各種法令條文。「而」，如，如果。「王」讀為「匡」，正也（《春秋繁露・深察名號》：「王者，匡也」。《法言・先知》：「四國是王」，注：「王，匡也」）。⑫味利：貪利（《左傳・襄公二十六年》：「楚王是故味於一來」，杜預注：「味，猶貪冒也。」《漢書・匈奴傳贊》集注：

「昧，貪也」）。此處的「利」，主要指別國的土地、資財。㊂襦傳：馬王堆漢墓帛書整理小組認為「襦」即「繻」，「繻傳」謂符信憑證，在此處比喻輕棄信約。按：既然「襦傳」為符信憑證，就不當反釋為「輕棄信約」。按：後文說「約而倍（背）之，謂之襦傳」。《十大經・觀》說：「不達天刑，不襦不傳」。本文「襦傳，達刑」並列，《四度》說：「倍（背）約則窘，達刑則傷」。據此可知，「襦傳」是就伐國而講，指背棄盟約。因此，疑「襦傳」讀為「渝轉」。「渝」，謂改變，「轉」謂反覆。「渝轉」就是改變主意，反覆其心，故謂之「背約」。試舉數證以明之。《方言・四》注：「襦，字亦作褕」。《左傳・桓公六年》「申褕」，《公羊傳》、《穀梁傳》均作「申褕」、《管子・大匡》作「申俞」。《爾雅・釋言》〈釋文〉云：「渝，捨人本作襦」。是為「襦」讀為「渝」之證。又，《左傳・襄公二十六年》〈釋文〉云：「傳，一本作轉」。《呂氏春秋・必己》高誘注：「傳，猶轉」。《淮南子・氾論》注：「轉，讀傳譯之傳也」。是為「傳」讀為「轉」之證。「渝」是改易、改變之義，《文選・西京賦》薛綜注：「渝，易也」。《穀梁傳・隱公元年》：「其盟渝也」，陸德明《釋文》云：「渝，變也」。「渝盟」一詞，於《春秋》三傳中屢見，如《左傳・僖公二十八年》「有渝此盟」、《穀梁傳・定公十一年》「渝盟，惡也」、《左傳・桓公元年》「渝盟無享國」等等。此為「渝」字之義。《左傳・昭公十九年》注：「轉，遷徙也」。《詩・祈父》鄭箋：「轉，移也」。《後漢書・王允傳》注：「轉側，猶去來也」。輾轉變化、反覆無常，故易輕棄，因此引申亦有「棄」義，如《淮南子・主術》注：「轉，棄也」。見異思遷，中途改轍，輕易棄約背盟，常因圖於利也，《史記・仲尼弟子列傳》索隱：「轉化，謂隨時轉貨以殖其資」，正是恰喻。總之，「轉」謂心志不堅，《詩・邶風・柏舟》：「我心匪石，不可轉也」，鄭玄箋：「言己心志堅過於石」，孔疏：「我心堅不可轉也」。此為「轉」字之義。春秋戰國時，君主之善「渝」易「轉」者多矣，楚懷王等即是。「渝轉」者，或因圖於利，或因心志不堅，失於果決，故《十大經・觀》云：「不襦不傳。當天時，與之皆斷，當斷不斷，反受其亂。」正此之謂也。⑭達刑：不合於天刑，不恭行天罰。意即不能很好地執行上天的旨意對有罪的國家進行懲罰征討。詳見〈四度〉篇第四段注⑨。⑮為亂首：充當禍亂的肇始者。⑯為怨媒：充當引起怨恨的媒介。⑰五者：即昧利、襦傳、達刑、為亂者、為怨媒。

【今譯】 凡是做了不該做的事情、違反了天理的人或國家，必然受到上天的懲罰。一個國家具備了因六種悖逆的現象而形成的六種危險和危害，這個國家就會滅亡。一個國家出現了肆意懲罰殺戮三種無罪的人的情形，這個國家就會瀕於死地，這是因為廢弛法令的國家必然滅亡無疑。一個國家出現了三個方面都壅塞不通的情況，就會喪失國土，更換君主。一個國家的君主具有三種惡德的話，就會自己招來禍殃。君主驕溢，必被戮而死；臣下驕奢，必有就刑之殃。只重武功而輕視文德的國家會受到極大的損害，各種等級制度和法令條文不能正定的話會導致國家滅亡。覬覦貪圖別國的土地資財，輕易地改變主意背棄盟約，不恭行天意對有罪之國予以懲罰征討，扮演禍亂的肇始者，充當引起怨恨的媒介，上述五種情況，都是自取禍患的做法。

【闡述】 本段為全篇之緒論或提要。總論「犯禁絕理」、「六危」、「三不辜」、「三壅」、「三凶」、「五患」等的危害，以下幾段則分論之。

這裏有一個重要的問題需要提出，這即是〈六分〉中的「六逆」在本篇又重複出現，表述為「六危」，內容大同小異。所異者，又增入了「父兄」（包括「子弟」）。可見《四經》作者認為統治者應把治理自己家族內部的矛盾放在極為重要的位置上；也可見「父兄黨以儹」、「上殺父兄，下走子弟」的統治者家族內部的內戧之事在當時是時常發生的，齊之公子糾與小白之事即是。〈六分〉之「六逆」、本篇之「六危」都置「嫡子父」於首位，而「上殺父兄，下走子弟」亦視為「亂首」，可見作者的憂慮之深。《稱》說「內亂不至，外客乃卻」正是這個道理。

守國而侍（恃）其地險者削㈠，用國而侍（恃）其強者弱㈡。興

兵失理，所伐不當，天降二殃㊂。逆節不成，是胃（謂）得天㊃。逆節果成，天將不盈其命而重其刑㊄。贏極必靜，動舉必正㊅。贏極而不靜，是胃（謂）失天。動舉而不正，〔是〕胃（謂）後命㊆。大殺服民，僇（戮）降人，刑無罪㊇，過（禍）皆反自及也。所伐當罪，其禍五之；所伐不當，其禍什之㊈。

【註釋】 ㊀守國而恃其地險者削：「守國」，防守的國家。「恃」，依仗。《稱》：「恃其城郭之固，怙其勇力之禦，是謂身薄，身薄則忒，以守不固，以戰不勝」，正此之謂。《左傳・昭公四年》：「恃險與馬而虞鄰國之難，是三殆也」。《孟子・公孫丑下》：「域民不以封疆之界，固國不以山谿之險，威天下不以兵革之利。」㊁用國而恃其強者弱：「用國」，用兵之國。㊂所伐不當，天降二殃：「不當」，即並非當罪。「當罪」，指天道（天當）規定理應受懲罰的國家。則「不當」，指並非天道所欲懲罰的國家。「二殃」，殃上加殃，即大殃、重殃，大禍。㊃逆節不成，是謂得天：「逆節」，違反天道的行為。《十大經・行守》：「逆節萌生，其誰肯當之」、〈前道〉：「不擅作事，以待逆節所窮」、《國語・越語下》、《管子・勢》：「逆節萌生」。「得天」，得到天助。㊄逆節果成，天將不盈其命而重其刑：「果」，確實（《淮南子・道應》注：「果，誠也」）。「不盈其命」，即不滿其命，指國家的命數不長。「重其刑」，重重地懲罰它。㈥贏極必靜，動舉必正：「贏」同「盈」（《四經》「贏」、「盈」混用不別），滿。「盈極」，事物發展到了極點。「動舉」，指動靜進退。「正」，適度。這是說：當事物運行到極點時，人們就必須安靜下來，動靜進退都必須符合適度。《易・乾卦》：「上九，亢龍有悔」，文言說：「亢龍有悔，與時偕極……亢之為言也，知進而不知退，知存而不知亡，知得而不知喪。其唯聖人乎，知進退存亡而不失其正者。」「贏極必靜，動舉必正」即是「與時偕極」、「知進退而不失其正」。㈦後命：「後」，不及，達不到。「後命」，不合天命。㈧大殺服民，戮降人，刑無罪：按：此當即下面的「三不辜」文。下文云：「三不辜：一曰妄殺賢，二曰殺服民，三曰刑無罪。」「降人」與「服民」義複，故疑為「賢人」之聲誤。「賢」、「降」同為匣紐之字，聲讀相近。㈨所伐當罪，其禍五之；所伐不當，其禍什之：注家據《說苑・談叢》：「所伐而當，其福五之；所伐不當，其禍什之」之文，認為此處的「其禍五之」當作「其福五之」。所校甚是。這是說，討伐征敵如果符合天道，就會得到五倍的福祥；討伐出征如果不符合天道，就會受到十倍禍患的懲罰。〈四度〉說：「誅〔禁〕時當謂之武……武則強……強則威行。」〈國次〉：「誅禁不當，反受其殃」、「禁伐當罪當亡，必墟其國。兼之而勿擅，是謂天功」說的都是這個意思。

【今譯】　防守一方如果僅僅憑藉地勢險要、城郭牢固，勢必有被侵削地之危，進攻一方倘使完全依仗軍事上的強大必定會由強變弱。出兵不講事理，征伐不合天道，上天就會降下大禍。舉動不違天道，就會得到天助。舉動確實違反了天道，國家的命數也就不長了，還會受到上天的重重懲罰。當事物運行變化到極點時，人們就必須安靜下來，動靜進退都必須符合適度。而事物已發展到極點人們卻仍不能靜息下來，這就會失去天助。動靜進退不合適度，這是違背天命的。人已歸降還要殺戮，人有賢德反被殺害，人無罪過卻施刑罰，上述作法，都是自己取禍。討伐征敵如果符合天道，就會得到五倍的福祥；討伐出征如果不符合天道，就會受到十倍禍患的懲罰。

【闡述】　本段是前後文的過渡，起銜接的作用，旨在說明上文提到的及下文將詳論的犯禁絕理、六危、三不辜、三壅、三凶及五患都與天道有關。

本段提出了一個重要命題，那就是「所伐當罪，其禍〈福〉五之；所伐不當，其禍什之」。注家據《說苑》訂「其禍五之」為「其福五之」之誤，這是對的。而有人則認為訂「禍」為「福」字之論是大失黃學之旨，並說「其禍五之」反映了黃老主張「禁攻寢兵」的思想。按：此說不確。

據我們粗略統計，《四經》一半以上的內容是談「誅禁」、守戰的。這正與古人所謂「國之大事，在祀與戎」相合（《四經》不言「祀」）。談誅禁征伐，無外乎兩個方面，一個是「誅禁時當」，一個是「誅禁不當」。當則有福，不當則有禍。區分的標準，一目了然，那就是是否符合天道。「誅禁時當」，「是謂天功」；「誅禁不當，反受其殃」（〈四度〉、〈國次〉）、「功合於天，名乃大成」；「功不及天，退而無名」（〈論約〉），這些與「所伐當罪，其福五之；所伐不當，其禍什之」的內容與思想是完全一致的。「禍」為「福」字之抄訛，乃不刊之論。

《四經》以誅禁為手段，寢兵為目的。誅禁為動、為武、為有為，寢兵為靜、為文、為無為。以有為來實現無為，是《四經》黃老思想的主旨。以有為為手段，以無為為最終目的，使《四經》黃老思想明顯地與老子道家思想區別開（老子無為思想的本色是以「無為而無不為」來表述的）。而以寢兵為最高宗旨，又使《四經》黃老思想明顯地區別於「兵戰力爭」的後世法家思想。

有一點必須注意，那就是「五之」與「什之」在數量上的區別。我們認為，這反映了《四經》在誅禁問題上的兩點思想。第一，它要求在誅禁問題上，要採取審慎的態度，要縝密地揆度天時、地利、人事。第二，參證上文「德薄而功厚者隳」，則「五之」、「什之」的差異是旨在進一步申明「用二文一武者王」的思想。

國受兵而不知固守㈠，下邪恒以地界為私者□㈡。救人而弗能存，反為禍門㈢。是胃（謂）危根㈣。聲華實寡㈤，危國亡土。夏起大土功㈥，命曰絕理。犯禁絕理，天誅必至。六危：一曰適（嫡）子父。二曰大臣主。三曰謀臣〔外〕其志㈦。四曰聽諸侯之廢置㈧。五曰左右比周以雍（壅）塞㈨。六曰父兄黨以儹㈩。〔六〕危不朕（勝）(十一)，禍及於身。〔三〕不辜：一曰妄殺賢(十二)。二曰殺服民。三曰刑無罪。此三不辜(十三)。

【註釋】㈠國受兵而不知固守：「受兵」，受到侵犯。「固守」，堅固其防守。㈡下邪恒以地界為私者□：上句說國家受到侵犯而君主不知積極堅固其防守，此句則指「屬下」，屬下在遇到侵犯時的所作所為。「邪恒」蓋即斜橫，謂橫豎劃界，據為私有。則缺字似為「有」字。「守」為幽部字，「有」為之部字。幽、之合韻。又解：「邪恒」謂隨意劃分管片，畫地為牢，但求自保，則缺字可補為「保」字。保、守，同為幽部字。㈢救人而弗能存，反為禍門：這是說援救他國卻不能使之免於危難，反而給自己招來禍患。㊃是謂危根：上述三種情況是使國家招致危險的根源。按：以上說「犯禁」，疑「危根」為「犯禁」之誤。下文「犯禁絕理」正承「是謂犯禁」、「命曰絕理」而言，「天誅必至」是總論「犯禁」與「絕理」的嚴重惡果。「禁」為侵部字，「存」、「門」為文部字，侵、文合韻。㊄聲華實寡：聲勢很大卻沒有實力。所謂外強中乾。此就一個國家而言。名實相副，方是合「理」。揣其文，似指不具實力反而虛張聲勢地去進攻別國，所以說「危國亡土」。上文言「守」，此言「攻」。㊅夏起大土功：夏季是農忙季節，卻廣徵徭役大興土木，故曰「絕理」。此謂「動靜不時」也。《禮記・月令》：「孟夏之月……毋起土功……季夏之月……不可以興土功。」按：以上二事說「絕理」。㊆三曰謀臣〔外〕其志：「外」字原缺，今補（有的注家補為「離」）。〈六分〉在論「六逆」時說「嫡子父……羣臣離志（一逆）；大臣主（二逆）；謀臣在外位（三逆）」。「羣臣離志」包含在第一逆中，是第一逆「嫡子父」造成的結果，是此文不當補「離」字。「謀臣〔外〕其志」與「謀臣在外位」同義；而帛書《繆和》說「羣臣虛位，皆有外志」，故知此處當補「外」字，且「謀臣在外位」與「謀臣外其志」意思一樣，都是指謀臣有外心。此即《稱》所說的「臣有兩位者，其國必危」。㊇聽諸侯之廢置：按：此有二解。一是就諸侯而言，則本句可譯為：本國君主和官吏的任免聽任其他諸侯的意願。弱小國家即是如此。二是就天子而言，則本句可譯為：位為天子卻聽任諸侯的任免。東周即是如此。⑨左右比周以壅塞：「左右」指羣臣。「比周」，相互勾結，結黨營私。即〈國次〉所說的「黨別」（《論語・為政》將「比周」分言，謂「君子周而不比，小人比而不周」，此合言）。《荀子・臣道》：「朋黨比周，以環主圖私為務。」《韓非子・孤憤》：「朋黨比周以蔽主。」帛書《繆和》：「（羣臣）比〔周〕相譽以奪君明。」《繆和》此句與〈孤憤〉很接近，二者寫作時代可能極近。⑩六曰父兄黨以儹：「父兄」，具體指君主的伯叔、兄弟等，泛指君主家族內部的各種親屬。「黨」，結黨，指各自擴展自己的勢力。「儹」，「佛」的或體，讀為「拂」，違戾，違抗，指違抗君主。《戰國策・秦策四》注：「父兄，謂公族。」《韓非子・八奸》：「何謂父兄？曰：側室公子，人主之所親愛也。」按：〈六分〉的「六逆」中，「主兩，男女分威」被列為第六逆，而本文「六危」則將「父兄黨以儹」列為第六危。男女、父兄、子弟都是在討論君主家族中的事。「嫡子父」、「父兄黨以儹」是逆、是危，而「上殺父兄，下走子弟」則是「亂首」。可見，雙方都要守道循理，作者不偏袒任何一方。⑪〔六〕危不勝：注家以為「危」上脫「六」字，是也，今據補。「勝」，克服。⑫妄殺賢：「殺」上原衍一「殺」字，今刪。⑬三不辜：《呂覽・先識》：「妲己為政，賞罰無方。不用法式，殺三不辜。」《左傳・昭公二十七年》：「今又殺三不辜，以興大謗。」

【今譯】　國家受到侵犯，君主不專心於如何堅固防守，屬下也祇知隨意劃分管界但求自保。援救他國卻不能使之免於危難，反而給自己招來禍患。上述三種情況是使國家招致危險的根源。不具實力反而虛張聲勢地去進攻別國，結果是國家危險，土地喪失。農忙季節卻大興土木，這是違背天理農令的。做了不該做的事情，違反了天理，必然會受到上天的懲罰的。所謂「六危」：一是太子行使君父的權力。二是大臣行使君主的權力。三是謀臣懷有外心。四是本國君主和官吏的任免聽任諸侯的意願。五是羣臣勾結蒙蔽君主。六是君主的伯叔兄弟各自結黨，擴展勢力，以違抗君命。上述國家存在的六種危險因素不能克服，必然會自取其禍的。所謂「三不辜」：一是肆意殺害賢良，二是殺戮已經歸降的人，三是對無罪之人濫施刑罰，這即是「三不辜」。

【闡述】　本段論「犯禁絕理」、「六危」、「三不辜」。「犯禁絕理」是論守國、救國、攻國之禁忌。「六危」論族黨（子、父兄）、論臣下、論諸侯。「三不辜」論刑殺。以上諸事、諸關係處理不好，其結果便是「亡」。

三壅：內立（位）朕（勝）胃（謂）之塞㈠，外立（位）朕（勝）胃（謂）之僨㈡；外內皆朕（勝）則君孤直（特）㈢。以此有國，

守不固，單（戰）不克，此胃（謂）一雍（壅）㊃。從中令外〔謂之〕惑，從外令中謂之〔賊〕㊄。外內遂諍（爭）㊅，則危都國。此謂二雍（壅）㊆。一人擅主，命曰蔽光㊇。從中外周㊈，此胃（謂）重雍（壅）㊉。外內為一，國乃更⑪。此謂三雍（壅）⑫。三凶：一曰好凶器⑬。二曰行逆德⑭。三曰縱心欲⑮。此胃（謂）〔三凶〕⑯。

【註釋】㊀內位勝謂之塞：「內位」，即內主，指后妃（《釋名・釋親屬》：「卿之妃曰內子。」《左傳・昭公三年》：「君有辱命，惠莫大焉，若惠顧敝邑，撫有晉國，賜之內主，豈惟寡君，舉羣臣實受其貺。」）。「勝」，同「盛」，過分（《素問・逆調論》注：「勝者，盛也」。《禮記・樂記》：「樂勝則流」，疏：「勝，猶過也」）。「內位盛」，是說后妃的權力過大。「塞」，閉塞不通（《管子・明法》：「下情不上通謂之塞」）。又按：「內位」似指外戚勢力。下文「一人擅主」、「外內為一」，「一人」即指后妃，「內」則指以后妃為代表的外戚勢力。㊁外位勝謂之僨：「外位」，指大臣。「僨」，讀為「拂」，逆上。《管子・君臣上》：「下及上之事謂之勝」。㊂外內皆勝則君孤直（特）：「直」通「特」。「孤特」，勢單力薄。㊃一壅：此「一壅」說后妃與大臣分別專權。㊄從中令外〔謂之〕惑，從外令中謂之〔賊〕：「中外」猶「內外」。「中（內）」謂中央，「外」謂地方。這二句是說借中央的名義來命令地方就會使地方迷惑，以地方勢力來挾制中央就稱為亂臣賊子。《史記・李斯傳》：「且夫從外制中謂之惑，從下制上謂之賊。」「從中令外」，挾天子以令諸侯也；「從外令中」，下制上，地方割據也。㊅外內遂爭：「內」猶上文之「中」。「遂」，注家以為「逐」字之訛。「逐爭」，爭權奪利。㊆此謂二壅：「二壅」說地方與中央爭權。㊇一人擅主，命曰蔽光：「擅」上原衍「主」字，今刪。「一人」當指后妃。「擅主」，控制君主。「蔽光」，指遮蔽、蒙蔽君主。《韓非子・內儲說上》：「夫日兼燭天下，一物不能當也。人君兼燭一國，一人不能壅也。故將見人主者夢見日。夫竈人煬焉，則後人無從見矣」。竈人主廚內事，后妃總主內事，則「一人」之喻后妃明矣。按：后妃擅主之事史載甚多，因此關於「女禍」的記載也層出不窮。而此種現象，又多發生在「小皇帝」當政的情況下。㊈從中外周：「周」，禁錮、封鎖。「中外」即下文的「外內」。「中（內）」，指后妃及以后妃為首的外戚勢力。「外」，朝官、權臣。這是說后妃為首的外戚勢力以及朝官勢力兩方面對君主實行封鎖。㊉重壅：大壅，嚴重的壅蔽。⑪外內為一，國乃更：權臣勢力與后妃為首的外戚勢力勾結在一起，國家就要更換君主了。王莽、元后、孺子嬰即是其事。⑫此謂三壅：「三壅」說后妃與權臣合謀專權。按：「三壅」補充說明「六危」。

㊂好凶器：好用兵、好發動戰爭。此謂「兵戰力爭」、窮兵黷武。《史記》所謂「先王耀德不觀兵」正與此相反。按：「好凶器」與「殺服民」相關合。㊃行逆德：違背天道而倒行逆施。「妄殺賢」即是。㊄縱心欲：隨心所欲，置法律於不顧。「刑無罪」即此。《國語》、《文子》等有與此相近之論述。《國語・越語下》：「夫勇者，逆德也；兵者，兇器也；爭者，事之末也。陰謀逆德，好用兇器，始於人者人之所卒也。」《文子・下德》：「陰謀逆德，好用兇器，治人之亂，逆之至也。」《鶡冠子・近迭》：「是故不殺降人。」㊅此謂〔三凶〕：按：「三凶」是補充說明「三不幸」的，說明「三不幸」的原因的。

【今譯】以后妃為代表的外戚勢力權力過大，這就叫閉塞不通。朝官的權威過大就稱為逆上；外戚勢力和朝官的權威都過於強大，君主就會勢單力薄。在這種情況下統治國家，防守不會牢固，攻戰不會取勝。這就是「一壅」。外戚權臣們假藉中央的名義來命令地方就會使地方迷惑，以地方勢力來挾制中央就稱為亂臣賊子。地方與中央分爭權力，國家就會受到危害。這就是「二壅」。后妃一人控制君主，就比喻為遮蔽日光。后妃為首的外戚勢力以及朝官勢力兩方面對君主實行封鎖，這就形成了嚴重的壅蔽態勢。一旦權臣勢力與后妃為首的外戚勢力勾結在一起，沆瀣一氣，那麼國家也就要更換君主了。這即是「三壅」。所謂「三凶」：一是恃勇好戰，專嗜殺伐。二是倒行逆施，妄殺賢良。三是無視法紀隨心所欲。這便是「三凶」。

【闡述】 本段論「三壅」和「三凶」。

「三壅」論三事，即后妃代表的外戚勢力及大臣各自專權、地方與中央爭權、外戚與權臣合共專權。這顯然是在補充說明「六危」，論證「六危」的幾種變異組合情況。

「三凶」論三事，即好凶器、行逆德、縱心欲。好凶器則嗜殺成性，戮服民者。行逆德則倒行逆施，殺賢良者。縱心欲則以私意代法，刑無罪者。這顯然是在補充說明「三不辜」，論證「三不辜」產生的原因。

三壅者，代不乏之。漢代之竇氏集團及元后、王莽、孺子嬰等即是。三凶者，自可上溯至萇弘、比干之類。

小皇帝臨朝，后妃擅政，外戚行威，大臣專權，地方割據，這是歷史上屢見不鮮的。故《四經》於〈亡論〉中特為警示。

「三壅」論，旨在強調要加強中央集權，而「三凶」論，旨在強調道、法的重要性。殺服民、戮賢人是為逆天，刑無罪是為棄法。

〔昧〕天〔下之〕利，受天下之患；抹（昧）一國之利者，受一國之禍㊀。約而倍之，胃（謂）之襦傳㊁。伐當罪，見利而反，胃（謂）之達刑㊂。上殺父兄，下走子弟㊃，胃（謂）之亂首。外約不信，胃（謂）之怨媒㊄。有國將亡，當〔罪復〕昌㊅。

【註釋】㊀昧天下之利，受天下之患；昧一國之利者，受一國之禍：此說五患之一的「昧利」。是為「一患」。「昧天下之利，受天下之患」，此就天子而言，周厲王等是也。「昧一國之利者，受一國之禍」，此就諸侯而言，晉靈公等是也。《稱》云：「天子之地方千里，諸侯百里」，排列次序是一樣的。㊁約而倍之，謂之襦傳（渝轉）：與他國簽訂了盟約卻中途背叛了人家，這就稱為「渝轉」。此為「二患」。《藝文類聚》六引漢李尤《函谷關賦》：「察言服以有譏，捐襦傳而弗論」。《荀子・解蔽》：「故以貪鄙背叛爭權而不危辱滅亡者，自古及今，未嘗有之也」。貪鄙、背叛連言與此昧利、渝轉連言相同。㊂伐當罪，見利而反，謂之達刑：「反」同「返」，中道而返。蓋謂貪受當罪之國賄賂之利（或為錢帛，或為土地）而中途退出盟國，不與共伐有罪之國也。楚懷王之貪秦所許商淤之地二百里而背棄與齊國之盟即其一證。此為「三患」。㊃上殺父兄，下走子弟：「走」，使動詞，謂使之逃走，義猶今之「趨跑」、「驅趕」。「子弟」與「父兄」相對而言，《左傳・襄公八年》：「非其父兄，即其子弟」，此處父兄、子弟泛指叔伯子侄等君主的直系親屬。「殺父兄」、「走子弟」者，疑其爭權奪位也。則昧利、渝轉、亂首正與《荀子》「貪鄙背叛爭權」相同次第。此為「四患」。㊄外約不信，謂之怨媒：按：前面已經說過「約而倍之」，則此處「外約不信」當與彼異意。且彼謂「渝轉」，此則謂「怨媒」，界定亦自不同。揣其文義，一患為貪一國之利，二患為棄盟國之約，三患不行天罰，四患為迫害親族，此五患當就臣下而言，謂背棄與臣子之約。因此，「外」疑與「外位」之「外」同義，指大臣。「約」謂與大臣所立之盟要、盟約。《左傳・僖公五年》：「勛在王室，藏於盟府」。孔穎達疏：「以勛受封必有盟要（即盟約），其辭當藏於司盟之府也」。在古代，臣子有功者，國君當與之設立盟約，盟約由司盟之官世代保存。立約的內容，是說功臣及功臣的後代子孫將永遠享受國家的特殊待遇等等。君主永遠不可違背此盟約，而《左傳》載晉之伐虢，即是背此盟約的典故（詳見《左傳・僖公五年》傳文及孔疏）。此處說「外約不信」，蓋謂君主與大臣立有盟約卻不守信義，所以說充當了引起怨恨的媒介（「不信」者，蓋指君主未能履行盟約而使功臣或其子孫永享爵祿也）。㊅有國將亡，當〔罪復〕昌：按：「罪復」二字原缺，今補。「有國將亡，當罪復昌」與〈論〉之「有國將昌，當罪先亡」相反為文。「當罪復昌」即〈國次〉的「不盡天極，衰者復昌」之義。〈論〉說順應天道人理、循名責實則本國就會昌盛，敵國就會滅亡。而本文則說如果犯禁絕理，並且國家存在著六危、三不辜、三壅、三凶、五患諸因素時，則本國就會滅亡，本已衰敗了的敵國就會重新昌盛。

【今譯】　貪圖整個天下的財利，就會承受全天下的災患；貪圖一國的財利，就要承受一國的禍患。與別國簽訂了盟約卻中途背叛了人家，這就叫做反覆善變。討伐有罪之國，見到利益便中途而返，退出盟國不再共與討伐，這就叫做不恭行天罰。殺戮迫害自己的親屬，這就叫做肇興禍亂的罪魁。與大臣立有盟約卻不守信義，這就叫做充當引起怨恨的媒介。上述這些，會導致本國滅亡，本已衰敗了的敵國也會因此重新興盛。

【闡述】　本段論述五患，即昧利、襦傳、達刑、亂首、怨媒，而此五患，皆是就國君而言。言國君在處理國家利益、與盟國關係、與親屬關係、與大臣關係等方面的五大過失所形成的五大禍患。這五大患害之淵藪，不外乎「利」之與「權」，也即《荀子・解蔽》所說的「貪鄙」、「爭權」。前三患是言「貪利」，後二患是言爭權（不與功臣兌現永享爵祿的盟約，當亦有爭權之意）。重權好利，亦是惡德。則於此看來，五患亦與「三凶」相關合。合而計之，君之所忌，惡德有五。

〈論約〉第八

【內容提要】本篇扼要論述「道」的合成。

首論天地之道和天地之理。次論建立功名與符合天道度數的關係。再次論名正而分定、分定而後萬舉不失。總之，天道、天理以及對天道天理的取法與再現的人事之理即是「道」的合成大要。所以，本篇把用人理取法天道天理稱之為「有道」。

始於文而卒於武，天地之道也㊀。四時有度，天地之李（理）也。日月星晨（辰）有數，天地之紀也。三時成功，一時刑殺，天地之道也㊁。四時而定，不爽不代（忒），常有法式，〔天地之理也〕㊂。一立一廢，一生一殺，四時代正，冬（終）而復始，人事之理也㊃。

【註釋】㊀始於文而卒於武，天地之道也：按：此二句是雙關天地之道與人道。就天地之道而言，

「文」指春、夏、秋之生養收穫，即下文之「三時成功」；「武」指冬季之凋零肅殺，即下文之「一時刑殺」。三時生養在前，一時肅殺在後，故云「始於文而卒於武」。關合到人事，則人道法天道，開始時用文德教化；頑固不化者，最終要以刑罰治之。此與「武刃而以文隨其後」的伐國之道有異。

㈡三時成功，一時刑殺，天地之道也：按：此複上文，釋「文」、「武」之義。《鶡冠子・泰鴻》：「三時生長，一時殺刑，四時而定，天地盡矣。」《春秋繁露・陰陽義》：「是故天地之道，以三時成生，以一時殺死」。㈢四時而定，不爽不代（忒），常有法式，〔天地之理也〕：按：「時」字原誤重，今刪一「時」字。「天地之理也」五字（帛書整理小組本以為缺三字或為缺四字，疑當缺五字）原缺，今補。其證有二。「三時成功，一時刑殺，天地之道也」乃是重複、申釋前文「始於文而卒於武，天地之道也」；此「四時而定，不爽不忒，常有法式，天地之理也」亦是在重複、申釋前文「四時有度，天地之理也」。此其證一也。「理」為之部字，「忒（代）」、「式」為之部入聲字（職部），三字協韻。其證二。「而」，既，已。「不爽不忒」沒有差錯。《易・豫》「四時不忒」同此。「法式」，規律。㈣一立一廢，一生一殺，四時代正，終而復始，人事之理也：「立」、「生」，謂三時之成功。「廢」、「殺」，謂一時之刑殺。「代」，更迭、交替。「正」，主也，君也。「四時代正」，謂春夏秋冬四季更相為主交替用事。此頗有點五行的味道。「代正」猶《莊子・

徐無鬼》之「時為帝」。吳汝綸《莊子點勘》說：「時為帝，猶云迭為貴重。《淮南子》時為帝者也，高注：時見貴也」。郭慶藩《集釋》說：「時者，更也。帝者，主也。言堇、桔梗、雞廱、豕零，更相為主也」。鄒衍五德終始學說起源於「四時代正」的終而復始，受這規律的啟迪。《四經》關於終而復始的天道、四時的描述著墨甚多，故頗疑鄒衍之五德終始說可能受《四經》或黃老學說的影響。按：「一立一廢，一生一殺」仍承文武、成功刑殺的「天地之道」而言；「四時代正，終而復始」則承「四時有度」、「常有法式」的「天地之理」而言。然人道取法天道、天理，是天道、天理的再現形式，因而「天道+天理=人理」的公式自然可以推導出，這也是此五句中「人事之理也」的繫屬之處。馬王堆帛書整理小組以缺字為「人」，極是。又按：《春秋繁露》中有與此四句很相近的論述，然尤為使人驚異的是，《春秋繁露》的論述更接近《莊子》，這是極值得注意的。《春秋繁露·天道無二》說：「天無常於物而一於時，時之所宜而一為之。故開一塞一，起一廢一，至畢時而止，終有復始為一」。再看《莊子·則陽》：「陰陽相照，相治相害（俞樾讀「蓋」為「害」，筆者據偶句例及協韻規則將「治」移於「害」上）；四時相代，相生相殺……窮則反，終則始……不隨其所廢，不原其所起……」。《淮南子·兵略》也有近似之論：「若春秋有代謝，若日月有晝夜，終而復始，明而復晦」。

【今譯】 始於生育長養而終於肅殺，這是天地的自然規律。四時的更迭運行自有一定的規則，這是天地自身的道理。日月星辰自有定位和行運的固有軌道、週期，這是天地本有的綱紀。所謂天地之道，即是春夏秋三季的生長收穫和冬季的枯萎凋謝。所謂天地之理，即是四時的交替運轉既已確定，便永無差錯，常有定則。有生長就有凋謝，有繁榮就有枯萎，四季交相行事，終而復始，這即是天道天理，人類社會的運轉法則即是這天道天理的取法和再現。

【闡述】 本段論述天地之道和天地之理，並指出人事之理即是對天道、天理的取法和再現。「人事之理也」起承上啟下之作用，既點醒主題，同時興起下面關於人事取法天道、天理之議論。本段極值得注意的是關於四時的交替變化不用「四時相代」（《莊子・則陽》）、「四時代序」（《楚辭・離騷》）、「四時代禦」（《荀子・天論》）、「四時代謝」（《淮南子・兵略》）等來表述，而是用「四時代正」這個具有五行說味道的術語來表述，而這又與《莊子》的「時為帝」的語勢很接近。似乎這一點值得研究。

逆順是守㊀，功洫（溢）於天，故有死刑㊁。功不及天，退而無名㊂；功合於天，名乃大成㊃。人事之理也㊄。順則生，理則成，逆

則死㈥，失〔則無〕名㈦。伓（倍）天之道，國乃無主㈧。無主之國，逆順相功（攻）㈨。伐本隋（隳）功㈩，亂生國亡。為若得天，亡地更君(一一)。不循天常(一二)，不節民力，周遷而無功(一三)。養死伐生，命曰逆成(一四)。不有人戮，必有天刑(一五)。逆節始生，慎毋〔諶〕正，皮（彼）且自氐（抵）其刑(一六)。

【註釋】㈠逆順是守：即下文的「逆順有位」，指是違逆天道人理還是順應天道人理都要有嚴格的區分界線。與此相反的，便是下文的「逆順相攻」。㈡功溢於天，故有死刑：「功」，舉動行事（《詩・七月》毛傳：「功，事也」）。「溢」，超過。「功溢於天」是說人們的舉動行事超過了天道規定的度數（天即「天極」、「天當」）。此二句與〈國次〉的「過極失當，天將降殃」、「功成而不止，身危有殃」、〈名理〉的「動於度之外而欲成功者也，功必不成，禍必反自及也」為同義語。以下四句，亦皆是言「度」，是承前文所給定的「度」、「數」而言（「四時有度」、「日月星辰有數」）。㈢功不及天，退而無名：「退」，歸結，最終（《廣雅・釋詁》：「退，歸也」）。「名」，功名。「功不及天」者，〈國次〉所謂「不盡天極」也；「退而無名」者，〈名理〉所謂

「卒於無名」也。㊃功合於天，名乃大成：此與〈國次〉的「盡天極」、「用天當」故而「功成」的說法是一樣的。㊄人事之理也：這便是取法天道的社會規律。按：此句屬上。㊅順則生，理則成，逆則死：「理」，恰相吻合（《荀子・禮論》注：「理，謂合宜」。《荀子・仲尼》注：「理，謂不失其道」）。此「逆」、「順」即上文之「逆順」。㊆失〔則無〕名：「失」謂失去天道人理，迷失了天道人理。「逆」謂忤逆，言其有意識也，故言「死」；「失」謂迷失，言其無意識也，故言「無名」。其因有異，其果亦別。二者程度顯然是不同的。「順」、「理」亦自有異。「順」言有意順應，故云「生」；「理」言無意而合，故言「成」。「則無」二字原缺，今補。「理則成」與「名乃大成」、「逆則死」與「故有死刑」、「失則無名」與「退而無名」在語勢上是相承接的。㊇伓〔倍〕天之道，國乃無主：「倍」通「背」。「主」謂根本、支柱。下文「伐本」承此而言。㊈逆順相攻：「相攻」猶混亂，言逆順標準混亂。⑩伐本隳功：破壞根本毀壞事功。無主故本伐，逆順標準混亂，故功隳。⑪為若得天，亡地更君：「為若」，如果。「得天」與「亡地更君」意乖，故疑「得天」為「失天」之誤。前後文均論「逆」、「順」，此正當作「失天」，〈四度〉所謂「逆則失天」是也。此承上「無主」、「伐本」而言，失去天佑，是「無主」、「伐本」的必然結果。⑫不循天常：「天常」，天道，天理，指自然規律。按：「天常」與「天當」意思接近。「天常」強調其恒定，「天當」強調其度數。㊂周遷：進退動靜。㊃養死伐生，命曰逆成：「成」，固定，常規。按：「養生伐死」或「養死伐生」在《四經》中多次出現。有時意思很具體，有時則很寬泛，當隨文釋之。此處前後文均說「逆」、「順」二事，故「死」即是「逆」，指不合道理；「生」即是「順」，指合於道理（〈論〉：「逆之所在謂之死國，死國伐之……順之所在謂之生國，生國養之」、「天道逆矣」、「內理逆矣」）。「養死伐生」是指不能正確對待合理與不合理的事物。㊄不有人戮，必有天刑：會受到天災或人禍的懲罰。《鶡冠子・天則》：「非其天誅，逆夫人戮」本此。㊅逆節始生，慎毋〔諶〕正，彼且自抵其刑：按：「諶」字原缺，今據《十大經・果童》「不諶則不可正」之「諶」、「正」連言例補。「諶」讀為「戡」，伐也（《史記・殷本紀》：「及西伯伐飢國」，張守節正義說：「飢國即黎國……《尚書》：西伯戡黎」。是「戡」亦有「伐」義）。「戡正」，謂誅討矯正。「彼」，指代「逆節」。「且」，將會。「抵」，當。「其刑」，指天刑。「自抵其刑」，謂自然受到上天的懲罰。按：「始生」是說逆節正值勢盛，故云「慎毋戡正」。〈國次〉「人強勝天，慎避勿當」即此之謂也。《十大經・行守》「逆節萌生，其誰肯當之」，亦是此義。〈順道〉「不擅作事，以待逆節所窮」正釋此「慎毋戡正，彼且自抵其刑」之意。《管子・勢》：「逆節萌生，天地未刑，先為之政，其事乃不成，繆受其刑」亦本此。

【今譯】　是違逆天道人理還是順應天道人理都要有嚴格的區分界線。如果舉動行事超過了天道規定的度數，便有敗亡之禍。舉動行事達不到天道規定的度數，結果是不會有功績。祇有當人們的行為恰與天道規定的度數相吻合時，纔能成就大功。這便是取法自然的人類法則。順應天道便得以生存，吻合天道方能成就功業，違逆天道便會敗亡，迷失天道則一事無成。如果背逆了天道，國家便失去了根本。失去了根本的國家，就會出現逆、順標準的混亂。根本遭破損，事功被毀壞，那麼就會天下大亂、國家滅亡。一旦失去了天佑，就會喪失國土、更換君主。不遵循天道，不節約民力，其結果便是一切行事均無所獲。錯誤地對待合理與不合理的事物，就稱之為違反常規。這就必然會受到天災或者人禍的懲罰。悖逆的行為或事物氣勢方剛時，切勿去誅討矯正它，它將自然受到上天的懲罰。

【闡述】　本段談天道、談度數、談逆順、談功名、談逆節。

綜合本段之論述為一公式，那即是建立功名——順合天道——符合天道的度數。

對「逆節」的態度，仍是要求取法於天道。「極而反」、「盛而衰」，天道如此，「逆節」亦如此，靜候天道懲罰，實亦候其自罰也。然這決非消極無為，而是避其鋒芒，以靜制動。靜俟時機，察其微，審其變，以最終戡正之。「不戡則不可正」、「與天俱行」、「與天俱現」都說明了其中的底蘊。

故執道者之觀於天下也，必審觀事之所始起㈠，審其刑（形）名。刑（形）名已定，逆順有立（位）㈡，死生有分，存亡興壞有處，然後參之於天地之恒道㈢，乃定禍福死生存亡興壞之所在。是故萬舉不失理，論天下無遺策㈣。故能立天子㈤，置三公㈥，而天下化之㈦。之胃（謂）有道㈧。

【註釋】 ㈠審觀：詳細考察。觀始，含有察秋毫、知幾微的意思。可能與老子的「觀竅」有些聯繫。㈡逆順有位：背理還是合理都有區分的標準。「逆順」猶是非。㈢恒道：恒久不變的天道。按：帛書《老子・道經》：「道，可道也；非恒道也。名，可名也；非恒名也」。老子祇以恒來描述道。《四經》說恒道，也說恒一、恒日、恒常，都很接近道。帛書《繆和》則經過《四經》的過渡，已經將「恒」與「道」等同了。如《老子》說「道者，萬物之奧。善人之寶，不善人之所保」。帛書《繆和》說「賢不肖得其恒者，則得吉，自〔失〕也則凶」。㈣是故萬舉不失理，論天下無遺策：「萬舉」，一切舉措。指做一切事情。「論」，謀慮（《考工記序》注：「論道，謂謀慮治國之政令也」）。「遺策」，失算。《莊子・外物》：「七十二鑽而無遺策」。《淮南子・主術》：「行必然之道，故萬舉而無遺策矣」。皆本於《四經》。㊄立天子：「立」同「位」，謂登天子位。又解：「立」如字，義同「立太子」之「立」。「立天子」即設立天子。「立天子，置三公」的主語為「執道者」（聖人）。㊅三公：指太師、太傅、太保（見《禮記》）。是輔佐國君掌握軍政大權的最高官員。《尚書・周官》：「立太師、太傅、太保」。《十大經・立命》「乃立王三公，立國置君三卿」。按：疑「置三公」、「立三公」、「置三卿」可能是就〈亡論〉中的「聽諸侯之所廢置」而發的議論，則「置三公」祇是泛指國君有權任免一切官吏。㊆而天下化之：天下人受到教化。通過長期的文教德治和律令規約來逐漸轉移人心風俗謂之化。如《管子・七法》說：「漸也，順也，靡也，久也，服也，習也，謂之化……不明於化，而欲變俗易教，猶朝揉輪而夕欲乘車」。

㊇之謂有道：「之」猶「是」，代詞，指代上述做法。

【今譯】因此作為掌握「道」的聖人，在他觀照天下的時候，一定要首先詳細考察事物的起因，審核它們的形和名。形與名確定了，那麼背理還是合理也就有了區分的標準，死亡與新生也就有了確切的分際，存亡興衰也就都有了定位。然後再參照天地自然規律，就可以確定禍福死生存亡興衰的原因所在了。這樣的話，一切舉措都會合理，謀慮天下萬事都不會失算。因此能夠設立天子，置建三公，使天下百姓都受到教化。這就稱為「有道」。

【闡述】 本段論形名，論名正而後分定，論名正分定的意義所在。「恒道」一詞首見於本段，復參證帛書《老子》，更可確定《老子》通行本的「常道」為避諱所改。「立天子」三字亦見於《稱》。〈立命〉亦有「立王」、「置君」之說。再參證〈亡論〉的「聽諸侯之廢置」一語，則有兩點值得注意，其一，《四經》寫作時期當在戰國早中期，所以纔帶有如此之多的春秋末季的史跡。其二，《四經》作者必出於七雄中之一強國。

〈名理〉第九

【內容提要】 本篇是《經法》的末篇，與首篇的〈道法〉相呼應。

本篇論述了以下幾個問題：

第一，道的神妙作用就在於「處於度之內者，靜而不可移也；見於度之外者，動而不可化也」。主張人事亦當取法之。

第二，判斷事物是處於度之內還是度之外與「循名究理」是有內在聯繫的。

第三，循名究理與循法執度有內在聯繫。1.二者互為表裏，相互為用。2.二者互涵，有時在概念上亦可互換。

道者，神明之原也㈠。神明者，處於度之內而見於度之外者也㈡。處於度之〔內〕者，不言而信㈢；見於度之外者，言而不可易也㈣。處於度之內者，靜而不可移也；見於度之外者，動而不可化也㈤。靜而不移㈥，動而不化，故曰神㈦。神明者，見知之稽也㈧。

【註釋】㈠道者，神明之原也：天地間的各種奇妙作用都本原於「道」。《四經》中「神明」一詞，僅見於本篇本段。它指的是「道」的一種不可捕捉而又可以感受到的奇妙作用，正如張岱年先生所說：「在古代道家哲學中，所謂神，所謂精神，所謂神明，是有更深一層的意義。不僅指人的精神，而是指天地的一種狀態，自然界的一種奇異的作用」（張岱年：《中國古典哲學概念範疇要論》）。按：「神明」一詞，最早見於本書。我們按照它的本義和引申義的順序開列如次：1.本義：指「道」的神妙作用。本經用的即是本義。與此用法相同的又見於他書。如《莊子・天下篇》：「備於天地之美，稱神明之容」（「神明」與「天地」並舉，可知是指天地之神妙作用）。《管子・內業》：「天仁地義，則淫然而自至神明之極，照乎知萬物」。《文子・自然》：「夫道者……變化無常，得一之原，以應無方，是謂神明」。《易傳・繫辭》：「以通神明之德，以類萬物之情」（「神明」與「萬物」並舉，亦指天地萬物之神妙作用）、「以體天地之撰，以通神明之德」。《荀子・儒效》：「通於神明，參於天地」。《鬼谷子外篇・本經陰符七篇》：「夫道者，神明之源」。2.引申義。由天地神妙作用之本義引伸出去，便有兩個走向：⑴由天地之神妙作用具指為具有奇異作用的「神祇」。如《左傳・襄公十四年》：「愛之如父母，仰之如日月，敬之如神明，畏之如雷霆」。《易・說卦》：「昔者聖人之作易也，幽贊於神明而生蓍。」⑵由天地之神妙作用取譬為人的思維作用（即精神及智慧）。《莊子・齊物論》：「勞神明為一」。《管子・心術上》：「去私毋言，神明若存」。《荀子・勸學》：「積善成德而神明自得」、〈解蔽篇〉：「心者形之君也，而神明之主也」。《韓非子・喻老》：「空竅者，神明之戶牖也……此言神明之不離其實義」。《楚辭・遠遊》：「保神明之清澄」。在《四經》中，「神明」一詞出現三次，皆用本義，而無「精神」、「神祇」二引伸義。與「神明」相關的是「神」。「神」字在《四經》中，除去「神明」三見外，共出現十二次。其中六次義同「神明」，六次義指「神祇」，本義、引伸義的發展線索與「神明」相同，祇是仍不見有「精神」的含義。在這一點上，與「神明」一詞是有共性的。「神」之用為「神明」者，如〈國次〉：

「無所逃其神」、「孰知其神」、〈論〉：「精則神」、「至神之極」、〈名理〉：「靜而不移，動而不化，故曰神」、《道原》：「神微周盈」。用為「神祇」者，如〈論〉：「不天天則失其神」、「天天則得其神」、〈前道〉：「祥於鬼神」、〈行守〉：「與民共事，與神同□」、《稱》：「傷國之神」、「（神胡）不來」。㊁神明者，處於度之內而見於度之外者也：「處」，存在。「見」，表現。「度」，天道規定的度數。然析而言之，第一個「度」，指天道所規定的準度，強調恒定，也即下文的「靜」；第二個「度」指運動的極度，強調轉化，也即下文的「動」。存在於「內」，則表現為適度、恒定和靜；表現於「外」則謂極度、轉化和動。㊂處於度之〔內〕者，不言而信：當處於恒定的準度之內時，不需要用言語去表述而萬物自有定則，如日之信出信入、月之信生信死、四時之遞嬗有常等。《論語・陽貨》所謂「四時行焉，百物生焉，天何言哉」。㊃見於度之外者，言而不可易也：當事物運行到開始轉化的極度時，無論怎樣用言語去表述，「道」仍然在其中發揮著神妙作用而不會改變。如「盛而衰」、「極而反」之類。㊄處於度之內者，靜而不可移也；見於度之外者，動而不可化也：事物處於適度之內（相對穩定的準度）時，事物保持靜止狀態而道的神妙作用也相應地不發生變化；當事物處於適度之外（發生轉化的極度）時，事物的性質便發生變動而「道」的神妙作用仍然並未改變。「度」即是事物維持相對穩定性的數量界限。當事物處於量變積累的靜止狀態時，事物暫時維持質的相對穩定性，這即是「處於度之內者，靜而不移」；當事物由於運動到導致質變的量變積累極度時，事物的性質即發生轉化，而「道」的神妙作用依然繼續發揮作用而永遠不會改變，這即是「處於度之外者，動而不化。」《道原》：「夫為一而不化，得道之本」有助於理解本文。㈥靜而不移，動而不化：「靜」上原衍「動而」二字，今刪。《管子・內業》：「是故聖人與時變而不化，從物而不移，能正能靜，然後能定。」與此意近。㈦故曰神：「神」，神妙。按：《四經》中，「神」與「神明」義近（見注㈠），然「神」指神妙，「神明」謂神妙的作用，二者略異。㈧神明者，見知之稽也：道的這種神妙作用便是人們的認識所要取法的楷式。通過這種取法的過程，人們的認識思維能力也達到這種出神入化的境界，這便是〈論〉中所說的「至神之極，見知不惑。」

【今譯】　天地間的各種奇妙的作用都本原於道。這種神妙的作用，既存在於事物的適度之內又表現於事物的極限之中。當事物處於穩定的適度之時，不需要用言語去表述而萬物自有定則；當事物運行到開始轉化的極度時，無論怎樣用言語去表述，道仍然在其中發揮著神妙的作用而不會改變。事物處於適度之內時，它便保持相對靜止狀態而道的神妙作用也相應地不發生變化；當事物處於適度之外時，它的性質便發生變動而道的神妙作用仍然並未改變而是繼續發揮作用。這種事物動、靜有異而道的神妙作用不變的現象，就稱之為「神」。道的這種神妙作用，便是人們的認識所要取法的楷式。

【闡述】　本段論「神明」，即論述道的神妙作用。

無論事物是處於靜止不變的適度時，還是處於運動轉化的極度時，道的神妙作用都始終不變，也即在事物存在的不同階段、不同形式中始終持久地發揮其作用。因此，它對事物的作用和指導是永恒的。判斷事物是處於度之內還是度之外與「循名究理」是有內在聯繫的。內（度之內）外（度之外）有分際，是為「循名」；道的神妙作用始終不變，是為「究理」。「循名究理」，便意味著人們的認識對道的神明做了有效的取法，這即是「神明者，見知不惑也。」

「神明者，見知不惑」，是承上啟下。論述道的神明，實在是為了論述人們的見知。《管子・內業》的「是故聖人與時變而不化，從物而不移，能正能靜，然後能定」幾乎可以視為本段的總注。

有物始〔生〕㊀，建於地而洫（溢）於天㊁，莫見其刑（形），大盈冬（終）天地之間而莫知其名㊂。莫能見知，故有逆成㊃；物乃下生，故有逆刑㊄。禍及其身。養其所以死，伐其所以生㊅。伐其本而離其親，伐其與而□□□㊆。後必亂而卒於無名㊇。

【註釋】㈠有物始〔生〕：「有物」，指「道」。「生」字原缺，今補。《十大經・行守》：「無形無名，先天地生」。《老子・二十五章》：「有物混成，先天地生」。「始生」即謂先天地而生也。〈論約〉「逆節始生」，「始生」為《四經》習語。「生」與「形」、「名」、「成」、「生」、「刑」、「生」、「名」等協韻。㈡建於地而溢於天：「建」，及，至（《國語・周語》注：「建，及也」）。「溢」，超出。上超於天下及於地是形容道的「高不可察，深不可測」（《道原》），也即《管子・心術》的「上察（際）於天，下察（際）於地」的意思（〈內業篇〉也說「上察於天，下極於地」）。㈢大盈終天地之間而莫知其名：「盈」，滿，充滿。道的廣大充滿極盡於天地之間猶《道原》所謂「盈四海之內，又包其外」。此本於《老子》二十五章：「吾不知其名，強字之曰道。強為之名曰大」（河上公注：「強曰大者，高而無上，羅而無外，無不包容，故曰大也」）。《管子・心術上》：「道在天地之間也，其大無外，其小無內」亦出於此。「大盈終」三字析而言之，「大」是就其體言，「盈」是就其用說，「終」則就其時間而論也。㈣莫能見知，故有逆成：因為不能認識它，因此違反常規的事情時有發生。「莫能見知」，承上「莫見其形」、「莫知其名」而言，又啟下之數「逆」（「逆成」、「下生」、「逆刑」等皆是「莫能見知」的結果）。㈤物乃下生，故有逆刑：「物」，事（《詩・烝民》傳：「物，事」）。「下」疑為「伓（倍）」之缺訛。「下」與

「不」形近易訛。《易・損卦》：「不制於柔」，《釋文》云：「不制，一本作下制」。「逆刑」猶濫刑。此二句承「莫能見知」而言，謂因為不能認識「道」，所以便有悖逆的事情發生，也因此便有了刑罰的濫施。又解：「物」即下文「萬物羣材」之「物」。「下」，失分（《書・五子之歌》孔傳：「下，謂失分」）。「刑」，即「三時成功，一時刑殺」之「刑」，指生殺消長的自然規律。此二句是說：眾物過長失分，所以有違逆自然規律的事情發生。下文「萬物羣材絓長非恒者，其死必應之」似即呼應此二句，而「逆成」則是探下「事之反」、「生之反」二事。㊅養其所以死，伐其所以生：「所以死」，死所依憑的，即逆。「所以生」，生所依賴的，即順。維護悖逆，戕（音ㄑㄧㄤ）害順正，都是不能認識道所造成的。㊆伐其本而離其親，伐其與而□□□：「與」，與國，盟國。親族為其存在之本，與國是其所依託。離散親族是破壞其根本，攻伐盟友是毀其依託。二句文意當是如此，因此原文及結構疑當作「伐其本而離其親，敗其根而伐其與」（文意本如此，蓋為協韻，原文本作「伐其與而敗其根」。「親」，真部。「根」，文部。真、文合韻）。「根」即前文「外根」之「根」，釋為依憑、依託。以與國為依託，乃典籍之習見。《左傳・僖公五年》：「晉侯復假道於虞以伐虢，宮之奇諫曰：虢，虞之表也。虢亡，虞必從之……諺所謂輔車相依，脣亡齒寒者，其虞、虢之謂也」。《三國志・魏志・鮑勛傳》：「王師屢征而未有所克者，蓋以吳、蜀脣齒相依，憑阻山水，有難拔之勢故也。」㈧後必亂而卒於無名：「無名」，一事無成。

【今譯】「道」在剛剛產生的時候，它上超於天而下及於地，而沒有人知道它是什麼樣子；它廣大充滿極盡於天地之間，而沒有人知道它是怎樣的稱呼。因為人們不能完全認識「道」，所以違反常規的事情時有發生；不能認識「道」，悖逆之事因之而起，刑罰的濫施也由此而生。其結果自然是自取其禍。維護悖逆，戕害順正；離散親族而破壞根本，攻伐盟友而毀其依託。上述諸「逆」，其結果必然是一切混亂而最終一事無成。

【闡述】本段論「逆」。逆成、伓（倍）生、逆刑、逆伐諸數逆，其總因是「莫能見知」（不能認識道）。此是從「逆」的角度反襯「道」的重要性。不能把握和運用「道」的神妙作用，便是「逆」之所由來。

如燔如卒，事之反也；如？如繇，生之反也㈠。凡萬物羣財（材），絩長非恒者，其死必應之㈡。三者皆動於度之外，而欲成功者也㈢。功必不成，禍必反〔自及也〕。以剛為柔者栝（活），以柔為剛者伐㈣。重柔者吉，重剛者威（滅）㈤。若（諾）者言之符也，已者言之絕也㈥。已若（諾）不信，則知大惑矣㈦。已若（諾）必信，則處於度之內也㈧。

【註釋】㈠如燔如卒，事之反也；如繇如驕，生之反也：釋此四句，須先明三事。其一，「事」，謂無生命之事物，「生」謂人（《國語・楚語》注：「生，人物也」。《易・觀》虞注：「生，謂生民」）。其二，「如燔如卒」說事物之態勢，「如繇如驕」說人之心性。其三，「如燔如卒」，所說同為一事；「如繇如驕」，所說亦同為一事。亦即「燔」、「卒」義屬同類，「繇」（音一ㄠˊ）、「驕」義亦屬同類。古多此句法，僅《詩經》一書，便可舉數證，如《詩・蕩》：「如沸如羹」、《大雅・常武》：「如飛如翰」、《大雅・雲漢》：「如惔如焚」等等。明此三事，則此四句文意自明。「燔」讀為「蕃」，盛也（《漢書・吾邱壽王傳》注：「蕃，盛也」）。「卒」讀為「倅」（《周禮・諸子》鄭玄注：「鄭司農云：卒，讀如物有副倅之倅」。《禮記・燕記》注：「卒，讀為倅」）。「倅」，盈也（《廣雅、釋詁一》：「倅，盈也」）。「繇」，讀為「遙」。《方言・十》：「遙，淫也」。「淫」是過度之義（《詩・關雎序》疏：「淫者，過也，過其度量謂之淫。」《左傳・隱公三年》：「驕奢淫佚」，疏：「淫，謂奢欲過度」）。因此，「燔卒」即「蕃倅」，盛盈也；「繇驕」即「遙驕」，驕溢也。按：此二者，均是下文所說的「動於度之外」的意思。「度之外」乃適度以外，極度是也。至於極度必走向反面，故云「事之反也」、「生之反也」。〈四度〉之「極而反」三字可賅此四句文意。「動於度之外」者，即〈論約〉之「功溢於天」也，故「禍必反自及」、「故有死刑」。㊁凡萬物羣財（材），絩長非恒者，其死必應之：「財」通「材」（《史記・五帝本紀》引《大戴禮記》「財」作「材」。《文選・魏都賦》注：「財與材，古字通」）。「材」即物（《周禮・閭師》疏：「材，即物也」）「羣材」義同「萬物」。「萬物羣材」即眾物。「絩」，讀為「超」（「兆」聲「召」聲之字音近可通。《說文通訓定聲》：「佻，假借為超」。《禮記・祭法》注：「祧之言超也，超上去意也」）。「超」是超出、過分之義（《華嚴經音義》引〈韻圃〉：「超，高也」。《楚辭・抽思》注：「超，越也」。《後漢書・馮衍傳》注：「超，過也」）。「非恒」，異常。「超長非恒」，亦是言「動於度之外」也。按：以上之三事，「盛盈」、「驕溢」、「超長」，均可取證於《四經》及他書。如《稱》：「不嫁子於盛盈之家」、〈前道〉「驕溢好爭……危於死亡」、《淮南子・主術》「奇材佻長而干次」。又按：以上三事，分言事、人、物。「事」謂事物之性，「生」言生民之性，「物材」謂眾物之性也。㊂三者皆動於度之外，而欲成功者也：「三者」，指上文之「燔卒」、「繇驕」、「絩長」也。「度之外」即上文之「度之外」，適度之外，極度也。

按疑此二句當斷句為「三者皆動於度之外，而欲成功者，」。「也」為衍字，「者」下為逗號「，」。㊃以剛為柔者栝（活），以柔為剛者伐：「以剛為柔」者，〈四度〉所謂「以強下弱」、《老子》所謂「知雄守雌」（二十八章）、「柔弱處上」（七十六章）、帛書《繆和》所謂「強（剛）守以弱」也。「以柔為剛」者，《老子》所謂「強大處下」（七十六章）也。「活」，生存。「伐」，敗亡。《老子・七十三章》：「勇於敢則殺，勇於不敢則活」。又《老子・七十六章》：「人之生也柔弱，其死也堅強……故堅強者死之徒，柔弱者生之徒」正釋此二句。〈君正〉：「以有餘守，不可拔也；以不足攻，反自伐也」是此二句文意的具化。㊄重柔者吉，重剛者滅：「柔剛」即「雌雄」。柔為「吉節」，剛為「凶節」。此二句「吉」、「滅」之具體含義可參讀《十大經・雌雄節》下面一段文字：「凡人好用雄節，是胃（謂）方（妨）生。大人則毀，小人則亡。以守不寧，以作事〔不成。以求不得，以戰不〕克。厥身不壽，子孫不殖。是胃（謂）凶節，是胃（謂）散德。凡人好用〔雌節〕，是胃（謂）承祿。富者則昌，貧者則穀。以守則寧，以作事則成。以求則得，以單（戰）則克。厥身則〔壽，子孫則殖。是謂吉〕節，是胃（謂）絝德。」㊅若（諾）者言之符也，已者言之絕也：「諾」，應允之辭（《說文》：「諾，應也」。《論語・顏淵》皇侃疏：「諾，猶許也」）。「已」，拒絕之辭。《荀子・王霸》：「刑賞已諾信乎天下矣」，楊倞注：「諾，許也。已，不許也」。「言」，指用語言表示，表示，指的是。「已者，言之絕也」，意思是說：已，表示的是拒絕。「諾者，言之符也」，意思應該與之相反，是說：諾，表示的是應許。然「符」無「許」義，疑「符」讀為「許」。付聲、午聲、無聲之字古可通假。如《荀子・富國》：「拊循之」，楊倞注：「拊與撫同」。《漢書・趙充國傳》集注：「拊，古撫字」。《說文》：「鄦，讀若許」。《史記・鄭世家》：「鄦公」，《漢書》等均作「許公」。「符」為侯部字，「許」為魚部字。旁轉得通。

㊆已諾不信，則知大惑矣：「知」，即下文及《四經》多次出現的「見知不惑」的「見知」，認識。「則」，即是，就是（《廣雅・釋言》：「則，即也」。《古書虛字集釋》：「則，猶為」）。㊇已諾必信，則處於度之內也：已經應諾就必須守信，這即是合乎準度。此承上「處於度之內者，不言而信」。《史記・遊俠列傳》：「其言必信，其行必果，已諾必誠。」按：《老子》也說「輕諾必寡信」（六十三章）。老子、《四經》皆言重諾、重信，其旨皆在取法「日信出信入，月信生信死」的常有準度的天道。

【今譯】事情一旦發展到滿盈極盛時就會走向反面——毀敗就會到來；人如過度驕橫志滿也會走向反面——危殆馬上臨頭。眾物過分生長而超出準限——離死滅也就不遠了。上述三事都是其自身的運動已超出了正常的準度，如此而欲成其事功是絕對辦不到的；非但如此，尚有禍患隨之。剛強有力卻表現為虛弱無能的可以生存，虛弱無能卻顯示為剛強有力的必定敗亡。尊崇柔弱的會得吉而存，追求強剛的將得禍而亡。諾，表示的是應允；已，表示的是拒絕。已經承諾了卻失信，這即是認識的最大迷惑。已經承諾了就必定守信，這就是所謂合於準度。

【闡述】 本段具體論述了何為「動於度之外」，何為「處於度之內」以及「動於度之外」的惡果。本段承上啟下。承上者，申明人事之度內、度外之義；啟下者，啟下文闡發人事處於度內——循名究理之意義。

本段前三事言度外，諾、已二事言度外、度內，此均甚明。然中間所論之揚柔抑剛顯然應該與前後一致，仍是論述度內、度外的。據此可以肯定，作者視柔為度內而剛則屬度外也。其剛，則必堅強、必盛盈、必驕溢，是度之外；柔則反之，度之內也。

天下有事，必審其名。名□□循名廄（究）理之所之㊀，是必為福，非必為材（災）㊁。是非有分，以法斷之；虛靜謹聽，以法為符㊂。審察名理冬（終）始㊃，是胃（謂）廄（究）理。唯公無私，見知不惑㊄，乃知奮起㊅。故執道者之觀於天下〔也〕㊆，見正道循理，能與曲直，能與冬（終）始㈧。故能循名廄（究）理㈨。刑（形）名出聲㈩，聲實調合⑪。禍材廢立⑫，如景（影）之隋（隨）刑（形），如向（響）之隋（隨）聲，如衡之不臧（藏）重與輕⑬。故唯執道者能虛靜公正⑭，乃見〔正道〕，乃得名理之誠⑮。

【註釋】㈠名□□循名究理之所之：第一個「之」字猶「與」（訓見《經傳釋詞》）。第二個「之」字訓為旨歸，實質（《詩・何彼穠矣》箋：「之，往也」。《文選》注引《孟子・萬章上》「之」作「歸」。〈尚書〉疏引《孟子・萬章上》「之」亦作「歸」）。這是說不但要在行事上循名究理還要在理論和方法上把握它的實質，也即下文的「得名理之誠」。按：此處缺二字，疑為「理者」。「名〔理者〕，循名究理之所之」，是說：名理的含義包括兩方面，那就是既要在行事上循名究理，還要在理論上和方法上把握它的內在實質。此「名理者，循名究理之所之」正探下「乃得名理之誠」。「循名」，謂就其名而知其實；「究理」，謂因其實而察其理。「名」謂事物的名稱和概念，與「實」相依存，故公孫龍說「夫名，實謂也」。墨家進一步將名細析為達名、類名、私名，而荀子則條分為別名、共名、大別名、大共名、單名、兼名等等。「理」謂事物的條理、準則，即事物各自所涵的特性。《韓非子・解老》解為「短長、大小、方圓、堅脆、輕重、白黑之謂理」。是則「循名究理」乃循名、督實、察理三概念之總和。「名理」連言，似首見於《四經》。《三國志・魏志・鍾會傳》：「及壯，有才數技藝，而博學精煉名理」。《晉書・范汪傳》：「博學多通，善談名理」。當皆推衍於此。《韓非子・奸劫弒臣》：「循名實而定是非，因參驗而審言辭」、同書〈定法篇〉：「循名而責實」皆本於此。㈡是必為福，非必為材（災）：「災」，即「禍」，禍災。《四經》「福」、「禍」對舉例甚眾，似本於《老子》習用之句法。〈亡論〉之「其福五之」、「其禍什之」即其例。「是」、「非」即正確與錯誤，與下文的「是非」同義。又解：「是」與「非」即是否，指是否做到了「循名究理之所之」。㈢是非有分，以法斷之，虛靜謹聽，以法為符：「聽」，猶觀照。「符」，依據。這是說：名理確定了是非的分際，然後用法度去裁決，觀照事物時採取虛靜審慎的態度，處理這些問題時再以法度為依據。㈣審察名理終始：「終」上原衍「名」字，今刪。㈤見知不惑：「見知」即下文「見正道」，指認識天道。㈥乃知奮起。「奮起」，發奮自強。㈦故執道者之觀於天下〔也〕：「也」字原缺，今補。此與〈論約〉等篇多次出現的「故執道者之觀於天下也」的句式完全一樣。㈧能與曲直，能與終始：「與」同「舉」（《易・象上傳》虞注：「與，謂舉也」。《儀禮・少牢》之「舉」字，武威出土《儀禮》簡作「與」）。「舉」是正定、把握的意思（《呂覽・自知》高誘注：「舉，猶正也」。《詩・烝民》鄭箋：「舉者，提持之言」）。此謂認識天道遵循事理則可正定是非善惡、把握事物始末之理。㊈故能循名究理：此句承上言，補充「見道循理」。「故能」可譯為「也一定要」。㊉形名出聲：「聲」，具體的名稱。所有的事物都由「形名」組成，而每一個具體事物都有它的具體名稱（「聲」），這就叫「形名出聲」。「形名」之「名」即《荀子》所謂「別名」，即種概念。㊁聲實調合：事物的具體名稱與它的具體實情相吻合。「調合」，協調，符合。《韓非子》作「周合」，如〈揚權篇〉：「周合形名，民乃守職」。㊂禍材廢立：注家疑「材」為「福」字之訛。按：所疑非是。「禍」乃「福」字之訛，與〈亡論〉「其禍五之」為「其福五之」之訛同例。「材」即「災」，與「禍」同義。「福材（災）」即承上「是必為福，非必為材（災）」而言。㊂如影之隨形，如響之隨聲，如衡之不藏重與輕：「形」、「聲」、「衡」喻上文之「實」，「影」、「響」、「重與輕」喻上文之「聲」聲之副實，如影依形、響應聲、重輕賴衡也。《管子・心術上》：「若影之象形，響之應聲也」。《文子・精誠》、《淮南子・主術》也說：「如響之應聲，影之象形」。㊃故唯執道者能虛靜公正：「虛靜公正」即上文的「虛靜以聽（「虛靜」），以法為符（「公正」）」。《呂覽・知度》：「有道之主，因而不為，責而不詔，去想去意，靜虛以待。不伐之言，不奪之事。督名審實，反復自司」，即是本句之意。以「督名審實」與

「公正」、「以法為符」對應，亦深解本經之旨。㊄乃見〔正道〕，乃得名理之誠：「誠」，實質。「正道」二字原缺，今補。此承上「見正道循理」而言。

【今譯】處理天下萬事，首先要審覈它們的名稱。名理的含義包括在行事上要因名知實、因實察理和在理論方法上把握其內在實質這樣的雙重含義。做到了這一點，便可以明辨是非，正確的可以給人帶來福吉，錯誤的就可以帶來災患。名理確定了是非的分際，然後用法度去裁決；觀照事物時採取虛靜審慎的態度，處理這些問題時再以法度為依據。在處理具體事物時，要把審察名理所得的結論貫穿於其全過程，這就稱之為「究理」。祇有依法辨事而不偏執一己之私，方能認識天道而不迷惑，方能發奮自強。因此，掌握道的聖人在觀照天下時，要體察天道遵循事理，這樣就能夠正定事物之是非善惡、把握事物始末之理。做到這一點，同時也一定要「循名究理」。所有事物都有形名，而每一具體事物又都有它的具體名稱，事物的具體名稱與其具體實情相吻合，那麼福禍興衰的道理也就因此而可以把握了，這就與形移則影隨、聲動則響應、衡器確定則重輕即明的道理是一樣的。因此掌握道的聖人能夠虛心靜意地觀照事物，能夠依法公正地處理事物，因此能夠認識自然人事的規律，並把握住名理的實質。

【闡述】本段論名實、名理。「道」與「名理」的關係是：出於公心的虛靜觀照便可以得「道」，得「道」便可以「得名理之誠」。這是一個次序。

循名究理與執度循法的關係是：1.二者相互表裏、相互為用。始於循名究理，而繼之以「以法斷之」。2.二者是互涵的關係。本段說循名究理即可正定是非曲直，而〈道法〉則說「法者……明曲直者也」；本段說「聲實調合」即可明「福災廢立」（即得失），而〈道法〉則說「法者，引得失以繩」。可見二者的概念有時是可以替換的。

本段的「形名出聲」之「名」與「聲」，很有可能即《荀子》「共名」、「別名」界說之所本。

亂積於內而稱失於外者伐，亡刑成於內而舉失於外者滅㊀，逆則上洫（溢）而不知止者亡㊁。國舉襲虛，其事若不成，是胃（謂）得天；其若果成，身必無名㊂。重逆〔以荒〕㊃，守道是行㊄，國危有央（殃）。兩逆相功（攻）㊅，交相為央（殃），國皆危亡㊆。

【註釋】㊀亂積於內而稱失於外者伐，亡刑成於內而舉失於外者滅：「稱」，舉，舉措。「稱失於外」指軍事外交上的舉措失策。「亡刑」即「亡形」。「形」謂形跡，跡象。《淮南子・氾論》：

「得王道者，雖小必大。有亡形者，雖成必敗」。按：或在「亡」下絕句者，非是。「伐」、「滅」同舉者《四經》數見。「伐」、「滅」正為月部協韻。且「刑成於內」亦費解。此處的「稱失」、「舉失」都是指不該做什麼卻做了什麼，意謂對外興兵。㊁逆則上溢而不知止者亡：「逆則」即「逆節」。「則」、「節」同為精紐字，「則」在職部，「節」在質部，職、質旁轉行通。「則」與「即」聲通相假，如《廣雅・釋言》：「則，即也」。《詩・終風》：「願言則嚏」，《一切經音義》引詩「則」作「即」。而「節」從「即」聲，是「則」可通「節」也。「逆節」《四經》中多次出現。「上溢」即「驕溢」。「不知止」，言其驕溢過度而不知適可而止。所謂「多行不義必自斃」也。㊂國舉襲虛，其事若不成，是謂得天；其若果成，身必無名：「國舉」，即舉國。「虛」，弱小國家。以一國之兵而攻襲一弱小之國，此乃以強淩弱，逆於天道。倘未吞滅其國，那算是上天的照顧，沒有使它得到以強欺弱的惡名，這即是「其事若不成，是謂得天」的意思。此四句與〈亡論〉的「用國而恃其強者弱。興兵失理，所伐不當，天降二殃。逆節不成，是謂得天；逆節果成，天將不盈其命而重其刑」文意相同。㊃重逆〔以荒〕：「重逆」，大逆。「以荒」二字原缺，今補。〈國次〉：「〔重〕逆以荒，國危破亡」。二者可以相互補正。「荒」是外內皆亂的意思，所以說是「重逆」（《周書・謚法》：「外內從亂曰荒」。《書・五子之歌》孔傳：「迷亂曰荒」）。「荒」與「行」、

「殃」、「亡」為陽部協韻。㊄守道是行：即執此逆道並唯此是行。㊅兩逆相攻：「兩」無確指，「兩逆」即「重逆」，逆上復加一逆，是大逆也，謂嚴重的悖逆現象。㊆國皆危亡：即〈六分〉所說的「國無大小，有者滅亡」。

【今譯】 國內動蕩不安卻又在外交上舉措失利，此是取敗之道；國內已出現了敗亡的跡象卻執迷不悟地對外興兵，這是註定要滅亡的；違逆天道、驕橫恣肆而怙惡不悛者，必自取滅亡。舉一國之兵而攻襲一弱小之國，如其事未遂，那算是上天的照顧，沒有使其得到以強欺弱的惡名；然一旦得手，也絕無功名可言。大逆不道，外內迷亂，執此逆道，一意孤行，必定是國家危殆，自取禍殃。逆上加逆，釀成大患，國無大小，統統滅亡。

【闡述】 本段重論「逆」，呼應第二段。

本段之「逆」仍然是「莫能見知」（不能認識天道）所造成的。

國家積累了動亂的因素、出現了敗亡的跡象卻執迷不悟地反舉兵於外，是不能察幾、不能自知也。量變的積累已值得警覺，不知調整、不知自正以使其維持在「度之內」，反而加速其至於「度之外」，加速其量變到質變的過程，其結果自然是「伐」是「滅」。此乃「處狂惑之位而不悟」者。「柔弱者無罪而幾，不及而翟」其當效法也。

「國舉襲虛」有背「以強下弱」之道。「興兵失理」謂之逆，「所伐不當」亦謂之逆，恃強凌弱，勇於雄節，復為逆。凡此種種，皆不合於天道，都是「動於度之外」。

第二篇　十大經

《十大經》是古佚書《黃帝四經》的第二篇，共分十五節。

本經主要講形名、刑德、陰陽、雌雄等對立統一及相互轉化的關係。其中關於「不爭」及「雌節」的論述，發展了老子道家思想；也為後世道家學派如《淮南子》所繼承。其中〈兵容〉、〈本伐〉兩篇專論古代軍事戰爭，為道家重兵說又提供了佐證。

本經以〈名刑〉結束，反映了本經「循名復一」的主旨。

本經立論，多採用黃帝與大臣對話的形式，很多篇幅保存了關於黃帝的神話傳說，有很重要的史學傳說價值。

本經標題為《十大經》，而分為十五篇，「十」僅是個虛數，並非實指。

〈立命〉第一

【內容提要】　本篇篇題為「立〔命〕」，「命」字原缺，馬王堆帛書整理小組據文中「立有命」補。本篇記述的是黃帝神話中關於黃帝的形貌傳說和即位時的演說。形貌傳說的記述，是說其「體天地之正」，所以「能為天下宗」。它包含著帝權天授、順應天道的雙重含義。即位演說的核心即是取法天、地、人。天、地、人並舉在本篇中出現凡三次，思想是很明確的，後世所謂「一貫三（天、地、人）為王」（《說文》）蓋本於此。

昔者黃宗，質始好信㈠，作自為象㈡，方四面，傅一心，四達自中，前參後參，左參右參，踐立（位）履參㈢，是以能為天下宗㈣。「吾受命於天，定立（位）於地，成名於人㈤。唯余一人〔德〕乃肥（配）天㊅，乃立王、三公，立國置君、三卿㊆。數日、磿（曆）月、計歲，以當日月之行㊇。允地廣裕，吾類天大明㊈。」

【註釋】㊀昔者黃宗，質始好信：「昔者」，猶《尚書》之「疇昔」，指很久以前，遠古時代。「黃」指黃帝，是黃帝的簡稱。《史記・韓非傳》：「喜刑名法術之學，而其歸本於黃、老」。「宗」，尊崇，師表。因黃帝「能為天下宗」，故又呼之為「黃宗」。「質」、「好」皆意動用法，即「以……為……」。「質始」，以守道為根本（《易・繫辭下傳》：「以為質也」，虞注：「質，本也」。《老子・一章》：「無，名天地之始」注：「始者，道本也」。同書三十二章：「始制有名」注：「始，道也」）。「好信」，以講求誠信為美德（《國語・晉語》注：「好，美也」）。

㊁作自為象：按：自此至「踐立履參」其文意可從兩個角度去解釋。一個從神話傳說與譬喻相結合的角度，另一個則是以現實的角度。一般說來，神話傳說較能反映其原始本義；通過曲解，將神話與人事相比附，其例甚多，如「夔一足」即是其典型。所以我們將從第一個角度去解釋。「作」，始。「象」，法象，自然界的一切現象。《易・繫辭上》：「是故法象莫大乎天地」。「作自為象」，即黃帝初始時以自身形貌特點作為萬物的法象。《易》所謂「黃帝垂衣裳而天下治，蓋取乾坤也」。

㊂方四面，傅一心，四達自中，前參後參，左參右參，踐位履參：此五句皆以黃帝之先天形貌比況其類天地之形，得天地之正。下文「吾類天大明」即是說此。「方四面」，傳說黃帝前後左右（「方」）均有面目（「四面」）。《尸子》：「古者黃帝四面，信乎？」黃帝四面，猶文王四乳、倉頡四目之類的傳說（見《論衡・骨相篇》）。「傅一心」，是說四面之通觀可助一心之明察（《左傳・僖公二十八年》注：「傅，相也」。《漢書・賈誼傳》集注：「傅，輔也」）。「四達自中」，是承「傅一心」而說。上云四面之觀助一心之察，此說心之明察又可指導四面之觀。「參」同「三」。「前三後三，左三右三」，是說天地四方十二位皆可以洞察秋毫。又解：「參」指「三才」。《淮南子・泰族》：「昔者，五帝三王之莅政施教，必用參五。何謂參五？仰取象於天，俯取度於地，中取法於人」。此謂黃帝前後左右，進退動靜，皆能取象於天，取度於地，取法於人。即使踐位時亦能行此禮（履，行也）。此正與下文「受命」、「定位」、「成名」相呼應。「踐位」，指黃帝即位。「履」，通「禮」（《釋名》：「履，禮也」）。「參」即「三」，指三方九位。意謂黃帝即位時，還要向東、南、西三方禮讓。因坐北而南面稱帝，故祇「禮三」也。按：「方四面，傅一心，四達自中，前參後參，左參右參」是說「受命於天，定位於地」；「踐位履參」，是說「成名於人」。㊃宗：取法的榜樣。㊄吾受命於天，定位於地，成名於人：按：自此至結尾，都是黃帝即位時所說的話，也

即今之就職演說。這是說，黃帝之德稟賦於上天，即帝之位乃受意於天地，功業建成乃得力於人心。可見天、地、人三德備於黃帝一身。《管子》所謂「三常兼而一之」（〈君臣上〉）者也。《鶡冠子・世兵》「受數於天，定位於地，成名於人」即襲本經語。㈥唯余一人〔德〕乃配天：「唯余（或予）一人」這種語式屢見於商周銅器銘文及《尚書》，亦可見《四經》之寫作年代甚早。「德」字原缺，今補。《新語・輔政》：「德配天地」，同書〈求事篇〉「德可以配日月」均此辭例。㈦乃立王、三公，立國置君、三卿：「立王」，謂置立天子。「立國」，指封國，封建諸侯國。「置君」，設置諸侯、設置國君。《周禮・天官》：「惟王建國」，《釋文》引干注：「王，天子之號，三代所稱也」。「立王」、「置君」是兩個等次，主語皆是黃帝。「三公」、「三卿」指輔佐天子、諸侯處理政事的三個最高級官員，也是兩個不同的等次。《老子》：「立天子，置三公」（六十二章）即此「立王、三公」的意思。㈧數日、曆月、計歲，以當日月之行：「數」、「曆」、「計」都是計算、推算的意思。「以當日月之行」，使之與日月的運行相當、相合。此指制定曆法。《淮南子・覽冥》：「昔者黃帝治天下而力牧、太山稽輔之，以治日月之行，律陰陽之氣，節四時之度，正律曆之數」即此也。按：制定曆法而頒之於民，此為歷代君主登基時首先要做的事情。㈨允地廣裕，吾類天大明：注家以為「允」上脫「吾」字。按：疑「吾類」之「吾」當前移至「允」前，「吾允地廣裕，類天大明」猶上文「吾受命於天，定位於地」的句式。「允」，相副，比附，與「類」義近（《易・升》注：「允，當也」。《左傳・文公十八年》疏：「允，言行相副也」）。《禮記・樂記》：「是故清明象天，廣大象地」即此也。地廣則無所不載，天明則無所不覆。此均喻其德也。

【今譯】　遠古時代的黃帝，以守道為根本，以講求誠信為美德。他初始時以自身形貌的特點作為萬物的法象，他前後左右均有面目，四面達觀可助一心之明察，而心的明察又可指導對四方的觀審，他進退周旋均能取象於天、取度於地、取法於人，即使在即位的儀式上仍能履行此禮（此三句又可譯為：他對天地四方都可以洞察秋毫，在即位時還要謙謹地向三方禮讓），所以他能成為天下所取法的榜樣。他在即位時說：「我的德行是稟賦於上天，即帝之位是受意於大地，功業建成乃得力於人心。因為我一人的德行可以比配天地，所以可以代表上天在人間置立天子、封建國家、設立諸侯並分別為他們配置三公、三卿等各級官吏。我通過對日、月、年數的籌計推算制定了曆法，使之合乎日、月的運行規律。我的美德如地一樣廣大，似天一樣清明。」

【闡述】　本段記載了關於黃帝的一些神話傳說以及黃帝的即位盟辭。

關於黃帝的神話雖然仍屬「君權神授」的範疇，但又自有不同。關於「方四面，傅一心，四達自中」的「作自為象」，顯然與黃老取法自然的思想相一致；而「受命」、「定位」、「成名」的三才「兼而一之」的提法，又表現出「人亦大」的思想，這在黃老思想中占有很重要的位置；尤其是下一段則是重點論述「人亦大」的觀點。《抱朴子》所謂：「黃帝生而能言，役使百靈，可謂天授自然體之者」、晉牽秀《黃帝頌》：「邈矣黃軒，應天載靈。通幽遠覽，觀象設形」都有助於對於本段文字的理解；也進一步說明本段文字從神話傳說角度入手去理解，方是得其正訓。

另外，關於「黃帝以土德王天下」（《春秋內事》）的說法也許稍微遲起，「黃」為土色而象徵土這卻是明確無誤的。老子的全部思想核心可以一「水」字賅之，稱之為「水文化」可謂允當。「水文化」起於南方之楚國，而黃老思想可謂之「土文化」當興於中原。兩種文化自有其產生的各自地理環境，其思想亦自有異。「水文化」與「土文化」構成道家學派的兩個不同走向，進一步豐富了道家思想，歷經分合，乃至最終範鑄為中國哲學史之主幹。「土文化」之興起，可以視為南北文化之融合，也很有南方文化北進之趨勢——這是很值得研究的。

「吾畏天愛地親〔民〕，□無命，執虛信㊀。吾畏天愛〔地〕親民，立有命，執虛信㊁。吾愛民而民不亡㊂，吾愛地而地不兄（荒）㊃，吾受民□□□□□□□死㊄。吾位不〔失〕㊅。吾句（苟）能親親而興賢㊆，吾不遺亦至矣㊇。」

【註釋】㊀吾畏天愛地親民，□無命，執虛信：按：缺字當為「立」，下文「立有命」可證。然「立無命」費解，且下文無呼應此三字者，故疑「〔立〕無命」當為「立有命」之訛。下文「吾位不〔失〕」，即是呼應此「立有命」。下三句「吾畏天愛〔地〕親民，立有命，執虛信」當是衍文，應刪掉。如此，則文通字順。「畏天」，敬畏天命。《論語・季氏》：「子曰：君子有三畏：畏天命，畏大人，畏聖人之言」。「〔立〕無〈有〉命」，是說立身帝位乃稟命於天、受意於地。呼應前文「受命於天，定位於地」。《鶡冠子・泰錄》之「若上聖皇天者，先聖之所倚威，立有命也」即本於此。「虛」，指「道」（《管子・心術上》：「虛者，萬物之始也」、「天之道曰虛」，《呂覽・有度》注：「虛者，道也」）。「信」，誠信。「執虛信」，謂執守道本，立心誠信。「執虛信」即呼應本篇首句的「質始好信」。《呂覽・有度》：「清明則虛」、《賈子・道術》：「道者，所從接物也，其本者謂之虛」，此皆可助「執虛」、「質始」、「類天大明」之理解。㊁吾畏天愛〔地〕親民，立有命，執虛信：按：上文「□無命」據此可知當作「立有命」；此三句重複，蓋為衍文，當刪。詳見註㊀。㊂吾愛民而民不亡：按：以下三句「吾愛民而民不亡，吾愛地而地不兄，吾受民……

死」應是承上「吾畏天愛地親民」而言，故此三句疑是抄訛，蓋當作「吾畏天而天不亡，吾愛地而地不兄，吾受民而民不死」。「吾畏天而天不亡」，是說我敬畏天命所以天不棄我（即上天保佑我）。《詩・周頌・我將》：「畏天之威，於是保之」，即此也。本篇天、地、人並舉例多至三處：「受命於天，定位於地，成名於人」，一也；「畏天愛地親民」，二也；「畏天而天不亡，愛地而地不兄，受民而民不死」，三也。文勢通貫。敬畏天命即是順天之命，順應天命，自然可以得到天助，《易・繫辭上》所謂「天之所助者，順也」。㊃吾愛地而地不兄（荒）：「兄」，讀為「荒」。兄、荒同為曉母陽部字，同音相假，故《釋名・釋親屬》云「兄，荒也」。因順地宜，故地不荒廢；反之則為「陰蔽」，故「土地荒」（〈國次〉：「陰竊（蔽）者土地荒」）。「地不荒」，是大地因其敬愛而有以報也。㊄吾受民□□□□□□□□死：「受」，親，愛（《廣雅・釋詁》：「受，親也」。按：《廣雅》受之訓親，疑所取書證乃「愛」字之訛）。「受民」即上文之「親民」。依上文文例，疑此句當作「吾受民而民不死」，文義足備，亦合文例，中間五空，當為塗跡，非缺文也。〈觀〉：「優未愛民」。「親民」、「受民」、「愛民」，其義一也。「吾受民而民不死」，言我惠愛人民而人民不至於饑餒勞疲而死也。㊅吾位不〔失〕：「失」字原缺，今補。「吾位不失」，承上「立有命」，亦總括「畏天」、「愛地」、「受民」三事。三事是因，「不失」是果。故此句文意屬上，譯為「所以我能居此帝位而不會失去」。「失」與下文之「至」為質部協韻。㈦吾苟能親親而興賢：「苟」，如果。是遞進語氣，意為：我如果再能……。上「親」字為動詞，謂眷愛、愛護、團結。下「親」字為名詞，謂親族、親屬。「親親」的反面，即是「上殺父兄，下走子弟」（《經法・亡論》）。《左傳・昭十三年》：「親親與大」、《公羊傳・莊三十二年》：「親親之道」、《孟子・盡心上》：「親親而仁民」等皆是「親親」之詞源。「興賢」，謂起用賢人。此當包含「起賢廢不肖」兩層含義。按：「親親興賢」是析言「親民」之意。㈧吾不遺亦至矣：「不」，無。「遺」，缺憾，不足。「至」，極點。這是說，我做到了這些，便已功德圓滿再無缺憾了。

【今譯】「我謹畏天命，敬愛大地，愛護人民，立身行事以天命為本，執守道本，立心誠信。我謹畏天命所以上天保佑我，我敬愛大地所以土地不荒廢，我愛護人民所以人民不會饑餒勞疲而流於死亡。因為這些，所以我能永守帝位而不會失去。我如果再能做到眷愛親屬、起用賢人而摒退不賢，那麼就可以說功德圓滿再無缺憾了。」

【闡述】本段緊接上段，仍是黃帝的即位演說。

我們綜合一下全篇黃帝的演說，有這樣幾處值得探討：「唯余一人德乃配天」、「吾允地廣裕，類天大明」、「吾位不失」、「吾不遺亦至矣」，這似乎與老子極盡謙恭的一貫思想是有差異的。道家黃老學派雖然也與老子道家學派一樣主功成不居，但對功名偉業的追求與認同卻顯異於老子。其後之《管子》、《繫辭》等也都繼承了黃老學派的「尚功」思想。《繫辭》的「盛德大業至矣」頗似本段「吾不遺亦至矣」的語氣。

〈觀〉第二

【內容提要】 本篇以黃帝臣力黑巡視各地、實地考察為議論開篇，故以「觀」為篇名。

本篇論述了因順自然法則、因順民情與「布制建極」的關係。討論了天地、陰陽、四時、晦明、萬物的創生過程——「牝牡相求，會剛與柔」；自然恰當地將民本思想與自然天道融會貫通。重點討論了自然法則——刑與德的關係，以此關合人事。

明確提出了人應趨時取福，當機立斷。這便是「當天時，與之皆斷。當斷不斷，反受其亂」。其中對於天時所持「守」和「斷」的二重組合論，頗能反應黃老學派的特色。

而其中的「生」、「刑」說、災異論等，對五行學派的創生起了一定的影響作用。

〔黃帝〕令力黑浸行伏匿㊀，周流四國㊁，以觀無恒，善之法則㊂。力黑視象㊃，見黑則黑，見白則白㊄。地□□□□□□□□〔則〕惡㊅。人則視竟㊆：人靜則靜，人作則作㊇。力黑已布制建極㊈，□□□□□曰㊉：天地已成而民生⑪，逆順無紀⑫，德瘧（虐）無刑⑬，靜作無時，先後無名⑭。今吾欲得逆順之〔紀，德虐之刑，靜作之時〕，以為天下正，靜作之時，因而勒之，為之若何⑮。

【註釋】㊀〔黃帝〕令力黑浸行伏匿：「力黑」，當從敦煌所出汗簡作「力墨」，為傳說中黃帝四輔（四位輔佐大臣）之一。因「墨」音近「牧」，故古書中亦作「力牧」；因「墨」形近「黑」，故古書中亦作「力黑」。「浸行」，即潛行，謂微服出訪。「伏匿」，隱蔽，隱藏其身分。㊁周流四國：「周流」，周行，周遊。「四國」，天下四方之國。㊂以觀無恒，善之法則：按：此二句有的注家中間不逗，則所解另是一說，似非正解。「觀」，調察、考察。「恒」，當即「恒德」。《論語・子路》：「人而無恒……不恒其德」、《孟子・梁惠王》：「苟無恒心，放僻邪侈無不為已」、

《易・乾》文言「進退無恒」、「恒」《彖傳》「觀其所恒」、《象辭》「不恒其德，無所容也」等等，並是此「以觀無恒」之義。「無恒」，即品行不合規範。「善之法則」，謂為民制定法則（《易・略例》注：「善，修治也。」「之」，指代民）。「善之法則」即下文之「布制建極」。㊃視象：「象」，法象，即自然界的現象。「視象」，由觀察自然界的現象而推導人類社會的事物現象。㊄見黑則黑，見白則白：「黑白」，以自然現象界的深淺顏色關合人事的是非善惡。〈果童〉所謂「地有山有澤，有黑有白，有美有惡」是也。上面的「黑」、「白」為名詞，後面的「黑」、「白」為動詞，謂發現醜惡的品行便加以懲罰（刑），發現善良的品行便加以褒獎（德）。㊅地□□□□□□□□□〔則〕惡：按：中間所缺九字雖未能明，然據下句「人則視竞」來看，此處仍為天、地、人並舉之例。〈果童〉說：「觀天於上，視地於下，而稽之男女」。「人則視竞」即「稽之男女」之意，則本句十二字亦當與「觀天於上，視地於下」相關，也即取法、參照天地之意。又〈果童〉說「天有恒幹，地有恒常，合〔此幹〕常，是以有晦有明，有陰有陽。夫地有山有澤，有黑有白，有美有惡，……靜作相養，德虐相成」，均與本文文意相近，故疑此句文意似為「地〔之所德則善，天之所刑〕〔則〕惡」。言天地所養護的則善待之，天地所誅伐的則唾棄之。此近似於「因天之生也以養生，因天之殺也以伐死」。㊆人則視竞：按：依上下文例，此句疑當作「人視則竞」。「視」同「示」，

「売」讀為「鏡」，借鑒、參照。言人們顯示出的取捨好惡則用以做為借鑒參照。「売」（鏡）下當為冒號「：」。⑧人靜則靜，人作則作：此是補充說明「人示則鏡」的。「靜」謂冬時之閒息，「作」謂春、夏、秋三時之勞作。此二句是說人們冬閒時需要靜息便聽其自為，農忙時需要勞作也任其自便。這有些象〈君正〉所說的「一年從其俗」。因為「一年從其俗則民知則」，故下文便因之而「布制建極」。⑨布制建極：頒布制度，建立規章（「極」，準則，各項規章制度）。⑩□□□□□曰：按：據下文「黃帝曰」，可知此處當是「力黑曰」，故此處當為「□□□。（力黑）曰」。所缺第三字下當為句號，並且在意思上與上句之「布制建極」相關；在韻部上當與上句職部之「極」字協韻。似當作「力黑已布制建極，而正之。力黑曰……」。「之」為代詞，指代百姓。「極」、「之」，為職、之合韻。「而正之」探下文「而勤之」。又按：「黃帝曰」以下再無「力黑曰」字樣，則本篇為力黑問、黃帝答。此與〈果童〉、〈成法〉、〈順道〉等均為黃帝問、力黑答的立言形式迥異，未明何故。考此篇原文，「黃帝曰」至終篇，很多話是在以上諸篇中（包括〈姓爭〉）為力黑所言，故頗疑中間有幾處是省略了「力黑曰」字樣的。⑪天地已成而民生：此與〈姓爭〉「天地已成，黔首乃生」同文意。「而民生」即「民乃生」（「而」猶「乃」，「黔首」謂「民」）。⑫逆順無紀：「逆順」猶上文之「黑白」，謂是非善惡。「紀」，法紀，標準。⑬德虐無刑：「德虐」

猶「賞罰」，「無刑」，猶「無常」，謂沒有定則（《爾雅・釋詁》：「刑，常也。《禮記・禮運》注：「刑，猶則也」）。《國語・越語下》：「德虐之行，因以為常」與此義近，韋昭注：「德，謂有所懷柔及爵賞也；虐，謂有所斬伐及黜奪也」。按：此句是承上句而言，因是非善惡沒有區分的標準，所以也導致了獎懲賞罰的沒有定則。㈣先後無名：「先後」，謂貴賤尊卑（《禮記・樂記》：「是故先王有上有下，有先有後，然後可以有制於天下也」。鄭玄注：「言尊卑備，乃可製作以為治法」。又云：「德成而上，藝成而下。行成而先，事成而後。」鄭玄注：「先，謂位在上也。後，謂位在下也」）。「無名」，沒有確定的名分用以區分。㈤今吾欲得逆順之〔紀，德虐之刑，靜作之時〕，以為天下正，靜作之時，因而勒之，為之若何：按：疑此處抄文、注家所補字及標點均有訛誤，如此讀法，文意不相貫、字句重複（「靜作之時」顯係複贅）並且失韻。此承上文而言，疑原文本作：「今吾欲得逆順之〔紀，德虐之刑〕，靜作之時，〔先後之名〕，以為天下正。因而勒之，為之若何？」注家所補「紀，德虐之刑」五字不誤，次序亦對；而所補「靜作之時」四字顯誤，當刪。原帛書抄文「靜作之時」四字當前移至「以為天下正」之前；而上移的「靜作之時」下當補「先後之名」。「以為天下正」下為句號。「刑」、「名」、「正」為耕部協韻。「得」，謂使之得當。「以為天下正」，使之成為矯正天下的楷式。「勒」，約束（《釋名・釋車》：「勒，絡也」，引申謂約束）。「為之如何」，可有兩種解釋。一種譯為：這樣做如何？另一種可譯為：如何纔能做到這一點？兩種譯法似均可通。

【今譯】　黃帝委派大臣力墨隱藏身分微服出訪，巡視各國，考察人們品行上有否不合規範的地方，並為之制定行為準則。力墨仔細考察各種事物現象，發現醜惡的品行便加以懲罰，發現善良的品行便加以褒獎。凡屬天道所養護的便善待之，屬天道所誅伐的則唾棄之。對於人們所顯示出的取捨好惡則用以作為借鑒參照：人們冬閒時需要靜息則聽其自便，農忙時需要勞作便任其自為。當力墨已建立並頒布了各項規章制度並要以此順正民情時，便對黃帝說：大自然已經形成，人類也隨之誕生，但此時是非善惡尚無區分的標準，獎賞懲罰也因之沒有定則，閒息忙作尚缺乏規律性，貴賤尊卑還沒有確定的名分。現在我想使這些都變得恰當得體，使是非善惡能有分界，使獎懲賞罰能有準度，閒息忙作能有規律，貴賤尊卑能有確定的名分，使之成為矯正天下的楷式。並以此來規範約束人們的行為，這樣做怎麼樣呢？

【闡述】　本段是力黑向黃帝闡述治民之策。他闡述了以下幾個觀點：

一個是因順自然法則，即文中的「視象，見黑則黑，見白則白，地〔之所德則善，天之所刑〕〔則〕惡」。

一個是因順民情，即文中的「人示則鏡：人靜則靜，人作則作」——此即〈君正〉的「從其俗」。一個是因順民情與以法約之相輔相成，即文中的「善之法則」、「布制建極」、「正之」、「勒之」——此即〈君正〉篇的「從其俗」與「發號令」互為表裏。

黃帝曰：羣羣□□□□□□為一囷㊀。無晦無明，未有陰陽㊁。陰陽未定，吾未有以名。今始判為兩，分為陰陽㊂，離為四〔時〕，□□□□□□〔德虐之行〕，因以為常㊃。其明者以為法，而微道是行㊄。行法循□□□牝牡㊅。牝牡相求，會剛與柔㊆。柔剛相成，牝牡若刑（形）㊇。下會於地，上會於天㊈。得天之微，時若□□□□□□□□□寺（恃）地氣之發也，乃夢（萌）者夢（萌）而茲（孳）者茲（孳），天因而成之⑩。弗因則不成，〔弗〕養則不生⑪。夫民之生也，規規生食與繼⑫。不會不繼，無與守地；不食不人，無與守天⑬。

【註釋】㈠羣羣□□□□□□為一囷：「羣羣」，讀為「混混」。《老子》十四章：「混而為一」，帛書《老子》乙本「混」作「緒」。又或讀為「渾渾」，《史記・楚世家》「熊惲」，索隱云：「惲，《左傳》作頵」。「為」，如，如同（訓見《古書虛字集釋》）。「囷」，音ㄐㄩㄣ，本謂圓形倉廩（《說文》：「囷，廩之圜者。從禾在囗中。圜謂之囷」），在此取譬天地未成、陰陽未分時的混沌窈冥的狀態。中間缺六字，疑足文當為「混混（沌沌，窈窈冥冥），為一囷」。「混混沌沌」喻其混聚，「窈窈冥冥」況其昏暗，「如一囷」，則是天地未成、陰陽未分時混聚昏暗狀態之合譬。「沌」、「囷」為文部協韻。《文子・十守》：「天地未形，窈窈冥冥，渾而為一」即此也。《藝文類聚》卷一引《三王歷紀》「天地混沌如雞子」與此混沌如一囷之取譬相近。㈡無晦無明，未有陰陽：「明晦」指光明黑暗，又指晝夜。按：天地分，陰陽別，方有明晦晝夜，即陰陽別在前，晝夜分在後（《性命圭旨》「陽之清者升上而煥麗也，則日月星辰布焉」，即是說有陰陽方有日月，而明晦晝夜在日月生成之後也）。《四經》言其次序時似並不經意。㈢今始判為兩，分為陰陽：「判」，分開。「兩」即「兩儀」，指天地。此即《周易》所謂「天地定位」、「分陰分陽」。㈣□□□□□□□（德虐之行），因以為常：「德虐之行」四字原缺，注家據《國語・越語下》「德虐之行，因以為常」補，是也。「行」、「常」，陽部協韻。此是說獎懲賞罰兼行並舉，並將其做為一項制度確定下來。此呼應上文「今吾欲得……德虐之刑」句意。中間缺七字，據文例，此處皆為四四句，且為協韻式，則似當缺八字，蓋為「剛柔相成，萬物乃生」。「成」、「生」，耕部協韻。秋冬為剛，春夏為柔，四時既分，故有剛柔。四時剛柔相推，故有萬物之生，而萬物之生便有「德虐之行」也。《文子・十守》下面一段文字與此相近，可以參考：「天地未形，窈窈冥冥，渾而為一，寂然清澄，重濁為地，精微為天，離而為四時，分而為陰陽……剛柔相成，萬物乃生。」㊄其明者以為法，而微道是行：「明」，光明，喻指陽、日、德——獎賞。「法」，取法。「微」，隱晦，喻指陰、月、刑——懲罰。這是說：要取法自然規律以行獎賞，也要順行自然規律以施懲罰——二者須相互配合。〈姓爭〉：「刑德皇皇，日月相望……刑晦而德明，刑陰而德陽，刑微而德彰。其明者以為法，而微道是行。」此可作為此二句的注腳。又，《國語・越語下》：「天道皇皇，日月以為常。明者以為法，微道則是行」。《鶡冠子・世兵》：「明者為法，微道是行。」皆可與此二句相參讀。㊅行法循□□□牝牡：「行」，即上文「而微道是行」之「行」，謂順行自然規律。「法」，即上文「其明者以為法」之「法」。謂取法自然規律。「循」，遵循。「牝牡」，即陰陽。中間所缺三字疑為「道是為」。「行法循〔道〕，〔是為〕牝牡」，意思是說：順行取法自然規律、遵循天道，這就是陰陽的全部道理。〈本伐〉：「道有原而無端……循之而有常」，「循之」，即此「循道」也。《易・繫辭上》：「一陰一陽之謂道」，即此「是為牝牡」也。「道」、「牡」、「求」、「柔」，幽部協韻。㈦牝牡相求，會剛與柔：這是說陰陽聚合，剛柔相濟。「牝牡（陰陽）」言其體，「剛柔」言其用。㈧剛柔相成，牝牡若刑（形）：「若」猶「乃」，於是。這是說剛柔相輔相成，陰陽二氣合和而成就萬物。《淮南子・精神》：「於是乃別為陰陽，離為八極，剛柔相成，萬物乃形」，即是此義。㈨下會於地，上會於天：輕清的陽氣向下與重濁的陰氣合會於地而生就五穀草木，重濁的陰氣向上與輕清的陽氣會合於天而生成了日月星辰。《性命圭旨・大道說》所謂「陰之濁者重滯而就地也，則海岳峙而五穀草木昌焉」、「陽之清者升上而煥麗也，則日月星辰布焉」。《莊子・田子方》：「至陰肅肅，至陽赫赫。肅肅出乎地，赫赫發乎天（從高亨校改）。兩者交通成和，而物生焉」即此也。㈩得天之微，時若□□□□□□□□□寺（恃）地氣之發也，乃夢（萌）者夢（萌）而茲（孳）者茲（孳），天因而成之：按：此數句當以對偶的句式解之，且下文亦有與此相呼應的句式和文意。「得天之微」，即得天氣之精微。天氣，陽氣也。「寺」讀為「恃」，依賴，依靠。「恃地氣之發」與「得天氣之微」相儷偶，謂恃陰氣之發。《莊子・田子方》：「至陰肅肅，至陽赫赫。肅肅出乎地，赫赫發乎天」即此「得天氣之微……恃地氣之發」也。下文「贏陰布德，〔重陽長，晝氣開〕民功……宿陽修刑，重陰長，夜氣閉地孕」亦是呼應此文。「晝氣」、「夜氣」即陽氣（天氣）、陰氣（地氣）也。

「時若」疑當作「若時」。「若」猶下文之「乃」。準下文「乃萌者萌而孳者孳」的句式，則此句當與之儷偶，而作「若時者×而×者×」。上文言「逆順無紀，德虐無刑，靜作無時，先後無名」，是說乖舛時序，事無定則，則疑此句當作「若時者時而恒者恒」，言該合時序的便合時序，該有定則的便有了定則。下文「天因而成之」，則此處末後所缺五字當作「地因而養之」。下文「弗因則不成，弗養則不生」即是呼應此處的「地因而養之」、「天因而成之」也。所以，此處數句原文當作：「得天之微，若時〔者時而恒者恒，地因而養之〕；恃地氣之發也，乃萌者萌而孳者孳，天因而成之」。「養」為陽部字，「成」為耕部字。陽耕合韻。按：這裏提到了「微」這個哲學術語。「微」是形容天道的精微幽深。「微」字成為哲學術語，始於老子。《老子》十四章：「搏之不得，名曰微」。此為形容道之幽隱未形。同書十五章「微妙玄通」，此為體道者所達到的神妙境界。三十六章「是謂微明」，此為喻指事物萌發的機先徵兆。《易傳・繫辭上》之「知幾」與「微明」意同。《繫辭下》：「夫《易》……微顯闡幽」。此皆可以窺見老學影響《繫辭》的痕跡。㊁弗因則不成，〔弗〕養則不生：不因循天道萬事便不會成功，沒有地道的養育萬物便不會生長。按：這裏提到了「因」這個哲學術語。「因」是依循之意。「因」，為先秦道家所提倡的一個重要觀念。《老子》書中無此概念，最早見於本書和《莊子》。《莊子》書屢用「因」以表順任自然之義。如〈齊物論〉：「亦因是也」，就是說順著這個樣子，意即因任自然的方式（林雲銘《莊子因》解說：「因其各自為是而不參之以己見」）。同篇「因是已」，「因」謂因物自然。〈養生主〉：「因其固然」，意指因循事物的自然結構。〈德充符〉：「常因自然而不益生」，意指順任自然而不要人為去增益。到了稷下道家，進一步提出「貴因」思想，並提出「靜因之道」的認識方法。《管子・心術》可為其代表。〈心術上〉一再強調「因」的重要性，謂「因也者，捨己而以物為法者也」，亦指屏除一己成見而以客觀事物為依據。並認為所謂因，即不是由自己主觀擇取，所以能做到不偏頗（「因也者，非吾所取，故無頗也」）。〈心術篇〉宣揚「因之術」，說「無為之道，因也。因也者無益無損也。以其形因為之名，此因為之名，此因之術也」。〈心術篇〉所提出的「靜因之道」即排除主觀的嗜欲與成見而依客觀事物自身的規律行事，成為稷下道家認識論的重要命題；並對儒家的荀子有重大影響。荀子「虛壹而靜」的認識原則，便是對稷下道家「靜因之道」的繼承與再造。慎到也重視「因」。《慎子・因循》說：「天道因則大，化則細。因也者，因人之情也。人莫不自為也，化而使之為我，則莫不可得而用矣……故用人之自為，不用人之為我，則莫不可得而用矣，此之謂因」。《管子・心術上》曾提出「道貴因」的思想，慎子學派亦持同一觀點。〈心術上〉也提到「因人之情」的主張，慎子學派這裏則具體地說明「用人之自為」是「因人之情」的一種表現。黃老學派所提出的「因」的思想，對法家韓非也有所影響。韓非將「因人情」導入治道，他認為「凡治天下，必因人情。人情者，有好惡，故賞罰可用；賞罰可用，則禁令可立而治具矣」（《韓非子・八經》）。稷下道家說「因」是「捨己而以物為法」，韓非則說「捨己能而因法數」（〈有度〉）。他在「因道全法」（〈大體〉）的前提下，提出「因資而立功」（〈喻老〉）、「因任而授官」（〈定法〉）等主張。㊂夫民之生也，規規生食與繼：「規規」，意指懂得基本道理。《莊子・齊物論》：「日夜相代乎前，而莫知其所萌」；《德充符》作：「日夜相代乎前，而知不能規乎其始者也」。是「規」義猶「知」。《荀子・非十二子》：「䂓䂓然」，楊倞注：「䂓䂓，小見之貌。」䂓音ㄐㄧˋ。則重疊「規」字，為「小見」之義，意即懂得簡單的道理。「生食與繼」，生存飲食繁衍後代。按：下文「不繼」、「不食」及「所以食之」、「所以繼之」皆承此「食與繼」而言。「生」字疑讀為「性」，本性，本能。古所謂「食、色，性也」（《孟子・告子上》），「色」即男女婚育，即此「繼」也。「生」讀為「性」有證可稽。㊂不會不繼，無與守地；不食不人，無與守天：「不會」，不婚娶交配。「不人」，不能養育人。古人視「地」為「母」，「地」之為字，從土從也，「也」為女性生殖器的象形。因為「地」統治著「生育長養」，所以說「不會不繼，無與守地」。古人視「天」為「父」，「民以食為天」，天統治著「萬物資始」，所以說「不食不人，無與守天」。

【今譯】　黃帝說：天地未生之前，先天一氣，看去混混沌沌，窈窈冥冥，渾聚昏暗，如一穀倉。此時陰氣陽氣未分，無所謂明暗晝夜。陰氣陽氣聚散未定，所以一切都無法稱名。現在天地既分，陰陽既別，離析而為春、夏、秋、冬四季，剛柔的相互更迭推衍，便有了萬物的生成，因此獎懲賞罰須兼行並舉，並要將其做為一項制度確定下來，而獎賞懲罰的施行，要取法自然規律，二者須相互配合。順行取法自然規律，遵循天道，這便是陰陽的全部道理。陰陽聚合，剛柔相濟；剛柔的相輔相成，陰陽的融會合和，便成就了萬物。輕清的陽氣向下與重濁的陰氣合會於地而生就了五穀草木，重濁的陰氣向上與輕清的陽氣會合於天而生成了日月星辰。因為得到了天氣的精微，於是該合時序的便合時序，該有定則的便有了定則，萬物因此得到了大地的養護；依賴於地氣的發動，於是該萌生的便萌生了，該孳長的便孳長了，萬物因此得到了上天的成就。不因循天道萬事便不會成功，沒有地道的養護萬物便不會生長。人類剛一降生，便本能地懂得飲食生育的道理。不婚娶交配人類便不得繁衍，這樣也就談不上持守地道；無飲食來源人便不得養育，這樣也就談不上持守天道。

【闡述】　本段論述天地陰陽等的生成過程。這裏提到了「微」和「因」這樣兩個術語。最後發展為黃老學派的兩個重要的哲學概念。

本段結尾幾句「夫民之生也，規規生（性）食與繼。不會不繼，無與守地；不食不人，無與守天」，巧妙自然地將民本思想與自然天道融會貫通。陰陽、牝牡、雌雄的構詞，仍是陰性在前，陽性在後，與老子行文語近，乃為母系社會特性之孑遺；而柔剛、天地的組合形式則未確定，柔剛也作剛柔，天在地前，也可以地在天前，這都是本經的一大特點，這在稍後的古籍中已難得見到——天地、天地人的排列形式已成定格。也據此可見《黃帝四經》的產生年代很早，否則不會出現這種情況。

是〔故〕贏陰布德，〔重陽長，晝氣開〕民功者，所以食之也；宿陽脩刑，童（重）陰長，夜氣閉地繩（孕）者，〔所〕以繼之也㈠。不靡不黑，而正之以刑與德㈡。春夏為德，秋冬為刑㈢。先德後刑以養生㈣。姓生已定，而適（敵）者生爭，不諶不定㈤。凡諶之極，在刑與德㈥。刑德皇皇，日月相望，以明其當，而盈〔絀〕無匡㈦。

【註釋】㈠是〔故〕贏陰布德，〔重陽長，晝氣開〕民功者，所以食之也；宿陽脩刑，童（重）陰長，夜氣閉地繩（孕）者，〔所〕以繼之也：「是」下原空缺二字，準下文「是故使民毋人埶」、「是故為人主者」文例，疑「是」下缺一字，而非二字，所缺之字為「故」。「是故……」乃議論之發端，緊承上文。此是《四經》習用之筆法。「民」字上，注家或以為缺四字，或以為缺五字。疑缺六字，即「重陽長，晝氣開」。「重陽長，晝氣開民功者，所以食之也」與下文「重陰長，夜氣閉地孕者，所以繼之也」文正相儷。「晝氣」呼應「重陽」，「夜氣」照應「重陰」，《稱》所謂「晝陽夜陰」是也。「夜氣閉地孕」者，下文「陰節」、「蟄蟲不出」是也；「晝氣開民功」者，下文「陽節」、「蟄蟲發聲」是也。《淮南子・原道》：「與陰俱閉，與陽俱開」、〈精神〉：「靜則與陰俱閉，動則與陽俱開」、〈天文〉：「晝者陽之分，夜者陰之分」等均可與此參證。「贏」同「盈」，滿盛。「宿」，久，積久。「脩」同「修」，預備，蘊育（《國語・周語》注：「修，備也」）。這是說：陰氣滿盛時陽氣便開始萌生，所以此時長養之德開始布散；陽氣逐漸積累，晝氣發動，成就事功，人類因此而得到飲食養育。陽氣積久時陰氣便開始萌動，所以此時肅殺之刑開始醞釀；陰氣開始逐漸積累，夜氣閉合，孕育生機，人類因此而得到後繼繁衍。這裏講的是陰陽刑德相互依存轉化的道理，也即由「度之內」向「度之外」積累轉化的過程。《淮南子・天文》：「日冬至則斗北中繩，陰氣極，陽氣萌，故曰冬至為德。日夏至而斗南中繩，陽氣極，陰氣萌，故曰夏至為刑」，此亦可視為

「贏陰布德」、「宿陽修刑」之詮釋。㈡不靡不黑，而正之以刑與德：「靡」同「縻」，古籍通作（《易・中孚》〈釋文〉云：「靡，本又作縻」），謂繩索、繫縛（《廣雅・釋詁》：「縻，索也」。《荀子・正論》注：「靡，繫縛也，與縻義同」）。「黑」通「纆」，指繩索（《說文》：「纆，索也」，後作「纆」。《說文通訓定聲》：「纆，索也……《史記・仲尼弟子列傳》：『罕父黑，字子索』，以黑為之」）。此二句是說：不人為強制性地去對人民約束羈縻，因順取法自然規律的德刑生殺去布施賞罰而使民情歸於正道。此是對老子「善結無繩約而不可解」（《老子・二十七章》）思想的繼承與再造。《管子・樞言》：「先王不約束，不結紐。約束則解，結紐則絕」，思想是一脈相承的。在順任因循之外，黃老又提出刑、德二節，此顯然是對老子道家的一種發展和再造；然刑德二節又非常確定是以順任因循天道為依據的，是天道的一種取法和再現，具有明確的「度」的規定，這又顯別於後世法家的一味任刑任法。刑、德二節韓非稱之為「二柄」，云：「明主之所導制其臣者，二柄而已矣。二柄者，刑德也。何謂刑德？曰：殺戮之謂刑，慶賞之謂德。」㈢春夏為德，秋冬為刑：這仍然是以天道比附人事，以人事取法天道的意思。此種思想，為後世多種學派所推重。如《管子・四時》：「是故陰陽者天地之大理也，四時者陰陽之大經也，刑德者四時之合也。刑德合於時則生福，詭則生禍（按：「詭」疑當作「乖」）……日掌陽，月掌陰……陽為德，陰為刑……德始於春，長於夏；刑始於秋，流於冬。刑德不失，四時如一，刑德離向，時乃逆行」。《風俗通・皇霸》：「謹按：《易》、《尚書大傳》……春夏慶賞，秋冬刑罰」。《春秋繁露・王道通三》：「陰陽之理，聖人之法也。陰，刑氣也；陽，德氣也。陰始於秋，陽始於春」。《太平御覽》卷二十二引〈范子計然〉：「德取象於春夏，刑取象於秋冬。」㈣先德後刑以養生：此同於〈論約〉：「始於文而卒於武」。四時節序，春夏之長養在先，秋冬之肅殺在後。人事亦取法此自然規律，始於德教，而繼之以刑罰。自然之四時節序之交替更迭而長養萬物，人事之德賞刑罰之相互為用以教化眾生。「養」，教育，教化（《禮記・文王世子》注：「養，猶教也」）。《論語・陽貨》：「唯女子與小人為難養也」，「養」即教化之義。㈤姓生已定，而敵者生爭，不諶不定：「生」同「姓」（《左傳・昭公十一年》注：「姓，生也」。《書・汨作九共槀飫序》傳：「生，姓也」）。「姓生」猶姓氏。「姓生已定」，是說能夠區別婚姻、貴賤的氏族部落已經形成（「氏」別貴賤，「姓」別婚姻。「姓氏」是氏族部落賴以形成存在的依據。《禮記・大傳》注：「姓，世所由生也」。《史記・五帝本紀》集解引《鄭駁五經音義》：「姓者，所以統繫百世使不別也」。《史記・五帝本紀》集解引《鄭駁五經音義》：「氏者，所以別子孫之所出也」。《白虎通・姓名》：「所以有氏者何？所以貴功德賤伎力，或氏其官，或氏其事，聞其氏即可知其德，所以勉人為善也」。《左傳・隱公八年》：「天子建德，因生以賜姓，胙之土而命之氏」）。「敵者生爭」，是說氏族社會中相互敵對的部落和階級之間發生了戰爭和爭鬥。「不諶（戡）不定」，是說對這種戰爭和爭鬥不予以伐正社會就不會安定。㈥凡諶之極，在刑與德：刑之與德、誅伐與文教並用，便是伐正的準則。《尉繚子・天官》：「梁惠王問尉繚子曰：黃帝刑德，可以百勝，有之乎？尉繚子對曰：刑以伐之，德以守之，非所謂天官時日陰陽向背也。黃帝者，人事而已矣」。所謂「百勝」，正釋此「極」字。㈦刑德皇皇，日月相望，以明其當，而盈〔絀〕無匡：「皇皇」，光明，顯著。「匡」讀為「枉」，偏頗（《考工記・輪人》注引鄭司農云：「匡，枉」）。「絀」字原缺，今補。下文「贏而事絀」、「絀而事贏」、《稱》「贏絀變化」等皆可據補。「贏絀」猶「贏縮」，又作「盈縮」，謂進退也（《國語・越語下》：「贏縮轉化」，韋昭注：「贏縮，進退也。」《國策・秦策三》：「進退盈縮變化，聖人之常道也。」）。這是說，刑與德相互配合使用的道理是極為簡單顯明的，這就如同日月交替運行一樣，懂得了恰當地使用刑德的道理，那麼進退動靜就不會有什麼偏頗了。

【今譯】 陰氣滿盛時陽氣便開始萌生，所以此時長養之德開始布散；陽氣逐漸積累，晝氣發動，成就事功，人類因此而得到飲食養育。陽氣積久時陰氣便開始萌動，所以此時肅殺之刑開始醞釀；陰氣逐漸積累，夜氣閉合，孕育生機，人類因此而得到後繼繁衍。在治理百姓時，不要人為強制性地去對人民約束羈縻，要因順取法刑德生殺的自然規律去布施賞罰而使民情歸於正道。四時節序，春夏之長養在先，而秋冬之肅殺在後，人事亦當取法此自然法則，始於德教，而繼之以刑罰，四時節序之交替更迭而長養萬物，人事之德賞刑罰相互為用以教化眾生。能夠區別婚姻和貴賤的氏族社會已經形成，其中相互敵對的部落和階級之間便不斷發生戰爭和爭鬥，對這種戰爭和爭鬥不予以伐正社會就不會安定。而刑之與德、誅伐與文教並用，便是對其予以伐正的準則。刑與德相互配合使用的道理是極為簡單顯明的，這就如同日月交替運行一樣，懂得了恰當地使用刑德的道理，那麼進退動靜就不會有什麼偏頗了。

【闡述】 本段繼續論述自然法則——刑德說。

「春夏為德，秋冬為刑」、「先德後刑以養生」、「刑德皇皇，日月相望」即是討論刑與德的關係。刑德、文武、柔剛、爭與不爭等一系列問題，在《四經》中所傳達出的意向似乎都帶有初建的性質。剛剛從老子道家分化出來，企圖建立一種新的學說；而這種新的觀點在很多地方似乎都還帶有很大的游移性和不確定性。這可能需要經過不斷的完善以至最終定格。而最終的定格也似乎同時意味著發展潛力的終斷和門戶壁壘的形成，其思想活力的淡化也即到來。

本段說「春夏為德，秋冬為刑」，這與「刑德皇皇，日月相望」、「文武並行」是一致的；但又說

「三時成功，一時刑殺」（〈論約〉。這裏顯然又是「春夏秋為德，冬為刑」了），這又與「用二文一武者王」（〈四度〉）、「德薄而功厚者隳」（〈亡論〉）是一致的。這種自相出入的現象多處出現。比如說「重柔者吉，重剛者滅」（〈名理〉），這是老子崇尚雌節的思想；但又說「剛不足以，柔不足恃」（〈三禁〉）。多處主張「無為也」、「事有害」而排抵「兵戰力爭」；但又說「作爭者凶，不爭亦無以成功」（〈姓爭〉）。說「武刃而以文隨其後」，又說「始於文而卒於武」……。這些都可窺見黃老學派大路椎輪的初創風貌；同時，也可看到黃老學派在有為與無為、王道與霸道、理論與實用之間進行選擇、協調的艱難複雜的過程。

而其後的黃老學派，如《管子》等則已經將其中幾處游移未定、伸縮力極強的界說定格化，如對「用二文一武者王」的申釋：「先王用一陰二陽者霸，盡以陽者王。以一陽二陰者削，盡以陰者亡」（《管子・樞言》），這顯然明瞭、確定多了。又比如關於四時刑德的申釋：「天出陽為暖以生之，地出陰為清以成之。不暖不生，不清不成。然而計其多少之分，則暖暑居百，而清寒居一。德教之與刑罰，猶此也。故聖人多其愛而少其嚴，厚其德而簡其刑，以此配天」（《春秋繁露・基義》）。這顯然是在黃老「春夏為德，秋冬為刑」與「三時成功，一時刑殺」之間選擇發揮了後者。

《四經》黃老學說的濫觴初創的特質，為後世各取所需留下間隙，也是黃老學派的發展具有多種支系走向的原因。

夫是故使民毋人埶，舉事毋陽察，力地毋陰敝㈠。陰敝者土芒（荒），陽察者奪光㈡，人埶者摐兵㈢。是故為人主者，時控三樂㈣，毋亂民功，毋逆天時㈤。然則五穀溜孰（熟）㈥，民〔乃〕蕃茲（滋）。君臣上下，交得其志。天因而成之。夫並時以養民功㈦，先德後刑，順於天㈧。其時贏而事絀，陰節復次，地尤復收㈨。正名修刑，執（蟄）蟲不出，雪霜復清，孟穀乃蕭（肅），此材（災）〔乃〕生，如此者舉事將不成㈩。其時絀而事贏，陽節復次，地尤不收⑪。正名施（弛）刑，執（蟄）蟲發聲，草苴復榮，已陽而有（又）陽，重時而無光，如此者舉事將不行⑫。

【註釋】㈠夫是故使民毋人埶，舉事毋陽察，力地毋陰敝：「埶」當作「執」，偏執、固執。「察」、「敝」，謀度，考慮。「舉事」，謂動，謂兵役、發動戰爭。「力地」，謂靜，謂務農、休養生息。「陽」，生養、護存。「陰」，刑殺、誅戮。這是說：統治人民不要人為地偏執一己之私，征戰伐國時不要從存生護養的角度考慮問題，務農息養時不要從刑殺誅戮的角度去考慮問題。詳見《經法・國次》注。㈡陰敝者土荒，陽察者奪光：以刑殺斬伐的思想指導務農養息則土地荒蕪，以存生護養的思想指導征討伐國則功名喪失。詳見《經法・國次》注。㈢人埶（執）者摐兵：按：此當與《經法・國次》之「人執者流之四方」、「人執者失民」聯繫起來予以詮釋。「摐」為「撞」之異體，《廣雅・釋言》：「摐，撞也」。「撞」即觸著、遭遇、遭受的意思。「兵」，指兵禍或戈矛之屬。因此，「摐兵」可釋為遭受到兵禍；或直接釋為：被戮而死。這與〈國次〉「流之四方」的說法是完全一致的。參看《經法・國次》注。㈣時挃三樂：按：自此以下數句與《國語・越語下》一段文字很接近，現徵引如下：「四封之內，百姓之爭，時節三樂，不亂民功，不逆天時，五穀稑熟，民乃蕃滋，君臣上下，交得其志」。「時挃三樂」，《國語》作「時節三樂」。依文意推之，「挃」蓋讀為「適」。《儀禮・泰射》之「至」字，武威出土汗簡《儀禮》作「適」，即是其證。「節」、「適」即節度、適度。《呂覽・情欲》注：「節，適也。」《考工記・工人》注：「節，猶適也。」《淮南子・精神》注：「適，猶節也」。又按：「節」訓為「正」（《禮記・哀公問》注：「節，正也」）。「挃」讀為「質」，「質」，正也（《一切經音義・九》：「窒，古文懫，同」。《易・

訟》《釋文》：「窒，讀為躓」。《易・損》《釋文》：「窒，劉本作懫。」《周禮・大司馬》注：「質，正也」。《禮記・禮器》注：「質，正也」）。「三樂」，謂春、夏、秋三時之逸樂。因「三時成功」，為農作物長養收穫之時，故此三時之逸樂節制適度也。韋昭注《國語》云：「三樂，三時之務，使人勸樂事業。」㊄毋亂民功，毋逆天時：謂按時播種，按時收穫，不在農忙時興徭役、起兵戎。㊅五穀溜熟：「溜」，注家據《國語》讀為「稑」（音ㄌㄨˋ），謂穀物早熟。按：據《詩》鄭箋可知，乙種穀物較甲種穀物後種卻較甲種穀物先熟，則此乙種穀物謂之「稑」，這是就某一種穀物的生長特點而言。倘泛說五穀統統早熟，則似非好事。這在《京房易》等各種史書的五行傳中稱為「乖時不祥」。「溜」字當讀為「秀」（留聲、秀聲之字古通。《說文》：「㩅，又作㨨」。《廣雅・釋詁》：「㨨，即㩅字也」）。「秀」謂花落結實、農作物長成（《後漢書・章帝八王傳贊》：「或秀或苗」，范曄注：「秀，謂成長也」。《詩・生民》「實發實秀」，毛傳：「不榮而實曰秀」。《釋名・釋天》：「秀者，物皆成也」）。這是說不奪民功，不違農時，五穀就能正常生長成熟。又按：《國語》之「稑」也作「穋」，音亦與「秀」相近。如《史記・孝武本紀》「誘忌」，集解引徐廣曰：「一云謬忌」。則《國語》之「穋熟」亦當讀為「秀熟」。㊆並時以養民功：「並時」，《管子》作「秉時」，即按時，順時。「以養民功」即以助民事。㊇先德後刑，順於天：因順春夏德養在前秋冬刑殺在後的自然規律而先行德教後施刑罰。《管子・勢》：「故不犯天時，不亂民功，秉時養人，先德後刑，順於天。」㊈其時贏而事絀，陰節復次，地尤復收：「贏絀」也作「盈絀」、「贏縮」、「盈縮」，是兩個相反的概念。贏、盈謂長、謂進，指春夏；絀、縮謂收、謂退，指秋冬。「時」謂自然節令，「事」謂舉事。《史記・韓世家》：「時絀舉贏」。贏、絀作為相對的概念提出源於老子。《老子・德經》：「大贏如絀」。《淮南子・時則》也說「孟春始贏，孟秋始縮」。「陰節」，秋冬季節。此「復次」及下文「陽節復次」的「復次」似與「復收」、「復清」、「復榮」之「復」意思有別。「次」謂次序。「復」可能當讀為「愎」。《左傳・僖公十五年》：「愎諫違卜」，杜預注：「愎，戾也」，謂乖戾、違戾。「愎次」，謂乖其次序。又，亦可如字解釋，則「復次」謂時值春夏，已去之秋冬又再次來到。皆謂時序反常。「地尤復收」及下文「地尤不收」之「尤」蓋為「旡」字之訛，「旡」、「既」、「餼」、「氣」古通（見朱駿聲《說文通訓定聲》）。「地旡」讀為「地氣」。「地氣復收」，謂春夏長養、地氣發動之時反而再次如秋冬時收縮了。《淮南子・天文》：「至秋三月，地氣不藏，乃收其殺，百蟲蟄伏，靜居閉戶。」《淮南子》之「地氣不藏」即本經下文之「地旡不收」也。㊉正名修刑，蟄蟲不出，雪霜復清，孟穀乃肅，此災〔乃〕生，如此者舉事將不成：「正名」，蓋謂政令。「修刑」，修治刑罰也。春夏長養之時當布德施惠，頒行慶賞，此卻違逆天時，反行決獄刑罪。《淮南子・時則》：「孟春之月……布德施惠，行慶賞……仲春之月……止獄訟（高誘注：「止，猶禁也」。謂不許斷訟決獄）……立秋之日……修法制，繕囹圄，禁奸塞邪，審決獄，平詞訟。」「蟄蟲」，藏在泥土中過冬的蟲。《禮記・月令》：「孟春之月……東風解凍，蟄蟲始振」。「清」，讀為「清」（音ㄐㄧㄥˋ），寒冷。「孟穀」，即「稷」，穀子。《禮記》作「首種」，《淮南子》作「首稼」。《禮記・月令》：「孟春……行冬令則水潦為敗，雪霜大摯，首種不入」。鄭玄注：「舊說首種謂稷」。《淮南子・時則》：「孟春……行冬令，則水潦為敗，雨霜大雹，首稼不入……仲春行冬令，則麥乃不熟」。「首稼」與「麥」相對，則「首稼」似當具體指「稷」這種農作物。又按：高誘注《淮南子》「首稼不入」句時說「植稼不熟也」，則「首稼」似是泛指農作物。「肅」，謂農作物苗葉枯萎不能成熟。《禮記・月令》「草木皆肅」，鄭玄注：「肅，謂枝葉縮肅」。「乃」字原缺，今補。「此災〔乃〕生」與「孟穀乃肅」文例一致。《淮南子・時則》：「季夏行秋令……稼穡不熟，乃多女災」、「孟秋行冬令……戎兵乃來」，文法都是一樣的。㈡其時絀而事贏，陽節復次，地尤不收：自此以下，與上文文意恰好相反。《淮南子・時則》：「天地始肅，不可以贏」，也是「時絀而事贏」的意思。謂秋冬本當決獄刑罪之時而反布德施賞，乖於天時。《史記・韓世家》：「往年秦拔宜陽，今年旱，昭侯不以此時恤民之急而顧益奢。此謂時絀而舉贏」。又，《禮記・月令》說：「孟秋……行春令……陽氣復還」。《管子・七臣七主》：「冬政不禁則地氣不藏」，皆本於此。㊂正名弛刑，蟄蟲發聲，草苴復榮，已陽而又陽，重時而無光，如此者舉事將不行：「正名弛刑」謂政令上不施刑誅而反頒德賞。「苴」，枯草。「已陽而又陽」，謂春夏剛已過去而現在又重複了一個春夏。「無光」謂無功也。「三時成功」，此雖重複春夏二時卻無成功可言。《禮記・月令》：「仲秋……行夏令……蟄蟲不藏，五穀復生。」

【今譯】　統治人民時不要人為地偏執一己之私，征戰伐國時不要從存生護養的角度考慮問題，務農息養時不要從刑殺誅戮的角度去考慮問題。以刑殺斬伐的思想指導務農養息則土地荒蕪，以存生護養的思想指導征討伐國則功名喪失，偏執一己之私欲會有兵禍的懲罰。做為一個統治者，應在春夏秋農作物生長收穫之時恰當地節制逸樂，使播種收穫適時，不在農忙時興動徭役兵戎。這樣的話農作物就能正常地生長成熟，人民也會不斷地繁衍庶足。君臣上下，和諧融洽，這樣的話，也會得到上天的護佑。順應天時，以助民事。按照春夏德養在前秋冬刑殺在後的自然規律，而先行德教後施刑罰。在萬物長養的春夏節令時卻實行肅殺嚴厲的政令，那麼就會造成節令混亂，秋冬乖違次序而重複出現，地氣不能發動長養萬物而反再次斂縮。在政令上不順應春夏長養的法則而布德施賞卻違逆天時決獄刑罪，這樣的話，就會造成蟄蟲春眠、雪霜復至、苗穀枯萎等一系列災異的出現。在這樣的政令下做任何事情都會失敗。反之，在肅殺的秋冬季節卻布德施賞，違逆天時，那麼也會造成節令混亂，春夏乖違次序而重複出現，地氣不能適時收縮，斂肅萬物。在政令上不施刑誅而反頒德賞，這樣就會造成蟄蟲冬鳴、枯草秋茂、春夏重複等一系列災異現象的出現，而長養萬物的春夏雖然重複出現卻因乖逆天時而無長養之功可言。在這樣的政令下做任何事情都是行不通的。

【闡述】 本段將自然法則與人事具體結合起來論述。這裏有三個問題需要提出：

其一，關於「陰節復次」、「陽節復次」。這是以自然節序的乖舛來影射人事政令的得失的。而這顯然是受「閏月」、「閏年」的啟示的。因此，「閏」的概念是明確的，而古人由對「閏」的忌諱與恐慌（《周禮》「閏月，王居門中終月」）到五行家推衍為對「閏位」（非正統帝位，如秦）的排抵，思路是清晰可見的。

其二，「二分」、「二至」（春分秋分、夏至冬至）是天道四時所含「度」的最典型的體現，而令人驚異的是《四經》在討論天道四時的「度」、「度之內」、「度之外」時卻未見「二分」、「二至」的字樣；尤其本段的論述，與此相關的《禮記》、《呂覽》等都將二分、二至提到顯耀的地位予以論述。二分、二至的概念早見於《左傳》、《周禮》、《易》，而本經獨未見，此點頗值得注意。

其三，「蟄蟲不出」、「草苴復榮」等因天象災異況說人事的思想為五行家所承繼；而「生」時反

「刑」、「刑」時反「生」的論述，又與五行家的「生刑（克）」說有著無法否定的聯繫。倘不能據此認定五行學派源於黃老，然其有著內在聯繫是無疑的。

天道已既，地物乃備㈠。散流相成，聖人之事㈡。聖人不巧，時反是守㈢。優未愛民，與天同道㈣。聖人正以侍（待）之，靜以須人㈤。不達天刑，不襦不傳㈥。當天時，與之皆斷；當斷不斷，反受其亂㈦。

【註釋】㈠天道已既，地物乃備：「既」，成。「備」，具。言天道已成，萬物具備，人但順成其事可也。㈡散流相成，聖人之事：「散流」，指陰陽二氣的聚散流動。「之」猶「是」，「事」猶「為」。「之事」即唯此是為。這二句是說：陰陽二氣的聚散流動相因相成而創生了萬物，聖人祇需順因其事而已。上言天地，此言陰陽。皆為下二句張本。㈢聖人不巧，時反是守：「不巧」，無人為機心。「時」猶待，等待（《廣雅・釋詁》：「時，伺也」）。「反」，指「極而反」、「盛而衰」的天道運行規律。「時反是守」即靜修天道而持守之。聖人無智巧機心，但知持守天道，《老》、

《莊》、《詩》等多處言及。如《老子》十九章：「絕聖棄智」、「絕巧棄利」。《莊子·刻意》：「去知與故，循天之理」（《呂覽·論人》：「去巧故」，高誘注：「巧故，偽詐也」。《淮南子·主術》高注：「故，巧也」）。《詩·皇矣》：「不識不知，順帝之則」。《國語·越語下》：「上帝不考，時反是守」。《漢書·司馬遷傳》：「聖人不巧，時變是守」（顏師古注：「無機巧之心，但順時也」）。㊃優未愛民，與天同道：「未」，注家讀為「惠」。疑「未」讀為「味」（《釋名·釋天》：「未，味也」。《淮南子·天文》：「未，味也」），厚也（《淮南子·俶真》：「味味，純厚也」）。「優厚愛民」猶《國語·周語下》之「優柔容民」。「與天同道」，謂如天地一樣德施廣溥。㊄正以待之，靜以須人：謂以公正的態度守修天道，以虛靜的心靈對待人事。㊅不達天刑，不襦不傳：「不達天刑」，謂恭行天意對有罪之國予以懲罰征討。「不襦（渝）不傳（轉）」，謂處事重然諾不違信。「不襦」讀為「不渝」。《詩·羔裘》：「捨命不渝」，《國語·周語上》：「弗震弗渝」，《宋史·倪濤傳》：「盟誓固在，不可渝也」。此皆「不渝」辭例。「不傳」讀為「不轉」。《詩·柏舟》：「我心匪石，不可轉也」，《漢樂府·孔雀東南飛》：「君當做磐石，妾當做蒲葦。蒲葦紉如絲，磐石無轉移」。此「不轉」、「無轉」即本文之「不轉」也。詳見《經法·亡論》、〈四度篇〉注。㊆當天時，與之皆斷；當斷不斷，反受其亂：「當」，順應（《呂覽·無義》注：「當，應也」。《呂覽・大樂》注：「當，合也」。《管子・宙合》：「應變不失之謂當」）。「斷」，決斷，當機立斷。「與之皆斷」，猶本書之「與天俱行」、「與天俱見」。「亂」謂禍亂、災禍。《國語・越語下》：「得時無怠，時不再來，天予不取，反為之災。贏縮變化，後將悔之」。與本段文意相同。《兵容》：「因天時，與之皆斷；當斷不斷，反受其亂。天固有奪有予，有祥〔福至也而〕弗受，反隨以殃」，《稱》：「聖人……不為得，不辭福，因天之則，失其天者死」。這些都可證明本段「與之皆斷」的內在含義還是在於要趨時取福。《文子・符言》：「遵天之道……不棄時，與天為期，不為得，不辭福，因天之則」。帛書《繆和》：「古之君子，時福至唯取，時亡則以須……走（趨）其時唯恐失之。故當其時而弗能用也，至於其失也……何無悔之有？……賁（奔）福而弗能蔽（《小爾雅・廣言》：「蔽，斷也」。此言福吉來至而不能當機立斷去取得）者害，〔辭〕福者死。故其在時也……夫福之於人也，既（即）焉不可得而賁（奔）也……言於能賁（奔）其時，慎之亡也。」意思也是一樣的。「當斷不斷，反受其亂」，立語果決如金石擲地，「柔不足恃」、「不爭亦無以成功」二語有徵矣。此語為後世多種典籍所徵引，如《史記・齊悼惠王世家》、《春申君傳贊》、《漢書・高五王傳》、《霍光傳》、《後漢書・儒林傳》、《楊倫傳》等。

【今譯】上有既定的天道，下有周備的萬物，中有陰陽二氣聚散流動、相因相成地創生一切，聖人祇需要順因其事就可以了。聖人不設機心智巧，但知靜候天道而持守之。同時惠愛人民，如天地一樣德澤廣被。聖人以公正的態度守候天道，以虛靜的心靈對待人事。恭行天意對有罪之人及國家予以懲罰征討，在處理這些事情時重然諾不違信。順應天時，抓住時機，當機立斷。時當決斷而優柔寡斷，錯過時機，不但福吉失去，反會自取其禍。

【闡述】本段是〈觀〉篇的末段，它正告人們：

首先，要恭謹地順應天道——「時反是守」。

其次，廣施德澤於天地萬物構成的主體——人，即「優未愛民」、「靜以須人」。

第三，趨時取福，當機立斷。

這裏要注意兩個概念，一個是「守」，一個是「斷」。「守」是靜待持守，「斷」則是主動出擊，掌握機遇。「守」是本色，「斷」以「守」為根基。「守」是無為，「斷」是有為。「守」強調的是靜，「斷」則偏重於動。「守」是客觀，「斷」是能動。「守」是恒定，「斷」是變化。「守」為柔，「斷」為剛。「守」是文，「斷」是武。「守」、「斷」的有機整合，便構成黃老思想的主體，使它標異於其他學派。

〈五正〉第三

【內容提要】 本篇以黃帝與大臣閹冉對話的形式來立論，講述了如下幾個問題：一個是主張君主應先正己身而後善天下，此與儒家思想有相通之處。而正己修身的途徑，便是靜定、屈抑、去欲、制怒。另一個是明確提出了「作爭者凶，不爭者亦無成功」的觀點；這一觀點對老子的「不爭」思想有所修正。最後，通過涿鹿之戰擒殺蚩尤的事實驗證了上述兩種策略的確實可行性。

黃帝問閹冉曰㈠：吾欲布施五正㈡，焉止焉始㈢？對曰：始在於身，中有正度㈣，後及外人。外內交緌（接），乃正於事之所成㈤。黃帝曰：吾既正既靜，吾國家窬（愈）不定。若何？對曰：后中實而外正㈥，何〔患〕不定？左執規，右執矩㈦，何患天下？男女畢迵㈧，何患於國？五正（政）既布，以司五明㈨。左右執規，以寺（待）逆兵㈩。

【註釋】㈠閹冉：人名，黃帝臣。㈡五正：《管子・四時》作「五政」，指四時的政令。《鶡冠子・度萬》所說「天地陰陽，取稽於身，故布五正以施五明，十變九道，稽從身始，五音六律，稽從身出」本於此。李學勤先生說：「『五正』的本義當為己身與四方的正。」（《道家文化研究》第一輯，三四二頁）㈢焉止焉始：從哪裏停止？從哪裏開始？㈣正度：中正公平的法度。㈤乃正於事之所成：「正」疑當作「止」。「始在於身……止於事之所成」似是承上「焉止焉始」而言。「正」、「止」形近易訛。《荀子・儒效》：「有所正矣」，楊倞注：「正當為止，言止於禮義也」。《莊子・應帝王》釋文：「正本作止。」㈥后中實而外正：「后」指黃帝，與下篇〈雌雄節〉中的皇后義同，都指君主。「中實」，內心誠實。「外正」，行為端正。㈦左執規，右執矩：指秉持法度。㈧男女畢迵：「迵」讀為「同」。「男女畢迵」，是說上下都同心同德。㈨以司五明：「五明」，宋陸佃注《鶡冠子・度萬》以為即「五名」，為古代的五種官職（陸云：「五明宜謂名尸氣皇名，尸神明名，尸聖賢名，尸主二名，尸公伯名」）。「以司五明」，謂各種政令頒布後分別由不同的職官去執掌。⑩以待逆兵：「待」，嚴陣以待，指抵禦、反擊。「逆兵」，指後文的蚩尤。

【今譯】黃帝問手下的大臣閹冉說：我想通過頒布實施各種政令的方法來治理國家，請問應始於何處、終於何處？閹冉回答說：應該始於完善自身，秉執中正公平的法度，然後以法度準量他人，外內交相融洽，就可終於事情的成功。黃帝又問：我自身端正而且寧靜寡欲不專行妄為，而我的國家仍然愈發不安定，怎麼辦呢？閹冉回答說：如果您內心誠實靜定而行為端正，還擔心國家不能安定嗎？如果您能秉執法度，還憂慮天下不太平嗎？上下同心同德，還操心國家不能治理嗎？各種政令都頒布以後，分別讓不同的職官去執掌落實，您祇須掌握著國家的大法，等待著嚴懲蚩尤就可以了。

【闡述】本段有這樣兩個問題需要注意。

一個是「五政」、「五明」。「五」這個數字明確地提出來、並明顯帶有後世「五行」的味道，在《四經》中始見於本篇。「五政」是指四時政令，卻不與「四時」相對，顯然已於四時之外，別生出一個「季夏」來（即春、夏、季夏、秋、冬。造出一個「季夏」是為了與「五」這個數字相對）。到了《鶡冠子・度萬》中，「五」這個數字（五政、五明、五音）又與「陰陽」結合起來，「陰陽五行」的觀念已經十足了。「陰陽五行」學說看來與黃老不無聯繫。

那麼第二個問題便是「五正既布，以司五明，左右執規」，這與後世所謂「君無為，臣有為」的說法確實有很大的關係。而這種觀點的明顯流露，在《四經》中也似屬首見。

黃帝曰：吾身未自知，若何？對曰：后身未自知，乃深伏於淵㈠，以求內刑㈡。內刑已得，后〔乃〕自知屈其身㈢。黃帝曰：吾欲屈吾身，屈吾身若何？對曰：道同者，其事同；道異者，其事異㈣。今天下大爭㈤，時至矣，后能慎勿爭乎？黃帝曰：勿爭若何？對曰：怒者血氣也，爭者外脂膚也㈥。怒若不發，浸廩是為癰疽㈦。后能去四者，枯骨何能爭矣㈧。黃帝於是辤其國大夫㈨，上於博望之山㈩，談臥三年以自求也㈡。單（戰）才（哉），闔冉乃上起黃帝曰：可矣㈢。夫作爭者凶，不爭〔者〕亦無成功㈢。何不可矣？

【註釋】㈠深伏於淵：指隱居自靜。《莊子・在宥》：「故賢者伏處大山嵁巖之下」即此意也。按：「深伏」及「談（恬）臥」等等即〈在宥〉所謂「其居也淵而靜」，而「戰哉」等猶如〈在宥〉之「其動也懸而天」。㈡內刑：自我完善。「刑」是端正、約束、規範的意思。《孟子・梁惠王上》：

「刑於寡妻」，注：「刑，正」。㊂后乃自知屈其身：「乃」字原缺，以意補。「屈」，謂屈抑、克制。「屈其身」即「克己」、「苦其心志」的意思。㊃道同者，其事同；道異者，其事異：「道」謂觀點主張。「事」指舉措應對。這是說要根據觀點主張的是否相同，來決定如何應對。㊄今天下大爭：「大爭」即紛爭。《莊子・在宥》則描述為「天下脊脊大亂」。㊅怒者血氣也，爭者外脂膚也：「血氣」謂積因於內，「脂膚」謂形見於外。「脂膚」正與「血氣」相對，一內一外意思甚明，故疑此處的「外」字為衍文。《莊子・在宥》：「大怒邪？毗於陰」，又云：「矜其血氣……然猶有不勝也。」㊆浸廩是為癰疽：「浸廩」，即「浸淫」，謂蔓延發展。「是」猶「乃」，於是。「癰疽」，膿瘡。㊇能去四者，枯骨何能爭矣：「能」，如果能夠。「四者」，謂上文的血、氣、脂、膚。「枯骨」，謂如同冢中枯骨。「爭」指上文的「怒」及「爭」。㊈國大夫：指重臣、要臣。㊉博望之山：即博望山，位於淮南，即今當塗與和縣隔江對峙的兩山。㊁談臥三年以自求：「談」，或讀為恬、或讀為澹、憺，《鄧析子・無厚》：「恬臥而功自成」。《玄女兵法》：「帝歸息太山之阿，昏然憂寢。」按：「談」可讀為「惔」，「惔」有恬、憂二義（見《一切經音義》及《說文》），故《鄧析子》作「恬臥」而《玄女兵法》作「憂寢」。「自求」即上文的「內刑」。「談臥三年」有完善自我修養及積蓄力量這樣雙重含義。㊂戰哉，閹冉乃上起黃帝曰：可矣：「上」謂來到博望山。

「起」同「啟」，稟告。「戰哉」，是閹冉對黃帝說的話。所以，標點是這樣的：閹冉乃上起黃帝曰：「戰哉，可矣！」㊂作爭者凶，不爭〔者〕亦無成功：上一「爭」字謂妄為、謂兵戰力爭；下一「爭」字謂相時而動、有條件下的有為。「作爭者凶」，乃「剛不足以」也；「不爭〔者〕亦無成功」，謂「柔不足恃」也。

【今譯】 黃帝說：我現在尚不能充分認識自己，怎麼辦呢？閹冉回答說：如果您還不能充分認識自己，便可以姑且隱匿起來，先做到自我完善。自我完善好了，便可以自然有效地克制自己了。黃帝又問道：我是很希望克制自己的，但這又意味著什麼呢？閹冉回答說：這就意味著能夠根據觀點和主張的是否相同，來決定如何去應對。當今天下紛爭，您能謹慎小心地不去加入這樣的紛爭嗎？黃帝說：不加入紛爭又意味著什麼呢？閹冉回答說：發怒是內在血氣作用的結果，爭鬥是外在脂膚作用的結果。怒氣如果不發散出來，那麼蔓延滋長就會發展成癰瘡。您如果能夠去掉血、氣、脂、膚這四個東西，就會形如枯骨，又如何能夠再發怒和爭鬥呢？黃帝聽罷，於是告別手下的要臣，來到了博望山，在那裏淡然隱居、修心養性以求自我完善。三年之後，閹冉來到博望山稟告黃帝說：現在你可以去與蚩尤一決雌雄了。狂妄紛爭者不祥，而錯過天賜良機的人也絕不會成就事功的。據此而論，下山決戰又有什麼不可以的呢？

【闡述】本段是闡冉為黃帝奪取天下而進的具體策略。

「自知」、「內刑」、「屈其身」等是先善其身，而去其血氣脂膚及恬臥三年是「內刑」、「屈其身」的具體途徑。

「作爭者凶，不爭者亦無成功」，為黃老思想最典型的體現。它迥異於老子道家的澹泊不爭。由此，也可見：黃老思想的從「戰哉」等等的有為達到「乃止於事之所成」的最終無為這樣的脈序之前，還有一個統治者先行正己的這樣一個準備過程。

黃帝於是出其鏘鉞㈠，奮其戎兵㈡，身提鼓鞄（枹）㈢，以禺（遇）之（蚩）尤㈣，因而禽（擒）之。帝箸之明（盟）㈤，明（盟）曰：反義逆時㈥，其刑視之（蚩）尤㈦。反義伓（倍）宗㈧，其法死亡以窮㈨。

【註釋】㈠鏘鉞：「鏘」，讀為「斨」（音ㄑㄧㄤ），方孔斧。「鉞」，大斧。鏘、鉞，皆古代兵器。㈡奮其戎兵：率領軍隊。㈢鼓鞄（枹）：「鼓」，戰鼓。「鞄」讀為「枹」（音ㄈㄨˊ），鼓槌。古代擊鼓進軍、鳴金收兵。㈣以遇蚩尤：「遇」，指交戰。蚩尤，傳說中古代部落首領、始造兵器者。後與黃帝交戰於涿鹿，被擒殺。㈤帝箸之盟：「箸」，宣明。「盟」，盟約、盟誓。㈥反義逆時：違反信義、背逆天時。蓋各部落首領與帝前有盟約，今背盟相犯，故謂其「反義」；與帝爭天下故謂其「倍宗」；天下靜定而作亂故謂其「逆時」。㈦其刑視蚩尤：「刑」謂法，指懲罰之法。「視」，比，比照，以……為例。㈧倍宗：背叛宗主，即背叛黃帝。㈨其法死亡以窮：「法」與上文的「刑」同義，指懲罰而言。「以窮」，即以死亡告終。

【今譯】　黃帝聽罷閹冉的話，於是陳列兵器，激厲士卒，親自擊鼓進軍，與蚩尤決戰於涿鹿並且一戰擒獲了蚩尤。然後黃帝宣盟天下，盟詞中說：今後再有違反信義、背逆天時的，會受到與蚩尤相同的懲罰。違反信義而且背叛宗主的，最終都會自食其果，自取滅亡。

【闡述】　蚩尤的被擒斬，是因為反義、逆時、倍宗。這裏重視「時」（天道）帶有較多黃老道家色彩。

〈果童〉第四

【內容提要】 本篇是寓托黃帝與大臣果童的對話。本篇論證了人們能力的高低、強弱的差異是一種客觀存在，這就如同萬物的形質存在著差異的道理是一樣的；而由於存在著人們之間能力的差異也就在根本上決定了富貴貧賤的等級制度；這種制度的穩定存在，依賴於嚴明法度和端正名分。這為刑名法術勢的思想提供了客觀依據。

黃帝〔問四〕輔曰㊀：唯余一人，兼有㊁天下。今余欲畜而正之㊂，均而平之㊃，為之若何？果童對曰：不險則不可平㊄，不諶則不可正㊅。觀天於上，視地於下，而稽之男女㊆。夫天有〔恒〕幹，地有恒常㊇。合〔此幹〕常㊈，是以有晦有明，有陰有陽㊉。夫地有山有澤，有黑有白，有美有亞（惡）。地俗德以靜⑪，而天正名以作⑫。靜作相養，德虐相成⑬。兩若有名，相與則成⑭。陰陽備物，化變乃生㊄。

【註釋】㊀黃帝〔問四〕輔曰：「問四」二字原缺，馬王堆帛書整理小組據帛書《周易》卷後古佚書《二三子問》中「黃帝四輔，堯立三卿」句補。「四輔」，官名，古時天子之佐。《禮記・文王世子》：「虞、夏、商、周，有師保，有疑丞，設四輔及三公」。疏引《尚書・大傳》：「古者天子必有四鄰，前曰疑，後曰丞，左曰輔，右曰弼。天子有問無以對，責之疑；可志而不志，責之丞；可正而不正，責之輔；可揚而不揚，責之弼。」㊁兼有：盡有、廣有（《荀子・解蔽》注：「兼，盡也」）。㊂畜而正之：「畜」古多訓為「養」，然「養」即教化之義，如《論語》：「唯女子與小人為難養也」之「養」即釋為教化。「正」與下文「不諶則不可正」之「正」相同，使動詞，即使之端正的意思。㊃均而平之：「均」，衡量、斟酌的意思。「平」，正定。㊄不險則不可平：「險」字疑讀為「嚴」。《史記・五帝本紀》：「得說於傅險中」。集解引徐廣云：「傅巖在北海之川」。索隱云：「舊本作險，亦作巖」。「平，治也」（《公羊傳・隱公元年》注）。此言不嚴明法度而人民不得治理。此猶《詩・殷武》：「天命降監，下民有嚴，不僭不濫」。㊅不諶則不可正：「諶」或讀為「戡」，伐正。言不予伐正則貴賤尊卑不得其正。又可讀為「審」。甚、審聲讀相近。如《左傳・昭公十八年》疏：「甚者，益審之言也」。《淮南子・時則》：「湛熺必潔」，注：「湛，讀審釜之審」。朱駿聲《說文通訓定聲》云：「按：湛，讀如瀋也」。「審」，是端正的意思（《國語・齊語》注：「審，正也」）。「不諶（審）則不可正」，是說不端正名分則貴賤尊卑不得其正。㈦觀天於上，視地於下，而稽之男女：「稽」是驗證的意思。「觀天於上」，謂「上順天道」也；「視地於下」，謂「下中地理」也；「稽之男女」，謂「中合人心」也。《經法・四度》：「參於天地，合於民心」；《十大經・前道》：「上知天時，下知地利，中知人事」；帛書《繆和》：「上順天道，下中地理，中〔合〕人心」皆與此同義。㈧天有〔恒〕幹，地有恒常：此二句亦見於《十大經・行守篇》。「恒幹」、「恒常」都是指天地間所存在的永久不變的客觀規律。㈨合〔此幹〕常：「此幹」二字原缺，以意補。此複上面二句「恒幹」、「恒常」而言。⑩是以有晦有明，有陰有陽：帛書《繆和》：「凡天之道，一陰一陽，一短一長，一晦一明，夫人道〔則〕之」顯襲本經語。⑪地俗德以靜：「俗」讀為「育」，「俗」、「育」與「鬻」聲通。通行本《老子・道經》：「俗人昭昭」，帛書本作「鬻人昭昭」；《淮南子・原道》：「毛者孕育」，《禮記・樂記》作「毛者孕鬻」。此其「俗」讀為「育」之證一。「欲」、「育」與「有」古聲通。《孟子・告子上》：「生，我所欲也；義，亦我所欲也。」《舊唐書・忠義傳序》二「欲」字均引作「有」；《莊子・人間世》：

「是以人惡有其美也」。《釋文》：「有，崔本作育」。此其「俗」讀為「育」之證二。「育德」為古之習語，《周易・蒙卦》：「君子以果行育德」。「地育德以靜」，是說大地以靜的方式來養育德行。「地育德以靜，天正名以作（動）」，便是古代所謂「天動地靜」說。㊂天正名以作：「正名」，正定名分、建立制度法度，通過「正名」，以便循名責實。此與《論語・子路篇》的「正名」既有聯繫又有區別。「作」，動。㊂靜作相養，德虐相成：動靜、生殺相互涵養、相輔相成。㊃兩若有名，相與則成：「兩」指晦明、陰陽、山澤、黑白、美惡、動靜、德虐等兩組相互對立依存的矛盾體。「若」猶「乃」，是。「相與」，相互依賴、配合。㊄陰陽備物，化變乃生：陰、陽二氣含眩於萬物之中，二者相互作用，使萬物生生不已。

【今譯】 黃帝問他手下的輔佐大臣說：現在我一人廣有天下，我要教化臣民而使之端正，斟酌衡量而使之正定，具體應該怎樣做呢？果童回答說：不嚴明法度人民便不得治理，不端正名分則貴賤尊卑不得其正。應參照天地法則，再驗證於人事。天地之間本就存在著永久不變的法則，比照於這個法則，可知晦明、陰陽、山澤、黑白、美惡等等矛盾對立體原就存在，人事也是如此。自然法則是地以靜的方式來養育其德，天以運動的方式來正定名分。動靜、生殺相互涵養、相輔相成。這兩組矛盾體是各有名分的，它們相互依賴、相輔相成。而陰、陽二氣含眩於萬物之中，二者相互作用，便使得萬物生生不已。

【闡述】本段言天地法則，下段論取法於天地法則的人事規律。

這裏有兩個問題需要注意，一個是「均而平之」，一個是「不險（嚴）則不可平，不諶（審，或戡）則不可正」。

「均而平之」似不應理解為均貧富，因為黃老承認「貴賤有等，貧富有差」的（按：此種觀點，前面已多次見到，下文也有「貴賤必諶，貧富有等」的提法）。果童的「營行乞食」，即是在以身作則，昭示這種等級名分。

「不嚴則不可平，不審則不可正」，達到平正的途徑便是嚴明法度、審定名分，進一步表明黃老思想對法家、名家的影響。嚴明法度、審定名分是法、是名，屬於綱；「德虐相成」是術，屬於目。

有〔任一則〕重，任百則輕㈠。人有其中，物又（有）其刑（形）㈡，因之若成㈢。黃帝曰：夫民印（仰）天而生，侍（恃）地而食㈣。以天為父，以地為母。今余欲畜而正之，均而平之，誰敵（適）繇（由）始㈤？對曰：險若得平㈥，諶〔若得正〕㈦，〔貴〕賤必諶㈧，貧富又（有）等。前世法之，後世既員㈨，由果童始。果童於是衣褐而穿㈩，負並（缾）而巒⑪，營行氣（乞）食⑫，周流四國⑬，以視（示）貧賤之極⑭。

【註釋】㊀有〔任一則〕重，任百則輕：《淮南子・主術》：「有任一而太重，或任百而尚輕」，據此補「任一則」三字。此言人的能力各有等差，有的委任一事還嫌太重，有的委任百事尚覺太輕。蓋黃老主張貴賤、貧富的差別決定於人的能力的大小。㊁人有其中，物有其形：《淮南子・主術》作「人有其才，物有其形」。「中」與「才」形近，疑「中」為「才」字之訛。此言人的能力各有等差，這就像物的形質各自不同是一樣的道理。「任一則重，任百則輕」，即「人有其才」也。「有山有澤，有黑有白，有美有惡」，即「物有其形」也。㊂因之若成：「因」，因順、順應。「若」，乃。此言順應人類和萬物的這種特性，就能成就事功。㊃夫民卬（仰）天而生，侍（恃）地而食：「卬」讀為「仰」，「侍」讀為「恃」。仰、恃，皆仰仗、依賴之義。㊄誰適由始：「適」猶「則」，言則由誰開始。㊅險若得平：「險」讀為「嚴」。「若」猶「乃」。「平」，治也。此言通過嚴明法度而使民得到治理。㊆諶〔若得正〕：「若得正」三字據上文補。「正」與「平」、

「等」協韻。「諶」讀為「審」，正也，指端正名分。㈧〔貴〕賤必諶：「諶」讀為「審」，正也。「貴賤必審」即《荀子・王霸》之「隆禮義而審貴賤」也。㈨前世法之，後世既員：「員」讀為「隕」，破壞。這是說，這種貴賤、貧富各有等差的等級制度，過去的時代一直是遵循的，而後來卻遭到了破壞。從作者的角度看，「前世」當指周代以前，而「後世」則孔子所謂「禮崩樂壞」者也。從黃帝的「今余欲畜而正之，均而平之」的話來看，「員」讀為「隕」是講得通的；有人讀「員」為「緣」，釋為「遵循」，似於義未安。㈩衣褐而穿：「褐」，粗布衣。「穿」，破敗、破爛，作「衣褐」的補足語。⑪負缾而巒：「缾」，盛水的瓦器。「巒」讀為「欒」。《說文》：「欒，漏流也」，作「負缾」的補足語。⑫營行乞食：「營行」謂到處流浪（「營」是周環往來之義，這裏指到處。「行」，可譯為浪跡、流浪）。⑬周流四國：周遊四方。⑭以示貧賤之極：顯示極度的貧賤。

【今譯】（果童接著說）人的能力是不相同的，有的人委任一事還嫌太重，而有的人委任百事尚覺太輕。人的能力各有等差，就如同物的形質各自不同，順應它們的這種特性，就能成就事功。黃帝問：人民仰仗上天而得以生存，依賴大地而得以有飯吃，人們因此而把天地看作自己的父母。現在我要教化他們而使之端正，斟酌衡量而使之正定，那麼應該從誰開始呢？果童回答說：通過嚴明法度而使民得到治理，通過端正名分而使民歸於正道，這樣的話，貴與賤的等級就能得到正定，貧與富也就自然有了等差。這種貴賤、貧富各有等差的等級制度，過去的時代一直是遵循的，而後來卻遭到了破壞，要恢復這種制度，可以從我本人開始。果童於是穿著破舊的粗布衣，背著殘損的瓦罐，到處流浪討飯，周遊四方，用以顯示極度的貧賤。

【闡述】　本段論述人的能力高低強弱決定了人們之間貴賤、貧富的差別。關於貴賤、貧富的等級制度，先秦各家側重點是不一樣的。老子對貴賤、高下的差別採取認同的態度，但並不極力鼓吹。孔子對此種制度的認同與鼓吹其意在恢復「禮樂征伐自天子出」的周王朝。墨子、莊子不主此說。黃老對此的認同與鼓吹其立意與孔子自有區別，尤其它主張這種區別是由人的能力高低強弱的差異所造成的，這在戰國中早期特定的諸侯紛爭的時代是容易被人們所接受的；刑名、勢的思想在此充分地體現出來。

還有一點應該提出來，那就是《四經》中「貴賤」、「貧富」經常與「賢不肖」並提（賢與不肖與能力的高與低是有內在聯繫的），則據此可見，黃老把賢與貴富、不肖與賤貧視為一事；因此，貴、富便是一種德賞，是「尚賢」的一種具體制度。

〈正亂〉第五

【內容提要】本篇完整地敘述了黃帝與蚩尤戰爭的準備、交戰、獲勝、菹醢蚩尤、為民立禁等的全部過程。

本篇披露出黃老思想的幾個重要方面：

一個是黃老的「王術」，即老子「用兵以奇」的思想。

另一個便是黃老「寢兵」、「銷兵」的思想。

關於黃帝與蚩尤的神話，本篇記載頗為詳盡。

力黑問□□□□□□□□□□，驕〔溢〕陰謀㊀，陰謀□□□□□□□□□□高陽㊁，〔為〕之若何㊂？太山之稽曰㊃：子勿患也。夫天行正信㊄，日月不處㊅。啟然不台（怠）㊆，以臨天下。民生有極㊇，以欲淫（淫）洫（溢），淫（淫）洫（溢）〔即〕失㊈。豐而〔為〕〔殺〕⑩，〔加〕而為既⑪，予之為害，致而為費⑫，緩而為〔衰〕⑬。憂桐（恫）而窘（窘）之⑭，收而為之咎⑮；累而高之，部（踣）而弗救也⑯。將令之死而不得悔。子勿患也。

【註釋】㈠力黑問……，驕〔溢〕陰謀：「問」下脫落十一字，難以補足。然原文之意當是：「力黑問於太山之稽曰：蚩尤……」。「溢」字原缺，今補。《十大經・行守》：「驕溢好爭，陰謀不祥」與此「驕〔溢〕陰謀」文例恰好相同。《荀子・不苟》：「小人能則倨傲避違以驕溢人」。《荀子・榮辱》：「憍泄者人之殃也」。皆此「驕溢」辭例。「陰謀」在《四經》中多次出現，從出現的語言環境看，黃老似把「陰謀」歸為妄為、雄節的範圍裏。如《十大經・順道》：「不陰謀，不擅斷疑，不謀削人之野，不謀劫人之宇」、〈行守〉：「驕溢好爭，陰謀不祥，刑於雄節，危於死亡。」㈡陰謀……高陽：「高陽」，傳說中古代部落首領顓頊，號高陽氏，為黃帝之孫。此處缺文甚多，難足文意。蓋蚩尤所「陰謀」者，乃「削野」、「劫宇」之類。㈢〔為〕之若何：「為」字原缺，據下文「為之若何」補。㈣太山之稽：一說指黃帝，一說指黃帝之師。當以前一說為是。本文或稱其號為「太（泰）山之稽」，或稱其名為「黃帝」，或簡稱之為「帝」，其實一也。「太山之稽」所言，如「正以待天，靜以須人」等等都出現在前後篇（比如〈觀〉）黃帝的言論中。「吾將」、「我將」等等口氣如不視為黃帝的語氣，則語義難通。㊄天行正信：天道運行確當。㊅日月不處：日月沿著恒定的軌道不停地運行（「處」，停止）。㊆啟然不怠：「啟」，運動（《儀禮・士昏禮》注：「啟，發也」。《論語・微子》鄭注：「發，動貌」）。「啟然不怠」，是說天道日月的運動是從不懈怠的。㊇民生有極：「極」，限度。此言人類對物質的索取是有限度的，也如同天道、日月的運行一樣，遵循著盛極而衰的規律。㊈以欲淫溢，淫溢〔即〕失：「即」字原缺，以意補。「即」，則也。此言通過慫恿其欲望而盡其淫溢，當他淫溢到了極點時就會走向失敗。㊉豐而〔為〕〔殺〕：「為」字帛書整理小組據文例補，「殺」字筆者以意補。「殺」與「豐」相反為文，並與下文之「害」協韻。「豐」，豐盈、盛盈。「殺」（音ㄕㄞˋ），衰敗。此言使其盛盈至極而走向衰落。⑪〔加〕而為既：「加」字原缺，以意補。「既」，盡也，竭也。《莊子・齊物論》：「至矣，盡矣，弗可加也」。此言增益之而使之轉向衰竭。⑫予之為害，致而為費：給予是為之使之遇到患害，施贈為了使之揮霍致殃。⑬緩而為〔衰〕：「衰」字原缺，以意補。「衰」是懈怠的意思，承「緩」字而言。「衰」為微部字，與微部入聲字「既」、「費」協韻。此言弛緩之而使其懈怠。⑭憂桐而窘之：使之憂懼而困窘。然此句在文意上應與下文「累而高之」相對；「收而為之咎」與「踣而弗救」相對，協韻亦相配合。因此，疑「憂桐而窘之」讀為「優桐而君之」。「優」，優裕。「桐」，榮耀（見《說文》）。「君」，尊顯。言使之優裕榮耀而尊顯。㈤收而為之咎：「收」，收捕拘獲。「咎」，問罪，治罪。㈥累而高之，踣而弗救也：「踣」，跌倒。此言不斷地使其尊顯高貴，這樣一旦動手傾顛他就不可挽回了。《呂覽・行論》：「詩曰：將欲毀之，必重累之；將欲踣之，必高舉之」即是此意。又按：以上數句，即是《老子・三十六章》：「將欲翕之，必固張之；將欲弱之，必固強之；將欲廢之，必固興之；將欲取之，必固與之」之意。老子稱此為「微明」，黃老則稱為「王術」。

【今譯】　力黑問太山稽說：蚩尤驕倨淫溢，陰謀略地，……我們拿他怎麼辦呢？太山稽回答說：你不必為此擔心。天道中正而確當，日月也是沿著恒定的軌道不停地運行。天道、日月的運動是從不懈怠的，它們顯示於人類的便是這種恒定的法則。如同天道、日月的運行一樣，人類對物欲的追求是有一個極限的，也是遵循著盛極而衰的規律，所以，可以通過慫恿其欲望而盡其淫溢，當他淫溢到了極點時就會走向失敗。令其盛盈至極而使之走向衰落，增益之而使之轉向衰竭。多多給予他而使之貪婪遇害，盡量施贈他而使之揮霍得殃，弛緩之而使其懈怠。使之優裕榮耀而尊顯，然後收捕之而治其罪；不斷地使其尊顯高貴，然後一旦動手傾覆他就無可救藥了。這樣，就會使他死到臨頭了都來不及反思後悔。你不必多慮。

【闡述】 本段是黃老關於「王術」思想最集中、最具體的論述；同時，也明顯可以看出黃老對老子思想中「術」的一面繼承得是最多的。

在黃老思想觀念中，「陰謀」與「王術」是截然不同的兩種概念，黃老是明確反對「陰謀」的。《史記・陳丞相世家》：「始陳平曰：我多陰謀，是道家所禁」。此處的「道家」當指黃老道家。我們前面說過，《四經》中所說的「陰謀」蓋指「削野」、「劫宇」之類的「雄節」，倘驗證於《國語・越語下》的「陰謀逆德，好用凶器，始於人者，人之所卒也」，似頗可佐證此說。由於可以推測，「王術」在黃老思想體系中，似傾向於「雌節」的，此與老子多有相通。

力黑曰：單（戰）數盈六十而高陽未夫㈠。涅□蚤□，□曰天佑㈡。天佑而弗戒㈢，天地一也㈣。為之若何？〔太〕山之稽曰：子勿言佑，交為之備㈤。〔吾〕將因其事，盈其寺，軵其力㈥，而投之代㈦。子勿言也。上人正一，下人靜之㈧；正以侍（待）天，靜以須人㈨。天地立名，□□自生㈩，以隋（隨）天刑㈡。天刑不𢋈㈢，逆順有類⑬。勿驚〔勿〕戒⑭，其逆事乃始⑮。吾將遂是其逆而僇（戮）其身⑯，更置六直而合以信⑰。事成勿發，胥備自生⑱。我將觀其往事之卒而朵焉⑲，寺（待）其來〔事〕之遂刑（形）而私（和）焉⑳。壹朵壹禾（和），此天地之奇也㉑。以其民作而自戲也㉒，吾或使之自靡也㉓。

【註釋】㊀戰數盈六十而高陽未夫：「戰數」，戰鬥的次數、回合。「盈」，滿。「未夫」，帛書整理小組以為是未成年的意思，並引《新序》等書為證（《新序》：「昔有顓頊，行年十二而治天下」。《鬻子》：「昔者帝顓頊十五而佐黃帝」。《帝王世紀》：「帝顓頊高陽氏，生十年而佐少昊，二十而登帝位，平九黎之亂」）。按：疑「夫」當訓為「治」，成也。《周禮・天官・序官序》疏：「夫者，治也」。《禮記・王制》注：「夫，猶治也」。「未夫」，即尚未成功。㊁涅□蚤□，□曰天佑：「涅□」，帛書整理小組以為當作「淫溢」。「蚤」下所缺二字疑當作「服名」。此處足文疑作「淫溢蚤（早）服，名曰天佑」。《老子・五十九章》：「是謂早服」，河上公注「早，先也。服，得也」。「淫溢早服」，言其淫溢驕倨反先有所得。「服」與「佑」、「戒」協韻（「佑」

為之部字，「服」、「戒」為之部入聲字）。「名曰天佑」與下文「名曰蚩尤之旌」同一辭例。此二句是說蚩尤驕倨淫溢而反先有所得，這大概可以稱作上天的佑助罷。㊂天佑而弗戒：「戒」與「悈」、「駭」通。《周禮・大僕》注：「故書戒為駭」。此言天助蚩尤故有恃無恐。㊃天地一也：「天」下原衍一「官」字，今據刪。此言天地都同樣佑助蚩尤。㊄交為之備：「交」，共同。此言上下一心做好準備。㊅〔吾〕將因其事，盈其寺，軵其力：「吾」字原缺，下文「吾將遂是其逆而戮其身」，即此辭例辭義，據此補。「因」，借著。「其」，指代蚩尤。「事」，指蚩尤所做之「逆事」。「寺」讀為「志」。「軵」為「輔」字之省，讀為「拊」（音ㄈㄨˇ）（《淮南子・覽冥》注：「軵，讀楫拊之拊」）。《左傳・宣公十二年》注：「拊，撫慰勉之」。「力」，謂盡力做壞事。此三句是說：我將藉著蚩尤所行的逆事，滿足他的欲望，勉勵他去盡力做壞事。㊆投之代：「代」有二解。一說讀為「慝」（音ㄊㄜˋ），邪惡，「投之慝」，即促使其惡貫滿盈。一說「代」為古地名，在北方。「投之代」，即充軍流放到北方，與《詩・巷伯》：「投畀有北」句義相同。兩通。㊇上人正一，下人靜之：「一」或釋為「道」；或讀「正一」為「貞一」，也釋為「道」。按：疑「一」為「之」字之缺訛。其證有三。其一，「正之」、「靜之」相對為文，與「上人」、「下人」相對為文同例。其二，「正以待天，靜以須人」正承此「正之」、「靜之」而言。其三，「正之」、「靜之」的「之」字都做虛詞，「正」與「靜」耕部協韻，倘「之」做「一」，則說不可通。此言居上位的人端正己心，在下位的人靜定其意。⑨正以待天，靜以須人：「須」，等待。此言端正己心以待天時，靜定其意以伺人事。⑩天地立名，□□自生：疑此處所缺二字為「萬物」。《道原》：「授之以其名，而萬物自定」。《易・序卦》：「有天地，然後萬物生焉」。《禮記・中庸》：「天地位焉，萬物育焉」。皆此辭例。此言天地為之建立名分，萬物隨之而生。⑪以隨天刑：「天刑」即「天行」，指自然運動規律。此言萬物都受自然規律的支配。⑫天刑不捹：「捹」讀為「僨」。《說文》：「餴，又作饙」。《禮記・大學》注：「僨，猶覆敗也」。「僨」在文部，下文「類」在物部，文、物合韻。「天行不僨」，是說自然規律（天道）是永恒不敗的。⑬逆順有類：「有類」，各有分際。⑭勿驚〔勿〕戒：「戒」通「悈」、「駭」，「勿戒」之「勿」字原缺，今補。〈姓爭〉：「勿憂勿患，天制固然」，是此辭例。《淮南子・謬稱》：「勿驚勿駭，萬物將自理」。「勿驚勿駭」即襲本經語。⑮其逆事乃始：「始」疑讀為「治」（《史記・夏本紀》：「來始滑」，索隱云：「《古文尚書》作『在治忽』」）。此言蚩尤倒行逆施的惡行就會得到懲治了。⑯吾將遂是其逆而戮其身：「遂」，成就，促使。「是其逆」讀為「實（寔）其逆」，即使其惡貫滿盈。這是說：我將促使其惡貫滿盈而後殺掉他。⑰更置六直而合以信：「更置」，更換建制。「六直」疑為

「六相」之訛。《管子・五行》：「黃帝得六相而天下治，神明至。蚩尤明乎天道，故使當時」。此謂蚩尤曾為六相之一，今欲去之，故言「更置」。「合以信」，合乎信義。此句是說，重新調整六相的建制以真正合乎信義。⑱事成勿發，胥備自生：「事成勿發」，言一切準備就緒而不要驚動蚩尤。「胥」，不久（《列子・天瑞》〈釋文〉云：「胥，少也，謂少時也」）。「備」疑讀為「僰」。《易・遯》：「有疾憊也」。《釋文》：「憊，王肅作僰，荀作備」。「胥僰自生」，言其不久就會自取滅亡的。⑲我將觀其往事之卒而朵焉：「卒」，全部。「朵」，動。此言我將考察蚩尤往日全部的所作所為而採取行動。⑳待其來〔事〕之遂刑（形）而私（和）焉：「遂」，究竟、終極、結果。「刑（形）」或釋為「形成」。按疑「刑」為衍文。「待其來事之遂而和焉」與「觀其往事之卒而朵焉」為儷句。「私」當作「和」。在文意上，「和」與「朵」（動）相對，是應和、配合的意思。在協韻上，「和」與「朵」、「禾」、「奇」、「戲」、「靡」為歌部協韻。此句言我將靜待蚩尤把壞事做盡了再配合採取謀劃行動。㉑壹朵壹禾（和），此天地之奇也：這是說：動則考察其往事，應則靜觀其來事，這是天地間的神奇妙用。「用兵以奇」，蓋即此也。㉒以其民作而自戲也：「作」，奮起。「戲」，或訓為「鬥」。按：「戲」疑讀為「陒」（音ㄍㄨㄟˇ）（《漢書・杜周傳》注：「陒，讀與戲同」）。「陒」是倒覆、傾覆的意思。戲、陒，同為歌部字。這是說：要憑藉著他的人民自己奮起而去傾覆他。㊂自靡：自取敗亡。

【今譯】　力黑說：與蚩尤交戰已足足有六十次了而高陽尚未成功。蚩尤驕倨淫溢而反先得其勢，這大概可以稱作上天的佑助罷。天助蚩尤所以他有恃無恐，更何況現在天地都同樣佑助他。這可怎麼辦呢？太山稽回答說：你還是姑且不要談什麼佑助之類的話罷，我們現在需要的是上下一心做好準備。我將藉著蚩尤所行的逆事，滿足他的欲望，勉勵他去盡力做壞事，促使其惡貫滿盈。你什麼也不要說。居上位的人祇需端正己心，在下位的人祇需靜定其意；端正己心以待天時，靜定其意以伺人事。天地為之建立名分，萬物隨之而生，並受自然規律的支配。天道是永恒不敗的，逆與順都各有分際。不要驚慌，無需恐懼，蚩尤倒行逆施的惡行就會得到懲治了。我將促使其惡貫滿盈而後殺掉他，然後重新調整重要吏員的建制以真正合乎信義。一切準備就緒而不要去驚動蚩尤，其不久就會自取滅亡的。我將考察蚩尤往日全部的所作所為而採取行動，靜待蚩尤把壞事做盡了再配合採取謀劃行動。動則考察其往事，應則靜觀其來事，這是天地間的神妙作用。要憑藉著他的人民自己奮起去傾覆他，我會使他自取敗亡的。

【闡述】　本段繼續論述太山稽滅蚩尤的「奇」和「術」。

據《管子・五行篇》說蚩尤曾是黃帝的「六相」之一，因為他「明乎天道」，所以「使為當時」。而本段也有「名曰天佑，天佑而弗戒，天地一也」的話。而黃帝在人事上的主觀努力，顯然擺在了應有的位置上。

「上人正之，下人靜之；正以待天，靜以須人」，上、下明確的分工，這在《四經》中大約是第二次出現（第一次是出現在《十大經・五政篇》）。

「戰數盈六十而高陽未夫」一句，把「六十」做為盈滿之數。而「六十」這個數字與後世五行說是有內在聯繫的。

單（戰）盈才（哉），大（太）山之稽曰：可矣㊀。於是出其鏘鉞，奮其戎兵。黃帝身禺（遇）之（蚩）尤，因而禽（擒）之。勬（剝）其□革以為干侯㊁，使人射之，多中者賞。劁其髮而建之天㊂，名曰之（蚩）尤之胥（旌）㊃。充其胃以為鞫（鞠）㊄，使人執之㊅，多中者賞㊆。腐其骨肉，投之苦酭（醢）㊇，使天下雔（噍）之㊈。

【註釋】㈠戰盈哉，太山之稽曰：可矣：此句句式為「太山之稽曰：戰盈哉，可矣」。「盈」通「贏」。此三句意為：太山稽說，現在已經是戰勝蚩尤的時候了。㈡剝其□革以為干侯：「革」上缺一字，或以為「膚」字。也有可能是「皮」字，「革」與「皮」同義。《荀子・王制》：「西海則有皮革文旄焉」。「皮革」與「文旄」共文與本經「文革」與「蚩尤之旌」互文例同。「干侯」，箭靶。㈢劗其髮而建之天：「劗」，讀為「剪」，剪下。古代以旄牛尾來裝飾旗竿，此處的「劗其髮」，則是說把蚩尤的頭髮剪下來以裝飾旗竿。而古代又是以獸皮來製做「干侯」（箭靶）的。所以，這裏的「剝其皮革以為干侯」、「劗其髮而建之天」似是形容蚩尤「反義逆時」，如同禽獸。「建之天」是說把「蚩尤旗」高高懸掛。一說下文「名」當做「門」，屬上讀，「建之天門」，是說把「蚩尤旗」掛在宮門上（「天門」，宮殿的門）。㈣名曰蚩尤之䍐（旌）：「䍐」讀為「旌」，旗。《呂氏春秋・明理》論天之異象時說：「其雲狀有若犬、若馬……有其狀若眾植華以長，黃上白下，其名蚩尤之旍」（「旍」同「旌」）。《漢書・天文志》：「蚩尤之旗類彗而後曲，象旗」。㈤充其胃以為鞫：「鞫」，古代的皮球，外面包以獸皮，中間用毛來充塞，所以這裏說「充其胃」。「充」，充塞、填充。《史記・衛將軍驃騎列傳》：「穿域蹋鞫」，司馬貞索隱：「鞠戲以皮為之，中實以毛，蹴蹋為戲也」。漢劉向《別錄》：「蹴鞠者，傳言黃帝所作，或曰起戰國之時。蹴鞠，兵勢也。所以練武士、知有材也，皆用嬉戲而講練之。」㈥使人執之：「執」或說讀為「蹋鞠」之「蹋」。「執」為章母緝部字，「蹋」為定母葉部字，聲部相近。「蹋」，踢也。㈦多中者賞：「中」似指將球踢入規定的球坑內。漢代軍中的蹴鞠場，兩邊不設球門，而是在地上挖一些小的淺坑，即稱為「鞠域」或「鞠室」。比賽時，球被踢入「鞠域」即如同射入球門。㈧腐其骨肉，投之苦醢（醢）：「腐」，靡爛、剁碎。「苦醢」，加苦菜以調味的肉醬。㈨雥：讀為「噍」（音ㄐㄧˊ），即今之「咂」字，吸吮。

【今譯】 太山稽說：現在已經是戰勝蚩尤的時候了。於是陳列兵器，激勵士卒，與蚩尤大戰，並且擒獲了蚩尤。剝下蚩尤的皮製成箭靶，令人射之，射中多的給予獎賞。剪下他的頭髮來裝飾旗竿並將這種旗子高高懸掛，稱之為「蚩尤旗」。在他的胃中用毛塞滿製成皮球，令人踢之，踢入球坑多的給予獎賞。把他的骨肉剁碎，摻在加苦菜的肉醬中，令天下的人來吮吸。

【闡述】 本段寫擒獲並支解蚩尤的具體過程。

製靶、製旗、製球、製醢，均是形容蚩尤之如同禽獸也。食肉寢皮之說蓋始於此乎？剝皮、斷髮、充胃、腐其骨肉，極寫其憎恨；而古人之「鬼祟」說又可見一斑。支解並醢之，是恐厲鬼之作祟也。對鬼祟的憎恨與恐懼並存，由來已久。

刑天、蚩尤似是有案可稽的最早的「叛逆者」，但因為「反義逆時」，最終被執掌「天道」的「帝」嚴懲了。後代對他們的詛咒和祭祀並存，是一種奇異的二律背反現象。

上帝以禁㈠。帝曰：毋乏吾禁㈡，毋留（流）吾酭（醢）㈢，毋亂吾民，毋絕吾道。止〈乏〉禁，留（流）酭（醢），亂民，絕道，反義逆時，非而行之，過極失當，擅制更爽，心欲是行，其上帝未先而擅興兵㈣，視之（蚩）尤共工㈤。屈其脊，使甘其箭，不死不生，愨（慤）為地程㈥。帝曰：謹守吾正名㈦，毋失吾恒刑，以視（示）後人。

【註釋】㈠上帝以禁：即「以上帝禁」，是說以上帝的名義向臣民設立禁規。㈡毋乏吾禁：「乏」，廢（《莊子・天地》：「無乏吾事」，《釋文》：「乏，廢也」），廢止、廢壞。㈢毋留（流）吾酭（醢）：「留」、「流」古通。「流」，傾倒。傾倒之則是不恭。㈣其上帝未先而擅興兵：「先」，謂先有所命（《莊子・秋水》注：「先，謂宣其言也」）。此言上帝如未先有所命便擅自興兵。㊄視蚩尤共工：「共工」，古官獄名。在此似指代刑罰。此句是說未受上帝之命而擅自興兵的就要受到像蚩尤一樣的刑罰。㊅屈其脊，使甘其簃，不死不生，慤（愨）為地桯：此四句的解釋，第一，需與神話傳說聯繫起來，第二，既已支解醢之，則不復能「屈其脊」了。因此，此四句是神話中蚩尤化為異物所受之懲罰。又或是製成蚩尤的模型以像其事。「甘」讀為鉗，穿索也。「簃」讀為俞，脊椎兩旁的俞穴。「屈其脊，使鉗其俞」，謂披枷戴索以械之也。《山海經‧大荒南經》：「有木生山上，名曰楓木，楓木，蚩尤所棄其桎梏」。郭璞注：「蚩尤為黃帝所得，械而殺之，已摘棄其械，化而為樹也」。「不死不生」，言其模型面容沮喪也。「慤」，恭謹、伏貼。「地桯」，讀為地楹，地下的支柱。多種書籍記載，蚩尤為有角的水獸，似為虯龍之屬。長沙馬王堆一號漢墓出土有彩繪帛畫，地下有螭虯之屬支柱其間，頗疑即是「慤為地楹」的蚩尤。㊆謹守吾正名：恭謹地遵守我所建立的制度（「正」，正定。「名」，各種名分制度）。

【今譯】 黃帝以上帝的名義向臣民設立禁條。黃帝說：不要廢壞我所立的禁規，不許傾倒我所賜給你們的肉醬，不要擾亂民心，不要背棄我所秉執的天道。廢壞禁規，傾倒肉醬，擾亂民心，棄絕天道，違背信義悖逆天時，明知不對卻一意孤行，違犯法度和天道，專斷無常，肆意行事，未受天命而擅自興兵，這些都將受到像蚩尤一樣的刑罰。於是製成蚩尤的模型，使其彎曲背脊，披枷穿索，容色沮喪呆滯，伏貼地充當地下支柱。黃帝又說：希望大家恭謹地遵守我所建立的制度，不要離棄國家的法令，用自己的行動示範後人。

【闡述】 本段為〈正亂〉的收尾。

對蚩尤的懲罰可謂嚴酷。但是這裏似乎暗示給人們兩個問題：

第一，「其上帝未先而擅興兵，視蚩尤共工」。這裏確實披露出黃老關於「寢兵」的思想。

第二，因傳說蚩尤為「始造五兵」者，那麼，對蚩尤的大張撻伐，很有可能寄託有黃老「銷兵」的思想。

〈姓爭〉第六

【內容提要】 本篇中有「姓生已定，敵者生爭」二句，故取「姓爭」為篇題。

本篇記述力黑與高陽對動靜、作爭與不爭、刑德、天道與人道、主客等等關係的討論。

動與靜、爭與不爭、刑與德是對立統一的辯證關係，同時，它們的依據是是否合於天道。

天道與人道，是主與客的關係；但它們之間存在著適當條件下的相互轉化關係。

德賞為主、刑罰為輔的思想，是黃老學說的一大特色。

對人的主觀能動性的肯定以及主客關係的相互轉化，是黃老學說的另一大特色。

高陽問力黑曰：天地〔已〕成，黔首㈠乃生。莫循天德㈡，謀相復（覆）頃（傾）㈢。吾甚患之，為之若何？力黑對曰：勿憂勿患，天制固然㈣。天地已定，規（蚑）僥（蟯）畢掙（爭）㈤。作爭者凶，不爭亦毋（無）以成功。順天者昌，逆天者亡。毋逆天道，則不失所守。天地已成，黔首乃生。勝（姓）生已定㈥，敵者生爭㈦，不諶不定㈧。凡諶之極㈨，在刑與德。

【註釋】㈠黔首：指百姓。㈡莫循天德：「天德」，即下文「毋逆天道」的「天道」。《經法・論約》：「不循天常」與此句近。㈢謀相覆傾：「謀」即《四經》所力斥的「陰謀」。㈣天制固然：「天制」也接近於天德、天道。「固然」，同於《莊子・養生主》：「因其固然」的「固然」，指本然具有的法則。㈤蚑蟯畢爭：「蚑蟯」即《經法・論》中「蚑行喙息，扇飛蠕動」的「蚑行蠕動」，指多足蟲和靠身體蠕動爬行的動物。㊅姓生已定：指各個氏族部落已經形成。㊆敵者生爭：指各個敵對的氏族部落之間發生爭鬥。㊇不諶不定：「諶」讀為「戡」，伐正。㊈極：準則。

【今譯】高陽問力黑說：天地已經形成，百姓也就因此而產生。很多人都不遵循天道，而且陰謀相互顛覆。我對此十分憂慮，這怎麼辦呢？力黑回答說：不需憂慮，也不必擔心，天道自有其本然的法則。天地的格局已定，連各色的動物都在紛紛爭鬥。妄肆爭鬥者有凶殃，然而一味不爭的也無成功可言。自然社會的規律便是：順隨天道的就能興昌，違逆天道的就會敗亡。不違背天道，就不會失去自己所固有持守的東西。天地已經形成，人民隨之產生。氏族部落已經形成，敵對的部落之間也就隨之出現爭鬥，不予以伐正這種爭端就不會平息。而伐正的準則，便是刑罰和德賞並行。

【闡述】本段是高陽與力黑的對話。

本段講論了兩個問題，一個是靜與動的辯證關係，一個是爭與不爭的辯證關係。

「勿憂勿患，天制固然」是靜；「不諶不定」是動。二者的辯證關係即是「刑與德」的相輔相成、兼行並舉。

爭是妄動，不爭是無條件的一味的守靜。這兩者都是違逆天道的。「不爭」與「爭」的必要守則便是「順天」、「與天俱行」。

刑德皇皇，日月相望，以明其當㈠。望失其當㈡，環視其央（殃）㈢。天德皇皇，非刑不行；繆（穆）繆（穆）天刑，非德必頃（傾）㈣。刑德相養，逆順若成㈤。刑晦而德明，刑陰而德陽，刑微而德章（彰）㈥。其明者以為法，而微道是行㈦。

【註釋】㈠刑德皇皇，日月相望，以明其當：「皇皇」，顯明，昭彰。「日月相望」，喻刑、德兼行並舉、彼此配合（《論衡・四諱》：「十五日，日月相望謂之望」）。「當」，恰當。《國語・越語下》：「天道皇皇，日月以為常」與此三句意近。㈡望失其當：是說刑、德二者配合不當。㈢環視（示）其殃：「環」，反。「示」，顯示，此處義猶降下。此句說刑、德二者配合不當，上天會反過來降災的。《詩經・十月之交》所謂「日月告凶」是也。㈣天德皇皇，非刑不行；繆（穆）繆（穆）天刑，非德必頃（傾）：「皇皇」、「穆穆」，美盛之義。《詩・假樂》：「穆穆皇皇」。析而言之，「皇皇」謂平正之美，「穆穆」言威儀之美。「天刑穆穆」與「天德皇皇」恰恰相對，為了與下面耕部的「傾」字協韻，改作「穆穆天刑」。㈤刑德相養，逆順若成：「相養」，相互涵養、彼此配合。「若」，乃，於是。「成」，定。偏執於一方，則是「逆」，反之則是「順」。㈥刑晦而德明，刑陰而德陽，刑微而德彰：古代陰陽學說，刑、臣、西方、月等等屬陰類，德、君、東方、日等屬陽類。《說文》：「望，月滿，與日相望以朝君也」。《釋名・釋天》：「望，月滿之名也。……十五日，日在東，月在西，遙相望也」。聯繫上句，則德賞為主，刑罰為輔，似為黃老刑德之旨。㈦明者以為法而微道是行：謂秉執法度要彰明，實行道術要隱晦。

【今譯】刑罰與德賞昭彰顯明，兼行並舉，配合恰當。如果配合失當，上天會反過來降災的。天德平正，但沒有刑罰的配合是無法實行的；天刑威嚴，但沒有德賞作依託也必然傾毀。刑罰與德賞相輔相成，逆與順也便因此而定。刑罰屬陰的範疇，因此具有微晦的特質；德賞屬陽的範疇，因此具有明彰的特質。所以，秉執法度要彰明，施行道術要隱晦。

【闡述】本段專論刑、德的各自特質及其相互關係。所謂特質的區別，便為具體的實施提供了原則論據，這是黃老的一大特色。兩者的關係，似以德賞為主而刑罰為輔，這又是黃老的另一特色。這兩大特色，似乎都為漢初之政治所接受。

明明至微㈠，時反（返）以為幾（機）㈡。天道環〔周〕，於人

反為之客㈢。爭（靜）作得時，天地與之㈣。爭不衰，時靜不靜，國家不定。可作不作，天稽環周，人反為之〔客〕㈤。靜作得時，天地與之；靜作失時，天地奪之㈥。

【註釋】㈠明明至微：第一個「明」為動詞，明瞭，把握。第二個「明」即上文「德明」的「明」，在此指「德」。「至」，通曉（《國語・楚語》注：「至，通也」。《禮記・樂記》注：「至，猶達也」）。「微」即「刑微」的「微」，在此指「刑」。「明明至微」，謂明瞭德賞通曉刑罰。㈡時返以為機：「時返」，指天道運行往返的規律。這是說真正把握住德賞刑罰的關係，就要抓住天道運行的規律來作為採取行動的契機。㈢天道環〔周〕，於人反為之客：「周」字據高亨說補。下文的「天稽環周」即此之複語。「環周」，即往復運行。「天道」與「人」，在老子、黃老思想中都視之為主、客的關係。但在黃老中，它們二者是辯證和轉化的關係。當恰當地發揮了人的主觀能動性，主、客關係會轉化的。這是說：如果人能把握天道運行的規律，及時抓住時機，那麼在天道運行當中，人就有可能反客為主。《國語・越語下》也有「天時不作，反為之客」的說法。又按：「客」在此失韻，疑「天道環周」句上有脫文。㈣爭（靜）作得時，天地與之：此二句疑為衍文，當刪。其證有三。下文「天稽環周，人反為之客」即是緊承此處的「天道環周，於人反為之客」而說的，中間不當橫插此二句。其證一。再下句「靜作得時，天地與之；靜作失時，天地奪之」四句整齊相對，意思完整。此處贅出此二句，顯係抄誤。其證二。下文有「爭不衰」，此處的「爭作得時」顯係涉之而衍。其證三。又按：也可能下面的「靜作得時，天地與之」為衍文。此處「靜作得時，天地與之」是說「於人反之客」的。下面的「靜作失時，天地奪之」是說明「人反為之客」的。㈤天稽環周，人反為之〔客〕：「天稽」，即上文的「天道」。此謂靜、作失時，則在天道運行中，人就會又重新處於被動地位。㈥靜作得時，天地與之；靜作失時，天地奪之：「與」，佑助。「天地與之」，乃「於人反為之客」也；「天地奪之」，乃「人反為之客」也。《管子・勢》：「夫靜與作，時以為主人，時以為客，貴得度」與此語近。

【今譯】 明瞭通曉德賞、刑罰的內涵以及二者之間的關係，就要抓住天道運行的規律來把握採取行動的契機。這樣的話，人就能在天道運行當中反客為主。如果一味地爭競，該靜時而不靜，國家就無法安定治理。相反的，該動時而不動，那麼在天道運行當中，人就會重新處於被動地位。因此說，動靜合時，就會得到天地的佑助；而如果動靜不合時宜，就會失去天地的佑助。

【闡述】 本段論述刑德、動靜、天道與人、主與客的對立轉化關係。

聯繫「地育德以靜」，則刑屬動的範疇。

天道與人是主與客及主、客相互轉化的關係。正確地認識和掌握自然社會規律，人就能反客為主，處於主動地位；而這裏所涉及的具體前提便是正確處理刑與德、動與靜的關係。

夫天地之道，寒涅（熱）燥濕，不能並立。剛柔陰陽，固不兩行。兩相養，時相成。居則有法，動作循名㈠，其事若㈡易成。若夫人事則無常，過極失當，變故易常；德則無有，昔（措）刑不當㈢。居則無法，動作爽名㈣，是以僇（戮）受其刑㈤。

【註釋】㈠居則有法，動作循名：「居」謂靜。「有法」與「循名」相對，「作」與「動」義複，疑「作」讀為「則」。㈡若：乃，便。㈢德則無有，措刑不當：「則」，即，就。「措刑」，用刑，施刑。㈣爽名：是「循名」的反面。「爽」即差誤，不合。㈤是以戮受其刑：所以將被誅戮，受其刑罰。帛書小組據《管子・勢》：「其事乃不成，繆受其刑」（注：「則被誅戮，受其刑也」）及《國語・越語下》：「其事是以不成，雜受其刑」以為此句上脫「其事乃不成」一句。可備一說。

「成」與「名」、「刑」耕部協韻。

【今譯】 天地間的自然規律是，寒與熱、燥與濕，是不能夠同時並立的；而剛與柔、陰與陽，也是不能同時並行的。它們之間是相互涵養、相輔相成的對立統一關係。靜時則有法則，動時則遵循名分，所以事情容易成功。至於人事規律則是變化不定的，如果超過天道所規定的準度，擅自改變常規，那麼德賞就談不上，刑罰也就不會得體。人們靜時沒有法則可依，動時也不遵循名分，那麼結局便是被戮受刑。

【闡述】 本段從天道和人道的角度論動靜。至「其事若易成」論天道，至「是以戮受其刑」論人道（「人事」）。至於人道，它的守則便是：違反「天極」、「天當」（天道），動靜就會無所取法；動靜失當，刑、德也就因之混亂；刑德混亂，不但無功，且受刑戮。

〈雌雄節〉第七

【內容提要】 本篇闡述治國修身的兩種基本態度，即雌節——和順廉恭及雄節——炫耀傲慢。

執守雌節，便是「積德」，可以給人帶來福吉；依仗雄節，便是「積殃」，會給人帶來禍殃。執守雌節，則無論是動是靜、是先是後，都會左右逢源的。因此說，黃老的雌節與老子的「雌」是有區別的。

黃老的雌節，即是執持天道、順時而動、與時遷徙。

皇后屯磿（歷）吉凶之常㊀，以辯（辨）雌雄之節㊁，乃分禍福之鄉（向）㊂。憲敖（傲）驕居（倨）㊃，是胃（謂）雄節；〔晃濕〕共（恭）驗（儉）㊄，是胃（謂）雌節。夫雄節者，涅之徒也㊅。雌節者，兼之徒也㊆。夫雄節以得㊇，乃不為福；雌節以亡，必得將有賞㊈。夫雄節而數得㊉，是胃（謂）積英（殃）；凶憂重至，幾於死亡⑪。雌節而數亡，是胃（謂）積德；慎戒毋法⑫，大祿將極⑬。

【註釋】 ㊀皇后屯歷吉凶之常：「皇后」即皇帝，也即指黃帝。「屯歷」讀為「洞歷」（「屯」、

「洞」皆為定母字），洞徹知曉。《論衡・超奇》：「上通下達謂之洞歷」。「常」，疑借假為「祥」。《國語・越語》注：「常，象也」。《國語・周語》注：「祥，象也」。又《儀禮・少牢禮》注：「常，吉凶之占繇」。《後漢書・竇武傳》注：「祥，吉凶之先見者」。常、祥同為陽部字，聲紐亦近。此並為二者相假之證。這句是說黃帝能夠洞徹吉凶的先兆。㊁雌雄節：這是古人關於治國修身的兩種基本態度。舉凡守愚持拙、光而不耀、進退有節不敢為先、不自大驕人、謙卑遜下、靜而不爭等等，均屬雌節的範疇；相反，則為雄節。道家多主雌節，《老子》、《文子》、《淮南子》均有關於雌節、雄節的論述。而觀察《四經》中關於剛與柔、爭與不爭的論述，可知黃老道家的「雌節」與《老子》的「守其雌」的「雌」概念並不完全相同（如「剛不足以，柔不足恃」、「作爭者凶，不爭亦無以成功」等等）。㊂乃分禍福之向：能夠分清禍福的方向所在。《四經》「吉凶」、「雌雄」、「禍福」連言時，都是「吉」、「雌」、「禍」在前，無一例外。㊃憲傲驕倨：「憲」通「顯」。顯謂自耀，傲謂自是，驕謂自伐，倨謂不遜。主雌節的道家《老子》有與此相關的論述，如「聖人……光而不耀」（五十八章）、「不自見，故明；不自是，故彰；不自伐，故有功」（二十二章）、「自見者不明，自是者不彰，自伐者無功」（二十四章）。《荀子・不苟》：「小人能則倨傲避違以驕溢人」亦與此句義近。㊄〔晁濕〕恭儉：「晁濕」二字原缺，今據〈順道〉「晁濕恭儉」補。「㫉」，讀為宛，順也。「濕」，讀為燮，和也（《說文》：「燮，和也。讀若濕」）。宛燮，即和順也。《淮南子·本經》：「太清之始也，和順以寂漠」。又〈本經〉：「委而弗為，和而弗矜」。《說文》：「㫉，讀若委」。則「㫉濕」即〈本經〉的「委和」也。「恭儉」，恭敬謙卑（《荀子·非十二子》注：「儉然，自卑謙之貌」）。《淮南子·泰族》：「恭儉尊讓者，禮之為也。」㈥浧：讀為盈。呈聲、盈聲之字古多通用，如逞與盈、綎與縕、桯與楹等等，不煩贅舉。盈，自滿。《周易·謙》：「天道虧盈而益謙，地道變盈而流謙，鬼神害盈而福謙，人道惡盈而好謙。謙者，一物而四益者也；盈者，一物而四損者也」。本經「盈」、「兼（謙）」對文與《易·謙》辭例相同。㈦兼：讀為謙。㈧以：如，如果（訓見《古書虛字集釋》）。下文「雌節以亡」的「以」義同此（「亡」，謂損失）。㈨必得將有賞：「得」字形近「將」而誤衍。「有賞」，謂有善報（《墨子·經上》：「賞，上報下之功也」。《禮記·祭法》注：「賞，賞善」）。㈩雄節而數得：「而」，同前文「以」，如果。「數得」，屢有所獲。⑪幾：接近。⑫法：古與「廢」通。⑬大祿將極：大福將至。

【今譯】黃帝能夠洞徹吉凶的先兆、辨析「雌節」與「雄節」這關於治國修身的兩種基本處世規則，所以能夠分清導致福禍的原因所在。舉凡自我炫耀、自以為是、自我誇伐、倨慢不遜，都稱之為「雄節」；舉凡宛順、溫和、謙恭、卑讓的，都稱之為「雌節」。所謂「雄節」，大抵屬於自滿的範疇；所謂「雌節」，大抵屬於謙遜的範疇。依仗「雄節」，假使偶有所得的話，並不意味著即是福吉；立足於「雌節」，如果一時有所損失的話，那麼最終也必然會有善報的。如果依仗「雄節」屢有所獲，那也衹能視為積累禍因，最終是憂慮凶險並至而瀕於死亡。如果立足「雌節」而常有所失，這正是積累福德的過程；謹慎地戒備自己而不背離「雌節」，大福就必然會來至。

【闡述】 本段是關於雌節和雄節的劃分和界定，並論述執守雌節和雄節的不同終局。

這裏，有兩個問題需要弄清：

一個是作者雖然像老子道家一樣傾向於雌節，但聯繫《四經》全書，可知作者所說的「雌節」與《老子》的「雌」並不完全相等。

另一個是本段強調了積累和轉化的過程，即「積殃」、「積德」；而積累是轉化的必要前提。因此，積累和轉化，便是「剛不足以」的根據；離開了積累和轉化的前提，「柔不足恃」的界說纔獲得合理性。

凡彼禍難也，先者恒凶，後者恒吉㊀。先而不凶者，恒備雌節存

也㊁。後〔而不吉者，是〕恒備雄節存也。先亦不凶，後亦不凶，是恒備雌節存也㊂。先亦不吉，後亦不吉，是恒備雄節存也。

【註釋】㊀凡彼禍難也，先者恒凶，後者恒吉：「禍難」疑當作「禍福」。今試說五證以明之。其一，此「禍福」即承上「積殃」、「積德」而言，因此下文說「觀其所積，乃知禍福之向」。其二，此「禍福」係聯前後之「禍福之向」。其三，此「恒凶」承「禍」而說，「恒吉」接「福」而言。其四，此處的「禍福」、「凶吉」、「雌雄」連言，正是呼應上段的「吉凶」、「雌雄」、「禍福」。其五，「福」為職部字，「吉」為質部字。職、質合韻。倘作「禍難」，則「恒凶」、「恒吉」無所係屬。「恒凶」、「恒吉」的「恒」講的是普遍規律，可釋為「一般情況下」。道家主張「後而不先」的觀點都是一致的，始源於老子。《老子》：「是以聖人後其身而身先」（七章）、「欲先民，必以身後之」（六十六章）、「不敢為天下先」（六十七章）、「用兵有言，吾不敢為主，而為客；不敢進寸，而退尺」（六十九章）。《四經》：「聖人不為始」（《稱》）、「大庭氏之有天下也……常後而不先……弗敢以先人」（《十大經・順道》）。最新公布的帛書《繆和》：「聖君之道……〔謙〕德而好後」、《昭力》：「用兵而弗先」等等。「先」謂先發，「後」謂後動。㊁先而不凶者，恒備雌節存也：上文「先者恒凶」講普遍，此處「先而不凶」講特殊。普遍規律是先動者恒凶，而之所以還會發生「先而不凶」這種特殊情況，是因為「恒備雌節存也」。「恒備雌節存」是一個兼語式（語言上的術語），「雌節」既做「恒備」的賓語，又做「存」的主語，即「恒備雌節，雌節存也」。㊂先亦不凶，後亦不凶，是恒備雌節存也：上文「先者恒凶，後者恒吉」是說普遍、說永恒；以下則言特殊、言變化。「先而不凶」等等是第一種變化，「先亦不凶，後亦不凶」等等是第二種變化。總而言之，執守雌節，便能左右逢源。《淮南子・原道》也說：「夫執道理以耦變，先亦制後，後亦制先」。可見「雌節」具有守道與應變這樣雙重的內涵。

【今譯】　關於禍福的趨向，凡是先動者大抵都有禍凶，而後發者一般都有福吉。然而有時也會發生先動而無凶禍的特殊現象，這是因為恒久地執守雌節、雌節不失的緣故。有時也會發生後發而無吉福的特殊現象，這是因為頑固的依恃雄節、雄節未去的緣故。有時還會出現先動也無凶禍、後動也無凶禍的特別情況，這也是恒久地持守雌節、雌節不失的緣故。有時又會出現先發也無吉福、後發也無吉福的特別情況，這仍是頑固的依恃雄節、雄節未去的緣故。

【闡述】　本段論先後與雌雄節及先後、雌雄節與禍福、吉凶的關係。

從本段原文及注文中所引老學諸語，可以給我們這樣幾點啟示：

一、雌節、雄節是兩個大的範疇，雌節這個大的範疇下所統攝的是柔、後、靜、退、謙、弱、不爭等等；雄節這個大的範疇下所統攝的是剛、先、動、進、驕、強、作爭等等。

二、從《四經》中「柔不足恃」、「不爭亦無以成功」、「後而不吉」等來看，黃老的「雌節」應該是包含著守道（「執道理」）與應變（「耦變」）這樣的雙重意思的，也即《淮南子》所說的「執道理以耦變」。「執道理」其實就已包含著「耦變」了；雌節即是守道應變；守道應變，則或剛或柔、或先或後，相互參用或互為消長，或兼行並舉，皆運用自如。因此，我們根據《四經》，可為黃老的雌節、雄節做一界定：「雌節」即是守道順時（應變即順時而動），「雄節」即是背道逆時。

三、雌雄節與吉凶關係的探討，為道家所重。除《四經》外，如帛書《繫辭》說「剛柔相遂而生變化，是故吉凶也者，得失之象也」、「剛柔雜處，吉凶可識」等等。

凡人好用雄節，是胃（謂）方（妨）生。大人則毀，小人則亡㊀。以守不寧，以作事〔不成。以求不得，以戰不〕克。厥身不壽㊁，子孫不殖㊂。是胃（謂）凶節，是胃（謂）散德㊃。凡人好用〔雌節〕，是胃（謂）承祿㊄。富者則昌，貧者則穀㊅。以守則寧，以作事則成。以求則得，以單（戰）則克。厥身則〔壽，子孫則殖。是謂吉〕節，是胃（謂）絝德㊆。故德積者昌，〔殃〕積者亡，觀其所積，乃知〔禍福〕之鄉（向）㊇。

【註釋】㊀大人則毀，小人則亡：「大人」指統治者、在上位者、「富者」。「小人」指老百姓、在下位者、「貧者」。孔子儒家以大人、小人或君子、小人分別與統治者、老百姓及有德者、無德者兩相對應，如《論語．季氏》：「小人不知天命而不畏也，狎大人」，又《論語．顏淵》：「君子之德風，小人之德草」。這一點是有差異的。㊁厥身不壽：「厥」，其。㊂子孫不殖：「殖」，昌盛、繁衍。《國語．晉語》：「同姓不婚，懼不殖也」，《左傳．僖公二十三年》：「男女同姓，其生不蕃」。殖、蕃意思是一樣的。㊃散德：失德。㊄承祿：得福。㊅穀：贍養。「貧者則穀」，謂貧者可以得到足夠的衣食供養。㊆絝德：「絝」讀為「洿」，猶本書「綸傳」之「綸」讀為「渝」也。《廣雅．釋詁三》：「洿，聚也」。洿又通作污、汙。聚德正與上文之「散德」對言。㊇觀其所積，乃知禍福之向：「所積」，謂或積殃、或積德。《淮南子．原道》：「觀其所積，以知禍福之鄉（向）」。

【今譯】大抵好用雄節的，都可以說是有害於生存。做為統治者則會毀滅，做為一般百姓則會亡身。採用雄節，守國則不安，做事則不會有成功，求取則無獲，征國則不勝。其自身不會長壽，子孫也不會蕃衍。所以這種雄節實為「凶節」，結果是在散失其德。而大凡好用雌節的，都可以說是在承接福祿。做為在上位的富者會因之昌盛，做為在下位的貧者會因之得到足夠的衣食供養。採用雌節，守國則安，做事則成功，求取則有收穫，征戰則勝。不但其自身會長壽，子孫也會蕃衍。所以這種雌節實為「吉節」，結果便是積聚其德。因此說，積聚其德的會昌盛，積累禍殃的會滅亡。考察他是積殃還是積德，便可以預測禍福的趨向了。

【闡述】本段具體論述雌雄節與守、戰、作事、求、壽、殖等的因果關係。

雌節便是聚德、聚福，雄節便是散德、積殃。我們前面已為「雌節」做了界定，那麼，「德」的界定就應同於《釋名・釋言語》裏所說的「德，得也；得事宜也。」

〈兵容〉第八

【內容提要】本篇論述關於古代軍事戰爭所應遵循的守則。

動員戰爭、指揮戰爭、贏得戰爭，必須考察並順應天時、地利、人心，否則會自取其禍。除嚴格順守天道外，還要準確及時地把握機宜，這便是「因時秉宜」。當機立斷、趨時取福，是戰爭中的重要策略。這是由「有奪有予」的天道所決定的。

兵不刑天㈠，兵不可動；不法地，兵不可昔（措）㈡；刑法不人㈢，兵不可成。參□□□□□□□□□之，天地刑之，聖人因而成之㈣。聖人之功，時為之庸㈤，因時秉〔宜〕㈥，〔兵〕必有成功。聖人不達刑㈦，不襦傳㈧。因天時，與之皆斷；當斷不斷，反受其亂㈨。

【註釋】 ㈠兵不刑天：「刑天」，取法天道。謂知天時也。㈡不法地，兵不可措：「法地」，取法地道。謂知地利。《禮記・中庸》注：「措，猶用也」。按：措與用義同，疑本即作「用」，因「用」與「措」義同，故訛為「措」也。「動」、「用」，東部協韻。㈢刑法不人：疑因「刑」字與「法」同訓且常常並舉而誤衍。「法不人」當作「不法人」。「兵不刑天」、「不法地」、「不法人」文勢相貫。「法人」，取法人道。謂知人事。《十大經・前道》：「上知天時，下知地利，中知人事」即此。《鶡冠子・兵政》：「用兵之法，天之，地之，人之」，亦同此。㈣參□□□□□□□□□

之，天地刑之，聖人因而成之：此文可先參考《國語・越語下》的一段話以補足，它在論「死生」時說：「人自生之，天地形之，聖人因而成之」。「生」、「形」、「成」，耕部協韻。則此處論「兵功」當亦是「……人生之，天地刑之，聖人因而成之」。「刑」，制（《荀子・臣道》楊倞注），即掌握。這是說：兵功是由人為的，由天地所主宰，聖人因順天道、地道、人道而順成其功。揣其文意，前面的足文大約是「參於天地，稽之聖人」。下文「天地刑之，聖人因而成之」即呼應此二句。其證一。「人」為真部，與「生」、「刑」、「成」為真、耕合韻。其證二。㈤聖人之功，時為之庸：「庸」，用。這是說：聖人之所以能成就兵功，是因為其能把握時宜並為之所用。㈥因時秉〔宜〕，〔兵〕必有成功：「宜」字原缺，今補。《經法・君正》：「宜之生在時，時之用在民」，「時」、「宜」共文與此同例。「秉宜」即「持宜」，《十大經・成法》：「持民之所宜」，即此。「因時秉宜」，是說因順天時把握機宜。「兵」字原缺，帛書整理小組隸定此字為「是」。按：當作「兵」。「兵必有成功」即下文「兵有成功」。㈦達刑：刑罰不當。詳見前注。㈧襦傳：即「渝轉」，謂猶豫反覆、背盟棄約。詳見前注。㈨因天時，與之皆斷；當斷不斷，反受其亂：見前注。

【今譯】 不懂得天時，就不可以興兵；不懂得地利，就不能指揮作戰；不了解人事，就不會取得戰功。因此必須考察天時地利，並且取法於聖人之道。兵功是人為的，但它由天地主宰著，聖人因為能夠因順天道、地道、人道所以能成就其功。而聖人的成功，就是因為把握了時宜並為之所用。因順天時而把握時宜，作戰就能夠成功。作為聖人，他們能夠恰當地掌握軍紀刑法，而且處事果決不背信棄義。而關鍵的是，要順應天時，當機立斷；該果斷的時候卻猶豫不決，反而會自取其禍。

【闡述】　本段論述軍事戰爭，必須取法天道、地道、人道，也就是說要考察天時、洞曉地利、衡量敵我力量的對比。

而關鍵還在於「因時秉宜」。順應天時，這是綱，是守則；「秉宜」，則要求主動出擊，掌握機宜。「因時」，除順應天時外，還包含著「待時」、「相時」的意思；然時機稍縱即逝，所以強調「秉宜」，準確、迅速、果決地抓住戰機。「因時」強調客觀，「秉宜」則側重主動。

天固有奪有予，有祥〔福至者也而〕弗受，反隋（隨）以殃㊀。三遂絕從，兵無成功㊁。三遂絕從，兵有成〔功〕㊂。□不鄉（饗）其功，環（還）受其殃㊃。國家有幸，當者受央（殃）；國家無幸，有延其命㊄。茀茀陽陽㊅，因民之力，逆天之極，有（又）重有功，其國家以危，社稷以匡㊆，事無成功，慶且不鄉（饗）其功㊇。

此天之道也。

【註釋】㊀有祥〔福至者也而〕弗受，反隨以殃：「福至者也而」五字原缺，今以意補。這一段話，是承上「因天時，與之皆斷；當斷不斷，反受其亂」而說，是黃老關於趨時取福的重要界說。《稱》云：「聖人……不為得，不辭福。因天之則，失其天者死」。《國語・越語下》說：「得時不成，反受其殃」，又云：「得時無怠，時不再來。天予不取，反為之災。贏縮變化，後將悔之」。《意林》卷一引《太公金匱》說：「且天與不取，反受其咎；時至不行，反受其殃」。《文子・符言》：「遵天之道……不棄時，與天為期。不為得，不辭福，因天之則。」最新公布的帛書《繆和》也說：「古之君子，時福至唯取，時亡則以須……走（趨）其時唯恐失之。故當其時而弗能用也，至於其失也……何無悔之有？……賁（奔）福而弗能蔽（當機立斷去取得謂之「蔽」）者害，〔辭〕福者死。故其在時也……夫福之於人也，既（即）焉不可得而賁（奔）也……言於（如也）能賁（奔）其時，慎（疑「悔」字之訛）之亡也。」上述都是關於福至而取的順天之則的意思。㊁三遂絕從，兵無成功：「遂」讀為「隧」，道。「三道」即上文「刑天」、「法地」、「法人」的天道、地道、人道。《淮南子・兵略》說：「將者必有三隧、四義、五行、十守。所謂三隧者，上知天道，下習地形，中察人情」。高誘注：「凡此三事者，人所從蹊隧」。「從」，順，因順。「三隧絕從」，謂拒絕因順天道、地道、人道。㊂三遂絕從，兵有成〔功〕：上文言「兵無成功」，此言「兵有成功」，是相反為文。則此處「絕從」的「絕」字當有誤，故余明光隸定此字為「敄（務）」，在文意上是講得通的。「三隧務從」，即務必因順天、地、人三道。㊃□不鄉（饗）其功，環（還）受其殃：「饗」通享，義猶受。「功」謂天予之功。所缺之字當為假設詞，是「如果」的意思。這是說如果不能順受天予之功的話，會反過來自取其禍。㊄國家有幸，當者受殃；國家無幸，有延其命：國家幸運，則戰爭的肇事者本人受到懲罰；國家不幸，則戰禍的肇事者卻依然在位。㊅茀茀陽陽：讀為「沸沸湯湯」。《山海經・西山經》：「……其源沸沸湯湯」。在此比喻聲勢浩大。㊆社稷以匡：天下惶亂不安。㊇慶且不饗其功：「慶」，慶賞、頒賜。「且」，仍然。此是說慶賞雖多仍然不能享受天功。「沸沸湯湯」、「慶且不享其功」即《經法・六分》的「費多而無功」，恰與《十大經・順道》的「用力甚少，名聲章明」相反。

【今譯】 有剝奪有賜予這是天道本然具有的客觀規律，天賜祥福如不能順而受之，結果祇能是反受其禍。如果拒絕因順天道、地道、人道，則不會有兵功。如果因順天時、地利、人心，就會有兵功。如果不能順受天賜之功的話，會反受其殃的。倘使國家幸運，則戰爭的首先發動者本人會受到應有的懲罰；假使國家不幸，那麼戰禍的肇事者會仍然高居其位。如果統治者聲勢浩大地去發動戰爭，借助於民力去違反天道，再加上好大喜功，那麼其結果便是國家危險，天下惶亂不安，做事不會成功，慶賞雖多也仍然不會有兵功。天道決定了這一切。

【闡述】 本段論述了兩個問題，即「三遂」和「予奪」。因順天道、地道、人道，也即順應天時、地利、人心，就會取得兵功；不順應天時、地利、人心，就不會有兵功。

以因順三「道」為依據，要做到當機立斷、趨時取福。福至而取、不取則失，是「當斷不斷，反受其亂」的有力根據。這一方面仍屬「雌節」的範疇，也更可見黃老的「雌節」與老子道家的「雌」有著很大的區別；黃老的「晁濕恭儉」與儒家的「溫良恭儉讓」更有著本質的區別。

〈成法〉第九

【內容提要】 本篇先論守道，次論「道」的內涵，最後論述「道」的外延。這是「成法」的全部內容。

「循名復一」，即是守道。「握一以知多」等，即是守道的實際意義。而道的「察於天地」、「施於四海」等語，可以看出黃老學家「道」的一統觀念；而〈成法篇〉的主旨，可以概括為「為民立極」。

黃帝問力黑：唯余一人，兼有天下，滑（猾）民將生，年（佞）辯用知（智）㊀，不可法組㊁，吾恐或用之以亂天下。請問天下有成法可以正民者？力黑曰：然。昔天地既成，正若有名，合若有刑（形）㊂，〔乃〕以守一名㊃。上捦之天㊄，下施之四海㊅。吾聞天下成法，故曰不多，一言而止。循名復一㊆，民無亂紀。

【註釋】㊀佞辯用智：「佞辯」，即阿諛諂媚、花言巧辯之徒。「用智」運用機謀。此與《老子》的「絕聖棄智」的思想有相通之處。㊁不可法組：「法組」讀為廢沮，遏止之義。㊂正若有名，合若有形：此二句是相互為文的寫法。「若」，於（訓見《古書虛字集釋》）。「有」，詞頭，無義。此二句即為「正形於名，合名於形」，言以名正形、使形名相合。㊃〔乃〕以守一名：「乃」字原缺，以意補。「以」，用。「守一」，即下文的「守一」，謂執守大道。「名」，稱呼、命名。這是說：這種以名正形、使形名相符的原則就稱為守道。㊄上捦之天：「捦」讀為「淦」，與「淫」義同。《說文》：「淦，水入船中也。或作捦」。則「淦」為浸入之義。段玉裁注云：「淦者，浸淫隨理之意」。又《說文》：「淫，浸淫隨理也」。則「淦」、「淫」同義。《釋名・釋言語》：「淫，浸也」。淦、淫，同為侵部字。淫即溢。《經法・名理》用「建於地而溢於天」來形容「道」，與此相同。是此「捦（淦、淫）於天」即〈名理〉的「溢於天」。㊅下施之四海：「施」，延及。這是說：「道」可以上浸入於天，下延及四海。㊆循名復一：循求事物的名形而總歸於道。

【今譯】 黃帝問力黑說：我一人廣有天下，刁巧的亂民就會出現，那些阿諛諂媚、花言巧辯之徒也會苦心孤詣地運用權謀，實在是難以遏止，我擔心人們會羣起效尤以亂天下。請問天下有沒有既定的法則來端正民心？力黑回答說：有的。昔日在天地已經形成時，萬物都是通過名分來正定其形質並且使形名相符，這種以名正形、使形名相符的原則就稱為執守大道。這種大道，上可溢於天而下可延及四海。據我所知，天下的這種既定法則本不需過多描述，一句話就可以概括了，這便是：循求事物的名形而總歸於「道」。這樣的話，天下百姓就不會違法亂紀了。

【闡述】 本段為治理天下的「成法」做界定。

「循名復一」便是所謂成法。「正若有名，合若有形」即為「循名」；而「循名」即為「復一」或

「守一」的具體體現。

「成法」一詞的提出，與我們前面所提及的「稽」、「極」、「則」等等用意都是相同的，它反映了戰國中早期一種宇宙人生律令亟待建立的客觀事實；同時，在哲學理論上，一統格局的構築，似乎是黃老學家試圖努力的。

黃帝曰：請問天下猷（猶）㊀有一虖（乎）？力黑曰：然。昔者皇天使馮（鳳）下道一言而止㊁。五帝用之㊂，以朳天地㊃，〔以〕楑（揆）㊄四海，以壞（懷）㊅下民，以正一世之士㊆。夫是故毚（讒）民皆退，賢人減（咸）起㊇，五邪㊈乃逃，年（佞）辯乃止。循名復一，民無亂紀。

【註釋】㊀猶：可（訓見《爾雅・釋言》）。㊁昔者皇天使馮（鳳）下道一言而止：「皇天」，上天。「馮」，帛書小組讀為「鳳」，認為是古代神話中的天帝使者，並以殷墟卜辭中有祭祀「帝史（使）鳳」為證。按：「風」、「鳳」古本一字。古籍中，飛廉、風、風伯、風師、屏、屏翳、鳳等等，為同物異名，皆是同音或一音之轉，均指天帝使者，頒布號令者。《楚辭・離騷》：「後飛廉使奔屬」；王逸注：「飛廉，風伯也。風為號令。」洪興祖補注：「《呂氏春秋》曰：風師曰飛廉。應劭曰：飛廉，神禽。晉灼曰：飛廉，頭如雀。《河圖帝通紀》曰：風者，天地之使，乃告號令」。梵語謂「風」為「吠藍」（見《一切經音義・卷六》）。朝鮮語謂「風曰孛纜」。《洛神賦》：「屏翳收風」（又作「萍翳、萍」）。《史記・秦本紀》謂「飛廉」之先人號「鳥俗氏」。《周禮・大宗伯》有祭祀「風師」之說，與卜辭相合。古籍中，謂「風」為天地之使所以發號令的說法比比皆是（見《經籍纂詁》「風」字條）。而《史記・秦本紀》中謂「飛廉善走」。古人將風、雨、雷、雲擬人化，說成是傳達上天旨意的諸神、使者。所以風伯便是疾行善走、傳達天帝命令的頭如雀的神鳥。然而，「飛廉」之合音即為風、屏、萍、馮，則此處「皇天使馮」的神話傳說及音假字的運用，似乎與楚俗很有些瓜葛。「一言」，指代「道」。「而止」即「而已」（《孟子・公孫丑上》：「可以止則止」，《論衡・知實》引作「可以已則已」）。㊂五帝用之：「五帝」，傳說中的上古帝王。關於五帝，有這樣幾種解釋：1.黃帝、顓頊、帝嚳、唐堯、虞舜。這是《世本》、《大戴禮記》、《史記・五帝本紀》中的說法。2.太皞（伏羲）、炎帝（神農）、黃帝、少皞、顓頊。見於《禮記・月令》。3.少昊（皞）、顓頊、高辛（帝嚳）、唐堯、虞舜。見《尚書序》、《帝王世紀》。近人則認為，五帝，是統指原始社會末期各部落或部落聯盟的首領。㊃以朳天地：「朳」讀為「八」。《說文》：「八，別也」。「以八天地」，即以辨別天地萬物。㈤揆：料理。㈥懷：安撫。㈦以正一世之士：「正」，端正。「士」，知識分子。《漢書·食貨志》：「士、農、工、商，四民有業。學以居位為士」。㈧讒民皆退，賢人咸起：「讒民」，無德者，即上文之「佞辯用智」之類。「賢人」，有德者。「咸」，都。「起」，起（啟）用。㈨五邪：「五」是虛數，「五邪」，泛指各種淫邪。

【今譯】 黃帝說：請問天下可有「道」嗎？力黑回答說：有的。過去天帝曾派風伯飛下傳道，上古的帝王們採用它來辨別規範天地萬物，並料理斟酌四海之事，且用它來安撫百姓、端正了一代知識分子。因此，品行敗壞的人統統屏去不用，有德行的人一律被啟用，各種淫邪銷聲匿跡，諂諛巧辯之風方纔止息。循求名形而復歸於道，人們不再違法犯紀。

【闡述】 上段論「成法」，即「守一」（「一」謂「道」）；本段則論「一」，即「道」的具體作用。

首先指出「道」來自上天，確立了「道」的至高無上的地位。

然後繼之以史實，表明道的確實可行性。

本段有這樣幾個問題應該引起注意：

其一，作為天帝使者、傳布上天號令的「馮」的傳說及音假字的使用，與《楚辭》屬同一區域的習用語。

其二，對「佞辯」的力斥，則可見戰國的遊說縱橫之風已經濫觴。

其三，「正一世之士」及上段的「佞辯用智」。「用智」與「佞辯」同文，顯然視「用智」與「佞辯」同例，一樣是被排斥的。這與老、莊的「絕聖棄智」、「去智與故」相同。

黃帝曰：一者，一而已乎？其亦有長乎㊀？力黑曰：一者，道其本也，胡為而無長㊁？□□所失，莫能守一㊂。一之解，察於天地；一之理，施於四海㊃。何以知□之至，遠近之稽㊄？夫唯一不失，一以騶化㊅，少以知多。夫達望四海㊆，困極上下㊇，四鄉（向）相枹（抱）㊈，各以其道㊉。夫百言有本，千言有要，萬〔言〕有蔥（總）⑪。萬物之多，皆閱一空⑫。夫非正人也⑬，孰能治此⑭？罷（彼）必正人也，乃能操正以正奇⑮，握一以知多，除民之所害，而寺（持）民之所宜㊅。紆凡守一㊆，與天地同極㊇，乃可以知天地之禍福。

【註釋】㊀一者，一而已乎？其亦有長乎：上面的「一」即前文「守一」的「一」，指「道」。後面的「一」即前文「一言而止」的「一言」，即「循名復一」。下文「一者，道其本也」即呼應此文。「亦」，還。「長」，多出，指更多的含義（《國語·齊語》注：「長，益也」。《漢書·嚴安傳》注引張晏：「長，進益也」）。「一」與「長」相互為文，「一」謂「少」，「長」謂「多」。下文「少以知多」、「握一以知多」等等議論，皆是就此而發。這是說：「道」，莫非就僅僅是一句話麼，它還包含有更多的意思嗎？㊁一者，道其本也，胡為而無長：「一」指上文的「一言」。「道」猶言、說。「本」，根本。「胡為」，何為，怎麼。這是說：「循名復一」這一句話說的僅是「道」的根本，怎麼能沒有更多的含義呢？㊂□□所失，莫能守一：所缺二字未明，依文意及下文「紆凡守一」的「凡」與「一」對舉例蓋當作「凡有所失」。謂諸事所以有失誤，因為不能執守大道的緣故。㊃一之解，察於天地；一之理，施於四海：「解」，蹤跡（《廣雅·釋詁三》：「解，跡也」）。「察」通「際」，達到。這是說，道的蹤跡，可以至於天地；道的妙理，可以延及四海。

《淮南子・原道》：「是故一之理，施四海；一之解，際天地」與此文完全相同，顯襲此文。又《管子・心術下》：「是故聖人一言解之，上察於天，下察於地」，〈內業篇〉：「執一不失，下極於地，蟠滿九州」。《文子・道原》：「故一之理，施於四海；一之嘏，察於天地」。皆是由本文化出。㊄何以知□之至，遠近之稽：所缺之字帛書小組佚書本隸定為「紃」。然作「紃」則輾轉難通。疑當作「一」。下文「達望四海，困極上下」皆是形容道的至極。「至」，至極，即「困極上下」也。「稽」與「至」同義（《莊子・逍遙遊》釋文引司馬云：「稽，至也」）。「稽」謂「達望四海」也。這是說：怎樣知道「道」的高下遠近的至極呢？㊅一以騶化：「騶」讀為「趨」，促使。這是說通過「道」促使事物發生變化。㊆達望：通觀、遍覽。㊇困極上下：窮極天地。㊈四向相抱：「相抱」，相合，算在一起。「四向相抱」，即東、西、南、北，哪一方都算上。⑩各以其道：天地四方，無論何事何物都按照其自身規律存在和運動著。⑪百言有本，千言有要，萬〔言〕有總：「本」，根本。「要」，概要。「總」，總括。臨沂銀雀山漢簡第463號也有此數語。⑫萬物之多，皆閱一空：「之」，雖（《孟子・離婁下》：「天之高也，星辰之遠也」。趙岐注：「天雖高，星辰雖遠」。是「之」猶「雖」）。「閱」，持，掌握。《老子》「以閱眾甫」注：「閱，秉也」。《淮南子・俶真》：「此皆生一父母而閱一和也」，注：「閱，總也」。此「總」即總持、總掌之義。

「空」讀為「孔」。「一孔」指道。此言萬物雖多而皆由道所總掌。《文子・道原》、《淮南子・原道》皆有「萬物之總，皆閱一孔；百事之根，皆出一門」之語。⑬正人：行端德美之人。指聖人。⑭治此：謂總理天下萬物萬事。⑮操正以正奇：第一個「正」謂正道（《禮記・玉藻》疏：「直而不邪謂之正」）。第二個「正」謂矯正。「奇」，淫邪不正。此謂秉持正道以矯正各種淫邪之事。⑯除民之所害，持民之所宜：《淮南子・主術》：「防民之所害，開民之所利」與此語近。⑰紓凡守一：「紓」字，帛書小組經法本以為「緥」之異體，讀為「抱」；帛書小組佚書本以為當作「繐」（總），並以《淮南子・要略》：「總要舉凡」為證。保、總，意思相通（如同「閱」訓為秉、總也）。「抱凡」、「總凡」，皆謂總持萬物也。此句說執守大道以總理萬物。⑱與天地同極：謂效天地之法則。

【今譯】黃帝問：「道」，莫非就僅僅是一句話麼？它還包含有更多的意思嗎？力黑回答說：「循名復一」這一句話是就「道」的根本而言的，怎麼能沒有更多的含義呢？諸事所以有失誤，就是因為不能執守大道的緣故。「道」的蹤跡，可以至於天地；「道」的妙理，可以延及四海。然而，怎麼知道「道」的高下遠近的至極呢？「道」促使了萬物發生變化，由少到多、一以知百。通觀四海，窮極天地，天地四方，無論何事何物都在按照其自身規律存在和運動著；無論是千言還是萬語也都有著其根本和總綱。但是，萬物雖多卻都是由「道」所總掌。如果不是行正德美的人，誰又能夠代表天道去總理天下萬物萬事呢？必須是這樣的聖人，纔能夠秉持正道以矯正邪道，把握大道去處理各種複雜事務，除去有害於人民的東西，而保持適宜於人民的東西。執守大道以總理萬物，取效天地的法則，這樣就可以懂得天地之間禍與福的所在了。

【闡述】 上段論「道」的內涵，本段論「道」的外延。天地、四海、上下、遠近、四方、百、千、萬等，皆納於「一」；「一」即道統，道的統攝，「為民立極」的味道極足；而〈成法篇〉的主旨也即在此。

〈三禁〉第十

【內容提要】 本篇論述的是關於天道、地道、人道這三道的禁忌。首論地道的禁忌，認為君主應該正確處理務農耕與興徭役的關係，尊重自然規律。次論人道的禁忌，特別強調應該「剛柔相濟」，即「剛不足以，柔不足恃」。這個界說，充分發展了老子道家思想，也為後世道家如《淮南子》所繼承。

最後論述天道的禁忌，強調在取法自然法則的基礎上，「王公慎令，民知所由」。

行非恒者，天禁之㈠。爽事，地禁之㈡。失令者，君禁之㈢。三者既修，國家幾矣㈣。地之禁，不〔墮〕高，不曾（增）下㈤；毋服川㈥，毋逆土㈦；毋逆土功㈧，毋壅民明㈨。

【註釋】㈠行非恒者，天禁之：行事沒有一定的準則，為天道所禁。「天」即下文的「天道」。此一「禁」，總就民、君而言。㈡爽事，地禁之：「爽」，差、違。「事」，指農事、徭役。「地」即下文的「地之禁」的「地」，指地道。此謂違背務農事起徭役的規律，為地道所禁。下文「〔墮〕高」、「增下」、「服川」、「逆土」、「逆土功」等皆謂「爽事」也。此一「禁」，就君主而言。《國語、周語下》：「古之長民者，不墮山，不崇藪，不防川，不竇澤」。可證此一「禁」是就君主而言。㈢失令者，君禁之：「失」謂背離。此謂背離教令，為君主所禁。「君」，似乎代表著「人道」。此一「禁」，就臣民而言。㈣三者既修，國家幾矣：「三者」，指上文的「恒」、「事」、「令」。「既」，盡，皆。「修」，治。「幾」，接近。這是說行為的準則、農事與徭役的關係以及教令等等三方面都做好了，國家也就差不多達到治理了。㈤地之禁，不〔墮〕高，不增下：「地」

指地道。《稱經》：「隳高增下，禁也」。即此「不〔隳〕高，不增下」。「隳」謂挖低，「增」謂填高。「高」指山陵，「下」指川澤。「隳高增下」，謂大興土木之功以修築宮室而違背自然地貌。《淮南子・本經》：「大廈曾加，擬於昆侖……殘高增下（注：「殘，隳也，增，益也」）……此遁於土也」。㊅毋服川：不堵塞河流。《國語・周語下》：「古之長民者，不隳山，不崇藪，不防川，不竇澤」，《晏子春秋・內篇・問上》：「節飲食，無多畋漁，以無偪川澤」。「服川」、「防川」、「偪川」其義一也，皆謂堵塞河流。「服」、「防」同為並紐字。㊆毋逆土：違背自然地理而修建宮室謂之「逆土」。「隳高」、「增下」、「服川」、「逆土」，皆就君主違背地理而大興徭役修築宮殿而言；下文「逆土功」、「壅民明」則就「農事」而言。帛書小組以「毋逆土」為衍文，非。僅就協韻角度講，「下」、「土」魚部協韻。無「毋逆土」三字，則魚部之「下」字無與之協韻者。就辭例、語勢講，亦不可無此三字。㊇毋逆土功：不要違逆節令而濫興土木之功。㊈毋壅民明：「明」，指百姓已經形成的農事規律（《爾雅・釋詁》：「明，成也」）。「壅」訓為違背（《左傳・昭元年》注：「壅，謂障而不使行也」）。則「毋壅民明」是說不要違背百姓既定的農事規律。又解：此句可直譯為：不要自以為是而遮塞百姓的聰明才智。

【今譯】 行事沒有一定的準則，為天道所禁止。違背農事徭役的規律，為地道所禁止。背離教令，則為君主所禁止。上述關於行為的準則、農事與徭役的關係以及教令等等三方面的事情都做好了，國家也就差不多達到治理了。關於地道的禁忌，那就是君主在修築宮室時不要夷平山陵、填充澤壑、堵塞河流、違逆地理。不要違反節令而濫興土木之功，也不要違背百姓既定的農事規律。

【闡述】 本段首列三「禁」：天、地、人。

次言「地道」之「禁」。

地道之禁有二「不」四「毋」。「不墮高，不增下；毋服川，毋逆土」，是論起徭役修宮室毋逆地理，逆之則不祥；「毋逆土功，毋壅民明」，則論正確處理農事與徭役的關係。可以參讀後面的《稱經》，有助於理解本段。

此一「禁」專就君主而言。

關於「不墮高，不增下；毋服川，毋逆土」的論述，除尊重自然規律的含義之外，似還帶有原始自然宗教（自然崇拜）的意味。

進不氐㈠，立不讓㈡，徑遂凌節㈢，是胃（謂）大凶。人道剛柔，剛不足以，柔不足寺（恃）㈣。剛強而虎質者丘㈤，康沈而流面

（涵）者亡㊅；憲古章物不實者死㊆，專利及削浴以大居者虛㊇。

【註釋】㊀進不氐：「氐」讀為底，止也（訓見《爾雅・釋詁》）。「進不底……是謂大凶」即《經法・國次》的「功成而不止，身危有殃」。進退行止之節為道家所重。《老子》：「進道若退」（四十一章）、「不敢進寸而退尺」（六十九章）、《稱經》：「非進而退」、帛書《繆和》：「進退無節……則不吉」都是這個意思。㊁立不讓：「立」謂立身行事。「讓」，謙卑遜讓。《經法・四度》：「君子卑身以從道」，即教人以遜讓謙卑之道。㊂徑遂凌節：「俓」讀為「徑」。《禮記・祭義》：「道而不徑」，《釋文》：「徑，邪也」。又《廣雅・釋詁》：「徑，邪也」。「遂」，行也，進也（《廣雅・釋詁》：「遂，行也」、「往也」。《易・大壯》虞注：「遂，進也」）。「凌」讀為「陵」。「徑遂陵節」，謂邪僻行事而超越節度。又「徑」訓為「直」亦通（見《史記・大宛傳》集解）。㊃剛不足以，柔不足恃：「以」，用。「恃」，依仗。《淮南子》認同此說。如〈原道〉：「弱而能強，柔而能剛」、〈氾論〉：「大剛則折，大柔則卷。聖人在剛柔之間，乃行道之本。」㊄剛強而虎質者丘：「虎」，威猛（《易・文言》疏：「虎，是威猛之獸」。引申謂威猛。班昭《女誡》：「生女如鼠，猶恐其虎」）。「質」，稟性。「丘」，讀為「拒」（「丘」、「拒」

音近。《漢書・楚元王傳》「丘嫂」，《史記》作「巨嫂」。朱駿聲《說文通訓定聲》：「丘，假借為巨」）。《廣雅・釋詁》：「拒，困也」。㈥康沈流湎：即《淮南子・要略》的「康梁沈湎」（《太平御覽》八十四引作「康梁流湎」）。高誘注：「康梁，耽樂也。沈湎，淫酒也」。㈦憲古章物不實者死：「憲古章物」即「憲章古物」。「憲章」，效法（《禮記・中庸》：「仲尼祖述堯舜，憲章文武」。「憲章」與「祖述」都是效法的意思）。「物」，事。「不實」，謂華而不實、不合實際。「死」，窮困，行不通（《廣雅・釋詁》：「死，窮也」）。㈧專利及削浴以大居者虛：「專利」，專事謀利。「削」，侵奪。「浴」通「谷」。《老子》通行本「谷神不死」（六章）、「江海之所以能為百谷王者……故能為百谷王」（六十六章）等「谷」字，帛書《老子》均作「浴」。「谷」，養也（《老子》「谷神不死」注）。「削谷」，奪人之所養，即侵奪他人賴以生存的衣食財物。「大居」，擴大自己的居地。「虛」，同「墟」，廢墟，承「大居」而言。這是說侵人之利、奪人資財以擴大自己宅第的，其宅第終會成為廢墟。「以大居者虛」為兼語式。〈順道〉有「不謀削人之野，不謀劫人之宇」之說，與此可互參。

【今譯】 祇知進而不知適可而止，立身行事而不知謙卑遜讓，邪僻行事而超越節度，這些都意味著大凶。人道的規律應是剛柔相濟，不能祇採用剛，也不可祇依賴柔。剛硬強直而秉性威猛的必會困窘，沈湎逸樂淫酗於酒色的必然敗亡；祇知效法古事而不合實際的是窮困不通的，侵人之利、奪人資財以擴大自己宅第的其宅第終成廢墟。

【闡述】 本段論三禁中的人道之「禁」。

此一「禁」，專就臣民而言。進退、遜讓、取捨、剛柔，皆須適其宜節。「憲古章物不實者死」，頗似針對儒家「祖述堯舜，憲章文武」而發；講究實際、實用、實效，因時制宜，乃是黃老思想之特點。「時異則事變」之說蓋濫觴於此。

天道壽壽㊀，番（播）於下土，施於九州。是故王公慎令，民知所繇（由）㊁。天有恒日，民自則之㊂，爽則損命，環（還）自服之㊃。天之道也。

【註釋】 ㊀天道壽壽：即《淮南子・原道》的「大道坦坦」。「壽壽」當讀為「踧踧」。壽聲、叔聲之字古多相假。《說文》：「璹，讀若淑」。徐鍇曰：「《爾雅》：『璋大八寸謂之琡』。《說文》有璹無琡，宜同也」。踧踧，平易也。《詩・小弁》：「踧踧周道」，毛傳：「踧踧，平易也」。《淮南子・俶真》：「平易者，道之素」（高誘注：「素，性也」）。㊁民知所由：人民知道如何行事。「民」指百姓。㊂天有恒日，民自則之：「恒日」與《四經》中的「恒」、「恒常」等均指「道」，即永久不變的客觀規律。「則」，取法。「民」即「人」，統指君主、臣民。㊃還自服之：「還」，反。「服」，敗亡（《周書・謚法》：「服，敗也」）。

【今譯】天道是平正簡易的，它傳布於大地，延及於九州。因此王公們應取法天道，慎重地制定施行其法令，使老百姓知道如何去行事。天有恒定的法則，人們自然去取法它，如果違背它就會傷損身命，自取敗亡。這便是所謂的天道。

【闡述】本段論三禁中的天道之禁。

此一「禁」，總就君主及臣民而言。

天道、地道、人道，是三禁、三才的恒定次序；而本篇以君主與地道對應，則「地之禁」又列於首位。

〈本伐〉第十一

【內容提要】本篇論述出兵征戰的不同原則及其結局，故以「本伐」名篇。

不同的用兵原則歸納為三類，即「世兵道三，有為利者，有為義者，有行忿者」。為利、行忿的戰爭是非正義的，不會獲得成功；而不能將為正義而戰的原則貫徹到底，也不會有好的結局。作者強調的是在「不得已」的前提下、以貫徹始終的「為義」為總原則，以正確處理予取、禁使關係為具體策略。作者認為做到了這些，軍事行動纔能所向披靡、暢行無阻。

諸庫臧（藏）兵之國，皆有兵道㈠。世兵道三：有為利者，有為義者，有行忿者㈡。所胃（謂）為利者，見〔生民有〕饑，國家不叚（暇），上下不當㈢，舉兵而栽之㈣，唯（雖）無大利，亦無大害焉。

【註釋】㈠諸庫藏兵之國，皆有兵道：「諸庫藏兵之國」，指準備用兵征伐的國家（「諸」通「儲」，「庫」指武庫。《說文》：「庫，兵車藏也」。《淮南子・時則》注：「庫，兵府也」。「兵」，兵甲。「儲庫」與「藏兵」同義。又按：「庫」與「藏」同義，二者或有一字為衍文。「諸」如字解釋，亦通。「諸藏兵之國」即《愼子》的「藏甲之國」）。「兵道」，指用兵征伐的原則。《意林》卷二引《愼子》說：「藏甲之國，必有兵道。市人可驅而戰，安國之兵，不由忿起」。此段與下文反對「行忿」之說相合。㈡世兵道三，有為利者，有為義者，有行忿者：「世」，世人，指「諸藏兵之國」。「為利」而戰，是黃老所反對的。如「誅禁當罪而不私其利」（《經法・六分》）、「不謀削人之野，不謀劫人之宇」（《十大經・順道》）。「行忿」，謂逞怒泄忿。與《易・損》「懲忿窒欲（懲，止也）」正好相反。《淮南子・本經》：「用兵有術矣，而義為之本」，即此「為義」也。《文子・道德》、《慎子》、《漢書・魏相傳》也都有義兵、忿兵之說。㈢見〔生民有〕饑，國家不暇，上下不當：「生民有」三字原缺，以意補。〈順道〉「其民……饑不飴」，有此辭例。「生民有饑」，即菜穀不熟的饑饉荒年。「暇」，安閒、安定。「上下不當」即君臣不當、君臣不和。與〈四度〉「君臣當位」相反。㈣舉兵而栽之：「栽」，帛書小組經法本讀為「烖」，訓為誅伐；佚書本隸定此字為「𢧵」，讀為「誅」。兩通。

【今譯】 蓄兵征戰的國家，都有自己不同的用兵原則。這些用兵的原則歸納起來有三類：有為謀利而征戰的，有為道義而征戰的，有為逞泄憤怒而征戰的。所謂為了謀圖利益而征戰的，是指在別的國家正逢荒年，國家不安定，君臣上下又不和睦的情況下，而乘機發兵去誅伐。這種原則指導下的用兵結果，是雖然並不能獲得什麼大的利益，然而也不會有什麼大的災害。

【闡述】 本段首論用兵之道有三種，即為利、為義、行忿。

其次，論述「為利」而戰的內涵及其結果。

從本段內容來看，「為利」戰者，似屬黃老所排斥的「陰謀」之類。而本來應該是「陰謀不祥」（〈行守〉），然此時對方是「國家不暇，上下不當」，屬「逆」的國家。因此說用兵的結果，是「雖無大利，亦無大害」。

所胃（謂）為義者㈠，伐亂禁暴㈡，起賢廢不宵（肖）㈢，所胃（謂）義也。〔義〕者，眾之所死也㈣。是故以一國戉（攻）天下，萬乘〔之〕主□□希不自此始㈤，鮮能冬（終）之㈥；非心之恒也，窮而反矣㈦。

【註釋】㈠所謂為義者：「為」字上原重「為」字，為衍文，據刪。㈡伐亂禁暴：討伐奸亂、禁止暴行。前者就「下」而言，後者就「上」而說。「下」指臣民，「上」指暴君，皆指被伐之國而說。《吳子・圖國》：「禁暴救亂曰義。」按：「伐亂」與「救亂」意思相涵，皆謂為平息他國臣民的內亂而出兵。「禁暴」，指為禁止他國暴君之惡行而出兵。《淮南子・本經》：「興利除害，伐亂禁暴，則功成」。㊂起賢廢不肖：起用賢人，摒退讒佞。㊃義者，眾之所死：「死」，出死效力。這是說為正義而戰，則人民會為之出死效力的。㊄萬乘〔之〕主□□希不自此始：所缺二字疑當作「併兼」，下文「即兼始逆」的「兼」即照應此「併兼」。《四經》中多有「兼人之國」之語。黃老在「義戰」的有奪有予的原則下，是肯定兼併的。〈前道〉「大國得之以併兼天下」與此語言環境相同。《荀子・王制》：「衛弱禁暴，而無兼併之心」與此「伐亂禁暴……萬乘之主併兼……」文例相近。此言超級大國的君主在兼併他國時最初都是打著正義的旗號的。㊅鮮能終之：很少有能把為了正義而征戰的原則貫徹到底。「終」是貫徹到底的意思。「之」指代為義而戰的原則。此即《詩經》所謂「靡不有初，鮮克有終」（《詩・蕩》）也。㊆非心之恒也，窮而反矣：「反」，指相反的結果。「非心之恒」承上「鮮能終之」而說。這兩句是說：如果沒有持之以恒的決心去為正義而戰，就會最終得到相反的結果。

【今譯】所謂為正義而征戰的含義，便是為討伐他國的叛亂和禁止君主的暴行而出兵，這是正義之戰。為正義而戰，人們都會為之獻身的。因此以一國的力量去攻伐天下的叛亂和暴虐，超級大國的君主在兼併他國時最初都是打著正義的旗號，但很少有能把為了正義而征戰的原則貫徹到底的；如果沒有持之以恒的決心去為正義而戰，就會最終得到相反的結果。

【闡述】 本段論述「為義」而戰的含義及其不能將此原則貫徹始終的結果。

這裏面將正義戰爭界定為「伐亂禁暴，起賢廢不肖」，與《淮南子・本經》：「伐亂禁暴，進賢而退不肖，扶撥以為正」的界說相同。這種正義戰爭也是兼併戰爭，祇要是有奪有予的正義之戰，黃老是贊成兼併的；而《荀子・王制》中的「衛弱禁暴，而無兼併之心」則與黃老有異。

伐亂禁暴、救亂禁暴、衛弱禁暴以及「生國養之，死國伐之」（「因天之生也以養生，因天之殺也以伐死」）意思都是接近的，這是介於「大國」和「中國」之間的國家的語氣。而這裏的「萬乘之主……鮮能終之……窮而反」等等卻顯然指戰國中早期的一個勢力最強的國家（大國），疑指齊或楚？《荀子・王霸》說「故用國者，義立而王（「義」，道義，正義），信立而霸（賞罰信），權謀（陰謀）立而亡」。上段「見生民有饑，國家不暇，舉兵而栽之」的「為利」戰者當即此「權謀立」，也即《四經》的「陰謀不祥」。《淮南子》也說「用兵有術，而義為之本」。是諸家都對「義」做了肯定。而黃老又具體對「義」做了分析，它要人們警惕兩種情況，一個是僅是名義上打著「義」的旗號；一個是不能將「義」貫徹始終。這樣所謂的「為義」仍然是不會有好結局的。

所胃（謂）行忿者，心唯（雖）忿，不能徒怒，怒必有為也㈠。

成功而無以求也㈡，即兼始逆矣㈢，非道也㈣。

【註釋】㈠心雖忿，不能徒怒，怒必有為：「雖」，如果，假若（《禮記・少儀》疏：「雖，假令也」。《助字辨略》：「雖，若」）。「有為」謂由內心之怒而外化為戰爭。㈡成功而無以求也：即「無以求成功」。「無以」，不會。「求」，取，取得。㈢即兼始逆：「即」猶「乃」，是。「兼」，兼併、征伐他國。「逆」，違背常理。㈣非道：不符合用兵之道。

【今譯】所謂為了逞泄私憤而發動戰爭的，說的是內心如果懷有憤怒，就不會僅僅是憤怒而已，它一定會由內心之怒而外化為戰爭。這種戰爭不會取得成功，這是因為這種兼併戰爭一開始就是違背常理的，這是不符合用兵之道的。

【闡述】本段論述為「行忿」而征戰的含義及結局。

「為利」和「行忿」的兼併戰爭，黃老是反對的。

這裏的「行忿」顯然是指挑起戰爭國家的君主，所謂「固執」、「人執」者（《觀》所謂「人執者摐兵」也）。君主偏執一己之私欲，是挑起「為利」和「行忿」的不義之戰的原因。「兵戰力爭」，即此等之國。

道之行也，繇（由）不得已㊀。繇不得已，則無窮㊁。故囯者，趆者〔也〕；禁者，使者也㊂。是以方行不留㊃。

【註釋】 ㊀道之行也，由不得已：「道」，兵道。「行」，用。「由」，出於。《稱》：「兵者不得已而行」即此。《老子・道經》也說：「將欲取天下而為之者，吾見其不得已。」又云：「兵者不祥之器也，不得已而用之。」《莊子》也說：「不得已之類，聖人之道」（〈庚桑楚〉）。「不得已」而用兵則是非恃於兵，故《莊子・列禦寇》說：「兵，恃之則亡。」㊁由不得已，則無窮：因為出於不得已，所以用兵就會成功而不會有困窮的時候。《莊子・列禦寇》：「順於兵，故行有求；兵，恃之則亡。」㊂囯者，趆者也；禁者，使者也：「囯」字當為從「口」、「丰」聲之字（或「口」為羨畫，猶「韋」之又作「圍」也）。《說文》：「丰，草蔡也。讀若介」（即「芥」字）。又「夰，大也。從大介聲，讀若蓋」。「丰」（芥）在此讀為「丐」（《詩經》：「以介眉壽」、「介爾景福」皆假「介」為「丐」）。芥、丐，同為見紐月部字，聲韻完全相同。《廣雅・釋詁三》：「丐，予也」。介（丐）為月部字，趆（拓）為鐸部字，月、鐸合韻。在協韻上，也可證此字釋為「芥」而讀為丐不誤。「趆」讀為「拓」。《說文》：「拓，拾也。陳宋語。從手石聲。或從庶聲」。

《方言・一》：「摭，取也」。「予者，取者也」即《老子》「將欲取之，必固予之」（三十六章）之意。取予之道，為黃老所重，如「奪而無予，國不遂亡」（《經法・國次》）、「取予當，立為〔聖〕王；取予不當，流之死亡」（《稱》）等等。「禁使」之道，為諸家所重。如《商君書・禁使》：「人主之所以禁使者，賞罰也」。近人高亨注云：「禁，是用刑罰禁止人們做惡；使，是用賞賜促使人們立功」（高亨《商君書注譯》）。《淮南子・俶真》說：「是故生不足以使之，利何足以動之；死不足以禁之，害何足以恐之。」同書〈人間〉：「勸人而弗能使也，禁人而弗能止也」。而予取、禁使連言，則見於《荀子・解蔽》，其文曰：「自禁也，自使也；自奪也（按：「奪」當作「予」），自取也；自行也，自止也。」㈣是以方行不留：「方行」，猶暢行。「留」，即古籍中「無有留滯」的「留」，滯礙不通。「方行不留」，謂暢行無阻也。此承上之「無窮」而說。

【今譯】用兵之道，是出於不得已。因為出於不得已，所以用兵就會成功而不會有困窮的時候。因此用兵的具體策略就應該採用通過退卻讓地而更好地進攻奪取；通過對軍隊的刑罰立禁而更好地以慶賞促使其立功。做到了這些，揮師出征，就可以暢行無阻。

【闡述】本段是補充論述「為義」而戰的。

在貫徹始終的「為義」的原則下，作者強調「不得已」。這個「不得已」，顯然已將「為利」、「行忿」排除在外了。

因此說，〈本伐〉所要闡述的軍事原則便是這樣的：1.以「不得已」為前提。2.貫徹始終的「為義」是總戰略思想。3.予奪、禁使關係的準確處理便是具體策略。

〈前道〉第十二

【內容提要】 本篇講論了以下幾個問題：

第一個是介紹治國的「前道」，即「上知天時，下知地利，中知人事」。

第二個是講「道」的「有原而無端」、「用者實，弗用者雚」的特質以及「以居軍強，以居國其國昌」的意義。

第三個是講對掌握「道」的「士」及「國士」的尊重和任用；重用他們則是國、民之幸，否則便是國、民的不幸。

聖〔人〕舉事也㈠，闔（合）於天地，順於民，羊（祥）於鬼

神㈡，使民同利，萬夫賴之㈢，所胃（謂）義也。身載於前㈣，主上用之，長利國家社稷，世利萬夫百生（姓）㈤。天下名軒執□士於是虛㈥。壹言而利之者，士也；壹言而利國者，國士也㈦。是故君子卑身以從道㈧，知（智）以辯之㈨，強以行之㈩，責道以并世⑪，柔身以寺（待）之時⑫。王公若知之，國家之幸也。

【註釋】 ㈠聖人舉事：「聖人」，得道的賢人，當即下文的「古之賢者」。「舉事」，行事。㈡合於天地，順於民，祥於鬼神：「祥」，順。《管子・樞言》：「鬼神以祥使」與此相同。《淮南子・氾論》：「當於世事，得於人理，順於天地，祥於鬼神，則可以正治矣」（高誘注：「祥，順也」），顯襲本經語。㈢萬夫賴之：「萬夫」，指君臣百姓。「賴」，依仗。㈣身載於前：「身」，指上文的「聖人」，即得道的賢人。「載」，置。「前」，前位。「身載於前」，猶《詩・卷耳》：「寘彼周行」也（孔穎達疏：「置此賢人於彼周之列位以為朝廷臣也」）。後文「身載於後」與此正相反。㈤世利萬夫百姓：「世利」，大利。「萬夫百姓」，指天下眾人。㈥天下名軒執□士於是虛：「名」，大。「軒」，士大夫所乘之車（《左傳・閔公二年》注：「軒，大夫車」）。「名軒」，在此借指有德的賢士。缺字疑為「國」，「執國」，治理國家。「執（國）士」即下文的「國士」。「虛」，聚攏、歸附（《易・升》釋文：「虛，邱也」、《釋名・釋州國》：「邱，聚也」）。㈦壹言而利之者，士也；壹言而利國者，國士也：「利之」，即上文「利萬夫百姓」。「利國」，即上文「利國家社稷」。利民之「士」，即上文的「名軒」，也即《經法・六分》：「重士師有道」的「士」。「利國」之「國士」即上文的「執（國）士」，也即指「有道」（詳見《經法・六分》注）。「一言利國」者，乃「一言以興邦」之意。㈧君子卑身以從道：「君子」，即指得道的賢人。此言有道的賢人都是謙卑己身以遵從天道的。帛書《繆和》：「聖君卑體屈眾以鄰（臨）遜，以下其人」即此也。㈨知（智）以辯之：「辯」通「辨」，辨識。這是說他們可以用他們的才智去認識「道」。㈩強以行之：「強」，勉力、努力。「行之」，用道去指導行動。⑪責道以并世：「責」，要求、尋求（《說文》：「責，求也」）。「并」，符合（《漢書・鮑宣傳》注：「並，依也」。並同并，《說文》：「并，相從也」。《漢書・藝文志》集注：「并，合也」）。這是說：他們尋求「道」的與世相合。⑫柔身以待之時：「柔身」謂「屈身」（《四經》把剛柔、伸屈、動靜等等常作為兩個相反的範疇提出）。「之」字疑與「時」字形相近而為衍文。「柔身以待時」與「責道以并世」文正相儷。《孟子》所謂「雖有鎡基，不如待時」（《公孫丑上》）即此。

【今譯】　那些得道的聖人在做事時，總是考慮如何符合天地之道、順應民心和神祇的意願，並且與民同利，人們都依賴於他們，這便是所謂的道義。他們應該得到應有的官位，君主任用了他們，對於整個國家乃至全天下的人都是大有利處的。這樣的話，天下的名士就都會來歸附的。一句話就可以使君主獲利的，這便稱作「士」；一句話就可以使國家獲利的，這便稱作「國士」。因此說，有道的賢人都是謙卑己身以遵從天道，用他們的才智去認識道，努力用道去指導自己的行動，並且尋求道的與世相合，卑屈己身以待天時。做為一國之君，如果懂得了這些聖賢們所掌握的道，這便是國家的大幸了。

【闡述】　本段論述是的「士」與「道」對治理天下和國家的重要意義。

這裏面有兩個問題需要指出，即「鬼神」與「士」：

天、地、人「三才」說，源於《老子》的「道大、天大、地大、人亦大」的「四大」說。然而《四經》及《易傳》（《易・謙》彖辭）在天道、地道、人道之外又加一「鬼神」，這顯與老子道家有異，與《莊子》更明顯對立（《莊子》中本有〈徐無鬼〉一篇）。

「鬼神」一詞及含有鬼神意義的「鬼」、「神」字樣在《四經》中約出現六次，如「不天天則失其神」、「天天則得其神」、「地且天，鬼且人」（〈前道〉）、「與神同□」（〈行守〉）、「傷國之神」（《稱》）等等。黃老對「鬼神」是絕對敬重、褒贊的。這與《四經》中吉凶、禍福等含有後世五行災異論的諸多表述是完全一致的；這種崇神論也許是受了墨子的某些影響，但二者的內涵尚有區別。

《四經》中含有鬼神意思的「神」字都是「天」或「天道」的化身或替代語，如「得神」義為「得神佑」，實即「得天」、「得天佑」（〈亡論〉「是謂得天」、〈正亂〉「天佑而弗戒」）。

這裏，有一個重要的學派性的思想觀念之聯繫性，值得特別提到的：《四經》中曾不止一處以天、地、人三者與鬼神並舉，這與稷下道家代表作之一的《管子・樞言》是一致的（按：〈樞言〉云：「天以時使，地以材使，人以德使，鬼神以祥使」），黃老道家這一觀點，影響了《易傳》（如《彖・謙》即以天道、地道、人道與「鬼神」並舉），於此可見黃老之學與《易傳》的關係。

關於重士、重智的思想與〈六分〉「重士師有道」、「貴有知（智）」的說法完全一致。

國大人眾，強國也。□身載於後，□□□□□□□□□□□□□□□□□□而不□□□□□□幸也㈠。故王者不以幸治國㈡，治國固有前道㈢：上知天時，下知地利，中知人事㈣。善陰陽□□□□□□□□□□□□□□□□□□□〔名〕正者治，名奇者亂㈤。正名不奇，奇名不立㈥。正道不台（殆），可後可始㈦。乃可小夫，乃可國家㈧。小夫得之以成，國家得之以寧。小國得之以守其野㈨，大國〔得之以〕併兼天下㈩。

【註釋】㈠□身載於後……而不……幸也：此處缺二十餘字，雖不能明確知道所缺為何字，但它顯然是與前文「身載於前，主上用之，長利國家社稷，世利萬夫百姓。王公知之，國家之幸也」相反為文，故其可能是：「若身載於後，主上不用之，則不利國家社稷、萬夫百姓。王公而不知之，乃國家之不幸也」。此處論得道的賢人，說用之則幸，不用之則不幸；下文論「道」，說「用者實，不用者雚」。互文見義也。「身載於後」，謂有道的賢人不列於官。「而」，如，若。㈡幸：僥幸，謂不遵道也。㈢前道：指前人已實行過的既定法則。即猶「成法」也。〈成法〉篇名即取於「請問天下有成法可以正民者？」本篇尾題殘缺，帛書小組據「治國固有前道」句以「前道」當之，可從。㈣上知天時，下知地利，中知人事：此「三才」之說源於《老子》：「道大，天大，地大，人亦大」之「四大」說。《易傳》亦有「天道、地道、人道」三才論。《經法・四度》：「參於天地，合於民心」、《十大經・果童》：「觀天於上，視地於下，而稽之男女」與此意思相同。最新公布的帛書

《繆和》說：「古之君子……上順天道，下中地理，中〔合〕人心」也顯然是受了《四經》的影響。《素問・氣交變大論》：「上經曰：夫道者，上知天文，下知地理，中知人事，可以長久」。同書〈著至教論〉：「而道上知天文，下知地理，中知人事」也顯然是襲用本經語。《繆和》、《素問》都將「地利」易為「地理」，疑作「理」是。「理」與「時」、「事」為之部協韻。《稱》：「知天之所始，察地之理」，也可為證。㊄〔名〕正者治，名奇者亂：「名正」，即正定名分使名實相符。「奇」通「倚」，不正。「名奇」謂名實不符。「者」通「則」。「治」，有條理。㊅正名不奇，奇名不立：「不奇」的「奇」訓為「虧」（《儀禮・鄉射》注：「奇，猶虧也」）。「虧」、「廢」義近，皆謂不成，是「立」的反面。「治亂」、「廢立」相互為文，本經多有此辭例。「立」，成也。此言正定了名分則萬事可成，不正定名分事情就不會成功。㊆正道不殆，可後可始：「殆」，敗也。「正道不殆」猶〈正亂〉之「天刑不僨」（僨，敗也）。言正道是永不衰敗的。「後」，後動（《荀子・大略》：「事至而後慮者謂之後」。《易・繫辭下》：「安其身而後動」）。「始」，先也，謂先動（《淮南子・修務》高誘注：「始，先也」。《國語・越語》韋昭注：「先動為始」）。「可後可始」，謂掌握了正道，則後動先動均順當自如。「可後可始」即〈雌雄節〉：「先亦不凶，後亦不凶」也。㊇乃可小夫，乃可國家：「道」不但可施用於個人，也可施用於國家。㊈野：疆土、國土。〈順道〉：「不謀削人之野」之「野」即此。⑩大國〔得之以〕併兼天下：《荀子．王制》：「衛弱禁暴，而無兼併之心」、《淮南子．本經》：「晚世務廣地侵壤，併兼無已，舉不義之兵……」。荀子、淮南子對兼併的看法與黃老有異；《荀》作「兼併」，《淮》同《四經》，也作「併兼」。

【今譯】 幅員遼闊，人口眾多，這本該算強國了。但如果得道的賢人不能得到應有的官位，君主不任用他們，那麼對於國家乃至全天下人都是大為不利的。做為一個統治者來說不能夠認識到這一點，這是國家的大不幸。君主不應該不遵天道而以僥幸治國，治理國家本來是有既定的法則的，這便是要懂得天時、地理、人事；而且，精通陰陽之道。……正定名分使名實相符萬事就有條理，否則就會紛亂無序。正定了名分則萬事可成，不正定名分事情就不會成功。天地正道是永不衰敗的，掌握了正道，則後動先動皆順當自如。「道」不但可施用於個人的修身，也可施於國家的治理。個人得「道」則可成就其事業，國家得「道」則可以治理太平。小國得「道」可以長保其疆土，大國得「道」則可以統一天下。

【闡述】 本段論述了三個問題，第一個是「士」，第二個是「前道」，第三是「正名」。「正名」是「前道」的核心內容或者說是另一種表述方式，這在〈成法〉篇中可以得到證明，〈成法〉即把「循名復一」說成是「道」。另外，「雌節」似乎又是「道」的另一個構成要素，在〈雌雄節〉中說「先亦不凶，後亦不凶，是恒備雌節存也」；而本段說「正道不殆，可後可始」。

道有原而無端㈠，用者實，弗用者雚㈡。合之而涅於美，循之而有常㈢。古之賢者，道是之行㈣。知此道，地且天、鬼且人㈤。以居軍〔強〕，以居國其國昌㈥。古之賢者，道是之行。

【註釋】㈠道有原而無端：「道」是有它的本原的但卻尋不著它的邊際。這是一個在發生學上，關於「道」的二律背反的界說，是很重要的。「道」生於「無」、生於「虛」（所謂「唯道集虛」），所以說它「有原」；但「無」與「虛」皆不著相、無跡可尋，所以又說它「無端」。從認識論角度講，從「無」到「有原」再到「無端」，是一個認識的過程，即從不認識到認識到再認識的過程；但這並不妨礙它始終存在著，也即《稱經》所說的「道無始而有應。其未來也（未認識到它），無之（認為它沒有）；其已來（認識到了它），如之（它就出現了）。」這「有原而無端」的二律背反的界說是在強調「道」的先天地而生及超越天地的兩大特性。「有原」說其體，「無端」言其用也。《管子・幼官》：「始乎無端，道也」，意思應該是「道有始而始乎無端」，與本經同旨也。㈡用者實，弗用者翟：「翟」當讀為「款」或「窾」。《詩・板》毛傳：「灌灌，猶款款也」。《莊子・達生》〈釋文〉引李注：「款，空也」（此「款」實即「窾」），《淮南子・原道》：「窾者主浮」，高誘注：「窾，空也」）。「者」通「則」。這是說，應用「道」的時候會感到它的實有，不用的時候它似乎又是空無的。所謂「綿綿若存」也。㊂合之而涅於美，循之而有常：「涅」，化（《方言三》）。此說合於道則萬事萬物就都會向好的方向轉化，遵循道則一切都會有常規。㊃道是之行：即「唯道是行」，謂祇知遵行「道」。「不識不知，順帝之則」（《詩・皇矣》），即此之謂。㊄知此道，地且天、鬼且人：「且」疑讀為「宜」（《詩・假樂》〈釋文〉：「且，本作宜」）。此言懂得了「道」，則天地之道、人鬼之道皆相宜也。天地之道，動靜各異；鬼人之道，陰陽兩殊。然皆可在「道」的一統之下，宛轉相宜也。㊅以居軍〔強〕，以居國其國昌：「強」字原缺，以意補。「強」、「昌」，陽部協韻。「居」，治（《周書・作洛》注：「居，治也」）。「以居軍強」也是一個兼語式，「軍」做「居」的賓語，又做「強」的主語。凡此兼語式大都是蒙前省，即如此句實為「以居軍其軍強」（省「其軍」二字），與下句「以居國其國昌」相儷偶。

【今譯】「道」是有它的本原的但卻尋不著它的邊際，應用它的時候會感到它的實有，不用它的時候似乎它又是空無的。合於「道」則萬事萬物都會向好的方向轉化，遵循「道」則一切都會有常規。

古代聖賢，辨事祇知遵行「道」。懂得了「道」，則天地之道、人鬼之道皆能相宜。用「道」來治軍則軍隊強大，用「道」來治國則國家強盛。古代的賢聖，祇知遵行「道」。

【闡述】 本段論述「道」的特質及其應用「道」的意義。

「有原」與「無端」、「實」與「虛」便是「道」的特質；「涅於美」、「有常」、「地且天、鬼且人」、「軍強」、「國昌」即是應用「道」的意義。

「有原」與「無端」、「實」與「虛」是一個二律背反的概念：前者講發生，後者講應用。天道、地道、人道、鬼神四道並提，《四經》中共出現三次，而這三次，有兩次見於本篇，一次見於下篇（〈行守〉）。

「以居軍〔強〕，以居國其國昌」二句相互印證，可知「以居軍〔強〕」是一個兼語式，即蒙前省的用法；這種結構在《四經》中使用頻率極高。很值得注意。

〈行守〉第十三

【內容提要】 本篇論述為國、為人的守則。

為政治國，不應「驕溢好爭」、「刑於雄節」、要弄陰謀；否則的話，自有天道去傾覆它。為人修身，要言行一致，即「言之壹，行之壹」。「直木伐，直人殺」，是道家尚雌崇柔的哲學思想組成部分；然而作為人們行事的處事規則，社會學上的規避意識卻是由此積澱而成。

天有恒榦（幹），地有恒常，與民共事，與神同□㊀。驕洫（溢）好爭，陰謀不羊（祥），刑於雄節，危於死亡㊁。奪之而無予，其國乃不遂亡㊂。近則將之，遠則行之㊃。逆節夢（萌）生，其誰骨（肯）當之㊄。天亞（惡）高，地亞（惡）廣，人亞（惡）荷（苛）㊅。高而不已，天闕土〈之〉㊆；廣而不已，地將絕之；苛而不已，人將殺之。

【註釋】㊀天有恒幹，地有恒常，與民共事，與神同□：「恒幹」、「恒常」，即「恒道」，恒定的法則。「同」下所缺之字，當與陽部之「常」、「祥」、「亡」等協韻，疑為「光」字。「與神同光」，謂與神同其光寵。㈡驕溢好爭，陰謀不祥，刑於雄節，危於死亡：「驕溢」，謂驕橫凌人。「好爭」，謂逞強鬥勇。「兵戰力爭」即此。好弄陰謀者不祥，即《荀子．王霸》所謂「權謀立而亡」。「刑」，取法。「危於死亡」，謂有死亡之危。㈢奪之而無予，其國乃不遂亡：「之」，即指代「其國」。「遂」，最終。此即〈國次〉的「奪而無予，國不遂亡」。應該有奪有予，所謂「予」者，即〈國次〉所說的「裂其地土，以封賢者」。此二句是說：攻奪了他國的領土而不分封給賢者，那麼這個被攻占的國家就不會最終滅亡。此二句的主語是「驕溢好爭……」的國家。㈣近則將之，遠則行之：「之」，指代上文「驕溢好爭……」的國家。「近」，指鄰近這種「驕溢好爭」之國的小國。「將」，順從（《莊子．庚桑楚》〈釋文〉：「將，順也」）。「行」，離棄（《呂覽．審應》注：「行，去之他也」）。㈤逆節萌生，其誰肯當之：「逆節」，背逆天道的惡行。「萌生」，始生。「當」，抵敵、攔擋。〈國次〉：「人強勝天，慎避勿當」、〈論約〉：「胥雄節之窮而因之……以待逆節所窮」等等，均可發明此意。通過類比，有這樣幾點啟示。第一，「雄節」即屬「逆節」的範疇（本段「刑於雄節……逆節萌生……」也可證明）。第二，「始生（萌生）」的「逆節」是處於「人強勝天」的度數上，是事物發展盛極未衰之時。第三，待其「窮極（盛極而衰）」之時，乘勢及時地去「因」之「戡」之。也即待其「高」、「廣」、「苛」之「不已」之時，再去「闕之」、

「絕之」、「殺之」。「誰肯當之」也是承上「近則將之，遠則行之」二句的。㈥天惡高，地惡廣，人惡苛：「高」謂「高傲」，「廣」謂自大，「苛」，暴虐（《荀子·富國》楊倞注：「苛，暴也」。《國語·楚語》韋昭注：「苛，虐也」）。「天惡高，地惡廣」即帛書《二三子問》「天亂驕」、「地僻驕」也。㈦高而不已，天闕之：「闕」上當脫一「將」字。「天將闕之」與「地將絕之」、「人將殺之」文正相儷。「闕」，讀為「蹶」，顛倒、覆亡（《荀子·富國》：「是謂國蹶」，楊倞注：「蹶，顛倒也」。《廣雅·釋詁三》：「蹶，敗也」）。《稱》：「高而倚者崩」，即此也。

【今譯】天地都有永恒不變的法則，與民同其作息，與神共其光寵。驕橫凌人、逞強鬥勇、好弄陰謀的國家必有禍災，取法於「雄節」的國家，必有滅亡的危險。攻奪了他國的領土而據為己有不分封給賢者，那麼這個被攻占的國家就不會最終滅亡。鄰近「雄節」之國的小國會順從它，而遠離它的國家會離棄它。背逆天道的惡行正在勢頭上的時候，有誰肯去正面抵敵它呢？天道厭棄高傲，地道厭棄自大，人道厭棄暴虐。高傲不止，天道自然會傾覆它；自大無休，地道必然會滅絕它；暴虐到極點，人道自會懲辦它。

【闡述】本篇是講行事的守則。

本段論述如何對待一個依恃「雄節」的國家。

做為一個國家，應該效法天地之道、崇尚雌節；反之，將被天地之道所懲罰。

恒幹、恒常、恒日、恒道、恒、道，所指相近，都是天地法則的意思。

雄節與逆節相近。因為雄節是與尚雌的天地之道背道而行的，所以也稱之為逆節。

對於依恃雄節或曰逆節的國家，對策是：其一，「近則將之，遠則行之」。其二，在它處於強勢時，要「慎避勿當」、「胥雄節之窮而因之」，即依靠天道去「蹶之」、「絕之」、「殺之」。

另外，「四道」說（天、地、人、鬼神並舉）見於上篇〈前道〉，此說俱見於稷下道家作品《管子・樞言》及《彖傳》，可見它們是同一思想脈絡的發展。

有人將來，唯目之瞻㈠。言之壹，行之壹，得而勿失㈡。〔言〕之采，行之配，得而勿以㈢。是故言者心之符〔也〕，色者心之華也，氣者心之浮也㈣。有一言，無一行，胃（謂）之誣㈤。故言寺首，行志卒㈥。直木伐，直人殺㈦。無刑（形）無名，先天地生，至今未成㈧。

【註釋】㊀有人將來，唯目之瞻：以下論述在行事守則方面如何對一個人進行觀察和對待。「瞻」，觀察。「來」，之部。「瞻」為談部字，失韻。蓋當作「唯目瞻之」。「之」指代「有人」之「人」。㊁言之壹，行之壹，得而勿失：「得」，猶宜（《禮記・大學》注：「得，謂得事之宜也」）。此言對言行一致的人不宜失去應該重用。㊂〔言〕之采，行之巸，得而勿以：「采」，華采。「巸」疑讀為「枲」（音ㄒㄧˇ）（《史記・魯周公世家》「煬公熙」，索隱：「熙，一作怡」）。《考工記・弓人》疏：「枲，乃牡麻無實」。此言說得很漂亮，卻沒有實際行動。所謂「聲華實寡」、「有一言，無一行」也。「以」，用，任用。㊃言者心之符〔也〕，色者心之華也，氣者心之浮也：語言是人內心的標識，表情是人心理的外化，氣質是人心靈的表露。《國語・晉語》：「夫貌，情之華也；言，貌之機也」。《韓詩外傳》卷四：「目者，心之符也；言者，行之指也」。皆與本文意近。㊄有一言，無一行，謂之誣：「誣」，欺騙。《大戴禮記・曾子立事》：「不能行而言之，誣也」。「有一言，無一行」，即「已諾不信」（《經法・名理》）、「聲華實寡」（〈四度〉、〈亡論〉）、「言之采，行之枲」也。㊅言寺首，行志卒：「寺」、「志」皆讀為「持」，「言持首，行持卒」者，謂有一言在先，則當有一行繼之於後。㊆直木伐，直人殺：筆直之木因太顯眼而易被砍伐，剛直之人遭嫉恨易被殺戮。《莊子・山木》：「直木先伐，甘井先竭」；《說苑・談叢》：「直如矢者死」等，皆講處世之法則。㈧無形無名，先天地生，至今未成：此三句是對「道」的描述。此三句似乎是全篇的結語，意在說明為國、為人都應以遵循「道」為守則。

【今譯】 在接觸一個人的時候，首先要用眼睛去觀察他。如果這個人是言行一致的，就不應失去他而要重用他；如果他說得很漂亮卻沒有實際行動，就不宜任用他。所以說語言是人內心的標識，表情是人心理的外化，氣質是人心靈的表露。言行如果不一致，便是一種欺騙行為。因此有一言在先，就應有一行繼之於後。筆直之木因為太顯眼而易被砍伐，剛直之人因為遭人嫉恨而易被殺戮。「道」是沒有名狀的，它產生於天地開闢之前，它的化生妙合的過程至今也還未完成。

【闡述】 本段論述觀察人、對待人、為人行事的守則。

「言者心之符也，色者心之華也，氣者心之浮也」，這幾句講的是觀察人的方法。

「言之壹，行之壹，得而勿失。言之采，行之枲，得而勿以」，講的是對待人的方法。

「有一言，無一行，謂之誣。故言持首，行持卒。直木伐，直人殺」，講的是為人的守則。

「無形無名，先天地生，至今未成」，是總括為國、為人的守則，其關鍵是要遵循「道」；並且指出「道」的創生化育萬物萬事的過程，將是持久性的。

本段之主旨是討論言與行的關係，其要旨是在「齊言行」（《荀子》〈非十二子〉及〈儒效篇〉）。

〈順道〉第十四

【內容提要】 本篇論述順應天道是取天下、治國家的重要法則。而持守雌節，便是順應天道的具體體現。

本篇用三個層次展開對雌節的討論：

首先，從肯定的意義上，即從「應該如何做」的角度闡明雌節的內涵及如何持守雌節。

其次，從否定的意義上，即從「不該如何做」的角度論證雌節的內涵及怎樣持守雌節。

第三，從結果論的角度，證明雌節的意義所在。

篇尾的「順之至也」，既點醒了全篇主題，也標明了雌節的大要。

黃帝問力黑曰：大茎（庭）氏之有天下也㊀，不辨陰陽，不數日月，不志四時㊁，而天開以時，地成以財㊂。其為之若何㊃？力黑曰：大茎（庭）之有天下也，安徐正靜，柔節先定㊄。晁濕共（恭）

僉（儉）㈥，卑約主柔㈦，常後而不失〈先〉㈧。體（體）正信以仁，茲（慈）惠以愛人㈨，端正勇㈩，弗敢以先人㈡。

【註釋】㈠大堇（庭）氏之有天下：「大堇」即「大庭」。大庭氏是傳說中遠古帝王之號，亦見於《莊子・胠篋》。《漢書・古今人表》作「大廷氏」。「有」，取也（《廣雅・釋詁》）。㈡不辨陰陽，不數日月，不志四時：不分辨陰陽晦明，不記數年月時日，不知道四時節序。「志」，識，知道。㈢天開以時，地成以財：「天開以時」即「天以時開」。「以時」，按時。「開」，謂開閉。《淮南子・原道》：「與陰俱閉，與陽俱開」。「開閉」即「啟閉」（《淮南子》：「禁捨啟閉」）。此謂陰陽晦明、四時節序有規律地交替運轉。「財」，指生活所需的各種物質資料。㈣其為之若何：「為」，治理、管理。㈤安徐正靜，柔節先定：《管子・九守》：「安徐而靜，柔節先定」，注：「當安徐而又靜默」、「以和柔為節，先能定己，然後可定人」。此二語亦見《管子・勢》、《六韜・文韜》、《鬼谷子・符言》等書。「柔節」，歸屬於「雌節」的範疇，說見前。㈥晁濕恭儉：「晁濕」讀為「宛孌」，宛轉和順（詳見前注）。「恭儉」，恭敬謙讓。㈦卑約主柔：「卑約」謙卑簡易。「主柔」，持守柔弱。即《漢書・藝文志》的「卑弱以自持」。㈧後而不先：「後」，謂退守雌節。「先」，謂進逞雄節。後與先、下與上、靜與動、謙與驕、退與進、柔與剛、弱與強、雌與雄等等皆為同樣的對立範疇。《老子》：「不敢為天下先」（六十七章）、「不敢進寸而退尺」（六十九章）、《四經》：「非進而退」、「聖人不為始」（《稱》）、「弗敢以先人」（〈順道〉）、帛書《繆和》「〔謙〕德而好後」、「用兵而弗先」等等，皆論進退、先後之節。㈨體正信以仁，慈惠以愛人：「體」古通「履」，實行。「正信」者，謂賞罰律令必正而有信。正而有信，則有威嚴。「體正信以仁，慈惠以愛人，端正勇」即〈論〉之「威生惠，惠生正」也。《管子・勢》：「故賢者誠信以仁之，慈惠以愛之，端正象，不敢以先人」與此文相同。又按：《四經》言「愛」、言「惠」，而不說「仁」、「慈」；「仁」、「慈」似僅此一見。頗疑此二字為衍文，原文蓋作「體以正信，惠以愛人」。「信」（及「仁」）與「人」為真部協韻。⑩端正勇：《管子・勢》作「端正象」。按：作「象」是。「象」疑讀為「養」。《說文》：「像，象也。讀若養」。《說文通訓定聲》：「養，假借為橡」、「樣，假借為像」。《禮記・祭義》：「其行曰養」。《大戴禮記・曾子大孝》：「其行之曰養」。「端正象（養）」者，謂端正其行也。㈡弗敢以先人：即上文的「後而不先」。

【今譯】黃帝問力黑說：大庭氏的取得天下，他並不需要去辨別陰陽晦明、不記數年月時日、也不認知四時節序，然而陰陽晦明、四時節序卻自然有規律地交替運轉，各種物質生活資料也自然生成長就。他究竟是怎樣管理天下的呢？力黑回答說：大庭氏的取得天下，是靠著安然舒遲正定靜默，以雌柔來正定天下。同時委婉和順恭敬謙讓，謙卑簡易執持柔弱，退守雌節而不進逞雄強。實行公正的律度以取信天下，施以恩惠以愛護眾生，端正其行，不敢居先自傲。

【闡述】 本段論述大庭氏取得和管理天下的方法是持守雌節。而雌節的重要組成部分即是正確處理先後進退之節，因此首先在本段闡述了這個問題。「後而不先」、「弗敢以先人」是雌節的一種表現，也可以說是達到雌節境界的一個修養過程（包括《稱》所說的「聖人不為始」），而一旦把握了雌節的精微、達到這個境界，就可以做到「先亦不凶，後亦不凶」（〈雌雄節〉）、「可後可始」（〈前道〉），進退伸縮皆可自如了。

本段出現「仁」、「慈」二字，為《四經》之僅見。

中請不剌㊀，執一毋求㊁。刑於女節，所生乃柔㊂。□□正德，好德不爭㊃。立於不敢，行於不能㊄。單（戰）視（示）不敢，明埶不能㊅。守弱節而堅之㊆，胥雄節之窮而因之㊇。若此者其民勞不〔僈〕，几（飢）不飴（怠），死不宛（怨）㊈。

【註釋】㊀中請不剌：《管子・勢》作「中靜不留」，注云：「心中安靜，無所留著。」「請」為「靜」字之假。「剌」字，帛書小組讀為「絿」（音ㄑㄧㄡˊ），訓為躁急。言內心安靜而不躁急。按：疑「不剌」當從《管子》作：「不留」。「留」與「流」古通作（「求」、「流」古亦相通。《爾雅・釋言》：「流，求也」，此乃聲訓）。「流」，是心志外馳之意。《國語・晉語》：「有直質而無流心」，韋昭注：「流，放也」。《管子・宙合》注：「流，謂蕩散」（《淮南子》喜用「流遁」一詞，如〈本經〉、〈要略〉等。高誘注：「流遁，披散也」）。「中靜不流」，謂心意靜守而不外馳。「不流」正與下文「毋求」相互為文。㊁執一毋求：執持大道而不追逐物欲。㊂刑於女節，所生乃柔：「刑」，取法。「女節」，即雌節。《管子・勢》作「刑於女色，其所處者柔」。按：「生」疑「主」字之訛，「生」與「主」形近致誤。《莊子・逍遙遊》〈釋文〉：「生，本亦作主」，是其證。《廣雅・釋詁三》：「主，守也」。「所守乃柔」（「乃」，為，是），即《老子》的「守其雌」、《管子》的「所處者柔」、《文子》的「退讓守弱」（〈道德篇〉）；並且與下文「守弱節」相呼應。㊃□□□正德，好德不爭：《管子・勢》作「安靜樂，行德而不爭」。此處蓋為「故安靜正德」。「安靜正德」承上「中靜不流」，「好德不爭」承上「執一毋求」。㊄立於不敢，行於不能：「不敢」，示怯懦。「不能」，示卑弱。這是說立足行事要表現出怯懦和卑弱。㊅

戰示不敢，明埶不能：「明」，強盛，強大（《淮南子・說林》注：「明，猶盛也」。《詩・車舝》疏：「明，亦大也」）。「埶」當作「執」。此言善戰卻表現出不敢戰的樣子，強大卻執守卑弱。㈦守弱節而堅之：《管子・勢》作「守弱節而堅處之」，注：「守柔弱之節，而堅明以自處也」。「而堅之」作「守弱節」的補語。這是說持守弱節要堅決有耐性。㈧胥雄節之窮而因之：「胥」，等待。「因」，即下文「隨天地之從」，謂乘勢攻擊它，此謂等到逞強恃勇之敵窮困時再乘勢去攻擊它。㈨其民不〔僈〕，飢不飴（怠），死不怨：「僈」字原缺，今補。《荀子・非十二子》：「佚而不惰，勞而不僈」，辭例與此相同。「僈」即「怠慢」之「慢」。「僈」與「怨」為元部協韻；並與「怠」互文相偶。「飴」讀為「怠」，此言百姓雖疲勞但不怠慢，雖忍飢但不懈惰，雖入死而不怨恨。

【今譯】心意靜守而不外馳，執持大道而不追逐物欲。取法雌節，處守柔弱。安舒靜定持正其德，美好之德不妄自爭競。要立足行事表現出怯懦和卑弱，善戰卻顯示出不敢戰的樣子，強大卻執守卑弱。持守弱節必須堅決而有耐性，直等到逞強恃勇之敵窮困時再去乘勢攻擊它。這樣的話，手下的臣民就會雖然勞疲但絕不會怠慢，雖然忍飢但不懈惰，雖出生入死而不會怨恨。

【闡述】本段繼續論述雌節。

上段論「後而不先」，本段論「不能」、「不敢」；均是雌節的範圍。

柔節、女節、弱節、雌節，究竟有何區別，是何關係？其一，有時這幾個概念是可以互換的。其二，它們之間略有差異。「雌節」是一個大範疇，「柔節」、「女節」、「弱節」分別是「雌節」這個大範疇中的小範疇，是從不同角度闡釋「雌節」的特質的。「柔」與「剛」相對，則「柔節」強調其（雌節）韌性。「女」與「男」相對，則「女節」強調其靜退（或曰退守）。「弱」與「強」相對，則「弱節」偏重在力度上。而「雌節」則是處世規則上整體的實質界定。怎麼界定呢？我們前面說過，「雄節」又可易之以「逆節」，那麼，「雌節」實即「順節」，就是說，「雌節」即是一種順應天道的處世規則。因為天道有盈縮消長，因此，剛柔、強弱、動靜、進退、伸縮、攻守在順應天道的前提下，乘時適宜地有機整合，便是所謂「雌節」。

不廣（曠）其眾㊀，不為兵郟，不為亂首，不為宛（怨）謀（媒）㊁，不陰謀，不擅斷疑㊂，不謀削人之野㊃，不謀劫人之宇㊄。慎案其眾㊅，以隋（隨）天地之從㊆，不擅作事㊇，以寺（待）逆節所窮。

【註釋】 ㊀不曠其眾：「曠」，空乏，窮困。《詩・小雅・節南山》：「不宜空我師」，毛傳：「空，窮也」。鄭箋：「不宜困窮我之眾民也」。《國語・越語下》：「無曠其眾」，韋昭注：「曠，空也。……無令空日廢業，使之困乏。」㊁不為兵邾，不為亂首，不為怨媒：「邾」讀為「主」。邾、主，皆章母侯部字。《文子・道德》：「為兵主，為亂首」。《經法・亡論》：「為亂首，為怨媒」。這是說不做戰爭的發動者，不做禍亂的肇始人，不做引起怨恨的媒介。《莊子・刻意》：「不為福先，不為禍始」。㊂不擅斷疑：「擅」即下文「不擅作事」之「擅」。《說文》：「擅，專也」，《左傳・襄公二十九年》注：「專，自是也」。則「擅」猶「妄」，謂妄自尊大。「斷」，專斷，猶《莊子・徐無鬼》「以一人之斷制」也。「疑」，猶疑。此謂不妄自專斷，也不妄自猶疑。「專斷」即「達刑」、「猶疑」即「襦傳」（「襦傳」、「達刑」見〈亡論〉）。㊃不謀削人之野：不圖謀侵削他國的領土。㊄不謀劫人之宇：不謀求掠奪別國的居舍。㊅慎案其眾：「案」同「按」，猶穩定、穩住（《詩・皇矣》：「以按徂旅」，毛傳：「按，止也」）。㊆以隨天地之從：「隨」，聽任。「從」，行（《廣雅・釋詁一》：「從，行也」）。這是說遵從天地運行的規律。㊇不擅作事：不妄自行事。

【今譯】　不應使百姓窮困，不做戰爭的發動者，不做禍亂的肇始人，不做引起怨恨的媒介，不搞陰謀顛覆，不妄自專斷和猶疑，不圖謀侵削他國的領土，不謀求掠奪別國的宮殿居舍。嚴謹地穩定自己的臣民，遵從天地運行的規律。不妄自行事，等待「逆節」自己走向窮途末路。

【闡述】前兩段是從「應該怎麼做」的角度闡述雌節，本段是從「不應怎麼做」的角度來論述雌節。連用八個「不」字所領起的排比句，明確的指出了雌節的內涵；而「不」字後所否定的（即「曠其眾」、「為兵主」、「為亂首」、「為怨媒」、「陰謀」、「擅斷疑」、「削人之野」、「劫人之宇」）即是「逆節」或曰「雄節」的具體內容。

「隨天地之從」，雌節要旨所在。

見地奪力㈠，天逆其時㈡，因而飾（飭）之㈢，事環（還）克之㈣。若此者，單（戰）朕（勝）不報，取地不反㈤。單（戰）朕（勝）於外，福生於內，用力甚少，名殸（聲）章明㈥。順之至也㈦。

【註釋】㈠見地奪力：「見」疑讀為「俔」。《說文》：「俔，間見也」。朱駿聲云：「俔，……亦窺伺空隙義」（《說文通訓定聲》）。《爾雅・釋言》：「間，俔也」。注：「《左傳》謂之諜」。疏：「《左傳・桓公十二年》杜注云：諜，伺也」。「俔地」者，謂覬覦別國的土地。「奪力」者，奪取民力使之服徭役也。「俔地」，就是前面說的「謀削人之野，謀劫人之宇」；「奪力」，就是前面說的「曠其眾」。㈡天逆其時：蓋即「逆其天時」，即違背天道。㈢因而飭之：「飭」訓為正、整治，在此可譯為「伐正」、「收拾」。㊃事還克之：「事」指敵人所行之惡事。這是說敵人所行之惡事會反過來使其導致失敗。㊄戰勝不報，取地不反：《國語・越語下》、《淮南子・兵略》也有「戰勝而不報，取地而不反」之語。這是說打敗了敵人而對方不再有報復的能力，攻取了敵國領土而對方不再能奪回。又解：「報」，反覆（《穆天子傳》注：「報，猶反也」。《廣雅・釋言》：「報，復也」）。這是說戰爭徹底取得勝利而不會再有反覆，攻奪了敵國土地而不會再得而復失。因為「衰者復昌」、「國不遂亡」的現象經常出現，所以這裏強調「戰勝不報（反覆）」。此二句恰相對仗。㊅戰勝於外，福生於內，用力甚少，名聲章明：「戰勝於外」，謂外得兵功。「福生於內」，謂內得財富。《經法・六分》所謂「功得而財生」是也。「福」，財富。《釋名・釋言語》：「福，富也」。《易・謙》彖辭：「福謙」，《釋文》云：「福，京作富」。「名聲」，指名功、功名。「章明」，顯赫、卓著。「用力甚少，名聲章明」，恰與「俱與天下用兵，費多而無功」（〈六分〉）形成對比；懂得「王術」，則「俱與天下用兵，費少而有功」（〈六分〉）。如此看來，「王術」亦是「雌節」的組成部分。《國語・越語下》亦有此四句。㊆順之至也：「順」，指順從天道。「至」，終極、結果。本篇以「順之至也」作終結，則「雌節」之大要已不言而喻。「順」即「順道」、順從天道，點醒全篇主題。

【今譯】 覬覦別國的土地，肆意掠奪民力，這是違背天道的，乘勢因時去伐正它，而敵人所行的惡事也會反過來促使其導致失敗。如果這樣的話，則戰爭會徹底取得勝利而不會再有反覆，攻奪了敵國土地也不會再得而復失。這樣就可以外得兵功，內得財富，以微小的代價，取得顯赫的功名。這便是順應天道的結果。

【闡述】 「戰勝於外，福（富）生於內，用力甚少，名聲章明」，以結果論闡述雌節之意義。此四句反映了黃老的功利說，而「費少」（〈六分〉：「費少而有功」）、「力少」又包含著因任天道、自然無為的老子道家思想。

「順之至也」，不但點醒全篇主題，也點明了「雌節」之指歸。

〈名刑〉第十五

【內容提要】 本篇原無標題，我們據篇首「欲知得失，請必審名察刑」而補。

本篇主旨是闡述黃老清靜無為的思想。

審名察形——正定虛靜——清靜無為——順任自然——與物宛轉，這便是本篇立論的次第。

本篇與《莊子》有重合之處，很值得研究。

欲知得失，請必審名察刑（形）㊀。刑（形）恒自定，是我俞（愈）靜㊁。事恒自包（施），是我無為㊂。靜翳不動㊃，來自至，去自往㊄。能一乎？能止乎㊅？能毋有己㊆，能自擇而尊理乎㊇？紓也，毛也，其如莫存㊈。萬物羣至，我無不能應㊉。我不臧（藏）故，不挾陳⑪。鄉（嚮）者已去，至者乃新⑫。新故不翏，我有所周⑬。

【註釋】㈠欲知得失，請必審名察形：按：本篇是本經的最後一篇，沒有尾題；同時，關於本經的標題（即《十大經》或《十六經》）也有爭議。大致有這樣幾種說法：㈠李學勤先生認為本篇篇題應該是「十大」；本經標題應為「經」（見《道家文化研究》第三輯《馬王堆帛書〈經法・大分〉及其他》。㈡裘錫圭先生認為本經標題仍當釋為「十大經」（見所著《古代文史研究新探》）。㈢高正認為「六」或「大」為「四」字之訛，本經標題當為「十四經」（見《道家文化研究》第三輯《帛書「十四經」正名》）。㈣《辭源》亦認為當作「十大經」，並說「篇目上的出入，可能是傳抄的人追題篇名時致誤」。關於本經的標題、本篇的篇題、本篇是否是獨立的、本經究竟應該是多少篇、本經是否應該是十篇（或曰傳抄的人在追題篇名時有誤）、本經原文是否有缺失，等等諸多問題，一時都難以給出明確的答案，需要進一步地去考證。我們是這樣看的：第一，本經標題當為「十大經」。第二，本篇篇題疑當為「名刑（形）」。先說篇題。本篇起首便是「欲知得失，請必審名察刑」。以篇中字尤其篇首字命題是帛書《四經》的一個體例。如：《經法．道法》，起首是「道生法」，故名〈道法〉。〈國次〉的首句是「國失其次」，故名〈國次〉。〈六分〉中有「六順六逆〔乃〕存亡〔興壞〕之分也」，故名〈六分〉。〈四度〉中有「審知四度可以定天下」，故名〈四度〉。〈論〉中有「論則知存亡興壞之所在」，故名〈論〉。〈名理〉中有「循名究理」、「審察名理」，故名〈名理〉。《十大經．立命》中有「立有命」、「〔立〕無命」，故名〈立命〉。〈觀〉中有「以觀無恒，善之法則」，故名〈觀〉。〈五政〉中有「吾欲布施五政」，故名〈五政〉。〈果童〉寫「果童」答黃帝問，故名。〈姓爭〉有「姓生已定，敵者生爭」，故名。〈雌雄節〉有「以辨雌雄之節」，故名。〈成法〉有「請問天下有成法可以正民者」，故名。〈本伐〉下一篇中有「治國固有前道」句，故帛書小組補其篇題為〈前道〉。〈經法〉、〈十大經〉合計二十四篇，其中一半以上都以這種方式題寫篇名的；而且這些篇題，不但是取篇中字，而且也是該篇的主題。從《四經》標寫篇題的體例上看，本篇很有可能當為〈名刑〉。〈名理〉篇中有「循名究理」、「審察名理」，故名。而本篇中有「審名察刑」，故名〈名刑〉。二者何其相似。〈名理〉列於〈經法〉之末，〈名刑〉列於《十大經》之尾，又何其相似！〈名理〉言禍災靜正，〈名刑〉言得失靜定，又是遙相呼應。《稱》開頭幾句便是「建以其形，名以其名」，很像是緊接著本篇〈名形〉而說的。則說明《四經》大體上是一個完整的體系。《四經》極重名刑，卻無〈名刑〉篇題，也是不可思議的。本篇題為《名刑》是可以概括本篇主旨的。《成法》認為「循名」（「名」即名形、名實）即可「復一」（「一」指「道」），可見「名形」之重要。本篇認為：「審名察形」即可「定」、可「靜」、可「無為」，脈絡清晰。本篇題為〈名刑〉，而何以未標尾題？可能是因為下面緊接著就是《稱》，而《稱》經不分篇，經尾直接標寫經名《稱》；蓋涉彼而此處漏掉了尾題《名刑》而也直接抄寫了經名「十大經」。當然，關於篇題等問題，很複雜，有待於進一步研究。

再說經名。名為《十大經》，卻為何出現了十四篇或十五篇呢？我們懷疑這裏的「十」字僅僅是泛指，是個虛數，並非實指。《四經》中的「五邪」、「戰數盈六十」等等，都是虛數，與「十大經」的「十」字用法是相同的。《春秋繁露》說：「十者，天數之所止也」，《素問》注：「十者，天地之至數也」，《說文》：「十，數之具也」，《易・屯》疏：「十者，數之極」……都說明古人習慣用「十」表示齊備的意思。因而我認為本經經名當依《經法》本定為《十大經》。㊁形恒自定，是我愈靜：天下萬物都自有它們確定的歸屬，因此人就更應該持守清靜（「是」，如此，是以）。㊂事恒自施，是我無為：「施」，運行，發展（《論語・為政》集解：「施，行也」）。這是說天下萬事都自有它們運行發展的規律，因此人就應該虛靜無為。㊃靜翳不動：「翳」，帛書小組經法本讀為「也」，佚書本釋為「隱蔽」。疑「翳」在此讀為「壹」，專一（《詩・皇矣》〈釋文〉：「翳，《韓詩》作殪。」《文選・張景陽雜詩》注：「翳與曀，古字通」）。此言虛靜專一不妄施為。「靜壹」即下文的「能一乎，能止（靜也）乎」。㊄來自至，去自往：這是說事物的發生或消逝皆有其客觀依據，要聽其自便宛轉順應。《莊子》一書多有此言論，如：「至人之用心若鏡，不將不迎，應而不藏，故能勝物而不傷」（〈應帝王〉）、「物之儻來……其來不可禦，其去不可止」（〈繕性〉）、「來者勿禁，往者勿止。從其強梁，隨其曲傅」（〈山木〉）、「吾以其來不可卻也，其去不可止也」（〈田子方〉）、「彼來則我與之來，彼去則我與之往，彼強陽則我與之強陽」（〈寓言〉），此並可發明本文之旨。《淮南子・詮言》：「聖人無思慮，無設儲：來者弗迎，去者弗將」，與本文意近，而尤似襲《莊子・應帝王》語。㊅能一乎，能止乎：

「一」，用心專一。「止」，持意靜定（《禮記・間傳》疏：「止，平停不動也」。《爾雅・釋詁》注：「止亦定也」）。《莊子・庚桑楚》：「老子曰：衛生之經，能抱一乎？能勿失乎？能無卜筮而知吉凶乎？能止乎？能已乎？能捨諸人而求諸己乎？」《管子・心術下》：「能專乎？能一乎？能毋卜筮而知吉凶乎？能止乎？能已乎？能毋問於人而自得之於己乎？」均與本文「能一乎？能止乎？能毋有己，能自擇而尊理乎」意近。此二句亦呼應前面的「靜翳（壹）不動」。㈦能毋有己：「毋有己」，指判斷事物時，排除主觀臆測，以客觀為依據。《莊子》所謂「至人無己」即此。又按：「己」下疑脫一「乎」字。㈧能自擇而尊理乎：帛書小組經法本解釋為「自己選擇，尊重道理」。按：「理」即「天理」或「人理」，都是指客觀規律。「擇」如訓「選擇」，則「自擇」與「毋有己」意正相悖。疑「擇」讀為「釋」，「擇」與「釋」古通。《韓非子・五蠹》：「庸人不釋」，《論衡・非韓》引釋作擇。《楚辭・離騷》：「孰求美而釋女」，《文選》五臣注：「誰有求忠臣而不擇取汝者也」。可知五臣本此句作「孰求美不擇女」。《莊子・庚桑楚》：「能捨諸人而求諸己乎」，即謂當求諸人而捨諸己（《管子・心術下》：「能毋問於人而自得之於己乎」，也是當問於人而不自得於己的意思）。「捨諸己」即此「自釋」也。《國語・晉語》注：「釋，捨也」。《稱》：「世恒不可擇法而用我」，「擇」即假借為「釋」。「釋法用我」正是此「自釋尊理」的反面。這句是說能夠做到去除一己之私而遵從客觀規律嗎？㊈紓也，毛也，其如莫存：「紓」，帛書小組經法本釋為「緥」。按：「紓」當為「緥」或「褓」的古體，「褓」又作「葆」。《史記》正義：「葆，小兒被也」、「褓（又作緥），小兒被也」。「紓也」即《莊子・齊物論》：「葆光」之「葆」，成玄英疏云：「葆，蔽也」。林希逸云：「葆，藏也，藏其光而不露。」「毛」，李學勤先生認為「應為屯字之誤」，並認為「屯」與「存」為文部協韻（見《道家文化研究》第三輯《馬王堆帛書〈經法・大分〉及其他》）。其說是也。「毛」、「屯」形近而訛。《史記・魯周公世家》：「子屯立」，《漢志》作「子毛立」，錢大昕云：「字形相涉而訛」。「屯」是出現、顯現之義。《易・序卦傳》：「屯者，物之始生也」、《易・雜卦傳》：「屯，見（現）而不失其居。」《莊子・寓言》：「火與日，吾屯也；陰與夜，吾代也」。郭慶藩《莊子集釋》云：「案：《文選・謝靈運遊南亭詩》注引司馬云：屯，聚也。火日明而影見，故曰吾聚也；陰暗則影不見，故曰吾代也……釋文闕。」顯而易見，《莊子》的「屯也，代也」即此「屯也，葆也」。「其如莫存」，即其若存、莫存，謂若有若無（《莊子・齊物論》〈釋文〉引崔注云：「若有若無，謂之葆光」）。這幾句是說：或隱或顯，總能維持一種似有若無的境界。「用心若鏡」，方是此境界。

⑩萬物羣至，我無不能應：事物紛至，皆能應付。⑪我不藏故，不挾陳：「挾陳」與「藏故」都

是指保守不適合於客觀的東西。又按：「不挾陳」與「不藏故」意思重複，「陳」疑「新」字之聲誤（二者同為「真」部字）。「不藏故」，即「去自往」也；「不挾新」，即「來自至」也。「不藏故，不挾新」（「挾」，迎接。《孟子・盡心上》注：「挾，接也」，「不挾新」即《淮南子》的「來者弗迎」），是說過時的東西聽其自去，新生的東西任其自來，不人為地去主觀介入。下文「嚮者已去」承此「不藏故」，「至者乃新」承此「不挾新」。「來」與「去」、「嚮」與「新」、「新故」都是新、故對舉；尤其下文「新故不翏」的「新故」很顯然是承此「不藏故」、「不挾新」而說的。㊂嚮者已去，至者乃新：「嚮」，過去的。「去」，消逝。這是說消逝的是過時的東西，來到的是新生的東西。㊃新故不翏，我有所周：「翏」讀為「摎」。《太玄・摛》：「死生相摎」，注：「摎，謂相擾」。「周」，周流宛轉。這是說，天下萬事萬物，或新生，或死滅，都不能擾亂虛靜的心靈，這是因為與物宛轉、順任自然的緣故。

【今譯】想要懂得得失福禍的道理，就一定要審知事物的名稱與客觀存在之間的關係。天下萬物都自有它們確定的歸屬，因此人就更應該持守清靜。天下萬事都自有它們運行發展的規律，因此人也就應該虛靜無為。人應該虛靜專一不妄施為，事物的發生與消逝皆有其客觀依據，要聽其自便宛轉順應。能做到用心專一嗎？能做到持意靜定嗎？在判斷事物時，能不能以客觀為依據而排除主觀臆測呢？或隱或顯或靜定或動出，總能維持一種若有若無的超然境界。這樣的話，一任事物紛至沓來，皆能應付自如。古舊的東西聽其自去，新生的東西任其自來，而不要主觀人為地去介入。消逝的是過時的東西，來到的是新生的東西。天下萬事萬物，無論是新生的還是死滅的，都不能擾亂虛靜的心靈，這是因為我們能夠與物宛轉、順任自然的緣故。

【闡述】　本文立論之次序是：審名察形——靜定無為——與物宛轉順任自然。

本文有如下幾個問題需要特別注意：

其一，本文有多處字句與《莊子》、《管子》、《淮南子》相近，如：「來自至，去自往。能一乎，能止乎，能毋有己〔乎〕，能自擇而尊理乎。葆也，屯也……我無不能應」等等。我們可以明顯發現，《莊子》極為接近本經而《淮南子》直接襲用的是《莊子》而非本經。因此，這段文字四書比較，它們的襲用關係應該是這樣的：

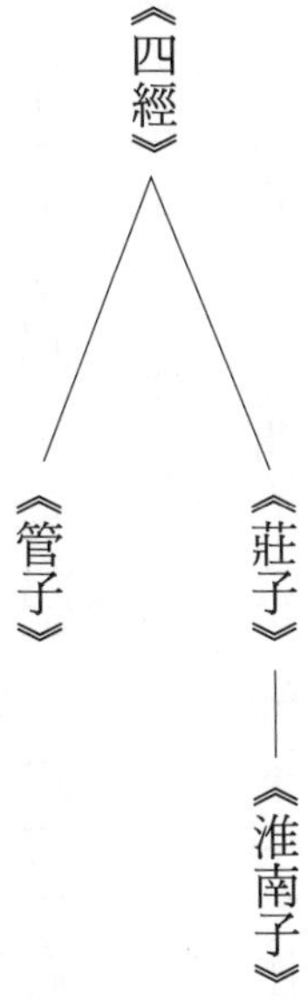

其二，關於「自擇」的解釋。「擇」字之訓，涉及到黃老思想，不可輕率。如釋為「選擇」，則將大

失黃老之旨，也與前後文文意大相徑庭。「擇」通「釋」，釋訓捨。「自擇」，即「毋有己」，即《莊子》的「無己」、「捨己」。「己」是小我，「道」（無為）是大我；去小我而存大我，捨己而就道，正是黃老道家思想。

其三，關於新、故的問題。新、故自來自去、任其自便（即「來自至，去自往」），總原則即是「靜壹不動」、「能一」、「能止」（靜）。這表述的是極為清楚的，與我們在注文中所引用《莊子》的言論，在這一點上，是完全一致的。而關於下面「我不藏故，不挾陳，鄉者已去，至者乃新。新故不摎，我有所周」等句的解釋就應該沿此脈絡審慎地考慮。「陳」疑是筆誤，應作「新」。本文的主旨是虛靜無為、與物宛轉、順任自然。「我有所周」的「周」字，也是明白無誤地闡明要與物宛轉、虛與委蛇的。新的自來，舊的自去，我皆不會為之困擾，這便是「新故不摎」的含義。

第三篇　稱

《稱》是古佚書《黃帝四經》的第三篇，不分小節，中間標有墨點處起分段作用，並標示韻腳的轉換。

本經近似於古代格言和諺語的集萃，因此段與段之間沒有明顯的必然聯繫；而作者在纂輯時卻是儘量努力地把相近的格言諺語編排在一起。

本經名為《稱》，所以本經主旨就是通過對陰陽、雌雄（節）、動靜、取予、屈伸、隱顯、實華、強弱、卑高等等矛盾對立轉化關係的論述，為人們權衡選擇出最正確、最得體、最有效的治國修身的方案。

篇終整整一大段專論陰陽，初步建立了陰陽體系的框架，為後世陰陽五行學說理論的最終建立奠定了基礎。

道無始而有應㈠。其未來也，無之；其已來，如之㈡。有物將來，其刑（形）先之㈢。建以其刑（形），名以其名㈣。其言胃（謂）何㈤？•環□傷威，㢮（弛）欲傷法，無隋（隨）傷道㈥。數舉參（三）者㈦，有身弗能葆（保），何國能守㈧？

【註釋】㈠道無始而有應：「無始」，即「無端」，沒有邊際。「道無始」即〈前道〉所說：「道有原而無端」、《管子•幼官》「始乎無端，道也」。「應」與「當」義同（《說文》：「應，當也」。《呂覽•無義》注：「當，應也」）。《淮南子•說林》注：「當，猶實也」。這是說包羅萬象的大「道」浩廣而沒有邊際，但卻是實實在在存在著（《莊子•逍遙遊》「大而無當」，謂其言大而虛）。㈡其未來也，無之；其已來，如之：「未來」、「已來」，都是就人的認識角度講的，是說人認為它未來和已來。因此「未來」、「已來」應譯為「沒有認識到它的時候」、「認識到它的時候」。「如」，來到、出現（《呂覽•贊能》注：「如，至也」）。這是說沒有認識到它的時候，便以為它沒有；認識到它的時候，它便隨之出現了。「道無始而有應，其未來也，無之；其已來，如之」，這幾句話與〈前道〉：「道有原而無端，用則實，弗用則窾（空也、虛也）」意思基本一樣，可以互參。㊂有物將來，其形先之：「物」，指一個具體事物的形質和概念的總和。這是說一個事物的形質和概念在即將產生的時候，它的形狀首先顯現出來。㊃建以其形，名以其名：「建」是樹立的意思，這裏指出現。第一個「名」做動詞，指「命名」、「定名」。這是說事物的形質出現了，就可據此來給它命名。㊄其言謂何：按：此句下標有墨點，說明在此應該分段，也即此句與下句在意思上不相聯貫。所以此句應該譯為：人們應該仔細思考這樣說究竟意味著什麼。㊅環□傷威，弛欲傷法，無隨傷道：所缺之字，帛書小組佚書本認為當作「私」，並引《管子·君臣下》：「兼上下以環其私」、《韓非子·人主》：「其當途之臣得勢擅事以環其私」、《管子·七法》注：「百官皆匿情為私，則上威傷」等為證。或以為缺字當為「刑」（余明光說）。按：缺字補為「私」或補為「刑」，兩皆可通。「環私」即「營私」、「環刑」即「營刑」。環與營，古通（《韓非子·五蠹》：「古者蒼頡之作書也，自環者謂之私」。《說文》引作「自營為私」）。「營私」之「營」，釋為經營、謀求。「營刑」，謂亂刑（《大戴記·文王官人》注：「營，亂也」）。〈四度〉：「達刑則傷」之「達刑」即此「亂刑」。〈四度〉：「強則威行」、〈論〉：「強生威」。「強」並不意味著一味用刑，故此處強調說「營刑傷威」。「營私」與「弛欲」意思重合，似以釋「營刑」為更妥。「弛欲」，放縱私欲。「隨」，即〈正亂〉的「以隨天刑」，言遵從客觀規律。這是說亂用刑法則有傷威嚴，放縱私欲則有傷法度，不遵循客觀規律則有傷大「道」。㊆數舉三者：「數」，反覆，多次。「舉」，行。「三」，指上述三件事，即「營刑」、「弛欲」、「無隨」。㊇有身弗能保，何國能守：「有」，詞頭，無義。此二句即：身弗能保、國何能守。

【今譯】包羅萬象的大「道」浩廣而沒有邊際，但卻是實實在在存在著。人們沒有認識到它的時候，它好像沒有；認識到它的時候，它便隨之出現了。一個事物的形質和概念即將產生的時候，它的形狀是首先顯現出來的。事物的形質出現了，纔可據此來給它定名。這樣說意味著什麼呢？這是需要人們仔細思考的。亂用刑法就必然傷損威嚴，放縱私欲則有傷法度，不遵循客觀規律就會傷損大「道」。這傷害威嚴、法度、大「道」的行為反覆出現，其結果就是自身難保，甚至失掉國家。

【闡述】《稱》經不分篇，但文中多處標有墨點（即•）。墨點的標示有兩種含義：其一，墨點斷開處，在文意上是個轉折，起分段的作用。其二，在協韻上，基本上都是換韻處。

本段中間含有一個墨點，說明本段包含兩層意思。一個是「道」與「形名」的關係，一個是保身守國的三項禁忌。

「道」是一個宇宙實體，可以比喻為「形」；而人們對它的認識，可以比喻為「名」，是關於「道」的概念。形質是先於概念存在的，因此「道」的客觀存在也就先於人們對它的認識。這便是第一層次所要講的。

關於保身、守國的禁忌，在前面二經中都講到過。

另外，《稱》很像是一部名言大全，薈萃了處世至理金箴。這也很可能便是《稱》不分篇的緣故。由於這個緣故，便使《稱》具有了以下三個特點：㈠語言洗煉簡潔。㈡協韻嚴格工整。㈢多有偶句。我們說它像是名言薈萃，那麼就包含了與《四經》同時及前此的古籍中名言、當時社會上流行的古訓諺語、《四經》中《經法》、《十大經》中的名言。另外要說的是，儘管是名言薈萃，但作者在排列時仍然盡力照顧到了它們之間的內在聯繫性。這一點，在我們的譯文當中可以看出來。同時，墨點分斷處，有時並未換韻，而韻部通貫下來；這也可以看出作者在排列纂輯時，是儘量照顧到協韻的問題的。

·奇從奇，正從正，奇與正，恒不同廷㊀。·凡變之道，非益而損，非進而退㊁。首變者凶㊂。·有義（儀）而義（儀）則不過，侍（恃）表而望則不惑，案法而治則不亂㊃。·聖人不為始㊄，不剸（專）己，不豫謀，不為得，不辭福，因天之則㊅。·失其天者死，欺其主者死，翟其上者危㊆。•心之所欲則志歸之，志之所欲則力歸之㊇。故巢居者察風，穴處者知雨，憂存故也㊈。憂之則□，安之則久㊉；弗能令者弗能有㊁。

【註釋】㊀奇從奇，正從正，奇與正，恒不同廷：「奇」，特殊的、非常規的。「正」，常規的。「不」上原衍一「不」字，據刪。「不同廷」，不同位。此即《經法・道法》：「正、奇有位」。這是說用非常規的手段處理特殊的事情，用常規手段處理常規事物，特殊與常規，各有其位，不能混淆。㊁凡變之道，非益而損，非進而退：「變」、「道」可以有兩種理解，一種是將「變」解釋為「運動和變化」，「道」指「大道」，「凡變之道」，譯為「大凡『道』的運動和變化」（余明光說）。而我們認為，「變」承「奇」而言，指「變恒過度」（《經法・道法》：「變恒過度，以奇相禦」）。「道」，指道理、方法。這幾句的意思是凡出現改變常規超越準度的情況時，那麼應付的方法便是謙抑退讓、虛靜無為。㊂首變者凶：即「不為亂首」的意思。下句「聖人不為始」也承此而言。㊃有儀而儀則不過，恃表而望則不惑，案法而治則不亂：「過」、「惑」、「亂」承上「變」而言，「儀」、「表」、「法」承上「損」、「退」而說。「有」，依據（《廣雅・釋詁》：「有，質也」、《易・繫辭下傳》虞注：「質，本也」。「本」即有依據的意思）。「儀」、「表」都是指古代測量高低遠近和定方向的工具。《鶡冠子・天權》：「彼立表而望者不惑，按法而割者不疑」（「者」通「則」）、《淮南子・說林》：「懸衡而量則不差，植表而望則不惑」。皆襲本文。第二個「儀」字作動詞，指「測量」。「過」，誤差。「望」，觀測。㊄聖人不為始：「始」即〈前道〉：「可後可始」的「始」，指先動（《國語・越語》：「人事不起，弗為之始」，韋昭注：「先動為始」）。詳見彼注。此亦呼應前面的「首變者凶」。㊅不專己，不豫謀，不為得，不辭福，因天之則：「不專己」，不偏執己見。「不豫謀」，指天時未到，不豫先謀劃。《淮南子・詮言》（及《文子・符言》）也有這樣的話，而且說得更清楚，如「聖人……不為始，不專己，循天之理；不豫謀，不棄時，與天為期；不為得，不辭福，從天之則」。這是說天時未到便不豫為謀劃，而天時到了也不可失去時機，要與天道的運動同步；不謀求索取，而福祥來至也不可放過，要因順上天的法則。趨時取福，是黃老思想的重要構成要素。如《十大經・兵容》：「因天時，與之皆斷，當斷不斷，反受其亂。天固有奪有予，有祥〔福至者也而〕弗受，反隨其殃」、《國語・越語下》：「得時無怠，時不再來。天予不取，反為之災。贏縮變化，後將悔之」、帛書《繆和》：「古之君子，時福至唯取，時亡則以須……走（趨）其時唯恐失之。故當其時而弗能用也，至於其失也……何無悔之有？

……賁福而弗能蔽者害，〔辥〕福者死。」從書證和文意上來看，「不豫謀」下疑脫「不棄時」三字。㊆失其天者死，欺其主者死，翟其上者危：「天」，天道。「死」，滅亡。「失其天者死」，就君主而言。「翟」或讀為「敵」（帛書小組佚書本）、或讀為「逴」或「耀」（帛書小組經法本）、或讀為「易」（余明光《黃帝四經今注今譯》）。「翟」聲「兆」聲之字古通（如《詩・大東》：「佻佻」，《釋文》引《韓詩》作「嬥嬥」。《老子・五十八章》：「光而不耀」，帛書乙本「耀」作「眺」），「翟」在此讀為「佻」，《一切經音義・卷五》：「佻・輕也」。「欺其主者死」，就大臣而言。「翟其上（上司）者危」，就下屬或小民而言。「欺其主者死，翟其上者危」與《經法・六分》：「臣肅敬不敢蔽其主，下比順不敢蔽其上」正相對應。此三句正是君、臣、民的次第。㊇心之所欲則志歸之，志之所欲則力歸之：「志之」上原衍「志之」二字，據刪。這是說心裏想要得到的便立志去完成它，立志想要達到的便花費氣力去實現它。㊈巢居者察風，穴處者知雨，憂存故也：巢居於高樹者對風最敏感，穴處於低窪者對雨最敏感，這種對風或雨的各自的擔憂，都是由它們不同的生存環境決定的。明確的憂患意識和各安其性的處之泰然，是天地眾生在險惡的生態環境中得以生存下去的必要條件，下面「憂之則□，安之則久」即承此而說。而此三句似又是暗係前面「失其天者死……」等三句的。㊉憂之則□，安之則久：此處缺字余明光隸定為「取」。疑當作「存」。謂對各自的生存環境有明確的憂患意識的就能夠生存，如果能進一步安然處之的話就能長久。㈢弗能令者弗能有：此句承以上幾句而言。「令」疑讀為「領」。《呂覽・離俗》：「蒼領」，高誘注：「或作青令」。令、領古多互訓。《釋名・釋典藝》：「令，領也」。《法言・君子》注：「領，令也」。「領」，理解、領會（《漢書・賈誼傳》集注：「領，理也。」《文選・思舊賦》注：「領會，冥理相會也」）。「有」，保有（《禮記・哀公問》：「不能有其身」，注：「有，猶保也」）。這是說不能夠懂得這一點，便不能自保其身。又解：「令」如字解釋，訓為「善」。譯為不能夠很好地對待這個問題，便不能自保其身。

【今譯】　用非常規的手段處理特殊的事情，用常規手段處理常規事物，特殊與常規，各有其位，不能混淆。凡出現改變常規超越準度的情況時，那麼應付的方法便是謙抑退讓、虛靜無為。最初改變常規的必有凶禍。依據儀器來測量就不會有誤差，依靠儀表來觀測就不會迷惑，用法度來治理就不會混亂。做為聖人，不先動、不偏執一己之見，天時未到便不豫先謀劃、而天時到了也不可失去時機，不謀求索取、而福祥來至也不可放過：總之要因順上天的法則。做為君主，如果失去天道他的國家就會滅亡；做為大臣，欺蒙主上就會戮死；做為小民，輕蔑上司就有危險。人們心裏想要得到的就應立志去完成它，立志想要達到的就應花費氣力去實現它。巢居於高樹者對風最敏感，穴處於低窪者對雨最敏感，這種對風或雨的各自的擔憂，都是由它們不同的生存環境所決定的。而對各自的生存環境有明確的憂患意識的就能生存，如果能進一步安然處之的話就能長久；倘不能很好地對待這個問題，便不能自保其身。

【闡述】 本段含有六個墨點，換韻七次。

本段包含如下幾層含義。

第一，關於「正」、「奇」、「變」和「儀」、「表」、「法」，最後歸結為「因天之則」。「奇」是「變」的一種表現形式，要「禦之以奇」。而「變」出現後，應付的總原則還是虛靜無為（即「損」、「退」）；而虛靜無為便是「因天之則」，它可以具化為「儀」、「表」、「法」。凡「變」（即改變常道）則「過」、則「惑」、則「亂」，這便是第一層含義。其中「不豫謀，（不棄時）」，不為得，不辭福」的時至而取、福至不辭的界說頗有見地。

第二，關於君主、大臣、小民的處世規則。

第三，憂患意識與安靜持守是生存的重要條件。而安靜持守、處世規則其實都可以歸結為「因天之則」，因此說，此三層含義有一定的內在聯繫。

・帝者臣，名臣，其實師也㈠；王者臣，名臣，其實友也；朝（霸）者臣，名臣也，其實〔賓也㈡。危者〕臣，名臣也，其實庸也㈢；亡者臣，名臣也，其實虜也㈣。・自光（廣）者人絕之㈤，〔驕溢〕人者其生危、其死辱翳㈥。居不犯凶，困不擇時㈦。・不受祿者，天子弗臣也；祿泊（薄）者，弗與犯難㈧。故以人之自為□□□□□□□□㈨。・不士（仕）於盛盈之國，不嫁子於盛盈之家，不友〔驕倨慢〕易之〔人〕㈩。

【註釋】㈠帝者臣，名臣，其實師也：做為帝的大臣，名義上是臣子，其實是他的老師。這一部分內容與《說苑・君道》相同，〈君道〉云：「郭隗曰：帝者之臣，其名臣也，其實師也。王者之臣，其名臣也，其實友也。霸者之臣，其名臣也，其實賓也。危國之臣，其名臣也，其實虜也」。《戰國策・燕策》說：「郭隗先生對曰：帝者與師處，王者與友處，霸者與臣處，亡者與役處」。《荀子・王霸》：「義立而王，信立而霸，權謀立而亡」。王、霸、亡的次序與本經同。㈡賓：賓客。

「師」、「友」、「賓」，雖一字之差，但包含著對「帝」、「王」、「霸」的本質界定。《四經》對「帝」、「王」、「霸」的明確區分和次序的排列僅見於此文，他處皆王、霸並稱互用（如「王」也稱作「霸王」）。「帝」即「聖」，所以也說「帝王」、也說「聖王」。細揣《四經》文字，似乎「王」是介於「帝」和「霸」之間，因此「王」可以和「帝」組合成「帝王」，也可以和「霸」組合成「霸王」。「帝臣」即「帝師」，則「帝」率然無為；「王臣」即「王友」，則「王」乃有為無為相濟；「霸臣」即「霸賓」，則「霸」主有為。從「用二文一武者王」（「文」為「靜」、「無為」，「武」表「動」、「有為」）來推斷，則似乎應該是「盡用文者帝」、「用二武一文者霸」、「盡用武者亡」——《四經》帝、王、霸、亡的定式。「帝」是最高理想，即「太上」的境界，但要通過「霸」、「王」的中介來實現。這種界說，與《管子・樞言》：「用一陰二陽（即一武二文）者霸，盡以陽者王，以一陽二陰者削，盡以陰者亡」的說法有聯繫，也有區別（詳見《經法・四度》：「用二文一武者王」注）。㊂危者臣，名臣也，其實庸也：「危者」，指瀕危國家的君主。「庸」，雇傭，俗稱「短工」、「臨時工」。㊃亡者臣，名臣也，其實虜也：「亡者」，指流亡的君主。「虜」，僕人。㊄自光（廣）者人絕之：「光」，讀為《老子・四十一章》：「廣德若不足」之「廣」，在此做意動詞，是說自以為德能廣大的人必被人們所唾棄。《老子》所謂：「自是者不彰，自伐者無功」（二十四章）。㈥〔驕溢〕人者其生危，其死辱翳：「驕溢」二字原缺，今補。《荀子·不苟》：「小人能則倨傲避違以驕溢人」，是此辭例。又《荀子·榮辱》：「驕泄（溢）者，人之殃也」、「惕悍憍暴……是奸人之所以取危辱死刑也」，均與本文相近。「翳」讀為「也」。「其死辱也」即《荀子》的「以取危辱死刑也」。㈦居不犯凶，困不擇時：「居」訓為「安」、訓為「治」（《呂覽·上農》注：「居，安」。《周書·作洛》注：「居，治也」），在此指平穩、順利。「擇」當讀為「釋」。「不釋時」即「不棄時」。此二句是說順境時不妄為亂作自取凶禍，逆境時也不喪失信心放棄機會。下文「擇法」亦讀為「釋法」。則帛書《四經》多假「擇」為「釋」。㈧不受祿者，天子弗臣也；祿薄者，弗與犯難：此處文字亦見於《慎子·因循》，其文云：「是故先王，不受祿者不臣，祿不厚者不與入難」。這是說沒有享受朝廷俸祿的，天子就不要把人家當作臣僕來役使，如果提供的俸祿本就不多，那麼天子也不要強求人家與之共患難（「犯難」、「入難」，都是出生入死共患難的意思）。這幾句話，正是《慎子·因循》所說的「因人之情也」。強人所難，為黃老所不取。㈨故以人之自為□□□□□□□□：此處缺八字，疑此處原文當作「故以人之自為〔也，不以人之為我也〕」。取證於《慎子·因循》：「故用人之自為，不用人之為我」，可知所補有徵。「以」同「用」，如《論語·陽貨》：「以中牟畔」，《說苑·立節》作「用中牟之縣畔」。

此處「為」與「我」，歌部協韻。書證、音理皆堅強可據。關於這兩句話的理解，參考《慎子・因循》便可得到正解，其文云：「人莫不自為也（這是人的天性、自然之性），化而使之為我（違背人的天性），則莫可得而使也（強人所難，徒勞無益）」。作為統治者，應該因順人的這種天性，因順了它（「因」），則有出路；不要人為地去改變破壞它，改變了它（「化」），就沒有出路。這即是《慎子・因循》所說的「天道因則大，化則細」。「自為」，指人們考慮自身的生存，這是人的天性。「為我」的「我」指最高統治者。「化而使之為我」是扭曲人的天性、異化人性的作法，所以說這種做法「莫可得而用」。「故以人之自為〔也，不以人之為我也〕」，意指統治者禦下的方法，應該是因順人的天性，而不要去人為地扭曲它。做到了這一點，就能夠真正有效地使天下歸心了。這便是《慎子・因循》所說的「故用人之自為，不用人之為我，則莫不可得而用矣。此之謂因」。此處的文字得到補足和正解，則關於上文「不受祿者，天子弗臣也；祿薄者，弗與犯難」的理解也就迎刃而解了。附帶說一下，《四經》中習慣使用尾詞「也」字，而他書徵引時常常略去。如上文「弗臣也」，《慎子・因循》作「不臣」，略去「也」字。此處「故以人之自為也，不以人之為我也」，《慎子・因循》同樣略去二「也」字。⑩不仕於盛盈之國，不嫁子於盛盈之家，不友〔驕倨慢〕易之〔人〕：「仕」，做官。「子」，女。「友」，動詞，與人交朋友。「驕倨慢」三字原缺，今補。《管子・白心》：「滿盈之國不可以仕任，滿盈之家不可以嫁子，驕倨傲暴之人不可與交」。「驕倨傲暴」即此「〔驕倨慢〕易」。又《十大經・雌雄節》：「憲傲驕倨」，亦同此。

【今譯】　做為「帝」的大臣，名義上是臣子，其實是他的老師；做為「王」的大臣，名義上是臣子，其實是他的朋友；做為「霸」的大臣，名義上是臣子，其實是他的賓客。瀕危國家君主的大臣，名義上是臣子，其實祇是臨時雇員；流亡君主的大臣，名義上是臣子，其實祇是僕人罷了。自以為德能廣大的人必被人們所唾棄，盛氣凌人者很危險，甚至會自取恥辱和滅亡。人們在順境時不要妄為亂作自取凶禍，在逆境時也不要自暴自棄放過機會。沒有享受朝廷俸祿的，天子就不要把人家當做臣僕來驅使，如果提供的俸祿本就不多，那麼天子也不要強求人家與己共患難。所以說天子禦下的方法，應該是因順人的天性，而不要人為地去扭曲它。人們切勿到極端強盛的國家去做官，不要把女兒嫁到極端豪貴的家庭中，不能與驕傲自大、輕視他人的人交朋友。

【闡述】　本段含有三個墨點（按：疑「不士於盛盈之國」的「不」字上缺一墨點，因為在此處，第一，是換韻處。第二，在文意上是個轉折。因此，本段應該含有四個墨點），包含三層意思。第一層，講天子如何禦下，即「不受祿者，天子弗臣也；祿薄者，弗與犯難。故以人之自為〔也，不以人之為我也〕」。第二層，對各種「臣」進行界定，即「帝者臣……其實虜也」。第三層，講人們行事守則，即「自廣者人絕之，〔驕溢〕人者其生危、其死辱也。居不犯凶，困不釋時」、「不仕於盛盈之國……不友〔驕倨慢〕易之〔人〕」。

本段有幾個地方很重要：

一，對於帝、王、霸的明確區分和次序排列，這對研究黃老思想提供了極重要的資料；而這又僅見於《稱》，需要慎重對待。

二，「不受祿者，天子弗臣也；祿薄者，弗與犯難。故以人之自為也，不以人之為我也」這一段議論，強調要尊重人的天性、因順人的天性、不要扭曲異化人的天性；而這一點，是《四經》首次十分明確、坦誠地披露出來的，很值得注意。

三，「不仕於盛盈之國」等等議論，似乎仍然在暗示著《四經》作者的藉屬。

·□□不埶偃兵㈠，不埶用兵㈡；兵者不得已而行㈢。·知天之所始㈣，察地之理，聖人麋論天地之紀㈤，廣乎蜀（獨）見，□□蜀（獨）□，□□蜀（獨）□，□□蜀（獨）在㈥。·天子之地方千里，諸侯百里㈦，所以朕合之也㈧。故立天子〔者，不〕使諸侯疑焉㈨；立正敵（嫡）者，不使庶孽疑焉㈩；立正妻者，不使婢妾疑焉㈡：疑則相傷，雜則相方㈢。

【註釋】 ㈠□□不埶偃兵：所缺二字疑為「聖人」。本文多以「聖人」為議論之發端，如上文「聖人不為始」、下文「聖人麋論天地之紀」，此宜同也。理由一。「不埶偃兵，不埶用兵」，是「不得已」的意思；而《莊子・庚桑楚》正說：「不得已之類，聖人之道」。理由二。《呂覽・蕩兵》：「聖王有義兵而無偃兵」，辭例、文意與此相近。理由三也。「埶」（及下文「埶」），帛書小組佚書本讀為「褻」（訓為「習」）、經法本讀為「藝」（訓為「常」）。疑此處二「埶」字與《十大經・觀》：「人埶者摐兵」之「埶」相同，都當釋為「執」，固執、一味地。「偃兵」，即寢兵、止兵。「不執偃兵」，即不一味地反對用兵。可見「偃兵」是有條件的，這條件便是「不得已」；而「不得已」，便是順從「天道」、聽任天意。「恭行天罰」、「因天時，伐天毀」也是「不得已」之類。「偃兵」一詞，多見於戰國中期以後的古籍中。如《莊子・徐無鬼》：「武侯曰：吾欲愛民而為義偃兵」、《呂覽・蕩兵》：「古聖王有義兵而無偃兵」、同書〈審應〉：「趙惠王謂公孫龍曰：寡人事偃兵，十餘年而不成」、〈應言〉：「公孫龍說燕昭王以偃兵」等等。趙惠王十餘年從事「偃兵」而不成，這便是「聖人不固執於偃兵」界說之所由起。㊁不執用兵：不一味地用兵。一味地用兵便叫做「兵戰力爭」、窮兵黷武，是為「雄節」或「凶節」。㊂兵者不得已而行：「行」，用。「不得已」是對固執於一個極端的一種矯正。《十大經・本伐》：「道之行也，由不得已。由不得已，則無窮」。《莊子》所謂「不得已之類，聖人之道」，既說「之類」，則「不得已」不祇限於戰爭一事，他事亦如此。既是「不得已」，則固執於一端、偏執於一己，皆在被否定的範圍。㊃知天之所始：「始」與下文的「理」（《廣雅・釋詁》：「理，道也」，在此指規律）意思接近，訓為「本」（《荀子・王制》注：「始猶本也」），即根本。又按：「所」字似是衍文。㊄聖人麋論天地之紀：《易・繫辭上》作「彌綸天地之道」。「麋」、彌當讀為「靡」，古字相通。如《禮記・少儀》疏：「靡為麋，謂財物麋散凋敝，古字通。」《荀子・富國》楊倞注：「或曰：靡讀為糜，糜散也」（靡、糜、麋，古字通用）。《漢書・淮南衡山濟北王傳贊》注：「靡謂相隨從」。《荀子・性惡》注：「靡謂相順從」。「論」、「綸」讀為「淪」。《詩・雨無正》：「淪胥以鋪」，《漢書・楚元王傳》應劭注引詩作「論胥以鋪」。又《呂覽・古樂》：「伶淪」，《漢書・律曆志》作「伶綸」。《爾雅・釋言》：「淪，率也」，「率」即相從之意。「靡淪」，即順從。「紀」同「道」，指規律。「知天之始，察地之理，靡淪天地之紀」與《易・繫辭》「……彌綸天地之道，仰以觀於天文，俯以察於地理……」文意相同，排列次序小異。本文作「紀」而不作「道」，因「紀」與「始」、「理」協之部韻。此說聖人順從天地之道，正承上二句「知天之始，察地之理」。㊅廣乎獨見，□□獨□，□□獨□，□□獨在：帛書小組經法本如此標點、分句，頗有道理。「兵者不得已而行」句下有墨點、「□□獨在」句下有墨點，說明在此是換韻及文意轉換處。「行」與「兵」協陽部韻，「在」與「始」、「理」、「紀」等協之部韻。中間第一個「□□獨□」句應該也入韻，之部。第二個「□□獨□」句不入韻；都是四字為句，文例都應該是「形容詞+乎+獨+動詞」。第一個「□□獨□」句，可能應該是「卓乎獨知」（《經法・六分》有「獨知」辭例）。「知」，之部。「廣乎獨見，（卓乎）獨（知），□（乎）獨□，□□獨在」，是說聖人順從天道，所以有遠見卓識，並且恬然自在。㊆天子之地方千里，諸侯百里：「方」，平方。「方千里」，一千平方里。「諸侯百里」，省「方」字。《孟子・告子下》：「天子之地方千里，不千里，不足以待諸侯。諸侯之地方百里，不百里，不足以守宗廟之典籍。」㊇所以朕合之：「朕」，縫合、聯繫。《說文解字注》「朕」字下段玉裁說：「按：朕在舟部，其解當曰舟縫也……《考工記・函人》曰：視其朕，欲其直也。戴先生（震）曰：舟之縫理曰朕……本訓舟縫，引申為凡縫之稱」。二物相交時中間的縫隙叫「朕」，在此作動詞，謂聯繫、關聯。「合」，對應（《爾雅・釋詁》：「合，對也」。《史記・樂書》正義：

「合，應也」）。這是說天子轄地一千平方里，諸侯轄地一百平方里，這種差異是和他們的身分地位聯繫對應的。⑨故立天子〔者，不〕使諸侯疑焉：「立」，建立（《老子・六十二章》：「立天子，置三公」、《經法・論約》：「立天子，置三公」、《十大經・立命》：「立王、三公，立國、置君」之「立」同此）。「疑」通「擬」，比擬、等齊、相同（下面的三個「疑」字都讀為「擬」）。這是說設立天子時，在等級制度上不能使諸侯與之相同。《慎子・德立》也說：「立天子者，不使諸侯疑焉。立諸侯者，不使大夫疑焉。」⑩立正嫡者，不使庶孽疑焉：「立」，指立太子。「正嫡」，指正妻之子。「庶孽」，指眾妾之子（《公羊傳・襄公二十七年》何休注：「庶孽，眾賤子，猶樹之有孽生」）。這是說將正妻之子立為太子，就不要使眾妾之子在身分地位上與之相等。《慎子・德立》：「立嫡子者，不使庶孽疑焉。」⑪立正妻者，不使婢妾疑焉：「婢」同「嬖」（《慎子》、《左傳》作「嬖」），寵幸。這是說設立正妻，就不要使寵妾的身分地位上與之平等。《慎子・德立》：「立正妻者，不使嬖妾疑焉」（按：《慎子》「立正妻」在「立正嫡」之前，而本經則「立正嫡」在「立正妻」之前，正與《經法・六分》「五逆」將「嫡子父」列於「男女分威」之上、〈亡論〉「六危」將「嫡子父」列於「父兄黨以儨」之上遙相呼應）。《韓非子・說疑》：「故曰孽有擬嫡之子，配有擬妻之妾，廷有擬相之臣，臣有擬主之寵。此四者，國之所危也」。《左傳・閔公二年》：「內寵並后，外寵二政，嬖子配嫡，大都耦國，亂之本也。」㊂疑則相傷，雜則相方：「方」通「妨」，妨礙。又，「方」訓為「逆」（《孟子・梁惠王下》注：「方，猶逆也」）。相逆，即相互作對。《慎子・德立》：「疑則動，兩則爭，雜則相傷。」

【今譯】 聖人不是一味地反對用兵，但也不主張一味地用兵；戰爭手段是在不得已的情況下纔使用的。聖人上知天道的根本，下知地道的規律，他能夠順應天地之道，所以他有遠見卓識，並且恬然自在。天子轄地一千平方里，諸侯轄地一百平方里，這種等級差異是和他們的身分地位相聯繫對應的。因此設立天子時，在等級制度上不能使諸侯與之相同；將正妻之子立為太子，就不使眾妾之子在身分地位上與之相等；設立正妻，就不使寵妾在身分地位上與之平等。如果兩相對等就會相互傷害，兩相混淆就會互相敵對。

【闡述】 本段含三個墨點，共有三層含義。

第一層（即第一個墨點分斷處）是說聖人對用兵的態度，即「不得已而為之」。

第二層（即第二個墨點分斷處）是說聖人順應天地之道，故有遠見卓識、恬然自在。第二層的「順應天地之道」正起通貫一層、三層文意的作用，也即「不得已」及「等級制度」都是由天地之道所決定。

第三層是說名實相應，也即要嚴明等級制度，不可淆亂。

•時若可行，亟應勿言㈠；〔時〕若未可，涂其門，毋見其端㈡。•天制寒暑，地制高下，人制取予㈢。取予當，立為〔聖〕王㈣；取予不當，流之死亡㈤。天有環刑，反受其央（殃）㈥。•世恒不可擇（釋）法而用我㈦，用我不可，是以生禍㈧。•有國存，天下弗能亡也；有國將亡，天下弗能存也㈨。•時極未至，而隱於德；既得其極，遠其德，淺〔致〕以力㈩；既成其功，環（還）復其從，人莫能代㈡。•諸侯不報仇，不修佴（恥），唯〔義〕所在㈢。

【註釋】㈠時若可行，亟應勿言：「亟」，立刻、馬上。「應」，指在行動上做出反應。「勿言」，不要表現在口頭上。㈡〔時〕若未可，涂其門，毋見其端：「涂」即「塗」，通「杜」，塞住、關閉。《釋名・釋宮室》：「塗，杜也，杜塞孔穴也。」「門」，機關、心機。《淮南子・原道》注：「門，禁要也」。《素問・至真要大論》注：「神門，真心脈氣。」《老子・五十二章》：「塞其兌，閉其門」。王弼注：「門，事欲之所由從也。」這幾句是說時機未到，要斂藏心機，不露端倪。㈢

天制寒暑，地制高下，人制取予：「制」，控制、掌握。有取有予，如高下之相對待、寒暑之相交替，乃天地之道。㊃取予當，立為〔聖〕王：「當」，得當、適當、得體、得法。「聖」字原缺，以意補。《道原》「聖王用此，天下服」是此辭例。㊄取予不當，流之死亡：《國語・越語下》作「流走死亡」。「流之死亡」，即流徙四方、國亡身死。《經法・國次》所謂「人執者流之四方」也。㊅天有環刑，反受其殃：「環」，表示的是天道的周而復始的循環運動，所謂「天稽環周」（《十大經・姓爭》）也。就天道來講，如果人能「靜作得時」，則「天地與之」，這表現的是「天德」；如果「靜作失時」，則「天地奪之」，這表現的又是「天刑」。就人道而言，人們取予得當，就會得到「天德」的褒獎；反之，就會受到「天刑」的懲罰。取予、予奪、德刑，是交替循環運行的，這便是「天有環刑」的含義。這兩句是說天道循環運行，有德必有刑，取予不當，就要受到天刑的懲罰，自取禍殃。《國語・越語下》：「強索者不祥，得時不成，反受其殃。失德滅名，流走死亡。有奪有予，有不予」、「得時弗成，天有還形。」㊆世恒不可擇（釋）法而用我：「擇法」讀為「釋法」。「釋法用我」，謂捨棄法度而用一己之私。此正與《十大經・名形》：「自釋尊理」相悖而行（詳見彼經）。《韓非子・揚權》：「因天之理，反形之理……虛以靜後，未嘗用己」、同書〈用人〉：「釋法術而正治，堯不能正一國」、同書〈大體〉：「不以智累心，不以私累己，寄治亂於法術，托是非於賞罰，屬輕重於權衡……守成理，因自然，禍福生於道法而不出乎愛惡」，並可發明此意。㈧用我不可，是以生禍：《韓非子・大體》：「禍福生於道法而不出乎愛惡」，「禍福」為偏義詞，指「福」。「福」生於道法，則「禍」出於愛惡，正是此「用我不可，是以生禍」之意。㈨有國存，天下弗亡也；有國將亡，天下弗能存也：當一個國家具備存在的必然條件時，人們是不能夠滅亡它的；當一個國家已經具備了必然滅亡的條件時，人們也無法再挽救它。㈩時極未至，而隱於德；既得其極，遠其德，淺（致）以力：「致」字原缺，據《管子》補。《管子・勢》說：「未得天極，則隱於德；已得天極，則致其力」。「時極」即《管子》的「天極」，指天道運行當中所積累的必要的條件和時機。「隱於德」，謂自隱其身以修德待時。上文「時若未可，塗其門，毋見其端」與此文意思相近。《十大經・五政》：「深伏於淵，以求自刑」即此。「時極未至，而隱於德」正是《易・乾》：「初九，潛龍勿用」的詮釋。「遠其德」，即廣施其德（前文「廣乎獨見」即謂有遠見，遠即廣也）。《易・乾》：「九二，見龍在田」，象辭說：「見龍在田，德施普也」，正是此「遠其德」之義。「淺」字似不當如字解釋，因上文有「遠」字。疑「淺」讀為「踐」，二字古通。《戰國策・楚策四》：「踐亂燕」、《燕策一》：「勾踐」，漢帛書本「踐」並作「淺」。《儀禮・士相見禮》注：「踐，行也」，《詩・伐木》箋：「踐，陳列貌」。「踐致以力」，即陳致其力，努力行事也。《論語》：「陳力就列」即此。㊁既成其功，環（還）復其從，人莫能代：「從」，讀為「蹤」。「還復其蹤」，即收蹤斂跡，還歸其最初的靜隱。天道有奪有予，人道有隱有顯，應與之宛轉順應。「功成不止」則「身危有殃」（《易・乾》所謂「亢龍有悔」）；「功成身退」，便是「與時偕行」。「代」疑讀為「殆」。「弋」聲、「台」聲之字古多相通。《淮南子・氾論》：「出百死而紿一生」，高誘注：「紿，讀仍代之代也」。《老子・德經》：「善貸」，帛書乙本作「善始」。《淮南子・說山》高誘注：「殆，危害也」（「毋德不報而身見殆」）。「人莫能殆」，謂隱顯因任天道，則不會受到傷害。所謂「物莫能傷」也。《管子・勢》：「既成其功，順守其從，人不能代」，出語於此。㊂諸侯不報仇，不修恥，唯〔義〕所在：「修」通「滌」。通行本《老子・十章》：「滌除玄覽」，漢帛書甲、乙本《老子》「滌」均作「修」。又《周禮・春官・司尊彝》：「凡酒修酌」，鄭注：「修，讀如滌濯之滌」。「滌恥」，即洗恥、雪恥。「義」字原缺，以意補。《孟子・離婁下》：「大人者，言不必信，行不必果，唯義所在」，文例與此相同。

【今譯】　時機成熟了，就要在行動上立刻做出反應而不要聲張；時機未到，就要斂藏心機，不露聲色。天道控制著寒來暑往，地道掌握著高低的差異，人道決定著奪取和給予。如果取予得法，就可以尊為聖王；取予失當，就會流徙四方、身死國亡。天道循環運行，有德必有刑，取予不當，就要受到天刑的懲罰，自取禍殃。人世規律是不允許捨棄法度而用一己之私的，如果偏執於一己之私，就會導致禍患。當一個國家還具備存在的必然條件時，人們是不能夠滅亡它的；當一個國家已經具備了必然滅亡的條件時，人們也無法再挽救它。時機未到，要自隱其身以修德待時；時機到了，就應該廣施其德，努力行事；而當大功告成以後，就要及時收蹤斂跡，還原到最初的靜隱，這樣纔不會受到任何危害。諸侯不一定有仇必報、有恥必雪，關鍵要看是否是合於道「義」。

【闡述】 本段含有六個墨點，換韻六次，共有五層含義。

第一層，講人的動靜、顯隱與天時的關係，即「時若可行，亟應勿言；〔時〕若未可，塗其門，毋見其端」、「時極未至，而隱於德；既得其極，遠其德，淺〔致〕以力；既成其功，環（還）復其從，人莫能代」。這顯然是一個靜（隱）——動（顯）——靜（隱）的過程，也即靜（隱）而待時——動（顯）而趨時——再重新靜（隱）而待時。值得注意的是，這與《易・乾》有著密切的聯繫。〈乾〉卦是「潛龍」——「見龍」、「飛龍」——「亢龍」。為了避免和矯正「亢龍有悔」，因此本文提出了「還復其從」這易被忽略而又實在是必不可缺的第三個環節。

第二層，講取予與天德、天刑的關係。而取予、予奪、動靜、刑德又是有著內在聯繫的；這內在的聯繫便是天時、天道的周而復始的運作規律。

第三層，講國家的存亡與天道運作規律之間的關係。可見一、二、三層含義隱隱相關、如蛇灰蚓線。
第四層，講正確對待「法」（大我）與「我」（小我）之間的關係。
第五層，講諸侯之行止與「義」之間的關係。

•隱忌妒妹賊妾㊀，如此者，下其等而遠其身；不下其等不遠其身，禍乃將起㊁。•內事不和，不得言外；細事不察，不得言〔大〕㊂。•利不兼，賞不倍；戴角者無上齒㊃。提正名以伐，得所欲而止㊄。•實穀不華，至言不飾，至樂不笑㊅。華之屬，必有覈（核），覈（核）中必有意㊆。•天地之道，有左有右，有牝有牡㊇。誥誥作事，毋從我冬（終）始㊈。雷〔以〕為車，隆隆以為馬㊉。行而行，處而處⑪。因地以為齎（資），因民以為師⑫；弗因無褱也⑬。

【註釋】㊀隱忌妒妹賊妾：「妹」通「昧」。「隱忌」與「昧妒」義同。「隱」即「隱昧」，謂蒙蔽君主；「忌」即「嫉妒」，謂嫉妒賢才。所以《荀子》中也說「隱忌（即隱昧嫉妒）雍蔽之人，君子不近」。同書〈大略〉說「奉妒昧（即嫉妒隱昧）者，謂之交譎。交譎之人，妒昧之臣，國之薉孽也」。同書〈大略〉釋「妒」與「昧」之含義時說：「蔽公者謂之昧，隱良者謂之妒。」「賊」，陷害忠良（《荀子・修身》：「害良曰賊」）。「妾」讀為「捷」，謂行為邪佞（妾、接、捷古通。《廣雅・釋詁》：「妾，接也」、《爾雅・釋詁》：「接，捷也」、《左傳・莊公十二年》：「弒其君捷」，《公羊傳》「捷」作「接」。《文選・東京賦》注：「捷，邪也」）。㈡下其等而遠其身；不下其等不遠其身，禍乃將起：「下」，降、貶。「等」，等級官職。「遠」，疏遠。下句「不下其等」的「等」字上因聲誤而衍「德」字（「德」為職部字，「等」為蒸部字。二字為「之」部的入聲和陽聲，古讀無別），據刪。㈢內事不和，不得言外；細事不察，不得言（大）：「內事」，指君主家庭或家族內部之事，諸如君主與嫡子、嫡子、庶子與妻妾、父兄等等之間的關係。「和」，順、理順。「外」，外事，指國事。「細事不察」，小事不明。「細事不察」二句似是補充說明「內事不和」二句的。㈣利不兼，賞不倍，戴角者無上齒：「利不兼，賞不倍」亦見於《說苑・談叢》。「兼」、「倍」同義，在此都是「多」的意思。「戴角者無上齒」見於多種古籍，應該是當時社會上流行的民間諺語，所以用來比喻「利不兼，賞不倍」。動物之中，凡有強有力的觸角的（「戴角」，即頭頂雙角），就不會有鋒利的上齒，如牛、羊、鹿等；而凡有鋒利的上齒的，也就不會有強有力的觸角，如虎、豹等。二者必居其一，不能兼得。此諺語見諸於多種古籍，如《呂氏春秋・博志》：「凡有角者無上齒，果實繁者木必庳」、《淮南子・地形》（及《大戴禮記・易本命》）：「四足者無羽翼，戴角者無上齒」、《春秋繁露・度制》：「有角不得有上齒」、《漢書・董仲舒傳》：「予之齒者去其角」等等。這三句似乎是說：做為下屬的如果工作怠惰而不能給上司帶來很大的利益，那麼也就不要指望上司能給予很多的賞賜；這個道理就如同動物既然有了雙角就不會再有上齒是一樣的。又按：此處前後文都是談論君主，所以此二句似應做「賞不倍，利不兼」解釋，謂君主施賞不豐，獲利亦少。如此解釋，前後一貫，似更妥貼。此蓋即《稱》之「祿薄者，弗與犯難」。㊄提正名以伐，得所欲而止：「提正名以伐」，謂師出有名；「得所欲而止」，謂功成而止。㊅實穀不華，至言不飾，至樂不笑：「不華」，無花。「至言不飾」，意蘊深遠的語言是不需要裝飾的。「至樂不笑」，真摯的快樂不需要表現在歡聲笑貌上。《列女傳・三》：「實穀不華，至言不飾」。《淮南子・說林》：「至味不慊，至言不文，至樂不笑，至音不叫。」《莊子・知北遊》：「至言去言」、同書〈至樂〉：「至樂無樂」並是此意。㊆華之屬，必有核，核中必有意：「華」，花。「核」，果實中心堅硬的部分。《素問・五常政大論》：「其實濡核」，注：「核，中堅者」。疑本當作「華之屬，必有實，實中必有核，核中必有意」（「核」雖在古籍中可訓「實」，然基本都是「核實」或「覈實」的意義上講的）。「意」，同「薏」，核仁。《爾雅・釋草》：「荷……其實蓮，其根藕，其中的，的中薏」。正義引陸機《毛詩草木鳥獸蟲魚疏》云：「的中有青為薏」（《爾雅》也是荷、實、的、薏的次序，也即花、實、核、意的次序）。這是說：花的內裏是果，果的內裏是核，核的內裏的仁兒。意謂內在的東西纔是最根本的東西。此承上「實穀不華，至言不飾，至樂不笑」而言，是取譬的筆法。㈧天地之道，有左有右，有牝有牡：「左右」、「牝牡」（雌雄）是對立統一的，有左必有右、有牝必有牡；此為天造地設、自然而然，非人為造作。此三句啟下文之「因」。《國語・越語下》：「凡陣之道，設右以為牝，益左以為牡」（韋昭注：「陳其牝牡使相受之。在陰為牝，在陽為牡」）、《淮南子・兵略》：「所謂地利者，後生前死，左牡而右牝」、《老子・三十一章》：「君子居則貴左，用兵則貴右」、「吉事尚左，凶事尚右」、《孔子家語》：「高者為生，下者為死」、《稱》：「上陽下陰」，又古代出征謂「鑿凶門以出」（「凶門」即「北門」）。通過這樣的類比，可知先秦的陰陽說是這樣的：左、東、南、前、上、生、高、貴，屬陽；右、西、北、後、下、死、低、賤，屬陰。㈨誥誥作事，毋從我終始：「誥誥」，帛書小組佚書本讀為「皓皓」，謂「光明正大」；余明光讀為「浩浩」（《黃帝四經今注今譯》），謂「廣大貌」。按：「浩浩」，當釋為眾多。「浩浩作事」，即一切行事。「從」，隨、因（《詩・既醉》箋：「從，隨也」、《漢書・外戚傳》集注：「從，因也，由也」）。不隨我終始，即一切行事，或終或始皆因順天道。又按：余明光先生認為「作事」是指起兵。如訓「作事」為「起兵」，則「終」字當是衍文。謂兵戎之起，不由我始。《禮記・月令》：「兵戎不起，不可從我始」。然前後文都講因任自然、因任天道，則似以第一種解釋為妥貼。⑩雷〔以〕為車，隆隆以為馬：按：疑此處衍一「隆」字（或「隆隆」為「豐隆」之音訛）。「雷以為車，隆以為馬」，文正相儷。《淮南子・原道》：「雷以為車輪」。「隆」，當是「豐隆」的急讀或省略，指雲、雲師。《楚辭・離騷》：「吾令豐隆乘雲兮」。王逸注：「豐隆，雲師。一曰雷師」。洪興祖補注：「《九歌・雲中君》注云：雲神豐隆。……《歸藏》云：豐隆，筮雲氣而告之。則雲師也。……據《楚辭》，則以豐隆為雲師耳」。（按：「豐隆」或「隆」為雲神，蓋以「隆」音近「龍」、而「雲從龍」也）。《淮南子・原道》：「乘雷車，駕雲霓」（《太平御覽・天部十四》引）。高誘注：「以雲霓為其馬也」。當本於此「雷以為車，隆以為馬」。〈原道〉又云：「……乘雲淩霄，與造化者俱……陰陽為禦，則無不備也」，皆有助於理解本文文意。《淮南子・主術》：「乘勢以為車，禦眾以為馬」正釋此二句之義。謂因勢順道也。《荀子》所謂「善假於物也」（〈勸學〉）。⑪行而行，處而處：「而」猶乃、則。謂當行則行、當止則止。⑫

因地以為資，因民以為師：因任地宜以為資財，因順民心以為師旅。㊂弗因無䄠也：「䄠」，帛書小組佚書本如此隸定，認為「衷」為「袖」字，並認為「䄠」為「紬」的異體，讀為「由」。帛書小組經法本隸定此字為「㧊」。按：此字兩種隸定皆失韻。疑當隸定為「䄠」。「衷」似為「紳」之異體（古籍中「礻」旁「糸」旁往往不別，如「綸」又作「褕」）。「䄠」在此讀為「神」，明也（《素問・八政神明論》注：「神，謂神智通悟」）。言不知因順是不明智的。「神」為「真」部字，「資」、「師」為脂部字。脂、真陰陽合韻。

【今譯】對於像蒙蔽君主、嫉妒賢才、陷害忠良、行為邪佞這一類的人，就應該貶黜和疏遠；對他們如果不貶黜疏遠，就會因此而生出禍患。君主如果連自己家庭和家族內部的事情都不能理順，就沒有資格來討論國家的事情；小事不明，大事也就談不上了。君主對臣民如果施賞不豐，那麼相對的他獲利亦少；這個道理就如同動物既然有了雙角就不會再有上齒是一樣的。興兵征伐，必須師出有名，功成而止。飽滿的穀物沒有花，意蘊深遠的語言沒有裝飾，真正的快樂不表現在歡聲笑貌上。因為內在的東西纔是最根本的東西，這就好比花的內裏是果，果的內裏是核兒，核兒的內裏是仁兒。有左必有右，有雌必有雄，這是天造地設、自然而然的。因此，人們的一切行事，或終或始都不要固執己意，應因順天道。以雷為車，以雲為馬，當行則行，當止則止。因任地宜以為資財，因順民心以為師旅；不知因順之道，這是不明智的。

【闡述】 本段包含三層意思。

第一層，講君主應該如何對待邪佞、家庭、施賞、征伐，即從「隱忌妒妹」至「得所欲而止」。此論「君人之術」。

第二層，講「處其實，不居其華」（《老子・三十八章》）。即從「實穀不華」至「核中必有意」。此論為人之道。

第三層，講君主應該順應自然規律。此論因任之道。

本段有兩個問題很突出。

㈠本段多處使用諺語做為比況，此為《稱》之一大特色。

㈡雷車、雲馬之喻及「豐隆」一詞的使用，當為楚俗、楚語。

・宮室過度，上帝所亞（惡）；為者弗居，唯（雖）居必路㈠。

・減衣衾，泊（薄）棺椁，禁也㈡。疾役可發澤，禁也㈢。草蘢可淺林，禁也㈣。聚□□隋（墮）高增下，禁也；大水至而可也㈤。

•毋先天成，毋非時而榮㈥。先天成則毀，非時而榮則不果㈦。•日為明，月為晦；昏而休，明而起㈧。毋失天極，廏（究）數而止㈨。•強則令，弱則聽，敵則循繩而爭㈩。•行曾（憎）而索愛，父弗得子；行母（侮）而索敬，君弗得臣㈡。•有宗將興，如伐於（川）；有宗將壞，如伐於山㈢。貞良而亡，先人餘央（殃）；商（猖）闕（獗）而栝（活），先人之連（烈）㈢。•埤（卑）而正者增，高而倚者傰（崩）㈣。

【註釋】㈠為者弗居，雖居必路：「為」，做，指大肆興建宮室。「者」，表示停頓，無義。「路」，過路，指暫時居住。《周禮・地官・遺人》：「凡國野之道，十里有廬，廬有飲食；三十里有宿，宿有路室，路室有委」。「路室」，指客舍、旅店。《管子・四時》：「國家乃路」，注：「路，謂失其常居也」，即是過路、路室之引申。此二句是說修建了宮室也不能居住，即便居住了也不會長久。㈡減衣衾，泊（薄）棺槨，禁也：「衣衾」，指斂葬死者的衣被以及祭品。「椁」，棺外的套棺。禁止隨意減少葬埋死者的衣被、祭品的數量和棺椁的厚度，這顯然是儒家的觀點，與道家不同，這似乎是「祥於鬼神」的具體體現。此觀點很可能是針對墨家而說的。《墨子・節葬》：「王公大人喪者，曰棺椁必重，葬埋必厚，衣衾必多，文繡必繁，丘隴必巨，存乎匹夫賤人死者，殆竭家室」。㊂疫役可發澤，禁也：「疾」，力，大力（《呂覽・尊飾》注：「疾，力」。《荀子・仲尼》注：「疾力，勤力也」。《呂覽・勸學》注：「疾，趨也」）。「疾役」，謂大興徭役。「可」，疑讀為「夥」，多也。「可」聲、「果」聲之字古多相通（「可」、「果」同為歌部字）。《說文》：「髁，骬也」，又：「窠，空也」，《一切經音義》作「軻，空也」。《方言・一》：「凡物盛多謂之寇，齊宋之郊、楚魏之際曰夥」。近人徐仁甫《廣釋詞》說：「可猶多。……《老子・四十六章》：罪莫大於可欲。《韓詩外傳》可欲引作多欲。……《楚辭・九章・哀郢》：曾不知夏之為丘兮，孰兩東門之可蕪……可蕪，謂多蕪」。此二「可」字訓為「多」，乃「夥」字之假（《史記・陳涉世家》索隱引服虔曰：「楚人謂多為夥」，而《說文》說「齊謂多為夥」。《方言》則合二說謂「齊宋楚魏」謂多為夥。老子、屈子皆楚人，書楚語，則服虔之說為確）。「發」通「廢」。《論語・微子》：「廢中權」，《釋文》：「廢，鄭作發」。《呂覽・壹行》注：「廢，壞也」。「疾役夥廢澤」，謂大肆興動徭役而多處毀壞川澤。「廢澤」，當即《十大經・三禁》、《國語・周語下》、《晏子春秋

·內篇·問上》的「服川」、「防川竇澤」、「偪川澤」也。此處的三條「禁」規，似即屬於《十大經·三禁》中的「地之禁」。又，帛書小組佚書本讀「役」為「疫」，認為時逢疾疫則民可發川澤以除癘氣。然如此解釋，「禁」字無法講通。㈣草蓯可淺林，禁也：「蓯」讀為「叢」，「草叢」，謂雜草叢生。「可」讀為「夥」，多。「淺」，讀為「殘」。「草叢夥殘林」，謂雜草叢生多處斬伐山林。㈤聚□□隋高增下，禁也；大水至而可也：「聚」，眾多（《左傳·成公十三年》注：「聚，眾也」）。所缺二字，疑當為「宮室」。「聚宮室」，謂多建宮室。《淮南子·本經》：「侈苑囿之大……大廈增加……殘高增下……」當即此「聚〔宮室〕，隋高增下」。這幾句是說：為了多建宮室，而掘低高地、填平低窪，這是地道所禁止的；然而時逢洪水暴雨成災，則挖高填低以疏導大水是可以的。㈥毋先天成，毋非時而榮：「天」，指植物生長成熟的自然規律。「榮」，指開花、茂盛。這是說植物不能違背自然規律而提前成熟，也不能不適時地開花茂盛。「先天」強調後，「非時」強調適時。此二句以植物應適時生長成熟來取譬人事。「非時而榮」為陰陽五行災異論所常常論及，如《呂氏春秋》論四季、《禮記·月令》、《京房易》、《春秋繁露》及史書中的「五行志」等等。㈦不果：不會有好的結果。此「不果」正雙關植物和人事。㈧昏而休，明而起：後世所謂「日出而作，日入而息」。㈨毋失天極，究數而止：「失」，當讀為「佚」，失、佚古通。《莊子·養生主》：「秦失吊之」，《釋文》：「失，本又作佚」。《漢書・主父偃傳》：「內有淫失之行」，顏師古注：「失，讀曰佚」。「佚」，過也（《公羊傳・宣公十二年》注：「佚猶過也」）。《國語・越語下》作「無過天極，究數而止」可證本句當作「無佚天極」。「天極」，指天道的準度。「究」，達到。「數」，度、準度。這是說君主興兵伐國不要超過天道的準度，達到這個準度就應及時罷手。《國語・越語下》：「范蠡曰：臣聞古之善用兵者，贏縮以為常，四時以為紀，無過天極，究數而止」、《管子・勢》：「成功之道，贏縮為寶，毋亡天極，究數而止」。按：有兩點可以證明《國語・越語下》與《黃帝四經》更為接近、《管子》則相去稍遠。第一，《四經》作「無失（佚）天極」，〈越語下〉作「無過天極」；《管子》雖一字之差（「無亡天極」），而文意已遠隔。第二，《經法・國次》：「過極失（佚）當」是就用兵征國而言，本文「過極失（佚）當」應該也是就用兵而言，〈越語下〉也說「善用兵者……無過天極」；《管子》則「無亡天極」似是泛指。⑩強則令，弱則聽，敵則循繩而爭：「令」，號令指揮別國。「聽」，聽命於別國。「敵」，勢力均等。「循繩」，按照規矩。「爭」當讀為「靜」，指各安本分。這是說強大的國家可以命令對方，弱小的國家就要聽命於對方，勢力均等的國家就會按照規矩各安本分。⑪行憎而索愛，父弗得子；行侮而索敬，君弗得臣：「憎」謂惡劣，「侮」指邪逆。這幾句的句式應該是：父行憎而索（要求）子愛，弗得（做不到）；君行侮而索臣敬，弗得。意思是說做父親的行為惡劣，要想得到兒子的敬愛是不可能的；做為君主舉止邪逆，要想得到臣下的敬愛也是不可能的。「父父子子，君君臣臣」，有儒家的味道。然「父子」列於君臣前，且要求父君做表率，「愛敬」也不視為絕對，則「子為父隱」之「君臣父子」絕對論已被揚棄。《經法・君正》：「無父之行，不得子之用；無母之德，不能盡民之力」，與此說相表裏。㊂有宗將興，如伐於〔川〕；有宗將壞，如伐於山：「宗」，宗族、氏族、種族、民族，在此似指國家、部落。「伐」，敗、崩潰（《廣雅・釋詁》：「伐，敗也」）。「於」，之（《經傳釋詞》：「於，猶之也」）。「川」字原缺，今補。「川」為文部字，「山」為元部字，文、元合韻。《詩・天保》：「天保定爾，以莫不興……如川之方至，以莫不增」。《詩》以川至喻興與此以川潰喻興，其理一也。「如伐於（之）川」、「如伐於山」，即如川之伐、如山之伐。這是說，當一個國家將要興起的時候，其勢如川澤之潰決；而當一個國家將要敗亡的時候，其勢如山峯之崩坍。一個國家的興壞有其必然規律、勢不可阻。正所謂「禹湯罪己，其興也勃焉；桀紂罪人，其亡也忽焉」（《左傳・莊公十一年》）。㊃貞良而亡，先人餘殃；猖獗而活，先人之連（烈）：《說苑・談叢》作「貞良而亡，先人餘殃；猖獗而活，先人餘烈」。本文「連」為「烈」之聲假。「連」在元部，「烈」在月部，元、月為陽入對轉。通行本《老子》：「天毋以清將恐裂」，帛書《老子》乙本「裂」

作「蓮」。「烈」即功業、功德。這是說正直善良的人早逝，是因為祖上積累下禍殃；猖獗邪僻的人長壽，是因為祖上積累下功德。按：《十大經・雌雄節》說持雌節為積德、積福，其身長壽、子孫蕃盛；持雄節為積殃、積禍，其身短命、後代衰敗。《周易》也說：「積善之家必有餘慶，積不善之家必有餘殃」。亡活即禍福，與「積」有密切關係，即〈雌雄節〉所謂：「觀其所積，乃知禍福之鄉」。這是對興壞存亡有其必然規律和內在原因的一種極為絕決的解釋。貞良者雖夭而修德則後代有餘慶，猖獗者雖壽而散德則後世有餘殃；有餘慶者雖壽而散德則後代夭，有餘殃者雖夭而積德則後代壽。如此循環不已，即是黃老關於積德積惡、福禍壽夭的理論。㊃卑而正者增，高而倚者崩：「卑」謂謙退，謂雌節；「高」則指驕溢，指雄節。「倚」，不正。「崩」，傾覆。〈行守〉所謂：「高而不已，天〔將〕厥（蹶）之」。《說苑・談叢》作：「卑而正者可增，高而倚者且崩」。

【今譯】　廣修宮室，窮奢極欲，為上天所不容；大肆興建了宮室也不能居住，即便居住了也不會長久。隨意減少葬埋死者的衣被、祭品的數量和棺椁的厚度，這是被禁止的。大肆興動徭役而多處毀壞川澤，這是被禁止的。雜草叢生多處砍伐山林，是被禁止的。為了多建宮室而掘低高地、填平低窪，是被禁止的；然而時逢洪水暴雨成災，則為疏導大水而挖高填低是可以的。植物不能違背自然生長規律而提前成熟，也不能不適時地開花茂盛。提前成熟會毀敗，不適時地開花茂盛也不會有好的結果。

太陽出來就是白天，月亮升起就是夜晚；夜晚人要休息，白天人要勞作。君主興兵伐國不要超過天道所規定的準度，達到了這個準度就應及時罷手。強大的國家可以命令對方，弱小的國家要聽命於對方，勢力均等的國家之間纔會按照規矩各安本分。做父親的行為惡劣，要想得到兒子的敬愛是不可能的；做為君主舉止邪逆，要想得到臣下的敬愛也是不可能的。當一個國家將要興起的時候，其勢如川澤之潰決；而當一個國家要滅亡的時候，其勢如山峯之崩塌。正直善良的人夭折，是因為祖上積累下了禍殃；猖獗邪僻的人長壽，是因為祖上積累下了功德。其勢低卑而根基平正的會不斷增高，其勢高峻而根基歪斜的早晚要傾覆。

【闡述】 本段講了如下幾個問題：

第一，天禁、神禁、地禁。「宮室過度」云云是為「天禁」。「減衣衾，薄棺椁」是為「神禁」。「疾役可（夥）發（廢）澤」云云是為「地禁」。

第二，一切行事要遵循自然法則。「毋先天成……究數而止」。

第三，一報還一報的觀點。一個國家的強弱，決定了或「令」或「聽」；父、君的行為善惡，決定了子、臣的孝、忠與否；前代的積惡積善，決定了後代的或夭或壽；根正根倚，決定了或增或崩。所謂物物有因、事事有源。

第四，國家興壞，有其必然規律，勢不可擋。

本段有幾個明顯的問題應該注意：

㈠「減衣衾，薄棺椁，禁也」。這很可能是針對墨子的「節葬」說而言的；倘如此，則黃老的尊尚鬼神與墨家的尊尚鬼神應該也是有區別的。黃老的尊尚鬼神傾向於天道，墨家的尊尚鬼神傾向於平等。反對「減衣衾，薄棺椁」與儒家之說相合；而儒家此說偏重在宗法等級制度上，黃老似乎是嚮「祥於鬼神」——尊崇天道傾斜（《四經》中未見關於喪葬等級規定方面的論述）。

㈡楚語「夥」（「可」）字的連續使用，音假字「可」的使用與《老子》、《楚辭》相同。

㈢「毋失（佚）天極」典型詞句例舉，知《四經》與《國語・越語》更為接近，《管子》則稍遠。

・山有木，其實屯屯㈠。虎狼為孟（猛）可揗，昆弟相居，不能相順㈡。同則不肯，離則不能，傷國之神㈢。〔神胡不〕來，胡不來相教順弟兄茲㈣；昆弟之親，尚可易戈（哉）㈤。・天下有參（三）死：忿不量力死，耆（嗜）欲無窮死，寡不辟（避）眾死㈥。・毋籍（藉）賊兵，毋裹盜量（糧）㈦。籍（藉）賊兵，裹盜量（糧），短者長，弱者強；贏絀變化，後將反㐌（施）㈧。•弗同而同，舉而為同；弗異而異，舉而為異㈨；弗為而自成，因而建事㈩。

【註釋】㈠山有木，其實屯屯：「屯屯」，謂果實飽滿盛多（《廣雅・釋詁》：「屯，滿也」、《後漢書・班彪傳》注：「屯，眾也」）。按：「山有木，其實屯屯」與下面的「虎狼」、「昆弟」在意思上無任何關係，可見它是一種「韻腳起興」的手法，衹是為了用「屯屯」這兩個字來領起下文的文部韻。這十分顯然吸收了《詩經》「興」的手法。《詩經》中，用「山有……」的句式做韻腳起興的例子極多，如《鄭風・山有扶蘇》等等。又如南北朝樂府「門前一株棗，歲歲不知老」之類。㈡虎狼為猛可揗，昆弟相居，不能相順：「為」通「惟」，雖也（《詩・天保》：「為饎」，《周禮・秋官・蠟氏》鄭注引作「惟饎」。《書・康誥》：「乃惟眚災」，《孔叢子・刑論》引「惟」作「為」）。「揗」，馴順（《廣雅・釋詁》：「揗，順也」）。「昆弟」，兄弟。「順」，和順、和睦。㈢同則不肯，離則不能，傷國之神：「國」通「域」（「國」、「域」皆從「或」聲。《說文》：「國，邦也」、「域，邦也」）。《廣雅・釋詁》：「域，國也」。「域」，家族的墓地。《廣雅・釋邱》：「域，葬地也」。《詩・葛生》毛傳：「域，塋域也」。《周禮・典祀》注：「域，兆表之塋域。」「神」，指祖先的神靈。《文選・東京賦》注：「神，謂先神」。《禮記・樂記》注：「鬼神，謂先聖先賢」。《史記・五帝紀》正義：「鬼之靈曰神」。「國神」即「域神」，指死去的先人。這幾句是說：既不願意和睦共處，又不能遠離別居，真是讓死去的先人傷心。㊃〔神胡不〕來，胡不來相教順弟兄茲：「神胡不」三字原缺，以意補。這種「頂箴法」（即上句末字或末幾字做下句首字或開頭幾字）為《四經》所習用。如《經法・國次》：「生必動，動有害……動有事，事有害……事必有言，言有害」、「見知之道，唯虛無有；虛無有，秋毫成之，必有刑名；刑名已立……」、〈君正〉：「賦斂有度則民富，民富則有恥，有恥則號令成俗而刑罰不犯，號令成俗而刑罰不犯則……」、〈論〉：「反此之謂順，順之所在，謂之生國，生國養之」等等，不勝枚舉。「神胡不來」句，上承「神」字，下啟「胡不來」，是《四經》頂箴法的典型例句。「胡」，何。「順」同「訓」（《詩・周頌・烈文》：「四方其訓之」，《左傳・哀公二十六年》引「訓」作「順」。《國語・周語上》：「先王之訓也」，《史記・周本紀》「訓」作「順」）。「茲」通「哉」（《詩・大雅・下武》：「昭茲來許」，《後漢書・祭祀志》引謝沈書「茲」作「哉」）。茲與哉，同為精母之部字。㊄易：改變。謂由於都是血緣親屬，弟兄之間這種不和睦的現象還是可以改變的。㊅天下有三死，忿不量力死，嗜欲無窮死，寡不避眾死：這三種死亡現象，即是《老子》所說的「人之生，動之於死地，亦十有三」（《老子・五十章》）。楊興順解釋說：「老子認為，人類社會上有三分之一的人走向生的自然繁榮，有三分之一的人走向自然死亡，還有三分之一的人由於違背了自然性，即違背了『道』的法則，去做力所不逮的事，因而過早死亡了」）。《說苑・雜言》認為這三種死亡現象是「非命也，人自取之」。《雜言》具體描述這三種死亡時說：「寢處不時，飲食不節，佚勞過度者，疾共殺之。居下位而上忤其君，嗜欲無窮而求不止者，刑共殺之。少以犯眾，弱以侮強，忿不量力者，兵共殺之」。所以《易・損》說：「君子以懲忿窒欲」。㊆毋藉賊兵，毋裹盜糧：「藉」，借，借給。「兵」，武器。「裹」，讀為「賚」，《爾雅・釋詁》：「賚，予也」（「里」、「來」，同為來母之部字，「里」聲「來」聲之字古多通用。《史記・殷本紀》：「予其大理」，《尚書・湯誓》本作「予其大賚」，孔傳：「賚，與也」，鄭注：「賚，賜也」。《史記・殷本紀》注：「理、賚聲相近。《詩》『釐爾圭瓚』，鄭康成引作『賚』。釐、理義亦通也」）。《戰國策・秦策三》：「此所謂借賊兵而齎盜食者也」（「齎」，給予）。此文亦見於《荀子・大略》、李斯《諫逐客書》、《史記・范睢蔡澤列傳》。㊇短者長，弱者強；贏絀變化，後將反㐌（施）：「贏絀」，增減、長消。「反施」，反過來對自己施加傷害。這是說幫助賊盜的結果，會使短者變長、弱者變強，這種力量消長變化的結果，會反過來對自己施加傷害。《國語・越語下》：「贏縮轉化，後將悔之」，《鶡冠子・世兵》：「早晚贏絀，反相殖生，變化無窮，何可勝言」，皆與本文相近。此是以天道喻人道。帛書《繆和》：「凡天之道，一陰一陽，一短一長，一晦一明，夫人道則之」。㊈弗同而同，舉而為同；弗異而異，舉而為異：「舉」同「與」（《周禮・師氏》注：「故書舉為與。」杜子春云：「當為與」）。「與」，因順（《國語・齊語》注：「與，從也」。《淮南子・地形》注：「與，猶隨也」。《詩・旄邱》疏：「與者，從彼於我之稱」）。這是說：不相同卻相同了，這是因為因順的結果；不相異卻相異了，這也是因順的結果。老子所謂：「和其光，同其塵」也。《莊子・德充符》也說：「自其異者視之，肝膽楚越也；自其同者視之，萬物皆一也」。㊉弗為而自成，因而建事：無所作為卻建立了事功，這仍然是因順的結果。

【今譯】　山上種有樹木，果實飽滿盛多。虎狼雖凶猶可馴順，兄弟至親卻不和睦。他們既不能和睦共處，又不能遠離別居，真是讓死去的先人們傷心。死去的先人們為何不來，為何不來教誨他們呢？都是血緣親屬，不和睦的現象會改變的。天下有三種人為的死亡現象，一種是因為逞怒鬥狠不自量力，二種是窮奢極侈欲壑難平，三種是以寡敵眾不識時務。不要把武器借給賊人，不要把糧食給予強盜。倘使武器借給賊人，糧食給予強盜，就會造成短者變長、弱者變強的結果；這種力量消長變化的結果，是會反過來給自己施以傷害的。不相同卻相同了，這是由於因順的結果；不相異卻相異了，這也是因順的結果；無所作為卻建成了事功，這仍然是因順的結果。

【闡述】 本段含有四個墨點，包含四層意思：

第一，談家教。第二，談處世規則。第三，談不要扶植邪惡勢力。第四，談因順。

《四經》談家教僅此一處，吸收儒家思想。

《詩經》韻腳起興手法的運用，也很突出。

「傷國之神」、「神胡不來，胡不來相教順弟兄茲」，二「神」字指鬼神。此是《四經》尊尚鬼神之又一例證，這與墨家思想相合。

•陽親而陰亞（惡），胃（謂）外其膚而內其勮㈠。不有內亂，必有外客㈡。膚既為膚，勮既為勮；內亂不至，外客乃卻㈢。•得焉者不受其賜，亡者不怨大□㈣。•〔夫〕天有明㈤而不憂民之晦也，〔百〕姓辟（闢）其戶牖而各取昭焉㈥；天無事焉。地有〔財〕而不憂民之貧也，百姓斬木荆（刈）新（薪）㈦而各取富焉；地亦無事焉。•諸侯有亂，正亂者失其理，亂國反行焉㈧；其時未能也，至其子孫必行焉。故曰：制人而失其理，反制焉㈨。

【註釋】㈠陽親而陰惡，謂外其膚而內其勮：「親」，和善（《太玄・玄衝》：「親親乎善」）。「膚」，美（訓見《廣雅・釋詁》）。「勮」，在此當指醜惡。《太玄・玄衝》：「勮，惡不息」。「勮」又聲通「籧」，《詩・新臺》：「籧篨不鮮」「籧篨不殄」（鄭箋訓「鮮」、「殄」為「善」），「籧篨」謂病醜之貌。「勮」音又聲轉為「苴」、為「粗」。《禮記・間傳》：「苴，惡貌也」。「粗」亦謂粗惡。此謂表面和善而內裏卻險惡，這便稱作用表面的美善來掩蓋內在的醜惡。「外其膚而內其勮」者，金玉其外敗絮其中也。㈡不有內亂，必有外客：「外客」，指外亂、外來的敵人。《周禮・大宗伯》：「哀寇亂」注：「兵作於外為寇，作於內為亂」。㈢膚既為膚，勮既為勮；內亂不至，外客乃卻：「卻」，謂不至。這是說美的就是美的，醜的就是醜的，正視現實，實事求是，則內亂不生，外敵不至。㈣得焉者不受其賜，亡者不怨大□：「亡者不怨大□」疑當作「亡焉者不怨其□」。脫一「焉」字，「其」訛為「大」，帛書「其」字作亣，與「大」形極相近。下面所缺之字未明，疑是「非」字。「得焉者不受其賜，亡焉者不怨其非」，是說人們在運用「道」的時候，有所得但不認為是接受了「道」的賞賜，有所失但也不會去埋怨它的不是。《淮南子・原道》：

「得以利者不能譽，用而敗者不能非」，頗似由此二句化出。㊄〔夫〕天有明：「夫」字原缺，以意補。㊅闢：開。牖，窗。昭：明，光明。㊆刈薪：割取柴草。《慎子・威德》：「天有明，不憂人之暗也。地有財，不憂人之貧也。……天雖不憂人之暗也，闢戶牖必取己明也，則天無事也。地雖不憂人之貧也，伐木刈草必取己富焉，則地無事也」。亦見於《文子・符言》、《淮南子・詮言》。㊇諸侯有亂，正亂者失其理，亂國反行焉：「正亂」，平定叛亂。「失其理」，不合乎天道。這裡的「失其理」，起碼有這樣幾層含義：其一，叛亂者正在勢頭上的時候，自己便輕舉妄動（經云：「逆節始生，慎毋譴正」）。其二，征剿的力度未達到天道所規定的準度（經云：「不盡天極，衰者復昌；誅禁不當，反受其殃」）。其三，征伐的力度超過了天道所規定的準度（經云：「過極佚當，天將降殃」、「毋佚天極，究數而止」）。「反行」，反過來施行報復。㊈制人：制服人。反制：反被對方制服。

【今譯】　表面和善而內裏卻險惡，這便稱作用表面的美善來掩蓋內在的醜惡。這樣的話，即使沒有內亂，也會有外敵侵侮。美的就是美的，醜的就是醜的，正視現實，實事求是，則內亂不生，外敵不至。運用「道」的人，雖有所得，但不必認為是接受了「道」的賞賜，雖有所失，但也不必埋怨它的不是。天有光明所以不憂慮百姓生活在黑暗之中，百姓自可以開鑿窗戶來取得光亮；天不需要有所作為。地有財富所以不憂慮百姓生活在貧困之中，百姓自可以伐樹割柴來取得財貨；地是不需要有所作為的。諸侯國中有發動叛亂的，那麼興兵去平定叛亂如果不合乎天道，則叛亂者反而會施行報復的，即使當時報復不能得手，他們的後代也必然會報復的。所以說，要制服人卻不合天道，反而要被對方所制服。

【闡述】　本段論述了這樣幾個問題。

一個是反對表裏不一致。掩蓋矛盾、粉飾現實是不可取的。有勇氣正視現實，纔有可能改變現實。

一個是天地不需作為。百姓自會因任自然而取得所需。這裏的「天」、「地」很像是比況君主、統治者。

一個是平定叛亂（逆節），必須合於天道。否則的話，不有近禍，必有遠患。

・生人有居，〔死〕人有墓。令不得與死者從事㊀。・惑而極（亟）反（返），〔失〕道不遠㊁。・臣有兩位者，其國必危㊂；國若不危，君臾㊃存也。失君必危，失君不危者，臣故𨱽（佐）也㊄。子有兩位者，家必亂㊅；家若不亂，親㊆臾存也。〔失親必〕危，失親不亂，子故跂（佐）也㊇。•不用輔佐之助，不聽聖慧之慮，而侍（恃）其城郭之固，古（怙）其勇力之禦㊈，是胃（謂）身薄㊉；身薄則貸（殆）㊁，以守不固，以單（戰）不克。•兩虎相爭，奴（駑）犬制其餘㊂。

【註釋】㊀從事：處置、對待。這幾句是說房屋用來居住活著的人，而墓穴用來葬埋死去的人；不能將活人的房屋與死人的葬穴同等對待。㊁惑而亟返，〔失〕道不遠：「惑」，迷惑。「亟返」，趕快省悟往回走。「失」字原缺，以意補。「道」，指大「道」。《經法・四度》：「失主道，離人理，處狂惑之位而不悟，身必有戮」，正釋此二句。《易・乾》彖辭：「君子攸行，先迷失道，後順得常」，也是這個意思（迷而失道，悟而急返，故順而得常）。㊂臣有兩位者，其國必危：「兩位」，指大臣身為臣子，卻行使了君主的權力，也即《經法・六分》及〈亡論〉的「大臣主」。又解：「兩位」，指身在本國，心在他邦，所謂「身在曹營心在漢」。此即《經法・六分》：「謀臣在外位者，其國不安」、〈亡論〉：「謀臣〔外〕其志」、帛書《繆和》：「羣臣虛位皆有外志」。㊃臾：讀為「猶」。臾、猶，同為喻母字。臾在侯部，猶在幽部，旁轉得通。《慎子》「臾」即作

「猶」。㊄臣故佐也：「故」，猶，還（訓見《詩詞曲語辭匯釋》）。與上文「猶」字互文。「佐」，輔弼、支撐、發揮作用。㊅子有兩位者，家必亂：「兩位」，指身為兒子卻行使父親的權力。此即《經法・六分》及〈亡論〉的「嫡子父」。㊆親：父親。㊇子故佐也：以上這段話，也見於《慎子・德立》：「故臣有兩位者，國必亂。臣有兩位而國不亂者，君猶在也，恃君而不亂，失君必亂。子有兩位者，家必亂。子兩位而家不亂者，親猶在也，恃親而不亂，失親必亂」。證之於《慎子》，則此處似當作「失親必亂」。「危」涉上文而誤。另外，本段文字，可與《經法・六分》及〈亡論〉互相參讀。㊈恃其城郭之固，怙其勇力之禦：「怙」，義同「恃」，依仗。「勇力」，指兵力、勢力。「禦」通「圉」，強。這是說依賴城池的堅固，倚仗兵力的強盛。〈亡論〉所謂：「守國而恃其地險者削，用國而恃其強者弱」也。「固」與「險」、「圉」與「強」義正相對；「守國」即本文的「守」、「用國」即本文的「戰」。又解：「之」通「以」（《禮記・儒行》：「優游之法」，《孔子家語・儒行解》「之」作「以」）。譯為依靠城郭來固守，倚賴勇力來防禦。㊉身薄：勢單力薄。雖有「城郭之固」、「勇力之圉」而仍謂之單薄者，「不用輔佐之助，不聽聖慧之慮」也。帛書小組佚書本讀「薄」為「迫」，促迫。然下文有「殆」，則「薄」字可如字解釋。⑪貸（殆）：「貸」讀為「殆」（詳見前注），危險。⑫兩虎相爭，駑犬制其餘：「駑」，劣。「制」，疑為「利」之形訛。《莊子・庚桑楚》：「尋常之溝，巨魚無所還其體，而鯢鰌為之制；步仞之丘，巨獸無所隱其軀，而蘖狐為之祥」。奚侗云：「按：『制』當作『利』，形近而訛。《說文》：『祥，福也』。言尋常之溝，為鯢鰌之利；步仞之丘陵，為蘖狐之福也」。「餘」，指二虎爭鬥疲弊之餘。這是說，二虎爭鬥疲弊之時，劣犬會從中獲利。《戰國策・秦策四》：「兩虎相鬥而駑犬受其弊」。「受其弊」，即得到其疲弊時的利處。此乃當時民諺。

【今譯】房屋用來居住活著的人，而墓穴用來葬埋死去的人。不能將活人的房屋與死人的墓穴同等對待。有所迷惑，覺悟以後趕快回轉，這樣的話迷失大「道」就不會太遠。大臣身為臣子，卻行使了君主的權力，國家必然危險；國家如不危亡，那是由於君主還存在。如果失去了君主，國家必然危險；國家如不危亡，那是由於大臣還在盡力起著輔弼的作用。身為兒子卻行使了父親的權力，這個家庭就會混亂；家庭如果沒有混亂，這是因為父親還存在。失去父親，家庭必然混亂；如果沒有混亂，那是由於兒子還在那裏盡力支撐著。如果不用賢良的輔佐，不聽取開明聰慧者的謀慮，祇知道依賴於城池的險固和倚仗兵力的強盛，這便叫做勢單力薄；勢單力薄就很危險，防守不會穩固，攻戰不會取勝。二虎爭鬥疲弊時，劣犬便會從中獲利。

【闡述】本段含五個墨點，有五層意思。其一，生死、居墓不當混淆。其二，亡羊補牢，猶未為晚。

其三，君臣、父子各盡職守。其四，治國當尊賢而不恃勇。其五，鷸蚌相爭，漁翁得利。關於君臣、父子各盡職守，在《經法・六分》中已出現，《亡論》中也論及過，在此重出。

・善為國者，大（太）上無刑，其〔次〕□□，〔其〕下鬥果訟果，大（太）下不鬥不訟有（又）不果㊀。□大（太）上爭於□，其次爭於明，其下栽（救）患禍㊁。・寒時而獨暑，暑時而獨寒，其生危，以其逆也㊂。・敬朕（勝）怠㊃，敢朕（勝）疑㊄。〔・〕亡國之禍□□□□□□□□□□□□□□□□□□□□□□□□□□□□□□□□□不信其□而不信其可也，不可矣；而不信其□□□㊅䒶前□以知反㊆。故□□䒶今之曲直，審其名，以稱斷之㊇。積者積而居，胥時而用㊈。䒶主樹以知與治，合積化以知時；□□□正貴□存亡㊉。

【註釋】㈠太上無刑，其〔次〕□□，〔其〕下鬥果訟果，太下不鬥不訟又不果：「太上」，最理想、最高的境界。「其〔次〕□□」，疑當做「其〔次正法〕」。意思是治理國家，最理想的是沒有刑罰，其次是正定法律。無刑，謂遵天刑、天稽也。《經法・君政》及〈五政篇〉、《稱》等都有刑與法共文或對文的例子。《淮南子・主術》：「昔者神農之治天下也……刑錯（措）而不用，法省而不煩，故其化如神」。「刑措不用」，即此「太上無刑」。又《淮南子・泰族》：「利賞而勸善，畏刑而不為非，法令正於上而百姓服於下，此治之末也」，又是刑、法互用；且謂「正法」為「末」也。〈泰族〉又明云：「治身，太上養神，其次養形。治國，太上養化，其次正法」。「養化」即「刑措而不用，法省而不煩」，也即「太上無刑」。「其次正法」，當是完全襲錄本文。《荀子・正論》：「治古無肉刑而有象刑」、同書〈大略〉：「此邪行之所以起、刑罰之所以多也」；此釋「太上無刑」。《荀子・性惡》：「禮儀法度者，是生於聖人之偽」、《莊子・天道》：「法之無所用也，子獨不知至德之世乎」；此釋「其次正法」。「鬥」，爭、競爭。「果」，果決、果斷。「訟」，指斷獄、斷案（《左傳・文公十四年》注：「訟，理之」。《淮南子・俶真》注：「訟，爭是非也」）。「不鬥不訟又不果」，謂「不鬥果又不訟果」，變換句式而已。這幾句是說：善於治理國家的，最理想的是不設刑罰，其次纔是正定法度，再其次便是在參與天下的競爭和處理國內的獄訟時，態度和行動堅決果斷（《十大經・五政》：「今天下大爭，時至矣，后能慎勿爭乎……作爭者凶，不爭亦無以成功，何不可矣」），最次的便是競爭、斷案都不能堅決果斷。㈡□太上爭於□，其次爭於明，其下救患禍：「□太上爭於□」，疑當作「〔夫〕太上爭於〔化〕」。「化」與「禍」，協歌部韻。此三句是申釋前面三句的「無刑」、「正法」、「鬥果訟果」的。「太上無刑」，意在「爭於化」；「其次正法」，意在「爭於明」；「其下鬥果訟果」，意在「救患禍」也。「化」，謂轉移人心使遷於善。《淮南子・泰族》：「太上養化」即此「太上爭於化」。「無刑」而「爭於化」，即《淮南子・主術》：「刑措而不用……故其化如神」。「明」，謂審明曲直。「正法」而「爭於明」，即《經法・道法》：「法者，引得失以繩，而明曲直者也」。「鬥果」是為了解救天下的災患；「訟果」，是止息國內的禍亂（《周禮・大司徒》注：「救，救凶災也」。《說文》：「救，止也」。《呂覽・勸學》注：「救，治也」）。㈢寒時而獨暑，暑時而獨寒，其生危，以其逆也：「獨」，轉折連詞，卻，偏偏、單單。「其生」，泛指一切動植物的生命。「逆」，違反自然規律。這是說，該寒冷的時候卻偏偏熱起來，而該熱的時候卻偏偏冷起來，這對於動植物的生命是有危害的，因為這是違反自然規律的。這幾句應與前文的「天制寒暑，地制高下，人制取予。取予當，立為〔聖〕王。取與不當，流之死亡」、「毋先天成，毋非時而榮。先天成則毀，非時而榮則不果」聯繫起來看。這都是以自然規律比況人事規律的。《呂覽・慎人》注：「寒暑，陰陽也」。寒暑，即陰陽、靜動（下文「夏陽冬陰」、「有事陽而無事陰」）、屈伸（下文「伸者陽而屈者陰」）。而屈伸靜動如寒暑一樣，該屈、靜時就要屈、靜，該伸、動時就要伸、動；屈伸動靜按照一定的規律循環交替。遵循這個規律，則安、則存；違反了這個規律，則危、則亡。遵循就是「順」，違反就是「逆」。㊃敬勝怠：謙恭勝過怠慢。㊄敢勝疑：堅決、果斷勝過優柔寡斷。「敢」即「斷」，「疑」即「不斷」。㊅亡國之禍……不信其□而不信其可也，不可矣；而不信其……：此處殘缺約九十字。文意不聯貫，缺字未能明。然有幾個問題是可以明確的。其一，從「亡國之禍」至「貴□存亡」都是論述國家的治亂、存亡、禍福的。其二，中間沒有墨點。其三，「亡國之禍」至「而不信其……」專論「禍」之所由生。此下至「覽前□以知反」專論「福」之所由生。「不信其□而不信其可也，不可矣；而不信其……」，這幾句似應作「不信其是而不信其可也，不可矣；而不信其非而不信其不可也，可矣」。「其」可能代指「道」。這是說：不相信「道」所肯定和認可的東西，這是不可以的；而不相信「道」所否定和不認可的東西，這纔是正確的態度。這個句式有點像《莊子》：「人不忘其所望而忘其所不忘，此謂誠忘」。㊆覽前□以知反：此句中間似不缺字，「□」當是抄誤之字塗抹未盡。「覽」為「觀」之異體，為從「見」、「雚」省聲。「觀」，考察。「反」即「返」，《公羊傳・僖公二年》

注：「還覆往，故言返」。這裏指循環往覆的規律。《列子・說符》：「是故聖人見出以知入，觀往以知來，此之所以先知之理也」，與此文相近。「觀前以知反」句前，疑為「觀治以知亂」。二句相儷偶，「亂」、「反」協元部韻。意謂考察國家治理的原因也就能懂得為什麼會混亂。按：本段及下段的「觀」、「論」可與《經法・論》相比較。《經法・論》說：「觀則知死生之國，論則知存亡興壞之所在……槫則不失韙非之〔分〕……」。前文「不信其是而不信其可也，不可矣；而不信其非而不信其不可也，可矣」，即「槫則不失韙（是）非之〔分〕」。此處「觀治以知亂，觀前以知返」即「觀則知死生之國」。下文「凡論必……」即「論則知存亡興壞之所在」。㊇故□□莧（觀）今之曲直，審其名，以稱斷之：「稱」，權衡、衡量。這是說考察眼前的是非曲直現象，審覈它們的名稱，來加以權衡判斷。㊈積者積而居，胥時而用：「積而居」，即「囤積居奇」，謂適時地囤積貨物而適時地高價售出。「胥時」，等待適當的時機。「用」，應用、使用，指售出獲利。⑩莧（觀）主樹以知與治，合積化以知時，□□□正貴□存亡：「主」，君主。「樹」，樹立、啟用。「與治」，參與政治。「合」，合乎。「化」，讀為貨。「□□□正貴□存亡」，疑當作「〔以明奇〕正貴〔賤〕存亡」。這是說：審知君主啟用什麼人纔能夠參與政治，合乎囤積貨物的規律纔能夠懂得天時，這樣也纔能真正明瞭奇正、貴賤、存亡的道理。「觀主樹」可知奇正、貴賤；「合積化」可明貴

賤、存亡（囤、售不合時，則賤、則亡；囤、售合時，則貴、則存）。「合積化以知時」，是取譬的手法。當囤、當售而不囤、不售，不當囤、不當售而妄囤、妄售，都是不合時宜的；以此取喻人的動靜進退應順應天時、把握捕捉時機。又按：「治」字疑形近「合」而誤衍。「觀主樹以知與（黨與、朋友），合積化以知時」文正相對。「與」，魚部，與陽部之「亡」字為魚、陽合韻。這是說：觀察君主重用什麼人，便可以知道應交接什麼樣的朋友；合於囤積貨物的規律，便可以懂得如何把握天時。

【今譯】善於治理國家的，最理想的是不設刑罰，其次纔是正定法律，再其次便是在參與天下的競爭和處理國內的獄訟時，態度和行動堅決果斷，最次的便是競爭、斷案都不能堅決果斷。不設刑罰，是說要爭取做到轉移人心使遷於善；正定法度，是說要爭取做到審明是非曲直；競爭斷案堅決果斷，是說要解救天下的災患、止息國內的禍亂。該寒冷的時候卻偏偏熱起來，而該熱的時候卻偏偏寒冷起來，這種現象對動植物的生命是有危害的，因為這是違反自然規律的。謙恭勝過怠慢，堅決果斷勝過優柔寡斷。國家滅亡的禍患（是由於）……不相信「道」所肯定和認可的東西，這是不可以的；而不相信「道」所否定和不認可的東西，這纔是正確的態度。（國家生存的福吉，是源於）……考察國家治理的原因，也就會明白國家混亂的緣故；考察歷史，就會懂得循環往覆的規律。所以，要通過考察眼前的是非曲直現象，審覈它們的性質，來加以權衡判斷。所謂的「積」，指的是囤積居奇，等待適當的時機售出獲利。能夠審知君主啟用什麼人，纔能夠去參與政治；合乎囤積貨物的規律，纔能夠懂得如何把握天時；這樣，也纔能夠真正明瞭奇正、貴賤、存亡的道理。

【闡述】 本段應該是含有四個墨點，共有四層含義。

其一，論治國的三個境界：太上無刑——其次正法——再次鬥果訟果。而黃老治國的三部曲是逆推上去的，即：鬥果訟果——正法——無刑；也即有為——無為。這一點，我們在《經法》中已經講過。

其二，乖於自然規律，則「其生危」。「寒時而獨暑，暑時而獨寒」，這在後來的五行災異論中經常可以見到。但黃老是以天道比況人事，而五行家們則是用人事附會天意。兩者的取向是不同的。

其三，「敬勝怠，敢勝疑」。對偶、協韻整齊，蓋為當時的諺語、銘箴。

其四，以下很長一段文字，中間缺字很多，但可以肯定，其中沒有墨點分開（與下面整整一大段直至結尾沒有墨點一樣）。主要論述國家禍福、亂治、亡存的道理，是《經法·論》中「槫」（專）、「觀」的展開。

另外，還可以推出這樣一個公式，即：帝、無刑、太上——王、正法、其次—霸、鬥果訟果、其下。

凡論必以陰陽□大義㈠。天陽地陰，春陽秋陰，夏陽冬陰，晝陽夜陰㈡。大國陽，小國陰；重國陽，輕國陰㈢。有事陽而無事陰，信（伸）者陽而屈者陰㈣。主陽臣陰，上陽下陰，男陽〔女陰，父〕陽〔子〕陰，兄陽弟陰，長陽少〔陰〕，貴〔陽〕賤陰，達陽窮陰㈤。取（娶）婦姓（生）子陽，有喪陰㈥。制人者陽，制於人者陰㈦。客陽主人陰㈧。師陽役陰㈨。言陽黑（默）陰。予陽受陰㈩。諸陽者法天，天貴正；過正曰詭，□□□祭乃反㈡。諸陰者法地，地〔之〕德安徐正靜，柔節先定，善予不爭㈢。此地之度而雌之節也㈢。

【註釋】㈠凡論必以陰陽□大義：所缺之字，帛書小組經法本補為「明」。按：缺字也可能是「之」字。「以」，採用。「大義」，大的道理、總的原則。這是說研討一切問題，都要從「陰陽」這個總原則出發。自此至結尾，都是關於「陰陽」之「論」的。㈡天陽地陰，春陽秋陰，夏陽冬陰，晝陽夜陰：此論天地、四時、晝夜之陰陽。㈢大國陽，小國陰；重國陽，輕國陰：此論國家之陰陽。㈣

有事陽而無事陰，伸者陽而屈者陰：第二句帛書原誤作「伸者陰者屈者陰」，據正。此論動靜、伸屈之陰陽。㊄主陽臣陰……達陽窮陰：「達」，顯達。「窮」，困窮。此處主要論主、輔之陰陽。㊅娶婦生子陽，有喪陰：婚娶、生子這樣的喜事屬陽，死喪之事屬陰。㊆制人者陽，制於人者陰：第二句原衍「制人者」三字，據刪。㊇客陽主人陰：「客」，舉兵伐人者（訓見《禮記・月令》疏）。「主」，被伐之國。主動來伐故曰陽，被動靜守故曰陰。㊈師陽役陰：「師」、「役」可以分別有三種解釋。1.「師」，軍隊，指征戰之事。「役」，指田役、野役，即農事（帛書小組經法本說）。然「役」也指兵役、戍役。則「師」、「役」義複。此說似未允。2.「師」，老師。「役」，弟子。《列子・仲尼》注：「役，猶弟子」（余明光《黃帝四經今注今譯》）。3.我們認為，上句與軍隊戰爭相關，此句蓋與彼相近。因此，「師役」，應指官兵。《廣雅・釋詁四》：「師，官也」。《周禮・地官・序官》注：「師之言帥也」。《書・洪範》鄭注：「師，掌軍旅之官」。《詩・漸漸之石》鄭箋：「役，士卒也」。「師陽役陰」，謂長官為陽，士兵為陰。㊉予陽受陰：主動給予故為陽，被動接受故為陰。㊁天貴正，過正曰詭□□□□祭乃反：「正」，正常的準度。「詭」，邪僻。「祭」讀為「際」，邊際、極端。「祭」上所缺當作「過」，「過祭（際）乃反」，是說超越了極度就會走向反面。㊂地〔之〕德安徐正靜，柔節先定，善予不爭：「善予不爭」，擅長於給予卻不去爭奪。《十大經・果童》：「地俗（育）德以靜，而天正名以作」；〈順道〉：「安徐正靜，柔節先定」。㊂此地之度而雌之節也：「此」，指代「諸陰者法地」數句文意。這是說，這便是地道的準度和謙退柔弱的「雌節」。

【今譯】研討一切問題，都要從「陰陽」這個總原則出發。天屬陽而地屬陰，春屬陽而秋屬陰，夏屬陽而冬屬陰，白天屬陽而黑夜屬陰。大國屬陽而小國屬陰，強國屬陽而弱國屬陰。做事屬陽而無為屬陰，伸展屬陽而屈縮屬陰。君主屬陽而大臣屬陰，居上位屬陽而居下位屬陰，男屬陽而女屬陰，父為陽而子為陰，兄為陽而弟為陰，年長者為陽而年少者為陰，高貴者為陽而卑賤者為陰，顯達為陽而困窮為陰。婚娶、生子這樣的喜事屬陽而死喪之事屬陰。統治者屬陽而被統治者屬陰。主動來伐者屬陽而被動靜守者屬陰。長官為陽而士兵為陰。說話屬陽而沉默屬陰。給予為陽而接受為陰。凡屬陽的都是取法天道，而天道最講究正常的準度；跨過這個正常的準度就稱作邪僻……超越了極度就會走向反面。凡屬陰者都是取法地道，地道的特點便是安然舒遲正定靜默，以雌柔來正定天下，擅長於給予卻不去爭奪。這便是地道的準度和謙退柔弱的「雌節」。

【闡述】本段專論「陰陽〔之〕大義」，是陰陽學說的專論。

在陰、陽這兩個大範疇領屬下，有若干個小範疇；自然、社會的一切現象都被納入這個龐大的陰陽體系中。它與《四經》中五行說、災異論的濫觴一樣，都被後來的鄒衍所繼承，並最終形成完整的陰陽五行理論。

「天陽地陰」、「天尊地卑」似乎一目了然地把尊尚傾斜於主、上、貴、父等等。但作者又強調「天貴正」，如果「過正」便是「詭」；如果「過際」，就會走向反面。作者的最終傾向，還在於嫻熟於「道」的基礎上的「柔節先定」的「雌節」。

這種崇尚「陰柔」（與老子尚有區別，我們前面已經講過）的學說，似乎是經過鄒衍陰陽五行的過渡，便發展為漢代的絕對崇陽了（董仲舒《春秋繁露・陽尊陰卑》）；陰陽的觀念，也完全從哲學的領域世俗化為社會學的領域了。法國伊・巴丹特爾《男女論》中說：「雄性在拉丁文中是VIY，源自VIYTUS，亦即力量、正直之意。雌性MULIER，源於MOLLITIA，意為柔弱、順從、躲躲閃閃」。西方的這種陰陽雌雄觀，似乎已與漢代同步了。

本大段及上文的一大段，中間都沒有墨點，諺語亦少見，似為《稱》之體例的變異。

值得注意的是：《經法》以「名理」收尾，《十大經》以「名刑」收尾，《稱》以「陰陽」收尾。可見三者的地位很重要，僅次於「道」。而事實上，這三者即是「道」的具現。

最後要說的是本經名為《稱》，取經中「審其名，以稱斷之」。「稱」即權衡之義，通過對正反兩方面的權衡來選擇出最正確、最有效的治國修身的方法。《經法・道法》：「應化之道，平衡而正，輕重不稱，是謂失道」、《管子・霸言》：「夫神聖視天下之形，知動靜之時，視先後之稱，知禍福之門」，都強調了「稱」的重要性。

第四篇　道原

《道原》是古佚書《黃帝四經》的第四篇，不分小節。

「道原」，就是對「道」的本體和功用進行探源。

「道」是既無始又有始、既無名又有名、既隱微又顯明、既小而無內又大而無外、既不可企及又可以企及、既虛又實、既運動變化又靜止恒定……這種「道」的二重組合就構成了「道」的既不可感知又可以感知的本體論。

由於「道」的這種二重組合，就使得「道」具備了可陰可陽、可柔可剛、可損可益、可無為可有為、可退可進、可屈可伸等等一系列特質。

掌握了二重組合的「道」，自然可以「握少以知多」；自然可以通過審分定名的無為的手段，達到「萬民不爭」、「萬物自定」的無不為的目的；從而復歸到「恒無之初，迵同太虛」的真正無為的最高理想境界。這即是「道」的功用所在。

經末「觀之太古，周其所以；索之未無，得之所以」四句，是對「道」的本體與功用的最高概括。

恒無之初，迵同大（太）虛㈠。虛同為一，恒一而止㈡。濕濕夢夢㈢，未有明晦，神微周盈，精靜不巸（熙）㈣。古（故）未有以，萬物莫以㈤。古（故）無有刑（形），大迵無名㈥。天弗能覆，地弗能載㈦。小以成小，大以成大㈧。盈四海之內，又包其外㈨。在陰不腐，在陽不焦㈩。一度不變，能適規（蚑）僥（蟯）⑪。鳥得而蜚（飛），魚得而流（游），獸得而走⑫。萬物得之以生，百事得之以成⑬。人皆以之，莫知其名⑭，人皆用之，莫見其刑（形）。

【註釋】㈠恒無之初，迵同太虛：「恒無」，一切皆無。「迵同」，即洞同、混同。「太虛」，指宇宙、天地。這是說，在最初一切皆無的渺茫時代，宇宙天地還處於混同渾沌的狀態。此即《淮南子·詮言訓》：「洞同天地，渾沌為樸」。㈡虛同為一，恒一而止：「一」，指先天一氣，實即「道」。「而止」即「而已」。《孟子·公孫丑上》：「可以止則止」，《論衡·知實》引作「可以已則已」。《十大經・成法》：「下道一言而止」的「而止」同此。這是說空虛混同而形成為先天一氣，除此恒定的一氣之外，別無他物。㊂濕濕夢夢：這是形容先天一氣混混沌沌的狀態。「濕濕」，涌動聚合貌。「夢夢」，混聚不分。㊃神微周盈，精靜不熙：「熙」，光明、顯耀。這是說先天一氣神妙微奧周密充盈，精細寧靜而不顯耀。㊄故未有以，萬物莫以：上「以」通「之」，下「以」訓用、倚賴。這是說，所以它好像並不存在，萬物似乎也並不依賴於它。㊅故無有形，大迥無名：「大迥」，即大同，茫然混同。這是說這先天一氣沒有固定的形態，茫然混同沒有名稱。㊆天弗能覆，地弗能載：這兩句話在道家典籍中經常出現，又可表述為「覆天載地」、「天覆地載」、「包裹天地」、「覆載天地」等。從發生學角度看，先天一氣（道）創生於天地之前；從大小、位置上看，它包裹天地，處於天地內、外。所以說天不能覆蓋它，地不能承載它。㊇小以成小，大以成大：這是說「道」可以精微纖細成就小物，也可以廣大浩渺成就大物。小與大，是「道」的雙重特性。下文「精微之所不能至，稽極之所不能過」即是此二句文意，又《淮南子・原道》：「舒之幎於六合，卷之而不盈於一握」、「纖微而不可勤」都是這個意思。《管子》的「其大無外，其小無內」也是這個意思。㊈盈四海之內，又包其外：《老子》：「吾不知其名，強字之曰『道』，強為之名曰『大』……故『道』大、天大、地大、人亦大。域中有四大……」（二十五章）。河上公注：「強曰大者，高而無上，羅而無外，無不包容，故曰大也」。河上公之注，當本於此二句，因老子祇說：「域中」之大，未言域外也。《管子・心術上》：「道在天地之間，其大無外，其小無內」。雖說「無外」，卻在「天地之間」，不合本經之旨。「覆載天地」即是「包其外」的意思。此說對鄒衍陰陽五行學說關於四海九州大一統格局的勾勒有直接影響，《淮南子》：「包裹天地」、「上通九天，下貫九野，員不中規，方不中矩，大渾而為一，葉累而無根，懷囊天地，為道關門」（〈原道〉）等論述，乃並得黃老學說、鄒衍五行之旨。⑩在陰不腐，在陽不焦：「道」可以創生陰、陽，也可以和合陰、陽。所以說它在陰地不會朽腐，在陽地也不會焦毀。此亦為河上公注《老子》（二十五章）所稱引，其云：「道通行天地，無所不入。在陽不焦，托陰不腐，無不貫穿而不危殆」。「道」可如此，得道者亦可如此，《莊子・大宗師》云：「入水不濡，入火不熱，是知之能登假於道者也若此」、《淮南子・原道》也說：「是故得道者……入火不焦，入水不濡」。㈡一度不變，能適蚑蟯：「一」，動詞，專一、持衡。「一度」，持之以衡、貫徹其準度。「能適蚑蟯」，能使各種大小動物適宜地生存。《淮南子・原道》：「是故聖人一度循軌，不變其宜」，與此義近。㈢鳥得而飛，魚得而游，獸得而走：「走」，奔跑。《淮南子・原道》：「夫道者……山以之高，淵以之深，獸以之走，鳥以之飛」。㈢萬物得之以生，百事得之以成：《管子・內業》：「道也者……人之所失以死，所得以生也。事之所失以敗，所得以成也」、《淮南子·原道》：「萬物弗得不生，百事不得不成」，皆由此化出。㈣人皆以之，莫知其名：「以」，用。《管子·白心》：「道……民之所以，知者寡」，同書〈內業〉：「道滿天下，普在民所，民不能知也。」

【今譯】 在最初一切皆無的原始洪荒時代，宇宙天地還處於混同渾沌的狀態，空虛混同成為先天一氣，除此恒定的一氣（道）之外，別無他物。先天一氣涌動聚合混聚不分，沒有白天，也沒有黑夜。先天一氣神妙微奧周密充盈，精細寧靜而不顯耀。所以它好像並不存在，萬物似乎也並不依賴於它。它沒有固定的形態，茫然混同沒有名稱。天不能覆蓋它，地不能承載它。它可以精微纖細成就小物，也可以廣大浩渺成就大物。它充滿於四海之內，而且可以涵蓋四海以外的一切世界。它在陰地不會腐朽，在陽地也不會焦毀。它恒定持正永不改變，能使各種大小動物都適宜地生存。在它的作用下，鳥兒可以自由地飛翔，魚兒可以自在地游動，野獸可以歡快地奔馳。萬物依賴於它得以生存，百事依靠它得以成就。人們都在運用著它，但卻看不見它的形狀。

【闡述】 本段論述「道」的特質，在總體上描述「道」。

值得注意的是「盈四海之內，又包其外」。戰國前的諸子書中皆無「又包其外」類似的表述。衹有曾遊學於稷下、受過齊地海濱潮汐洗禮過的學者方能出是語。這對鄒衍陰陽五行學說對四海九州大一統格局的構築有直接影響。「道」的廣大已超越老子的「域中」，此開放式的格局顯然已出於老子道家之右。

一者其號也㈠，虛其舍也㈡，無為其素也㈢，和其用也㈣。是故上道高而不可察也，深而不可則（測）也㈤。顯明弗能為名，廣大弗能為刑（形）㈥。獨立不偶，萬物莫之能令㈦。天地陰陽，〔四〕時日月，星辰雲氣，規（蚑）行僥（蟯）重（動）㈧，戴根之徒㈨，皆取生，道弗為益少；皆反焉，道弗為益多㈩。堅強而不撌，柔弱而不可化⑪。精微之所不能至，稽極之所不能過⑫。

【註釋】㈠一者其號也：「一」，指「道」。《韓非子・揚權》：「道無雙，故曰一」。「號」，名號、名稱。《淮南子・原道》：「所謂無形者，一之謂也」。「一」和「道」一樣，都是哲學的最高範疇。「一」祇是「道」的一種變言，並非「道」的具體名稱；因為有形必有名，而「道」是無形的（「無形者，一之謂也」），所以，原則上講，它也沒有名稱。無論是「一」還是「道」，都祇是為稱呼方便而已，所以《老子》說：「強字之曰道」。為其無名、無形，所以也沒有處所（「虛其舍也」）。也正因為這一點，所以它可大可小、可隱可顯、可出無入有、可在陽居陰，神秘莫測、化變萬端。㈡虛其舍也：虛無是「道」的處所。《淮南子・詮言》：「虛者，道之舍也」、〈原道〉：「虛無者，道之舍也」。㈢無為其素也：「素」，根本、本體，與下文「用」相對舉。《淮南子・詮言》：「無為者，道之體也」。㈣和其用也：和合是「道」的作用。「道」生陰、陽二氣，又生陰、陽之和氣，又生萬物。所以「和其用也」者，謂「道」和合陰陽而化生萬物。上言「無為」，下言「無不為」也。以「無為」為「體」，方有「無不為」之「用」。此正《老子》：「無之以為用」（十一章）。㈤是故上道高而不可察也，深而不可測也：「察」和「測」都是探究其源的意思。《淮南子・原道》：「夫道者……高不可際，深不可測」。「上」疑「夫」字之誤。㈥顯明弗能為名，廣大弗能為形：「道」或小或大、或隱或顯（《淮南子・原道》：「約而能張，幽而能明」），都無法確定其名目、描摹其形狀。㈦獨立不偶，萬物莫之能令：「獨立不偶」，獨一無二。「令」疑「離」之聲假。《史記・齊太公世家》：「離枝孤竹」，集解：「地理志曰：令枝縣有竹城。疑離枝即令支也。令、離聲相近」。「萬物莫之能離」，即「萬物弗得不生，百事不得不成」的意思。㈧蚑行蟯動：泛指各種動物（詳見《經法・論》注上）。㈨戴根之徒：根莖植物。這裡泛指一切植物。

《新語・道基》：「蚑行喘息、蜎飛蠕動之類，水生陸行、根著葉長之屬」。⑩皆取生，道弗為益少；皆反焉，道弗為益多：「皆取生」疑當作「皆取焉」，與「皆反焉」相為偶句。「皆取焉，道弗為益少」即《莊子・知北遊》：「萬物皆往資焉而不匱」，「資」，取也（訓見《廣雅・釋詁》）。「反」，指反過來給「道」（《漢書・董仲舒傳》：「反之於天」，注：「反，謂還歸之也」）。這是說天地陰陽、四時日月以及各種動植物化育生存的資源都是取之於「道」的，而「道」本身卻並不因之而減少；如果反過來把這些資源再返還給「道」，「道」本身也並不因之而增多。《莊子》中有類似的說法，如〈秋水〉：「禹之時，十年九潦，而水弗為加益；湯之時，八年七旱，而岸不為加損。夫不為頃久推移，不以多少進退者，此亦東海之大樂也」（此處「東海」似即取譬「道」）。又《知北遊》：「天不得不高（不得「道」則不高），地不得不廣，日月不得不行，萬物不得不昌；此其道與？……若夫益之而不加益，損之而不加損者，聖人之所保也」。二者在文句、文義甚至語言環境上也都完全一樣。《管子・白心》：「道者，一人用之，不聞有餘；天下行之，不聞不足」，與此亦相近。《淮南子・原道》：「收聚高積而不加富，布施稟授而不益貧……益之而不眾，損之而不寡」也是這個意思。然從字句上看，很像是對《四經》和《莊子》的雜揉。⑪堅強而不撌，柔弱而不可化：「堅強」，剛直強硬。「撌」同「鞼」（（音ㄍㄨㄟˋ），折斷、毀折。「柔弱」，柔韌軟弱。「化」，改變。這是說，「道」的特質是剛直強硬但卻不能毀折它，柔韌軟弱但卻不能改變它。「堅強」、「柔弱」之說承於老子，但能剛能柔、剛柔並濟的觀點卻是對老子學說的一種發展；而此說也為《淮南子》所繼承。《老子》說：「堅強者死之徒，柔弱者生之徒……木強則折」（七十六章），又說：「揣（當讀為『端』，直、剛直）而銳之，不可長保」（九章）。這種衹強調「柔弱」的一面顯然不為黃老所認同，因此「堅強而不折」當即是對老子「木強則折」的一種諟正。「堅強而不撌，柔弱而不化」與前面的可隱可顯、可小可大、出陰入陽等說法是一致的；它一方面是對「道」的特質進行表述，同時也是黃老「雌節」的一種具化。《淮南子・原道》：「堅強而不鞼」（高誘注：「鞼，折也」）、「弱而能強，柔而能剛」即是這個意思。㊂精微之所不能至，稽極之所不能過：「稽」，至（《莊子・逍遙遊》〈釋文〉引司馬注：「稽，至也」），這是說再精微的東西也達不到「道」的境界，再至極的東西也不能超過「道」。

【今譯】「一」是「道」的名號，虛無是「道」的處所，無為是「道」的根本，和合是「道」的作用。所以，「道」是高深莫測不可探究的。它朗朗顯著卻無法稱呼，浩浩廣大卻不能形容。它獨一無二，萬物都離不開它。天地陰陽、四時日月、星辰雲氣以及各種動、植物化育生存的資源都取之於「道」，而它本身卻並不因之而減少；如果反過來把這些資源都還給「道」，它本身也並不因之而增多。它剛直強硬卻不能毀折它，柔韌軟弱卻無法改變它。再精微的東西也達不到「道」的境界，再至極的東西也不能超過「道」。

【闡述】 本段是對「道」的特質做具體的描述。分別從稱號、居所、本體、作用、高深、名形、增損多寡、剛柔強弱等角度去論述「道」的特質。有一點是極為清楚的，那便是作者從二律背反的角度，也即矛盾對立的角度去觀察和論述「道」的雙重組合的特性，即：「道」既無名又有名、既無形又有形、既無始又有始、既大而無外又小而無內、既隱微難尋又明顯可見、既剛直強硬又柔韌軟弱、既屬陽又屬陰……可見「道」這個最高的哲學範疇在黃老哲學體系中得到了最完整的表述。

故唯聖人能察無刑（形），能聽無〔聲〕㈠。知虛之實，後能大虛㈡；乃通天地之精，通同而無間，周襲而不盈㈢。服此道者，是胃（謂）能精㈣。明者固能察極㈤，知人之所不能知，服人之所不能得㈥。是胃（謂）察稽知極㈦。聖王用此㈧，天下服。

【註釋】㈠唯聖人能察無形，能聽無〔聲〕：「無形」、「無聲」，皆指「道」。《經法・道法》：「虛無形，其裻（寂）冥冥」，也是指「道」，與此正相同。《莊子・天地》：「夫王德之人……視乎冥冥，聽乎無聲」同此。《管子・內業》以「不見其形，不聞其音」來形容「道」，當本於此（詳見《經法・道法》注）。《淮南子・說林》：「視於無形，則得其所見矣；聽於無聲，則得其所聞矣」、《鄧析子・轉辭》：「視於無有則得其所見，聽於無聲則得其所聞。故無形者有形之本，無聲者有聲之母」都是申釋此說的。此二句是說：祇有聖人，纔能察知、體悟無形、無聲的「道」。㈡知虛之實，後能大虛：「虛」，指「道」的本體，「實」，指「道」的功用。《老子》「當其無（『虛』），有室之用（『實』）」、上文「無為其素也（『虛』），和其用也（『實』）」，即是此「虛」、「實」的含義。「大虛」，虛靜至極，指「道」的最高境界。這是說，懂得虛靜無為的實際內涵，纔能達到虛靜至極的境界。㈢乃通天地之精，通同而無間，周襲而不盈：「精」，精妙神明。《易傳・繫辭》：「以體天地之撰，以通神明之德」、《荀子・儒效》：「通於神明，參於天地」。「精」，很近似於「神明」。「通同」疑當作「迵同」，指混同萬物、和同萬物。「周襲」，即周匝、周還（《釋名・釋喪制》：「襲，匝也」。《文選・哀永逝文》注引《國語》賈注：「襲，還也」）。「盈」同「贏」，弛懈、懈怠（《禮記・月令》：「孟秋之月……天地始肅，不可以贏」，鄭玄注：「贏，解也」。陳奇猷《呂氏春秋校釋》云：「解，即今之懈字。《玉篇》：『贏，緩也』，緩與懈義近」）。「周襲（還）而不盈（懈）」與《老子．二十五章》：「周行而不殆（怠）」義近。這是說，聖人能夠融通天地的神明，和同萬物而無有間隙，運轉進退而永無懈怠。㊃服此道者，是謂能精：「服」，掌握、執持（《國語．吳語》注：「服，執也」。《論語．為政》皇侃疏：「服，謂執持也」）。㊄明者固能察極：「明」，複上文之「精」，指精明者。「固」，自。「察極」，即下文的「察稽知極」。「極」，至極。「大而無外」、「稽極之所不能過」是廣大之「極」，「小而無內」、「精微之所不能至」是細小之「極」。「高不可察」是高之「極」，「深不可測」是深之「極」。總之，這裏的「極」指一切現象界的至極。㊅知人之所不能知，服人之所不能得：「服」上原衍「人」字，據刪。「服」，得（《老子》：「是謂早服」，河上公注：「服，得也」）。㊆察稽知極：即「察知稽極」。「稽極」，即「至極」。「稽」、「極」同義，都是至、至極的意思。此複上「察極」一語。上文「稽極之所不能過」，「稽極」即至極。《十大經．成法》：「何以知〔一〕之至，遠近之稽」，「至」與「稽」正相互文，「稽」即「至」也（《莊子．逍遙遊》〈釋文〉引司馬注：「稽，至也」）。㊇用：行、施行（《方言六》：「用，行也」）。

【今譯】　所以，祇有聖人纔能察知、體悟無形、無聲的「道」。懂得虛靜無為的實際內涵，纔能達到虛靜至極的境界；纔能融通天地的神明，和同萬物而無有間隙，運轉進退而永無懈怠。掌握了這個「道」，就稱得上是精明。精明的人自能察知一切現象界至為幽微、至為深廣的底蘊，他能認知人們所不能認知的東西，把握人們所不能把握的東西。這便稱為察知一切事物的至極。聖王施行此「道」，所以天下歸服。

【闡述】　本段從「聖王」之所以為「聖」的角度闡述「道」的特質及其作用。「道」是無形、無聲的，這是它的不可感知的一面；而聖王又可以察知一切現象界的至極，這又是它的可感知的一面。「通天地之精，通同而無間，周襲而不盈」、「天下服」，便是掌握並施行「道」的功用。

無好無亞（惡）㊀，上用□□而民不麋（迷）惑㊁。上虛下靜而道得其正㊂。信能無欲，可為民命㊃；上信無事，則萬物周扁㊄：分之以其分，而萬民不爭；授之以其名，而萬物自定㊅。不為治勸，不為亂解（懈）㊆。廣大，弗務及也；深微，弗索得也㊇。夫為一而不化㊈：得道之本，握少以知多；得事之要，操正以政（正）畸

（奇）⑩。前知大（太）古，後〔能〕精明㈡。抱道執度，天下可一也㈢，觀之大（太）古，周其所以；索之未無，得之所以㈢。

【註釋】㈠無好無惡：「好」，讀去聲（音ㄏㄠˋ），喜好、贊許、肯定。「惡」，音（音ㄨˋ），厭惡、否定。這大概是《論語》：「無適無莫」、「無可無不可」的意思。㈡上用□□而民不迷惑：「用」讀為「以」，如也（《禮記・明堂位》：「加以璧散璧角」，《周禮・春官・司尊彝》鄭注引「以」作「用」）。所缺二字疑為「察極」，複上之「察極」。上文「察極」的「明者」，似即指「聖王」及此「上」（君主）。「而」，則。此言君主如能察知最為廣大深微的東西則百姓就不會迷惑。㈢上虛下靜而道得其正：「上」，指君主。「下」，指百姓。「虛」，謂以無為禦下。「靜」，謂安靜聽上。「虛」與「靜」的結合，就使「道」得到了正位。《管子・心術上》：「天之道虛，地之道靜，虛則不屈，靜則不變，不變則無過」，《韓非子・主道》：「虛則知實之情，靜則知動者正」。「虛」即下文的「無欲」、「無事」，「靜」即下文的「不爭」、「自定」。㈣信能無欲，可為民命：「信」，真正、確實。「欲」，貪欲。「為民命」，使百姓安身立命。《經法・論》：「人主者，……〔為民〕之命也」、「天之所以為物命也」可與此參讀（詳見《經法・論》注）。

㊄上信無事，則萬物周扁：「信」，真正、確實。「無事」，無為。「上信無事」，疑當作「信能無事」，與上文文例相同。「扁」，帛書小組讀為「遍」，謂萬物普遍會得到無為的好處（余明光譯）。按：「周」，即周遍、普遍的意思（《詩・崧高》鄭箋：「周，遍也」）。「扁」疑讀為「便」，安也。「扁」聲「便」聲之字古多相通。如：《說文》：「鯾，又作鯿」。《論語・季氏》「友便佞」，《說文・言部》引「便」作「諞」。《史記・司馬相如列傳》：「媥姺」，《漢書・司馬相如傳》引「媥」作「便」。《說文》：「便，安也」。「萬物周便」，言萬物各安其性。此當即《新語・道基》之「寧其心而安其性」。下文「分之以其分」、「授之以其名」即說此「上信無事」；「萬民不爭」、「萬物自定」，即說此「萬物周便」。㊅分之以其分，而萬民不爭；授之以其名，而萬物自定：上「分」為動詞，確定職分。下「分」為名詞，名分。這是說，按照人們各自的名分來確定他們適當的職分，人民就不會再相爭了；按照事物各自的名稱給與正確的界定，一切也就都安然靜定了。「分之以其分」、「授之以其名」即是上文的「無事」（無為）。「萬民不爭」、「萬物自定」，即是各安其性（「萬物周便」）。《尸子・發蒙》：「若夫名分，聖人之所審也……審名分，羣臣莫敢不盡力竭智矣。天下之可治，分成也；是非之可辨，名定也」、《尹文子・大道上》：「名定則物不競，分明則私不行」，並是申釋、推衍此說。㊆不為治勸，不為亂懈：不因為國家治理而忘乎所以

執意努力，也不因國家有亂而茫然無措存心怠惰。此處的「勸」謂妄為妄作，違背「無事」（無為）的原則。此處的「懈」謂一切荒廢、「名分」不審。《莊子・逍遙遊》：「舉世而譽之而不加勸，舉世而非之而不加沮」，在文法上與此相近。㈧廣大，弗務及也；深微，弗索得也：「弗務及也」、「弗索得也」，即「弗務可及也」、「弗索可得也」。「務」，趨行（《國語・晉語》注：「務，猶趨也」）。「及」，企及。這是說「道」雖廣大無邊，但不需趨行即可企及；雖精深隱微，但不需求索即可得到。這仍然是談「道」的兩重性。一方面深廣，一方面又淺近；一方面隱微，一方面又顯明。深廣隱微，說其不可感知；淺近顯明，說其可以感知。此如同《周易》對「易」的闡釋：它一方面變化莫測不可感知，一方面又簡易明瞭可以感知。得其「本」（把握了它的精髓），即可感知；不得其「本」，即茫然難尋。以下數句，即說此理。㈨為一而不化：「道」是「一以貫之」而永恒不變的。「道」既是流動常變的，又是靜止恒定的。流動常變，決定了它能創育化生；靜止恒定，決定了人們可以認知和把握它。此句是強調它的靜止恒定的一面；因此，也纔能夠「得」、「握」、「操」。蘇軾《赤壁賦》中對江水和月亮的描述深得此旨，其云：「客亦知夫水與月乎？逝者如斯（運動變化），而未嘗往也（靜止不變）；盈虛者如彼（變），而卒莫消長（不變）。蓋將自其變者而觀之，則天地曾不能以一瞬；自其不變者而觀之，則物與我皆無盡也」。㈩得道之本，握少以知多；得事之要，操正以正奇：把握「道」的精髓，就能起到提綱挈領的作用；把握住事物的關鍵，就能夠秉持正道以矯正邪道（參《十大經・成法》注）。前面從認識的角度談「道」之易，此處從應用的角度談「道」之易；上言其「體」，此言其「用」。㊁前知太古，後〔能〕精明：「太古」，遠古。「能」字原缺，以意補。前文「知虛之實，後能大虛」、「服此道者，是謂能精，明者固能察極……」，皆是此辭例。這是說上知太古以來的社會發展規律，纔能夠不斷精明起來。《稱》「觀前以知反」、《列子》：「觀往以知來」皆是此義。㊂一：統一，實現天下大一統。㊃觀之太古，周其所以；索之未無，得之所以：「周」，周知，盡知。「未無」，指天地萬物未生前的洪荒時代。「所以」，怎麼樣、怎麼回事。上「所以」，就「道」的作用而言；下「所以」，就「道」的本體而說。這四句是說：如果對遠古以來的社會發展史進行觀察的話，就會完全了解「道」的功用是怎麼樣的了；如果對天地萬物未生前的洪荒時代進行探究的話，就會懂得「道」的本體是怎麼回事了。這答案便是：其功用大而無邊，其本體茫然難覓。又按：「得之所以」，疑當作「得其所以」。

【今譯】不憑主觀意志去肯定什麼或否定什麼。作為君主如能察知最為廣大深微的東西百姓就不會迷惑。君主以無為馭下，百姓安靜聽上，二者結合，「道」便得其所哉。作為君主，真正做到了毫無貪欲，纔能夠幫助百姓安身立命；真正做到了無為，纔能夠使萬物各安其性：具體講，那便是按照人們各自的名分來確定他們適當的職分，人民就不會再相爭了；根據事物各自的名稱而給與正確的界定，一切也就都安然靜定了。不要因為國家治理而忘乎所以執意努力，也不要因為國家有亂而茫然無措存心怠惰。「道」雖然浩廣博大，但不需趨行即可企及；雖然精深隱微，但不需求索即可得到。「道」是「一以貫之」而永恒不變的：所以把握了「道」的精髓，就能起到提綱挈領的作用；把握住事物的關鍵，就能夠秉持正道以矯正邪道。上知遠古以來的社會發展規律，就能夠不斷地精明起來。持守大「道」，秉執法度，就可以實現天下的大一統。如果對遠古以來的社會發展史進行考察的話，就會完全了解「道」的功用是怎麼樣的了；如果對天地萬物未創生前的洪荒時代進行探究的話，就會懂得「道」的本體是怎麼回事了。

【闡述】 本段從「道」的可感知的角度談「道」的本體；並進一步從君主治國的角度談「道」的功用。

「廣大，弗務及也；深微，弗索得也」，這是它的可感知性；又由於它可小可大，因此，纔能夠認知和把握它，也纔具有了「握少以知多」的功用。

掌握了「道」就可以治國家、一天下；而「道」的特質即是「虛」與「靜」的完美整合；「虛」謂君主無欲無為，「靜」謂百姓寧心安性；無欲無為即審分正名，寧心安性即不爭自定；上妄為妄作則下紛爭生，下不安寧心性則刑罰起；「虛」與「靜」相養相成。「觀之太古，周其所以；索之未無，得之所以」。此四句，是關於「道」的體、用說的最為精闢的概括；它既是《道原》的點睛之筆，也是《四經》的文眼所在。

附錄

馬王堆帛書《黃帝四經》校定釋文

此校定、釋文是從本書中輯出的，它以帛書整理小組佚書本和經法本為底本，既吸收了前人的成果，也有筆者的拙見。文中（）號表示所釋異體字和通假字。〔 〕號表示所補字。〈 〉號表示勘誤。字右標的・表示衍字。□表示缺文。另外，明顯為衍字的，已據刪，不再重出；明顯為錯字，也已據改，也不復出；明確為通假字，出現頻率又極高的，如毆（也）、刑（形）、胃（謂）、央（殃）等等，則直接出正字。最後，校釋和補字如有兩種或兩種以上說法的，本文只能列出一種，其他說法詳見本書。

《經法》

〈道法〉第一

道生法。法者，引得失以繩，而明曲直者也。〔故〕執道者，生法而弗敢犯也，法立而弗敢廢〔也〕。〔故〕能自引以繩，然後見知天下而不惑矣。

虛無形，其𡨄（寂）冥冥，萬物之所從生。生有害，曰欲，曰不知足。生必動，動有害，曰不時，曰時而〔伓〕（倍）。動有事，事有害，曰逆，曰不稱，不知所為用。事必有言，言有害，曰不信，曰不知畏人，曰自誣，曰虛誇，以不足為有餘。

故同出冥冥，或以死，或以生；或以敗，或以成。禍福同道，莫知其所從生。見知之道，唯虛無有；虛無有，秋毫成之，必有形名；形名立，則黑白之分已。故執道者之觀於天下也，無執也，無處也，無為也，無私也。是故天下有事，無不自為形名聲號矣。形名已立，聲號已建，則無所逃跡匿正矣。

公者明，至明者有功。至正者靜，至靜者聖。無私者知（智），至知（智）者為天下稽。稱以權衡，參以天當，天下有事，必有巧（考）驗。事如直（植）木，多如倉粟。斗石已具，尺寸已陳，則無所逃其神。故曰：度量已具，則治而制之矣。絕而復屬，亡而復存，孰知其神。死而復生，以禍為福，孰知其極。反索之無形，故知禍福之所從生。應化之道，平衡而止（已）。輕重不稱，是謂失道。

天地有恒常，萬民有恒事，貴賤有恒位，畜臣有恒道，使民有恒度。天地之恒常，四時、晦明、生殺、輮（柔）剛。萬民之恒事，男農、女工。貴賤之恒位，賢不肖不相放（方）。畜臣之恒道，任能毋過其所長。使民之恒度，去私而立公。變恒過度，以奇相禦。正、奇有位，而名〔形〕弗去。凡事無小大，物自為舍。逆順死生，物自為名。名形已定，物自為正。

故唯執〔道〕者能上明於天之反，而中達君臣之半，密察於萬物之所終始，而弗為主。故能至素至精，悎（浩）彌無形，然後可以為天下正。

〈國次〉第二

國失其次，則社稷大匡。奪而無予，國不遂亡。不盡天極，衰者復昌。誅禁不當，反受其殃。禁伐當罪當亡，必墟其國，兼之而勿擅，是謂天功。天地無私，四時不息。天地立（位），聖人故載。過極失（佚）〔當〕，天將降殃。人強勝天，慎避勿當。天反勝人，因與俱行。先屈後伸，必盡天極，而毋擅天功。

兼人之國，修其國郭，處其廊廟，聽其鐘鼓，利其資財，妻其子女，是謂〔重〕逆以荒，國危破亡。

故唯聖人能盡天極，能用天當。天地之道，不過三功。功成而不止，身危有殃。

故聖人之伐也，兼人之國，墮（隳）其城郭，焚其鐘鼓，布其資財，散其子女，裂其地土，以封賢者。是謂天功。功成不廢，後不逢殃。

毋陽竊（察），毋陰竊（察），毋土敝，毋故埶（執），毋黨別。陽竊（察）者天奪〔其光，陰竊（察）〕者土地荒，土敝者天加之以兵，人埶（執）者流之四方，黨別〔者外〕內相攻。陽竊（察）者疾，陰竊（察）者几（飢），土敝者亡地，人埶（執）者失民，黨別者亂，此謂五逆。五逆皆成，〔亂天之經，逆〕地之綱，變故亂常，擅制更爽，心欲是行，身危有〔殃。是〕謂過極失（佚）當。

〈君正〉第三

一年從其俗，二年用其德，三年而民有得。四年而發號令，〔五年而以刑正，六年而〕民畏敬，七年而可以正（征）。一年從其俗，則知民則。二年用〔其德〕，則民力。三年無賦斂，則民不幸（倖）。六年〔民畏敬，則知刑罰〕。〔七〕年而可以正（征），則勝強適（敵）。

俗者，順民心也。德者，愛勉之〔也〕。〔有〕得者，發禁拕（弛）關市之正（征）也。號令者，連為什伍，巽（選）練（揀）賢不肖有別也。以刑正者，罪殺（誅）不赦也。〔畏敬者，民不犯刑罰〕也。可以正（征）者，民死節也。

若號令發，必廄而上九，壹道同心，〔上〕下不趆，民無它志，然後可以守戰矣。號令發必行，俗也。男女勸勉，愛也。動之靜之，民無不聽，時也。受賞無德，受罪無怨，當也。貴賤有別，賢不肖衰也。衣備（服）不相綸（逾），貴賤等也。國無盜賊，詐偽不生，民無邪心，衣食足而刑伐（罰）必也。以有餘守，不可拔也。以不足攻，反自伐也。

天有死生之時，國有死生之正（政）。因天之生也以養生，謂之文；因天之殺也以伐死，謂之武；〔文〕武並行，則天下從矣。

人之本在地，地之本在宜，宜之生在時，時之用在民，民之用在力，力之用在節。知地宜，須時而樹，節民力以使，則財生，賦斂有度則民富，民富則有佴（恥），有佴（恥）則號令成俗而刑伐（罰）不犯，號令成俗而刑伐（罰）不犯則守固戰勝之道也。法度者，正之至也。而以法度治者，不可亂也。而生法度者，不可亂也。精公無私而賞罰信，所以治也。

〔省〕苛事，節賦斂，毋奪民時，治之安。無父之行，不得子之用；無母之德，不能盡民之力。父母之行備，則天地之德也。三者備，則事得矣。能收天下豪傑驃雄，則守禦之備具矣。審於行文武之道，則天下賓矣。號令合於民心，則民聽令。兼愛無私，則民親上。

〈六分〉第四

觀國者觀主，觀家〔者〕觀父。能為國則能為主，能為家則能為父。凡觀國，有六逆：其子父。其臣主。雖強大不王。其謀臣在外位者，其國不安，其主不悟，則社稷殘。其主失位則國無本，臣不失處則下有根，〔國〕憂而存；主失位則國荒，臣失處則令不行，此之謂頹國。〔主暴則生殺不當，臣亂則賢不肖並立，此謂危國〕。主兩則失其明，男女爭威，國有亂兵，此謂亡國。

適（嫡）子父，命曰上曊（怫），羣臣離志。大臣主，命曰壅塞。在強國削，在中國破，在小國亡。謀臣〔在〕外位者，命曰逆成，國將不寧；在強國危，在中國削，在小國破。主失位，臣不失處，命曰外根，將與禍閵（鄰），在強國憂，在中國危，在小國削；主失位，臣失處，命曰無本，上下無根，國將大損；在強國破，在中國亡，在小國滅。主暴臣亂，命曰大荒，外戎內戎，天將降殃，國無大小，有者滅亡。主兩，男女分威，命曰大麋（迷），國中有師；在強國破，在中國亡，在小國滅。

凡觀國，有大〈六〉順：主不失其位則國〔有本，臣〕失其處則下無根，國憂而存。主惠臣忠者，其國安。主主臣臣，上下不赾者，其國強。主執度，臣循理者，其國霸昌。主得〔位〕臣楅（輻）屬者王。

六順六逆〔乃〕存亡〔興壞〕之分也。主上執六分以生殺，以賞〔罰〕，以必伐。天下太平，正以明德，參之於天地，而兼覆載而無私也，故王天〔下〕。

王天下者之道，有天焉，有地焉，有人焉，三者參用之，〔然後〕而有天下矣。為人主，南面而立（涖）。臣肅敬，不敢蔽其主。下比順，不敢蔽其上。萬民和輯而樂為其主上用，地廣人眾兵強，天下無敵。

文德廄（究）於輕細，〔武〕刃於〔當罪〕，王之本也。然而不知王術，不王天下。知王〔術〕者，驅騁馳獵而不禽荒，飲食喜樂而不湎康，玩好嬛好而不惑心，俱與天下用兵，費少而有功，〔戰勝而令行。故福生於內，則〕國富而民〔昌。聖人其留，天下〕其〔與〕。〔不〕知王術者，驅騁馳獵則禽荒，飲食喜樂則湎康，玩好嬛好則惑心，俱與天下用兵，費多而無功，戰勝而令不〔行。故福〕失〔於內，財去而倉廩〕空〔虛〕，與天〔相逆〕，則國貧而民荒。〔至〕聖之人弗留，天下弗與。如此而又不能重士而師有道，則國人之國矣。

王天下者有玄德，有〔玄德〕獨知〔王術〕，〔故而〕王天下而天下莫知其所以。王天下者，輕縣國而重士，故國重而身安；賤財而貴有知，故功得而財生；賤身而貴有道，故身貴而令行。〔故王〕天下〔者〕天下則之。霸主積甲士而征不備（服），誅禁當罪而不私其利，故令行天下而莫敢不聽。自此以下，兵戰力爭，危亡無日，而莫知其所從來。夫言霸王，其〔無私也〕，唯王者能兼覆載天下，物曲成焉。

〈四度〉第五

君臣易位謂之逆，賢不肖並立謂之亂，動靜不時謂之逆，生殺不當謂之暴。逆則失本，亂則失職，逆則失天，〔暴〕則失人。失本則〔損〕，失職則侵，失天則几（飢），失人則疾。周遷動作，天為之稽。天道不遠，入與處，出與反。

君臣當位謂之靜，賢不肖當位謂之正，動靜參於天地謂之文，誅〔禁〕時當謂之武。靜則安，正〔則〕治，文〔則〕明，武則強。安〔則〕得本，治則得人，明則得天，強則威行。參於天地，合於民心。文武並立（蒞），命之曰上同。

審知四度，可以定天下，可安一國。順治其內，逆用於外，功成而傷。逆治其內，順用其〈於〉外，功成而亡。內外皆逆，是謂重殃，身危為（有）戮，國危破亡。內外皆順，功成而不廢，後不逢殃。

聲華〔實寡〕者，用（庸）也。順者，動也。正者，事之根也。執道循理，必從本始，順為經紀。禁伐當罪，必中天理。伓（倍）約則窘，達刑則傷。伓（倍）逆合當，為若有事，雖無成功，亦無天殃。

毋〔止生以死〕，毋禦死以生，毋為虛聲。聲溢於實，是謂滅名。極陽以殺，極陰以生，是謂逆陰陽之命。極陽殺於外，極陰生於內。已逆陰陽，又逆其位，大則國亡，小則身受其殃。〔故因陽伐死，因陰〕建生。當者有〔數〕，極而反，盛而衰：天地之道也，人之理也。逆順同道而異理，審知逆順，是謂道紀。以強下弱，何國不克，以貴下賤，何人不得。以賢下不肖，〔何事〕不〔治〕。

規之內曰圓，矩之內曰〔方〕，〔懸〕之下曰正，水之〔上〕曰平。尺寸之度曰小大短長，權衡之稱曰輕重不爽，斗石之量曰少多有數，〔繩準之立曰曲直有度〕。八度者，用之稽也。日月星辰之期，四時之度，〔動靜〕之位，外內之處，天之稽也。高〔下〕不蔽其形，美惡不匿其情，地之稽也。君臣不失其位，士不失其處，任能毋過其所長，去私而立公，人之稽也。美惡有名，逆順有形，情偽有實，王公執〔之〕以為天下正。

因天時，伐天毀，謂之武。武刃而以文隨其後，則有成功矣，用二文一武者王。其〈失〉主〈天〉道，離人理，處狂惑之位處〔而〕不悟，身必有戮。柔弱者無罪而幾，不及而翟（趯），是謂柔弱。剛正而〔強〕者〔臨罪〕而不究。名功相抱（孚），是故長久。名功不相抱（孚），名進實退，是謂失道，其卒必〔有〕身咎。黃金珠玉藏積，怨之本也。女樂玩好燔材（蕃載），亂之基也。守怨之本，養亂之基，雖有聖人，不能為謀。

〈論〉第六

人主者，天地之〔稽〕也，號令之所出也，〔為民〕之命也。不天天則失其神，不重地則失其根，不順〔四時之度〕而民疾。不處外內之位，不應動靜之化，則事窘於內而舉窘於〔外〕。〔八〕正皆失，〔與天地離〕。〔天天則得其神。重地〕則得其根。順四〔時之度〕而民不〔有〕疾。〔處〕外〔內之位，應動靜之化，則事〕得於內而舉得於外。八正不失，則與天地總矣。

天執一，明〔三，定〕二，建八正，行七法，然後〔施於四極，而四極〕之中無不〔聽命〕矣。蚑行喙息，扇飛蠕動，無〔不寧其心，而安其性，故而〕不失其常者，天之一也。天執一以明三，日信出信入，南北有極，〔度之稽也。月信生信〕死，進退有常，數之稽也。列星有數，而不失其行，信之稽也。天明三以定二，則壹晦壹明，〔壹陰壹陽，壹短壹長〕。天定二以建八正，則四時有度，動靜有位，而外內有處。

天建八正以行七法：明以正者，天之道也。適者，天度也。信者，天之期也。極而〔反〕者，天之性也。必者，天之命也。〔順正者，天之稽也。有常〕者，天之所以為物命也。此之謂七法。七法各當其名，謂之物。物各〔合於道者〕，謂之理。理之所在，謂之〔順〕。物有不合於道者，謂之失理。失理之所在，謂之逆。逆順各自命也，則存亡興壞可知〔也〕。

〔強生威，威〕生惠，惠生正，〔正〕生靜。靜則平，平則寧，寧則素，素則精，精則神。至神之極，〔見〕知不惑。帝王者，執此道也。是以守天地之極，與天俱見，盡〔施〕於四極之中，執六枋（柄）以令天下，審三名以為萬事〔稽〕，察逆順以觀於霸王危〈存〉亡之理，知虛實動靜之所為，達於名實〔相〕應，盡知情偽而不惑，然後帝王之道成。

六柄：一曰觀，二曰論，三曰僮（動），四曰槫（專），五曰變，六曰化。觀則知死生之國，論則知存亡興壞之所在，動則能破強興弱，槫（專）則不失諱（韙）非之〔分〕，變則伐死養生，化則能明德除害。六柄備則王矣。三名：一曰正名立而偃，二曰倚名法（廢）而亂，三曰無名而強主滅。三名察則事有應矣。

動靜不時，種樹失地之宜，〔則天〕地之道逆矣。臣不親其主，下不親其上，百族不親其事，則內理逆矣。逆之所在，謂之死國，〔死國〕伐之。反此之謂順，〔順〕之所在，謂之生國，生國養之。逆順有理，則情偽密矣。實者視（示）〔人〕虛，不足者視（示）人有餘。以其有事，起之則天下聽；以其無事，安之則天下靜。名實相應則定，名實不相應則靜（爭）。名自命也，物自正也，事自定也。三名察則盡知情偽而〔不〕惑矣。有國將昌，當罪先亡。

〈亡論〉第七

凡犯禁絕理，天誅必至。一國而服（備）六危者滅。一國而服（備）三不辜者死，廢令者亡。一國而服（備）三壅者，亡地更君。一國（之君）而服（備）三凶者，禍反（自）及也。上溢者死，下溢者刑。德薄而功厚者隋（隳），名禁而不王（匡）者死。抹（昧）利，襦（渝）傳（轉），達刑，為亂首，為怨媒，此五者，禍皆反自及也。

守國而恃其地險者削，用國而恃其強者弱。興兵失理，所伐不當，天降二殃。逆節不成，是謂得天。逆節果成，天將不盈其命而重其刑。贏極必靜，動舉必正。贏極而不靜，是謂失天。動舉而不正，〔是〕謂後命。大殺服民，戮降〈賢〉人，刑無罪，禍皆反自及也。所伐當罪，其禍〈福〉五之；所伐不當，其禍什之。

國受兵而不知固守，下邪（斜）恒（橫）以地界為私者〔保〕。救人而弗能存，反為禍門。是謂危〈犯〉根〈禁〉。聲華實寡，危國亡土。夏起大土功，命曰絕理。犯禁絕理，天誅必至。六危：一曰嫡子父。二曰大臣主。三曰謀臣〔外〕其志。四曰聽諸侯之廢置。五曰左右比周以壅塞。六曰父兄黨以儥（拂）。〔六〕危不勝，禍及於身。〔三〕不辜：一曰妄殺賢。二曰殺服民。三曰刑無罪。此三不辜。

三壅：內位勝謂之塞，外位勝謂之儥（拂）；外內皆勝則君孤直（特）。以此有國，守不固，戰不克。此謂一壅。從中令外〔謂之〕惑，從外令中謂之〔賊〕。外內遂爭，則危都國。此謂二壅。

一人擅主，命曰蔽光。從中外周，此謂重壅。外內為一，國乃更。此謂三壅。三凶：一曰好凶器。二曰行逆德。三曰縱心欲。此謂〔三凶〕。

〔昧〕天〔下之〕利，受天下之患；昧一國之利者，受一國之禍。約而倍（背）之，謂之襦（渝）傳（轉）。伐當罪，見利而反（返），謂之達刑。上殺父兄，下走子弟，謂之亂首。外約不信，謂之怨媒。有國將亡，當〔罪復〕昌。

〈論約〉第八

始於文而卒於武，天地之道也。四時有度，天地之李（理）也。日月星辰有數，天地之紀也。三時成功，一時刑殺，天地之道也。四時而定，不爽不代（忒），常有法式，〔天地之理也〕。一立一廢，一生一殺，四時代正，終而復始，〔人〕事之理也。逆順是守，功溢於天，故有死刑。功不及天，退而無名；功合於天，名乃大成。人事之理也。順則生，理則成，逆則死，失〔則無〕名。伓（倍）天之道，國乃無主，無主之國，逆順相攻。伐本隋（隳）功，亂生國亡。為若得〈失〉天，亡地更君。不循天常，不節民力，周遷而無功。養死伐生，命曰逆成。不有人戮，必有天刑。逆節始生，慎毋〔諶〕（戡）正，彼且自抵其刑。

故執道者之觀於天下也，必審觀事之所始起，審其形名。形名已定，逆順有位，死生有分，存亡興壞有處，然後參之於天地之恒道，乃定禍福死生存亡興壞之所在。是故萬舉不失理，論天下無遺策。故能立天子，置三公，而天下化之。之謂有道。

〈名理〉第九

道者，神明之原也。神明者，處於度之內而見於度之外者也。處於度之〔內〕者，不言而信；見於度之外者，言而不可易也。處於度之內者，靜而不可移也；見於度之外者，動而不可化也。靜而不移，動而不化，故曰神。神明者，見知之稽也。

有物始〔生〕，建於地而溢於天，莫見其形，大盈終天地之間而莫知其名。莫能見知，故有逆成；物乃下生，故有逆刑。禍及其身。養其所以死，伐其所以生。伐其本而離其親，伐其與而〔敗其根〕。後必亂而卒於無名。

如燔（蕃）如卒（倅），事之反也；如繇（遙）如驕，生之反也。凡萬物羣財（材），絩（超）長非恒者，其死必應之。三者皆動於度之外，而欲成功者也，功必不成，禍必反〔自及也〕。以剛為柔者活，以柔為剛者伐。重柔者吉，重剛者滅。諾者言之符〔許〕也，已者言之絕也。已諾不信，則知大惑矣。已諾必信，則處於度之內也。

天下有事，必審其名。名〔理者〕，循名究理之所之，是必為福，非必為材〔災〕。是非有分，以法斷之；虛靜謹聽，以法為符。審察名理終始，是謂究理。唯公無私，見知不惑，乃知奮起。故執道者之觀於天下〔也〕，見正道循理，能與〔舉〕曲直，能與〔舉〕終始。故能循名究理。形名出聲，聲實調和。禍〈福〉材〔災〕廢立，如影之隨形，如響之隨聲，如衡之不藏重與輕。故唯執道者能虛靜公正，乃見〔正道〕，乃得名理之誠。

亂積於內而稱失於外者伐，亡刑〔形〕成於內而舉失於外者滅，逆則上溢而不知止者亡。國舉襲虛，其事若不成，是謂得天；其若果成，身必無名。重逆〔以荒〕，守道是行，國危有殃。兩逆相攻，交相為殃，國皆危亡。

《十大經》

〈立命〉第一

昔者黃宗，質始好信，作自為象，方四面，傅一心，四達自中，前參後參，左參右參，踐位履參，是以能為天下宗。〔吾受命於天，定位於地，成名於人。唯余一人〔德〕乃配天，乃立王、三公，立國置君、三卿。數日、曆月、計歲，以當日月之行。〔吾〕允地廣裕，類天大明。

「吾畏天愛地親〔民〕，〔立〕無〈有〉命，執虛信。吾愛民而民不亡，吾愛地而地不兄（荒），吾受民〔而民不〕死。吾位不〔失〕。吾苟能親親而興賢，吾不遺亦至矣。

〈觀〉第二

〔黃帝〕令力黑浸（潛）行伏匿，周流四國，以觀無恒，善之法則，力黑視象，見黑則黑，見白則白。地〔之所德則善，天之所刑則〕惡。人視（示）則竞（鏡）：人靜則靜，人作則作。力黑已布制建極，〔而正之。力黑〕曰：天地已成而民生，逆順無紀，德虐無刑，靜作無時，先後無名。今吾欲得逆順之〔紀，德虐之刑，靜作之時，先後之名〕，以為天下正。因而勒之，為之若何？

黃帝曰：羣羣（混混）〔沌沌，窈窈冥冥〕，為一囷。無晦無明，未有陰陽。陰陽未定，吾未有以名。今始判為兩，分為陰陽，離為四〔時〕，〔剛柔相成，萬物乃生，德虐之行〕，因以為常。其明者以為法，而微道是行。行法循〔道〕，〔是為〕牝牡。牝牡相求，會剛與柔。柔剛相成，牝牡若形。下會於地，上會於天。得天之微，若時〔者時而恒者恒，地因而養之〕；恃地氣之發也，乃夢（萌）者夢（萌）而茲（孳）者茲（孳），天因而成之。弗因則不成，〔弗〕養則不生。夫民之生也，規規（睍睍）生（性）食與繼。不會不繼，無與守地；不食不人，無與守天。

是〔故〕贏陰布德，〔重陽長，晝氣開〕民功者，所以食之也；宿陽脩刑，童（重）陰長，夜氣閉地繩（孕）者，〔所〕以繼之也。不靡（縻）不黑（纆），而正之以刑與德。春夏為德，秋冬為刑。先德後刑以養生。姓生已定，而敵者生爭，不諶（戡）不定。凡諶（戡）之極，在刑與德。刑德皇皇，日月相望，以明其當，而盈〔絀〕無匡（枉）。

夫是故使民毋人埶（執），舉事毋陽察，力地毋陰敝。陰敝者土荒，陽察者奪光，人埶（執）者摐（撞）兵。是故為人主者，時挃（適）三樂，毋亂民功，毋逆天時。然則五穀溜（秀）熟，民〔乃〕蕃滋。君臣上下，交得其志。天因而成之。夫並（秉）時以養民功，先德後刑，順於天。其時贏而事絀，陰節復（愎）次，地尤〈旡〉（氣）復收。正名修刑，執（蟄）蟲不出，雪霜復清（清），孟穀乃蕭（肅），此災〔乃〕生，如此者舉事將不成。其時絀而事贏，陽節復（愎）次，地尤〈旡〉（氣）不收。正名施（弛）刑，執（蟄）蟲發聲，草苴復榮，已陽而又陽，重時而無光，如此者舉事將不行。

天道已既，地物乃備。散流相成，聖人之事。聖人不巧，時反是守。優未（昧）愛民，與天同道。聖人正以待之，靜以須人。不達天刑，不襦（渝）不傳（轉）。當天時，與之皆斷；當斷不斷，反受其亂。

〈五正〉第三

黃帝問閹冉曰：吾欲布施五正（政），焉止焉始？對曰：始在於身，中有正度，後及外人。外內交緌（接），乃正〈止〉於事之所成。黃帝曰：吾既正既靜，吾國家愈不定。若何？對曰：后中實而外正，何﹝患﹞不定？左執規，右執矩，何患天下？男女畢迵（同），何患於國？五正（政）既布，以司五明（名）。左右執規，以待逆兵。

黃帝曰：吾身未自知，若何？對曰：后身未自知，乃深伏於淵，以求內刑。內刑已得，后﹝乃﹞自知屈其身。黃帝曰：吾欲屈吾身，屈吾身若何？對曰：道同者，其事同；道異者，其事異。今天下大爭，時至矣，后能慎勿爭乎？黃帝曰：勿爭若何？對曰：怒者血氣也，爭者脂膚也。怒若不發，浸廩（淫）是為癰疽。后能去四者，枯骨何能爭矣。黃帝於是辤其國大夫，上於博望之山，談（惔）臥三年以自求也。戰哉，閹冉乃上起黃帝曰：可矣。夫作爭者凶，不爭〔者〕亦無成功。何不可矣？

黃帝於是出其鏘（斨）鉞，奮其戎兵，身提鼓枹，以遇蚩尤，因而擒之。帝箸之盟，盟曰：反義逆時，其刑視蚩尤。反義伓（倍）宗，其法死亡以窮。

〈果童〉第四

黃帝〔問四〕輔曰：唯余一人，兼有天下。今余欲畜而正之，均而平之，為之若何？果童對曰：不險（嚴）則不可平，不諶（戡）

則不可正。觀天於上，視地於下，而稽之男女。夫天有〔恒〕幹，地有恒常。合〔此幹〕常，是以有晦有明，有陰有陽。夫地有山有澤，有黑有白，有美有惡。地俗（育）德以靜，而天正名以作。靜作相養，德虐相成。兩若有名，相與則成。陰陽備物，化變乃生。有〔任一則〕重，任百則輕。人有其中〈才〉，物有其形，因之若成。黃帝曰：夫民仰天而生，恃地而食，以天為父，以地為母。今余欲畜而正之，均而平之，誰適由始？對曰：險（嚴）若得平，諶（戡）〔若得正〕，〔貴〕賤必諶（審），貧富有等。前世法之，後世既員（隕），由果童始。果童於是衣褐而穿，負缾而巒（欒），營行乞食，周流四國，以示貧賤之極。

〈正亂〉第五

力黑問〔於太山之稽曰：蚩尤〕□□□驕〔溢〕陰謀，陰謀□□□□□□□□□高陽，〔為〕之若何？太山之稽曰：子勿患也。夫天行正信，日月不處。啟然不台（怠），以臨天下。民生有極，以欲涅（淫）洫（溢），涅（淫）洫（溢）〔即〕失。豐而〔為殺〕，〔加〕而為既，予之為害，致而為費，緩而為〔衰〕。憂（優）桐而宭（君）之，收而為之咎；累而高之，部（踣）而弗救也。將令之死而不得悔。子勿患也。

力黑曰：戰數盈六十而高陽未夫。涅（淫）〔溢〕蚤（早）〔服〕，〔名〕曰天佑。天佑而弗戒（悈），天地一也。為之若何？〔太〕山之稽曰：子勿言佑，交為之備。〔吾〕將因其事，盈其寺（志），軵（拊）其力，而投之代（慝）。子勿言也。上人正一〈之〉，下人靜之；正以待天，靜以須人。天地立名，〔萬物〕自生，以隨天刑。天刑不蓻（僨），逆順有類。勿驚〔勿〕戒（悈），其逆事乃始（治）。吾將遂是其逆而戮其身，更置六直〈相〉而合以信。事成勿發，胥備（憋）自生。我將觀其往事之卒而朵焉，待其來〔事〕之遂而私（和）焉。壹朵壹禾（和），此天地之奇也。以其民作而自戲（陒）也，吾或使之自靡也。

戰盈（贏）哉，太山之稽曰：可矣。於是出其鏘（斨）鉞，奮其戎兵。黃帝身遇蚩尤，因而擒之。剝其〔皮〕革以為干侯，使人射之，多中者賞。劗（剪）其發而建之天，名曰蚩尤之旌。充其胃以為鞠，使人執（蹋）之，多中者賞。腐其骨肉，投之苦酭（醢），使天下雒（噍）之。

上帝以禁。帝曰：毋乏吾禁，毋留（流）吾酭（醢），毋亂吾民，毋絕吾道。止〈乏〉禁，留（流）酭（醢），亂民，絕道，反義逆時，非而行之，過極失（佚）當，擅制更爽，心欲是行，其上帝未先而擅興兵，視蚩尤共工。屈其脊，使甘（鉗）其箭（俞），毄（繫）為地程（楹）。帝曰：謹守吾正名，毋失吾恒刑，以示後人。

〈姓爭〉第六

高陽問力黑曰：天地〔已〕成，黔首乃生。莫循天德，謀相覆傾。吾甚患之，為之若何？力黑對曰：勿憂勿患，天制固然。天地已定，蚑蟯畢爭。作爭者凶，不爭亦毋（無）以成功。順天者昌，逆天者亡。毋逆天道，則不失所守。天地已成，黔首乃生。勝（姓）

生已定，敵者生爭，不諶（戡）不定。凡諶（戡）之極，在刑與德。刑德皇皇，日月相望，以明其當。望失其當，環視（示）其殃。天德皇皇，非刑不行；繆（穆）繆（穆）天刑，非德必傾。刑德相養，逆順若成。刑晦而德明，刑陰而德陽，刑微而德章（彰）。其明者以為法，而微道是行。

明明至微，時反（返）以為幾（機）。天道環〔周〕，於人反為之客。爭（靜）作得時，天地與之。爭不衰，時靜不靜，國家不定。可作不作，天稽環周，人反為之〔客〕。靜作得時，天地與之；靜作失時，天地奪之。

夫天地之道，寒涅（熱）燥濕，不能並立。剛柔陰陽，固不兩行。兩相養，時相成。居則有法，動作〈則〉循名，其事若易成。若夫人事則無常，過極失（佚）當，變故易常；德則無有，措刑不當。居則無法，動作〈則〉爽名，是以戮受其刑。

〈雌雄節〉第七

皇后屯歷（洞歷）吉凶之常（祥），以辨雌雄之節，乃分禍福之嚮。憲（顯）傲驕倨，是謂雄節；〔晃濕〕（委燮）恭儉，是謂雌節。夫雄節者，浧（盈）之徒也。雌節者，兼（謙）之徒也。夫雄節以得，乃不為福；雌節以亡，必將有賞。夫雄節而數得，是謂積殃；凶憂重至，幾於死亡。雌節而數亡，是謂積德，慎戒毋法，大祿將極。

凡彼禍難〈福〉也，先者恒凶，後者恒吉。先而不凶者，恒備雌節存也。後〔而不吉者，是〕恒備雄節存也。先亦不凶，後亦不凶，是恒備雌節存也。先亦不吉，後亦不吉，是恒備雄節存也。

凡人好用雄節，是謂妨生。大人則毀，小人則亡。以守不寧，以作事〔不成。以求不得，以戰不〕克。厥身不壽，子孫不殖。是謂凶節，是謂散德。凡人好用〔雌節〕，是謂承祿。富者則昌，貧者則穀。以守則寧，以作事則成。以求則得，以戰則克。厥身則〔壽，子孫則殖。是謂吉〕節，是謂絝（洿）德。故德積者昌，〔殃〕積者亡。觀其所積，乃知〔禍福〕之嚮。

〈兵容〉第八

兵不刑天，兵不可動。不法地，兵不可措；不法人，兵不可成。參〔於天地，稽之聖人。人自生〕之，天地刑之，聖人因而成之。聖人之功，時為之庸（用），因時秉〔宜〕，〔兵〕必有成功。聖人不達刑，不襦傳（渝轉）。因天時，與之皆斷；當斷不斷，反受其亂。

天固有奪有予，有祥〔福至者也而〕弗受，反隨以殃。三遂（隧）絕從，兵無成功。三遂（隧）絕〈務〉從，兵有成〔功〕。□不饗其功，環（還）受其殃。國家有幸，當者受殃；國家無幸，有延其命。茀茀（沸沸）陽陽（湯湯），因民之力，逆天之極，又重有功，其國家以危，社稷以匡，事無成功，慶且不饗其功。此天之道也。

〈成法〉第九

黃帝問力黑：唯余一人，兼有天下，滑（猾）民將生，年（佞）辯用知（智），不可法（廢）組（沮），吾恐或用之以亂天下。請問天下有成法可以正民者？力黑曰：然。昔天地既成，正若有名，合若有形，〔乃〕以守一名。上捦（淦）之天，下施之四海。吾聞天下成法，故曰不多，一言而止（已）。循名復一，民無亂紀。

黃帝曰：請問天下猷（猶）有一虖（乎）？力黑曰：然。昔者皇天使馮（風）下道一言而止（已）。五帝用之，以朳（八）天地，〔以〕揆四海，以壞（懷）下民，以正一世之士。夫是故讒民皆退，賢人咸起，五邪乃逃，年（佞）辯乃止，循名復一，民無亂紀。

黃帝曰：一者，一而已乎？其亦有長乎？力黑曰：一者，道其本也，胡為而無長？〔凡有〕所失，莫能守一。一之解，察於天地；一之理，施於四海。何以知〔一〕之至，遠近之稽？夫唯一不失，一以騶（趨）化，少以知多。夫達望四海，困極上下，四向相抱，各以其道。夫百言有本，千言有要，萬〔言〕有蔥（總）。萬物之多，皆閱一空（孔）。夫非正人也，孰能治此？罷（彼）必正人也，乃能操正以正奇，握一以知多，除民之所害，而持民之所宜。紨（抱）凡守一，與天地同極，乃可以知天地之禍福。

〈三禁〉第十

行非恒者，天禁之。爽事，地禁之。失令者，君禁之。三者既修，國家幾矣。地之禁，不〔墮〕高，不增下；毋服川，毋逆土；毋逆土功，毋壅民明。

進不氐（底），立不讓，俓（徑）遂淩（陵）節，是謂大凶。人道剛柔，剛不足以，柔不足恃。剛強而虎質者丘（拒），康沈而流湎者亡；憲古章物不實者死，專利及削浴（谷）以大居者虛（墟）。

天道壽壽（掫掫），播於下土，施於九州。是故王公慎令，民知所由。天有恒日，民自則之。爽則損命，環（還）自服之。天之道也。

〈本伐〉第十一

諸庫藏兵之國，皆有兵道。世兵道三：有為利者，有為義者，有行忿者。所謂為利者，見〔生民有〕饑，國家不暇，上下不當，舉兵而栽（蕺）之，唯（雖）無大利，亦無大害焉。所謂為義者，伐亂禁暴，起賢廢不肖，所謂義也。〔義〕者，眾之所死也。是故以一國攻天下，萬乘〔之〕主〔併兼〕希不自此始，鮮能終之；非心之恒也，窮而反矣。所謂行忿者，心雖忿，不能徒怒，怒必有為也。成功而無以求也，即兼始逆矣，非道也。

道之行也，由不得已。由不得已，則無窮。故㞷（丐）者，趆

〔摭〕者也；禁者，使者也。是以方行不留。

〈前道〉第十二

聖〔人〕舉事也，合於天地，順於民，羊（祥）於鬼神，使民同利，萬夫賴之，所謂義也。身載於前，主上用之，長利國家社稷，世利萬夫百姓。天下名軒執〔國〕士於是虛。壹言而利之者，士也；壹言而利國者，國士也。是故君子卑身以從道，知（智）以辯（辨）之，強以行之，責道以并世，柔身以待時。王公若知之，國家之幸也。

國大人眾，強國也。〔若〕身載於後，〔主上不用之，則不利國家社稷、萬夫百姓。王公〕而〔不知之，乃國家之不〕幸也。故王者不以幸〔倖〕治國，治國固有前道：上知天時，下知地利，中知人事。善陰陽□□□□□□□□□□□□□□□□□□〔名〕正者治，名奇（倚）者亂。正名不奇，奇（倚）名不立。正道不台（殆），可後可始。乃可小夫，乃可國家。小夫得之以成，國家得之以寧。小國得之以守其野，大國〔得之以〕併兼天下。道有原而無端，用者（則）實，弗用者（則）雚（窾）。合之而涅於美，循之而有常。古之賢者，道是之行。知此道，地且（宜）天，鬼且（宜）人。以居軍〔強〕，以居國其國昌。古之賢者，道是之行。

〈行守〉第十三

天有恒幹，地有恒常，與民共事，與神同〔光〕。驕洫（溢）好爭，陰謀不祥，刑於雄節，危於死亡。奪之而無予，其國乃不遂亡。近則將之，遠則行之。逆節萌生，其誰肯當之。天惡高，地惡廣，人惡苛。高而不已，天〔將〕闕（蹶）土〈之〉；廣而不已，地將絕之；苛而不已，人將殺之。

有人將來，唯目瞻之。言之壹，行之壹，得而勿失。〔言〕之采，行之巸（枲），得而勿以。是故言者心之符〔也〕，色者心之華也，氣者心之浮也。有一言，無一行，謂之誣。故言寺（持）首，行志（持）卒。直木伐，直人殺。無形無名，先天地生，至今未成。

〈順道〉第十四

黃帝問力黑曰：大茟（庭）氏之有天下也，不辨陰陽，不數日月，不志四時，而天開以時，地成以財。其為之若何？力黑曰：大莖（庭）之有天下也，安徐正靜，柔節先定。晁濕（委燮）恭儉，卑約主柔，常後而不失〈先〉。體正信以仁，慈惠以愛人，端正勇〈象〉，弗敢以先人。

中請（靜）不剌（流），執一毋求。刑於女節，所生〈主〉乃柔。〔故安靜〕正德，好德不爭。立於不敢，行於不能。戰示不敢，明埶（執）不能。守弱節而堅之，胥雄節之窮而因之。若此者其民勞不〔僈〕，几（飢）不飴（怠），死不宛（怨）。

不曠其眾，不為兵邾（主），不為亂首，不為怨媒，不陰謀，不擅斷疑，不謀削人之野，不謀劫人之宇。慎案其眾，以隨天地之從。不擅作事，以待逆節所窮。

見（倪）地奪力，天逆其時，因而飾（飭）之，事環（還）克之。若此者，戰勝不報，取地不反，戰勝於外，福（富）生於內，用力甚少，名聲章明，順之至也。

〈名刑〉第十五

欲知得失，請必審名察形。形恒自定，是我愈靜。事恒自施，是我無為。靜翳（壹）不動，來自至，去自往。能一乎？能止乎？能毋有已，能自擇（釋）而尊理乎？紓（葆）也，毛〈屯〉也，其如莫存。萬物羣至，我無不能應。我不藏故，不挾陳〈新〉。嚮者已去，至者乃新。新故不翏（摎），我有所周。

《稱》

道無始而有應。其未來也，無之；其已來，如之。有物將來，其形先之。建以其形，名以其名。其言謂何？•環（營）〔刑〕傷威，弛欲傷法，無隨傷道。數舉三者，有身弗能保，何國能守？•奇從奇，正從正，奇與正，恒不同廷。•凡變之道，非益而損，非進而退。首變者凶。•有儀而儀則不過，恃表而望則不惑，案法而治則不亂。•聖人不為始，不專己；不豫謀，〔不棄時〕；不為得，不辭福。因天之則。•失其天者死，欺其主者死，翟（佻）其上者危。•心之所欲則志歸之，志之所欲則力歸之。故巢居者察風，穴處者知雨；憂存故也。憂之則〔存〕，安之則久；弗能令

（領）者弗能有。

・帝者臣，名臣，其實師也；王者臣，名臣，其實友也；霸者臣，名臣也，其實〔賓也。危者〕臣，名臣也，其實庸（傭）也；亡者臣，名臣也，其實虜也。・自光（廣）者人絕之，〔驕溢〕人者其生危、其死辱翳（也）。居不犯凶，困不擇（釋）時。・不受祿者，天子弗臣也；祿泊（薄）者，弗與犯難。故以人之自為〔也，不以人之為我也〕。・不仕於盛盈之國，不嫁子於盛盈之家，不友〔驕倨慢〕易之〔人〕。

・〔聖人〕不埶（執）偃兵，不埶（執）用兵；兵者不得已而行。・知天之所始，察地之理，聖人麋論（靡淪）天地之紀，廣乎獨見，〔卓乎〕獨〔知〕，□〔乎〕獨□，□〔乎〕獨在。・天子之地方千里，諸侯百里，所以朕合之也。故立天子〔者，不〕使諸侯疑（擬）焉；立正嫡者，不使庶孽疑（擬）焉；立正妻者，不使婢（嬖）妾疑（擬）焉：疑（擬）則相傷，雜則相方。

・時若可行，亟應勿言；〔時〕若未可，涂（杜）其門，毋見其端。・天制寒暑，地制高下，人制取予。取予當，立為〔聖〕王；取予不當，流之死亡。天有環刑，反受其殃。・世恒不可擇（釋）法而用我，用我不可，是以生禍。・有國存，天下弗能亡也；有國將亡，天下弗能存也。・時極未至，而隱於德；既得其極，遠其德，淺（踐）〔致〕以力；既成其功，環（還）復其從（蹤），人莫能代（殆）。・諸侯不報仇，不修（滌）恥，唯〔義〕所在。

・隱忌妒妹（昧）賊妾（捷），如此者，下其等而遠其身；不下其等不遠其身，禍乃將起。・內事不和，不得言外；細事不察，不得言〔大〕。・利不兼，賞不倍；戴角者無上齒。提正名以伐，得所欲而止。·實穀不華，至言不飾，至樂不笑。華之屬，〔必有實，實中〕必有覈（核），覈（核）中必有意（薏）。·天地之道，有左有右，有牝有牡。誥誥（浩浩）作事，毋從我終始。雷〔以〕為車，隆隆以為馬。行而行，處而處。因地以為資，因民以為師；弗因無槫（神）也。

·宮室過度，上帝所惡；為者弗居，唯（雖）居必路。·減衣衾，薄棺椁，禁也。疾役可（夥）發（廢）澤，禁也。草蓯（叢）可（夥）淺（殘）林，禁也。聚〔宮室〕墮高增下，禁也；大水至而可也。·毋先天成，毋非時而榮。先天成則毀，非時而榮則不果。·日為明，月為晦；昏而休，明而起。毋失（佚）天極，廏（究）數而止。·強則令，弱則聽，敵則循繩而爭（靜）。·行憎而索愛，父弗得子；行侮而索敬，君弗得臣。·有宗將興，如伐於

〔川〕；有宗將壞，如伐於山。貞良而亡，先人餘殃；商（猖）闕（獗）而栝（活），先人之連（烈）。•埤（卑）而正者增，高而倚者傰（崩）。

•山有木，其實屯屯。虎狼為（雖）猛可揗，昆弟相居，不能相順。同則不肯，離則不能，傷國之神。〔神胡不〕來，胡不來相教順（訓）弟兄茲（哉）；昆弟之親，尚可易戈（哉）。•天下有三死：忿不量力死，嗜欲無窮死，寡不避眾死。•毋藉賊兵，毋裹（賫）盜量（糧）。藉賊兵，裹（賫）盜量（糧），短者長，弱者強；贏絀變化，後將反㐌（施）。•弗同而同，舉（與）而為同；弗異而異，舉（與）而為異；弗為而自成，因而建事。

•陽親而陰惡，謂外其膚而內其勮。不有內亂，必有外客。膚既為膚，勮既為勮；內亂不至，外客乃卻。•得焉者不受其賜，亡

〔焉〕者不怨大〈其〉〔非〕。•〔夫〕天有明而不憂民之晦也，〔百〕姓闢其戶牖而各取昭焉；天無事焉。地有〔財〕而不憂民之貧也，百姓斬木剕（刈）薪而各取富焉；地亦無事焉。•諸侯有亂，正亂者失其理，亂國反行焉；其時未能也，至其子孫必行焉。故曰：制人而失其理，反制焉。

•生人有居，〔死〕人有墓。令不得與死者從事。•惑而極（亟）反（返），〔失〕道不遠。•臣有兩位者，其國必危；國若不危，君臾（猶）存也。失君必危，失君不危者，臣故䟕（佐）也。子有兩位者，家必亂；家若不亂，親臾（猶）存也。〔失親必〕危〈亂〉，失親不亂，子故䟕（佐）也。•不用輔佐之助，不聽聖慧之慮，而恃其城郭之固，怙其勇力之禦（圉），是謂身薄；身薄則貸（殆），以守不固，以戰不克。•兩虎相爭，奴（駑）犬制〈利〉

其餘。

・善為國者，大（太）上無刑，其〔次正法〕，〔其〕下鬥果訟果，大（太）下不鬥不訟（又）不果。〔夫〕大（太）上爭於〔化〕，其次爭於明，其下栽（救）患禍。・寒時而獨暑，暑時而獨寒，其生危，以其逆也。・敬勝怠，敢勝疑。〔・〕亡國之禍□□不信其〔是〕而不信其可也，不可矣；而不信其〔非而不信其不可也，可矣〕。□□□〔故覽（觀）治以知亂〕，覽（觀）前以知反（返）。故□□覽（觀）今之曲直，審其名，以稱斷之。積者積而居，胥時而用。覽（觀）主樹以知與治，合積化以知時；〔以明奇〕正貴〔賤〕存亡。

凡論必以陰陽〔之〕大義。天陽地陰，春陽秋陰，夏陽冬陰，晝陽夜陰。大國陽，小國陰，重國陽，輕國陰。有事陽而無事陰，信（伸）者陽而屈者陰。主陽臣陰，上陽下陰，男陽〔女陰，父〕陽〔子〕陰，兄陽弟陰，長陽少〔陰〕，貴〔陽〕賤陰，達陽窮陰。娶婦生子陽，有喪陰。制人者陽，制於人者陰。客陽主人陰。師陽役陰。言陽默陰。予陽受陰。諸陽者法天，天貴正；過正曰詭，□□〔過〕祭（際）乃反。諸陰者法地，地〔之〕德安徐正靜，柔節先定，善予不爭。此地之度而雌之節也。

《道原》

恒無之初，迵（洞）同大（太）虛。虛同為一，恒一而止（已）。濕濕夢夢，未有明晦。神微周盈，精靜不䢼（熙）。故未有以，萬物莫以。故無有形，大迵（同）無名。天弗能覆，地弗能載。小以成小，大以成大，盈四海之內，又包其外。在陰不腐，在陽不焦。一度不變，能適蚑蟯。鳥得而飛，魚得而流（游），獸得而走。萬物得之以生，百事得之以成。人皆以之，莫知其名。人皆用之，莫見其形。

一者其號也，虛其舍也，無為其素也，和其用也。是故上〈夫〉道高而不可察也，深而不可測也。顯明弗能為名，廣大弗能為形。

獨立不偶，萬物莫之能令（離）。天地陰陽，〔四〕時日月，星辰雲氣，蚑行蟯重（動），戴根之徒，皆取生，道弗為益少；皆反焉，道弗為益多。堅強而不撌（罻），柔弱而不可化。精微之所不能至，稽極之所不能過。

故唯聖人能察無形，能聽無〔聲〕。知虛之實，後能大虛；乃通天地之精，通（迥）同而無間，周襲而不盈。服此道者，是謂能精。明者固能察極，知人之所不能知，服人之所不能得。是謂察稽知極。聖王用此，天下服。

無好無惡，上用〔察極〕而民不麋（迷）惑。上虛下靜而道得其正。信能無欲，可為民命；信〔能〕無事，則萬物周扁（便）：分之以其分，而萬民不爭；授之以其名，而萬物自定。不為治勸，不為亂解（懈）。廣大，弗務及也；深微，弗索得也。夫為一而不化：得道之本，握少以知多；得事之要，操正以政（正）畸（奇）。前知大（太）古，後〔能〕精明。抱道執度，天下可一也。觀之大（太）古，周其所以；索之未無，得之〈其〉所以。

黃帝四經今註今譯 ／ 陳鼓應 註譯.-- 二版. --新北市：臺灣商務，2019. 11
面； 公分. --（古籍今註今譯）
ISBN 978-957-05-3231-9（平裝）
1. 道家 2. 註釋
121.39 108013554

古籍今註今譯

黃帝四經今註今譯

註 譯 者—陳鼓應
發 行 人—王春申
總 編 輯—李進文
責任編輯—徐平
校　　對—趙蓓芬

出版發行—臺灣商務印書館股份有限公司
23141 新北市新店區民權路 108-3 號 5 樓（同門市地址）
電話：(02)8667-3712　傳真：(02)8667-3709
讀者服務專線：0800056196
郵撥：0000165-1
E-mail：ecptw@cptw.com.tw
網路書店網址：www.cptw.com.tw
Facebook：facebook.com.tw/ecptw

局版北市業字第 993 號
初版：1995 年 6 月
二版一刷：2019 年 11 月
二版1.6刷：2023年 09月
印刷廠：沈氏藝術印刷股份有限公司
定價：新台幣 700 元
法律顧問：何一芃律師事務所